52주 여행,
사계절 빛나는
전라도 430

**52주 여행,
사계절 빛나는 전라도 430**

2022년 7월 25일 1판 1쇄 인쇄
2022년 8월 05일 1판 1쇄 발행
—

지은이 김경기
펴낸이 이상훈
펴낸곳 책밥
주소 03986 서울시 마포구 동교로23길 116 3층
전화 번호 02-582-6707
팩스 번호 02-335-6702
홈페이지 www.bookisbab.co.kr
등록 2007.1.31. 제313-2007-126호
—

기획·진행 권경자
디자인 디자인허브
—

ISBN 979-11-90641-80-7 (13980)
정가 22,000원

ⓒ 김경기, 2022

이 책은 저작권법에 따라 보호를 받는 저작물이므로 무단전재와 무단복제를 금합니다.
이 책 내용의 전부 또는 일부를 사용하려면 반드시 저작권자와 출판사에 동의를 받아야 합니다.

책밥은 (주)오렌지페이퍼의 출판 브랜드입니다.

52주 여행,
사계절 빛나는
전라도 430

179개의 스팟·매주 1개의 추천 코스·월별 2박 3일 코스와 스페셜 여행지 소개

김경기 지음

책밥

TRAVEL IN JEONLA-DO 52WEEK

머리말

초판이 나온 지 1년여 만에 중쇄를 하고, 지금 4년여 만에 다시 개정판을 출판하게 되니 기분이 참 묘하다. 이 책이 여전히 생명력 있고, 꾸준히 찾아주는 독자가 있다고 생각하니 여간 대견스러운 게 아니다. 초판을 출간하는데 2년이 넘는 시간이 소요되어 중도에 포기하고 싶은 유혹도 여러 번 있었지만 다행스럽게도 결실을 맺을 수 있었다. 지난 여행지의 기억을 되살려 글을 쓰고, 사진을 정리했던 시간이 결코 헛되지 않았음을 느낀다.

한창 열심히 여행하고 사진을 찍을 때는 하늘을 자주 올려다보는 습관이 있었다. 하늘이 맑고 구름이 좋은 평일에는 퇴근 후 일몰 촬영을 갈까 고민했고, 주말에는 예정에 없던 여행을 떠나기도 했다. 가끔은 계획 없이 당일치기로, 때로는 1박 2일이나 2박 3일로 다녀온 여행의 기록들이 모여 이 책이 완성되었다. 대부분의 사람은 여행을 '휴식'이라 생각하지만 여행을 뜻하는 영어 단어 'travel'의 어원은 아이러니하게도 'travail(고생)'이라는 말에서 나왔다고 한다. 그러고 보면 여행은 어떻게, 누구와 함께 가느냐에 따라 말 못 할 '고생'이 되기도 하고, 진정한 '휴식'이 되기도 한다.

이 책에 담은 430여 곳의 여행지는 최근 몇 년 동안 전라도 곳곳을 누비며 마주한 풍경과 새로운 시각으로 바라본 장소를 엄선한 곳이다. 미처 가보지 못한 새로운 여행지가 있다는 말을 들으면 다른 일정을 미루고서라도 직접 다녀와야 직성이 풀렸다. 그러는 동안 개정판 원고가 늦어져 약속 기한을 제대로 지키지 못했지만 항상 기다림과 격려를 해주신 책밥의 편집자들에게 특별히 감사의 마음을 전한다. 덕분에 개정판이 잘 마무리되었다.

이 책에 소개한 여행지는 대부분 아내, 그리고 사랑하는 두 딸과 함께한 곳이다. 결혼하고 신혼 초에는 아내와 단둘이 여행을 다녔고, 아이가 태어난 후에는 유모차를 끌거나 아기 띠를 하고 전국을 누볐다. 첫째 딸이 태어난 지 백일 만에 대중교통으로 부산과 경주를 다녀왔고, 돌이 되기 전에는 아이를 업고 지리산 바래봉에 올랐다. 철쭉이 흐드러지게 피어 있던 바래봉 정상에서 모유를 먹이던 아내의 모습이 아직도 생생하다. 그렇게 자란 첫째 딸은 올해 대학생이 되었고, 둘째 딸은 중학교 졸업반이 되었다.

새롭고 특별한 여행지를 찾겠다고 길이 없는 외진 곳으로 들어가 헤매기도 하고, 조금 더 좋은 사진을 찍겠다고 위험을 무릅쓰는 철없는 남편을 믿고 응원해 준 아내 정숙 씨 덕분에 이 책의 내용이 더욱 풍성하고 아름다워질 수 있었다. 우리 부부에게 항상 웃음과 즐거움을 주는 여행의 동반자이자 나의 카메라 속 최고의 모델이 되어 준 두 딸, 예담이와 미송이 덕분에 이 책을 쓸 수 있는 힘과 용기를 얻었다.

이번 개정판에서는 초판에 소개한 여행지의 절반 이상을 새로 썼다. 특히 최근 여행 트렌드에 맞게 감성적인 카페를 많이 추가했다. 가족 여행을 갈 때 여행지 목록에 카페를 꼭 한 군데 이상 넣었다. 전라도는 마치 화수분처럼 파면 팔수록 새롭고 독특한 여행지가 쏟아져 나온다. 같은 장소도 계절에 따라 전혀 나른 여행지로 느껴지기도 한다. 지면의 한계로 더 많은 내용을 담지 못한 게 아쉽지만 이 책에 소개한 여행지를 제철에 찾아간다면 내가 받았던 감동을 오롯이 느낄 수 있으리라 믿는다.

2022년 7월
김경기

TRAVEL IN JEONLA-DO 52WEEK

이 책의 구성

52주 동안의 여행을 시작하기 전에 이 책의 구성을 상세히 소개합니다.

1주~52주까지 한 주를 표시한다. 매 주는 최소 2~3개의 볼거리 스팟과 먹거리 스팟 1개, 함께 가면 좋은 여행 코스 1개로 구성된다. 각 스팟은 주소, 가는 법(대중교통), 운영시간, 전화번호, 홈페이지 등의 정보와 함께 소개글, 사진을 수록했다. 더불어 주의할 점과 저자가 개인적으로 강조하고 싶은 여행 포인트 등을 팁으로 구성했다.

각 스팟마다 함께 즐기면 좋을 주변 볼거리·먹거리를 사진 및 정보와 함께 간단히 소개했다. 따라서 스팟 하나만 골라서 떠나도 당일 여행 코스로 손색없다. 단, 다른 주의 스팟에서 소개한 볼거리·먹거리와 중복될 경우엔 장소 이름과 해당 장소가 소개된 페이지, 간략한 정보만 기재했다. 처음 등장하는 새로운 곳일 경우 소개글과 함께 정보를 기입했다.

추천 코스는 해당 주의 스팟 중 하나를 골라 효율적으로 테마 여행을 떠날 수 있도록 소개했다. 1코스에서 2코스로, 2코스에서 3코스로 이동하는 교통편(대중교통 또는 자동차 이용 시 거리) 정보를 기입했다. 또한 추천 코스 중 새로 등장하는 장소일 경우에는 간단한 소개글과 정보를 기입하고, 다른 페이지에서 중복되는 곳일 경우엔 소개글 없이 정보와 해당 페이지만 기입했다.

스페셜 페이지는 전라도의 벚꽃 명소, 도서관 여행, 감성 카페, 명품 계곡, 자연휴양림, 빵집 투어, 단풍 명소 등 메인 스팟 외에 테마 및 계절별 여행지를 정리해둔 것이다. 4월, 5월, 6월, 7월, 8월, 10월, 11월 마지막에 정리해 소개하고 있으며 전라도의 다양한 모습과 흥미 있는 스토리를 소개한다.

| 일러두기 |
이 책에 수록한 모든 여행지는 2022년 6월 기준의 정보로 작성되었습니다. 따라서 추후 변동 여부에 따라 대중교통 노선 및 여행지의 입장료, 음식 가격 등의 실제 정보는 책의 내용과 다를 수 있음을 밝힙니다.

TRAVEL IN JEONLA-DO 52WEEK

마음 내키는 대로 골라 떠나는,
테마별 추천 여행지

눈부신 설경을 찾아서

금산사 32p | 옥정호 요산공원 36p | 바래봉눈꽃축제 38p | 덕유산 향적봉 48p | 전망 55p | 오목대 55p

전주향교 55p | 금성산성 60p | 내소사 416p | 부귀산 420p | 한국도로공사전주수목원 426p | 정혜사 441p

개암사 441p

때로는 따뜻하게, 때로는 시원하게

전북도립미술관 35p | 신재생에너지테마파크 44p | 남원시립 김병종 미술관 58p | 삼례문화예술촌 78p | 전라북도산림환경연구소 80p | 상해임시정부청사 90p

팔복예술공장 124p | 유휴열미술관 164p | 학산숲속시집도서관 172p | 소아르갤러리 178p | 익산교도소세트장 244p | 보성여관 300p

전라북도119체험관 310p | 목포해상케이블카 346p | 태백산맥문학관 368p | 소금박물관 404p | 국립광주과학관 422p

초록의 숲과 계곡 속으로

 대아수목원 96p
 장군목유원지 110p
 달빛소리수목원 144p
 대나무골테마공원 148p
 하늘빛수목원 152p
 장성호 수변길 162p

 강천산군립공원 186p
 광주호호수생태원 192p
 완도수목원 214p
 아가페정원 224p
 공기마을 편백나무숲 228p
 지리산구례수목원 230p

 신기계곡 256p
 운일암반일암계곡 262p
 운주계곡 268p
 달궁계곡 269p
 금산사계곡 269p
 은천계곡 269p

 피아골계곡 272p
 구천동계곡 278p
 수락폭포 280p
 고산자연휴양림 286p
 위봉폭포 290p
 방화동자연휴양림 292p

 성수산자연휴양림 304p
 팔영산자연휴양림 304p
 백아산자연휴양림 305p
 주작산자연휴양림 305p
 제암산자연휴양림 305p
 순천자연휴양림 305p

전라도의 밤은 낮보다 빛난다

 광한루원 41p
 목포대교 50p
 아중호수 102p
 왕궁리 오층석탑 128p
 완주힐조타운 254p
 돌산공원 326p

 느랭이골별빛축제 386p
 비응항 등대 409p
 기지제 427p
 메타프로방스 430p
 첫마중길 434p

꽃이 있어 아름다운

 금둔사 76p
 전라북도산림환경연구소 81p
 탐매마을 88p
 대아수목원 96p
 보해매실농원 98p
 용궁마을 104p

 현천마을 108p
 구담마을 114p
 지리산치즈랜드 126p
 왕궁리 오층석탑 128p
 청산도 슬로길 1코스 132p
 선암사 136p

 완산칠봉꽃동산 140p
 영취산 142p
 달빛소리수목원 144p
 고창읍성 150p
 하늘빛수목원 152p
 원연장꽃잔디마을 160p

 곡성세계장미축제 184p
 조선대학교 장미원 188p
 허브원 216p
 지리산구례수목원 230p
 쑥섬 242p
 청운사하소백련지 248p

 송광사 연꽃 258p
 명옥헌원림 284p
 변산마실길 2코스 312p
 원구만마을 코스모스 십 리 길 316p
 불갑사 322p
 학원농장 330p

 용천사 334p
 꽃객프로젝트 354p
 장성 황룡강 노란꽃잔치 370p

역사·문화 유적을 찾아서

 금산사 32p
 광한루원 41p
 천호성지 42p
 금성산성 60p
 미황사 70p
 금둔사 76p

 낙안읍성민속마을 83p
 예수피아교회 85p
 우일선선교사사택 85p
 영광성당 121p
 원불교영산성지 121p
 염산교회 121p

 왕궁리 오층석탑 128p
 선암사 136p
 고창읍성 150p
 운주사 168p
 무장읍성 170p
 쌍산재 176p

 소쇄원 197p
 화순적벽투어 206p
 나바위성당 208p
 김삿갓종명지 211p
 김명관고택 222p
 청운사하소백련지 248p

화순고인돌유적 250p	망해사 253p	송광사 연꽃 258p	명옥헌원림 284p	논개사당(의암사) 295p	창평슬로시티 298p
보성여관 300p	대흥사 303p	구림마을 308p	불갑사 322p	다산초당 332p	용천사 334p
백련사 337p	사성암 352p	나주향교 358p	두동교회 360p	백제불교문화최초도래지 380p	문수사 384p
백양사 394p	벽골제 397p	신흥동일본식가옥 398p	내소사 416p	마이산탑사 425p	정혜사 441p

황홀한 일출과 일몰

| 국사봉전망대 30p | 금성산성 60p | 격포방파제 75p | 솔섬 94p | 백수해안도로 107p | 지리청송해변 133p |
| 서해안바람공원 349p | 돌머리해수욕장 400p | 부귀산 420p | 적벽강 432p | 웅포곰개나루 해넘이축제 436p | |

현지에 가면 꼭 들러야 할 음식점

반햇소 34p	한우회관 41p	법성토우 52p	교동짬뽕 69p	군산식당 74p	전주칼국수 92p
성심회관 119p	대흥식당 138p	정통옛날쌈밥 146p	황금소나무 155p	장성소머리국밥 167p	구백식당 182p
불타는용궁짬뽕 183p	옥천골한정식 191p	달맞이흑두부 (화순동면 본점) 211p	하늘땅물바람 232p	명천식당슈퍼 253p	달동네보리밥집 303p
초원식당 315p	도선장횟집 321p	국화회관 356p	간판없는짜장면집 365p	3대곰탕 382p	진선 391p
고각 396p	대통밥1번지 402p	태백산맥꼬막맛집 418p	장안집 419p	한일관 425p	장미칼국수 438p

감성 카페를 찾아서

| 카페 와온 46p | 씨윈드 카페 62p | 카페오늘 100p | 레드힐 106p | 달,커피 166p | 늘숲 190p |

두베카페 218p | 기배기 226p | 마르 234p | 라파르 234p | 코티지683 235p | 십칠다시이십 235p

오스갤러리 236p | 그날의 온도 238p | 카페 캔버스 238p | 카페 라온 238p | 담화 239p | 리즈리 252p

눈들재 260p | 아담원 266p | 공감선유 276p | 베르자르당 288p | 카페909 294p | 리보키 302p

아더맨 336p | 커북 348p | 오늘여기 364p | 낭만뜰 390p

저자 추천 계절별 여행지 BEST 3와 강추 맛집 BEST 5

봄
- 지리산치즈랜드 126p
- 선암사 136p
- 완산칠봉꽃동산 140p

여름
- 허브원 216p
- 송광사 연꽃 258p
- 구천동계곡 278p

가을
- 변산마실길 2코스 312p
- 불갑사 322p
- 문수사 384p

겨울
- 국사봉전망대 30p
- 덕유산 향적봉 48p
- 메타프로방스 430p

맛집
- 군산식당 74p
- 전주칼국수 92p
- 구백식당 182p
- 옥천골한정식 191p
- 명천식당슈퍼 253p

1 월의 전라도
새해는 언제나 특별하다

| CONTENTS |

1 week
새로운 한 해의 시작
SPOT 1 산 위에서 맞는 해돋이 **국사봉전망대**   30
SPOT 2 설경에 빠져들다 **금산사**   32
SPOT 3 착한 가격의 한우 전문점 **반햇소**   34
| 추천 코스 | 해돋이 보고 난 후 따뜻한 수제비 한 그릇   35

2 week
겨울은 시리다
SPOT 1 내 마음의 고향 같은 곳 **옥정호 요산공원**   36
SPOT 2 한국관광공사 선정 4대 눈꽃축제 **바래봉눈꽃축제**   38
SPOT 3 예술의 옷을 갈아입은 폐창고 **노매럴**   40
| 추천 코스 | 눈꽃축제 즐기고 따끈한 돌솥비빔밥 한 그릇   41

3 week
겨울은 현재진행형
SPOT 1 150여 년의 전통을 가진 천주교 교우촌 **천호성지**   42
SPOT 2 신재생에너지의 모든 것 **신재생에너지테마파크**   44
SPOT 3 와온 해변의 일몰 맛집 **카페 와온**   46
| 추천 코스 | 와온 해변에서 만나는 일몰   47

4 week
추워야 제맛이다
SPOT 1 겨울 산의 매력 **덕유산 향적봉**   48
SPOT 2 두 마리 학 같은 눈부신 자태 **목포대교**   50
SPOT 3 먹음직스러운 보리굴비 한 상 **법성토우**   52
| 추천 코스 | 나제통문에서 덕유산 향적봉까지   53

2박 3일 코스 1월의 눈꽃여행 **전주의 겨울왕국**   54

2 긴 겨울의 여운
월의 전라도

5 week
자연의 순리
SPOT 1	예술과 자연의 만남 **남원시립 김병종미술관**	58
SPOT 2	호남의 3대 산성 중 하나 **금성산성**	60
SPOT 3	부안에서 만나는 산토리니 풍경 **씨윈드 카페**	62
추천 코스	미술관 옆 제과점	63

6 week
한 해의 안녕을 기원하며
SPOT 1	정월대보름 세시 풍속 **박사골 정월대보름축제**	64
SPOT 2	유달산 아래 달동네 **다순구미마을**	66
SPOT 3	전주 서부 신시가지 고품격 베이커리 카페 **네잎클로버**	68
추천 코스	목포대교 구경하고 얼큰한 짬뽕 한 그릇	69

7 week
겨울을 보낼 채비
SPOT 1	육지의 가장 남쪽 절 **미황사**	70
SPOT 2	100년이 넘은 시장의 부활 **1913송정역시장**	72
SPOT 3	겨울철 별미, 백합탕 **군산식당**	74
추천 코스	변산 앞바다의 아름다운 일몰	75

8 week
아직 시린 2월
SPOT 1	가장 먼저 봄소식을 전하는 **금둔사**	76
SPOT 2	양곡창고의 색다른 변신 **삼례문화예술촌**	78
SPOT 3	아열대 식물원에서 만나는 봄의 향기 **전라북도 산림환경연구소 고원화목원**	80
SPOT 4	자연을 담은 건강한 빵 **목월빵집**	82
추천 코스	홍매화로 가장 먼저 만나는 봄	83

2박 3일 코스 2월의 도시문화 여행 **근대와 현대가 교차하는 광주** | 84

3월의 전라도
겨울의 끝, 봄의 시작

9 week
겨울과 봄 사이
SPOT 1	매화 길 따라 그윽한 봄 내음 가득 **탐매마을**	88
SPOT 2	당신들을 기억합니다 **상해임시정부청사**	90
SPOT 3	칼국수, 비빔밥, 그리고 보쌈의 환상적인 조합 **전주칼국수**	92
추천 코스	독립운동가 김철을 기억하다	93

10 week
황금빛 낭만
SPOT 1	서해 3대 낙조 명소 **솔섬**	94
SPOT 2	꽃향기 가득한 비밀의 화원 **대아수목원**	96
SPOT 3	땅끝 마을에서 올라오는 봄 소식 **보해매실농원**	98
SPOT 4	아름다운 야경에 반하다 **카페오늘**	100
추천 코스	변산반도 해안 드라이브 코스	101

11 week
마음은 봄
SPOT 1	낮보다 밤이 아름다운 **아중호수**	102
SPOT 2	바닷속 용궁보다 아름다운 비경 **용궁마을**	104
SPOT 3	백수해안도로의 핫플레이스 **레드힐**	106
추천 코스	서해안 최고의 드라이브 코스	107

12 week
봄은 노랗다
SPOT 1	꽃향기 가득한 구례의 봄 **현천마을**	108
SPOT 2	자연이 빚어낸 걸작 **장군목유원지**	110
SPOT 3	여자만에서 나오는 싱싱한 꼬막 **순천만정문식당**	112
추천 코스	스카이큐브 타고 순천만국가정원 여행	113

13 week
섬진강 매화 백 리 길
SPOT 1	섬진강 비탈 따라 **구담마을**	114
SPOT 2	비탈길 골목에서 만난 허영만의 그림들 **고소1004벽화마을**	116
SPOT 3	자연 속의 빵집 **오늘제빵소**	118
추천 코스	섬진강에 퍼지는 은은한 매화 향기	119

2박 3일 코스 3월의 종교문화 여행 **영광의 4대 종교 성지를 찾아서** 120

4 월의 전라도
매일이 꽃놀이

14 week
따스한 봄날

SPOT 1	잊힌 장소가 예술로 태어나다 **팔복예술공장**	124
SPOT 2	드넓은 초원 위에 노란 수선화 가득 **지리산치즈랜드**	126
SPOT 3	달빛 아래 벚꽃이 흩날리다 **왕궁리 오층석탑**	128
SPOT 4	아이들과 함께 가기 좋은 카페 **정원마더커피**	130
추천 코스	든든한 설렁탕 한 그릇 먹고 문화 예술 속으로	131

15 week
유채꽃 노란 물결

SPOT 1	삶이 쉼표가 되는 섬 **청산도 슬로길 1코스**	132
SPOT 2	걷기 좋은 봄날의 힐링로드 **금평저수지 둘레길**	134
SPOT 3	고즈넉한 사찰에서 만난 분홍빛 사랑 **선암사**	136
SPOT 4	대를 이어 온 육회비빔밥 **대흥식당**	138
추천 코스	발 딛는 곳마다 여유와 느림의 미학	139

16 week
핑크빛 꽃망울 톡톡 터지는

SPOT 1	울긋불긋 꽃대궐 **완산칠봉꽃동산**	140
SPOT 2	가장 먼저 진달래 소식을 전해 주는 **영취산**	142
SPOT 3	가족이 여행하기 좋은 곳 **달빛소리수목원**	144
SPOT 4	씨알 굵은 우렁이 **정통옛날쌈밥**	146
추천 코스	진분홍빛 영산홍에 취하고 맛있는 우렁쌈밥까지	147

17 week
향긋한 꽃내음 가득한

SPOT 1	조용하고 여유롭게 산책하기 좋은 곳 **대나무골테마공원**	148
SPOT 2	진분홍빛 영산홍의 물결 **고창읍성**	150
SPOT 3	알록달록 튤립이 수목원 가득 **하늘빛수목원**	152
SPOT 4	대통령 표창 제과 명인의 집 **김정선베이커리카페**	154
추천 코스	숲에서 맞는 청량한 봄바람	155

| SPECIAL | 4월은 벚꽃이다! **전라도의 벚꽃 명소** | 156 |

5월의 전라도

싱그러운 초록의 풍경 속으로

18 week
풋풋한 풀향기 가득한
SPOT 1	전라도에서 가장 행복한 마을 **원연장꽃잔디마을**	160
SPOT 2	호수와 숲의 정취를 동시에 느낄 수 있는 트레킹 코스 **장성호 수변길**	162
SPOT 3	모악산 아래 예술이 머무는 공간 **유휴열미술관**	164
SPOT 4	커피는 저희가 탈게요, 분위기는 손님이 타세요 **달,커피**	166
추천 코스	민족의 영웅, 홍길동의 발자취를 따라서	167

19 week
봄은 깊어만 간다
SPOT 1	천불천탑(千佛千塔)의 신화 **운주사**	168
SPOT 2	동학농민운동의 발상지 **무장읍성**	170
SPOT 3	숲을 걸었더니 도서관이 내게로 왔다 **학산숲속시집도서관**	172
SPOT 4	150년 전통의 한옥 고택 **왕궁다원**	174
추천 코스	익산으로 떠나는 오감 만족 여행	175

20 week
생기 넘치는 전라도의 봄
SPOT 1	들어가 보지 않고는 그 깊이를 알 수 없는 고택 **쌍산재**	176
SPOT 2	숲속의 작은 미술관 **소아르갤러리**	178
SPOT 3	4천여 개의 전통 항아리가 가득 **고스락**	180
SPOT 4	여수의 별미, 서대회무침 **구백식당**	182
추천 코스	갤러리, 그리고 분위기 좋은 카페	183

21 week
푸르름 가득한 산과 들
SPOT 1	계절의 여왕, 장미를 만나다 **곡성세계장미축제(섬진강기차마을)**	184
SPOT 2	맨발로 흙길을 걷다 **강천산군립공원**	186
SPOT 3	캠퍼스에서 즐기는 장미축제 **조선대학교 장미원**	188
SPOT 4	숲인가, 카페인가 **늘숲**	190
추천 코스	맨발 트레킹 코스를 마치고 맛있는 한 상 차림	191

22 week
여름 준비
SPOT 1	산책하기 좋은 힐링 숲 **광주호호수생태원**	192
SPOT 2	붐비지 않는 메타세콰이아길 **전라남도산림자원연구소**	194
SPOT 3	브런치가 맛있는 팜 카페 **본앤하이리**	196
추천 코스	숲에서 느끼는 초여름 향기	197

| SPECIAL | 책이 삶이 되는 도시! **전주의 특별한 도서관** | 198 |
| SPECIAL | 우리는 도서관으로 여행간다! **전주 도서관 여행** | 202 |

6월의 전라도
초여름의 낭만

23 week
여름이 온다
SPOT 1	방랑시인 김삿갓이 반한 비경 **화순적벽투어**	206
SPOT 2	김대건 신부의 혼이 담긴 **나바위성당**	208
SPOT 3	폐교의 아름다운 변신 **들꽃카페**	210
추천 코스	방랑 시인 김삿갓의 발자취를 따라서	211

24 week
여름의 초입에서
SPOT 1	그곳에 트로이목마가 있다 **장수승마레저파크**	212
SPOT 2	우리나라 유일의 난대수목원 **완도수목원**	214
SPOT 3	보랏빛 물결 넘실대는 곳 **허브원**	216
SPOT 4	한 폭의 그림 같은 카페 **두베카페**	218
추천 코스	완도에서 장보고의 숨결을 느끼다	219

25 week
초여름 밤의 낭만
SPOT 1	가장 슬픈 곳에서 가장 아름다운 꽃이 핀다 **소록도**	220
SPOT 2	아흔아홉 칸의 전형적인 양반 가옥 **김명관고택**	222
SPOT 3	50년 만에 열린 비밀의 정원 **아가페정원**	224
SPOT 4	용담호가 한눈에 보이는 호수 뷰 카페 **기배기**	226
추천 코스	자연생태공원에서 호수 뷰 카페까지	227

26 week
삼림욕 힐링
SPOT 1	머물고 즐기는 숲 **공기마을편백나무숲**	228
SPOT 2	전라도의 수국 명소 **지리산구례수목원**	230
SPOT 3	치즈돈가스가 맛있는 예약제 레스토랑 **하늘땅물바람**	232
추천 코스	알록달록 수국 보고 섬진강변에서 국수 한 그릇	233

| SPECIAL | 이제 카페로 여행가자! **전라도의 감성 카페** | 234 |

7
숲과 계곡으로 떠나자
월의 전라도

27 week
초록은 풍성해진다

SPOT 1 그 섬에는 비밀의 정원이 있다 **쑥섬**	242
SPOT 2 영화 속 교도소를 만나다 **익산교도소세트장**	244
SPOT 3 전북혁신도시의 신개념 카페 **디오니카페&스토어**	246
|추천 코스| 미국에는 나사, 우리나라에는 나로우주센터	247

28 week
연꽃의 계절

SPOT 1 하얀 연꽃의 눈부신 자태 **청운사하소백련지**	248
SPOT 2 선사시대를 엿보다 **화순고인돌유적**	250
SPOT 3 정미소를 개조한 정원이 예쁜 카페 **리즈리**	252
|추천 코스| 청운사에서 백련을 보고 망해사에서 일몰을	253

29 week
여름밤의 불빛축제

SPOT 1 산속 여우빛 **완주힐조타운**	254
SPOT 2 솔숲과 넓은 바위 **신기계곡**	256
SPOT 3 종남산 아래 펼쳐진 핑크빛 러브레터 **송광사 연꽃**	258
SPOT 4 전통적이면서 현대적인 카페 **눈들재**	260
|추천 코스| 고즈넉한 사찰 옆 은은하게 퍼지는 연꽃 향기	261

30 week
휴가는 역시 전라도

SPOT 1 구름과 해와 바위 **운일암반일암계곡**	262
SPOT 2 지붕 없는 미술관 **예술의 섬 장도**	264
SPOT 3 카페를 품은 수목원 **아담원**	266
|추천 코스| 싱싱한 해산물 먹고 문화 예술도 즐기고	267
SPECIAL 더위를 날리자! 전라북도의 명품 계곡	268

8 월의 전라도
자연이 건네는 상쾌한 위로

31 week
자연을 닮는다
SPOT 1	지리산 10경 중 하나 **피아골계곡**	272
SPOT 2	구름도 누워 가는 곳 와운마을 **천년송**	274
SPOT 3	산책하기 좋은 갤러리 카페 **공감선유**	276
추천 코스	천년송 구경하고 건강한 식사 한 끼	277

32 week
이 여름도 견딜 만하다
SPOT 1	33경을 찾아서 **구천동계곡**	278
SPOT 2	기암괴석 사이로 폭포수가 쏟아진다 **수락폭포**	280
SPOT 3	금평저수지 옆 고즈넉한 한옥 카페 **수월담**	282
추천 코스	태권도 종주국의 자부심을 느끼다	283

33 week
계절이 주는 선물
SPOT 1	배롱나무꽃이 아름다운 정원 **명옥헌원림**	284
SPOT 2	휴식과 체험을 동시에 **고산자연휴양림**	286
SPOT 3	유럽풍의 미술관과 온실이 있는 카페 **베르자르당**	288
추천 코스	BTS 힐링 성지를 찾아서	289

34 week
여름을 이기자
SPOT 1	장쾌한 물줄기 **위봉폭포**	290
SPOT 2	국민 가족 휴양지 **방화동자연휴양림**	292
SPOT 3	혼자만 알고 싶은 바다 뷰 카페 **카페909**	294
추천 코스	명품 한우 먹고 시원한 계곡 물놀이까지	295

35 week
선선한 바람 불어오면
SPOT 1	우리나라에서 두 번째로 긴 **두륜산케이블카**	296
SPOT 2	느림의 미학 **창평슬로시티**	298
SPOT 3	소설 〈태백산맥〉의 배경이 된 곳 **보성여관**	300
SPOT 4	동화 속 그림 같은 카페 **리보키**	302
추천 코스	두륜산 정상에서 다도해를 한눈에	303

SPECIAL 한여름의 힐링 캠프! **전라도의 자연휴양림** 304

9월의 전라도
풍요의 계절

36 week
초저녁 달빛이 교교하다
- SPOT 1　2,200년 전통을 지닌 마을 **구림마을**　308
- SPOT 2　안전을 배우자 **전라북도119체험관**　310
- SPOT 3　바닷가 비탈길에 붉노랑상사화 가득 **변산마실길 2코스**　312
- SPOT 4　순수 국산 콩으로 만든 두부 **맛동순두부**　314
- |추천 코스|　임실로 떠나는 체험 여행　315

37 week
어느새 가을
- SPOT 1　코스모스 한들한들 **원구만마을 코스모스 십 리 길**　316
- SPOT 2　보랏빛 다리, 보랏빛 섬을 만나다 **퍼플섬**　318
- SPOT 3　광주호를 품은 정통 이탈리안 레스토랑 **카페퀸즈**　320
- |추천 코스|　세계 최우수 관광마을을 찾아서　321

38 week
산사는 붉게 물든다
- SPOT 1　이루어질 수 없는 사랑이 피어나다 **불갑사**　322
- SPOT 2　징게맹갱외에밋들 **아리랑문학마을**　324
- SPOT 3　여수에서 만나는 최고의 야경 **돌산공원**　326
- SPOT 4　낮보다 밤이 아름다운 카페 **비비낙안**　328
- |추천 코스|　꽃무릇의 슬픈 전설을 따라　329

39 week
초가을의 문턱을 넘어
- SPOT 1　메밀꽃 필 무렵 **학원농장**　330
- SPOT 2　정약용의 자취를 찾아서 **다산초당**　332
- SPOT 3　산사 구석까지 밀려든 붉은 꽃 물결 **용천사**　334
- SPOT 4　기찻길 옆 감성 카페 **아더맨**　336
- |추천 코스|　만덕산을 넘으며 다산을 생각하다　337
- |2박 3일 코스|　9월의 대숲여행 **초록빛 가득한 담양을 걷다**　338

10월의 전라도
어느덧 짙어진 가을 냄새

40 week
가을에 떠나는 기차여행
- SPOT 1 응답하라 7080 **득량역 추억의거리** ... 342
- SPOT 2 푸른 하늘과 땅이 하나되는 곳 **상하농원** ... 344
- SPOT 3 우리나라에서 가장 긴 해상케이블카 **목포해상케이블카** ... 346
- SPOT 4 무등산 아래 전망 좋은 카페 **커북** ... 348
- | 추천 코스 | 푸르른 대지와 청정한 바람 ... 349

41 week
구절초 향기 따라
- SPOT 1 전 세계 태권도인의 성지 **태권도원** ... 350
- SPOT 2 절벽 위에 핀 꽃 **사성암** ... 352
- SPOT 3 핑크빛으로 물든 **꽃객프로젝트** ... 354
- SPOT 4 친환경 우렁이쌈밥 **국화회관** ... 356
- | 추천 코스 | 은은한 구절초 향에 건강한 쌍화차 한 잔 ... 357

42 week
감성으로 촉촉해지는
- SPOT 1 웅장하고 단아한 한국의 건축미 **나주향교** ... 358
- SPOT 2 'ㄱ'자형 교회 **두동교회** ... 360
- SPOT 3 시간이 남긴 아름다운 흔적 **양림동 펭귄마을** ... 362
- SPOT 4 핑크뮬리가 아름다운 카페 **오늘여기** ... 364
- | 추천 코스 | 호박짜장면 먹고 망금정에 올라 금강을 보다 ... 365

43 week
가을이 만삭이다
- SPOT 1 논개의 자취를 찾아서 **주촌마을** ... 366
- SPOT 2 소설의 감동을 다시 한 번 **태백산맥문학관** ... 368
- SPOT 3 대한민국에서 가장 아름다운 꽃강 **장성 황룡강 노란꽃잔치** ... 370
- SPOT 4 건강을 생각하는 빵집 **조훈모과자점(팔마점)** ... 372
- | 추천 코스 | 소설〈태백산맥〉의 배경을 찾아서 ... 373
- **SPECIAL** 빵돌이, 빵순이 다 모여라! **전라도의 빵집을 찾아서** ... 374

11 월의 전라도
가을과 겨울의 경계에 서다

44 week
단풍과 하늘

SPOT 1	가을을 품은 지리산 **지리산둘레길 3코스**	378
SPOT 2	마라난타가 불교를 전한 곳 **백제불교문화최초도래지**	380
SPOT 3	어머니가 끓여 주신 곰탕 맛 그대로 **3대곰탕**	382
추천 코스	지리산에서 가을을 느끼다	383

45 week
가을은 아직 진행형이다

SPOT 1	고창의 숨은 단풍 명소 **문수사**	384
SPOT 2	365일 동화 속 환상의 나라 **느랭이골별빛축제**	386
SPOT 3	이국적인 가을 풍경 **주천생태공원**	388
SPOT 4	커피 한 잔에 네가 따뜻해지길 **낭만뜰**	390
추천 코스	가을밤의 추억과 낭만	391

46 week
늦가을 단풍놀이

SPOT 1	느티나무숲을 품은 운동장 **가평초등학교**	392
SPOT 2	자연이 빚어낸 데칼코마니 **백양사**	394
SPOT 3	전복홍합짬뽕 전문점 **고각**	396
추천 코스	지평선에서 만나는 거대한 쌍용	397

47 week
가을과 겨울, 그 경계에서

SPOT 1	아픈 역사의 흔적 **신흥동일본식가옥**	398
SPOT 2	한 폭의 붉은 수채화 **돌머리해수욕장**	400
SPOT 3	카페 같은 밥집 **대통밥1번지**	402
추천 코스	시원한 폭포 감상하고 맛있는 대통밥 한 그릇	403

48 week
초겨울의 정취

SPOT 1	소금에 관한 짭짤한 지식 **소금박물관**	404
SPOT 2	과거로 떠나는 시간여행 **송참봉조선동네**	406
SPOT 3	바지락 코스요리 **바지락명가장가네**	408
추천 코스	비응항의 야경과 낭만	409

| **SPECIAL** | 오매, 단풍 들것네! **전라도의 단풍 명소** | 410 |

12 월의 전라도
숨 가쁘게 달려온 한 해를 돌아보며

49 week
추억은 눈이 되어 내린다
SPOT 1	꽃심을 지닌 땅 **혼불문학관**	414
SPOT 2	눈꽃이 시가 되어 내리다 **내소사**	416
SPOT 3	쫄깃쫄깃 꼬막정식 **태백산맥꼬막맛집**	418
추천 코스	소설 〈혼불〉의 자취를 따라서	419

50 week
겨울 산행의 매력
SPOT 1	산 능선이 겹겹이 펼쳐지는 **부귀산**	420
SPOT 2	빛과 예술, 그리고 과학의 만남 **국립광주과학관**	422
SPOT 3	부안이 사랑한 찐빵 **슬지네찐빵**	424
추천 코스	진안에서 느끼는 겨울의 매력	425

51 week
겨울 드라이브의 낭만
SPOT 1	동화 속 겨울왕국 **한국도로공사전주수목원**	426
SPOT 2	64km의 드라이브 코스 **용담호 호반도로**	428
SPOT 3	담양 속 작은 유럽 **메타프로방스**	430
SPOT 4	6년근 인삼을 넣은 바지락죽 **변산명인바지락죽**	432
추천 코스	담양에서 만나는 산타마을	433

52 week
한 해의 끝에서
SPOT 1	가장 인간적인 도시로 가는 길 **첫마중길**	434
SPOT 2	한 해의 마지막 날 **웅포곰개나루해넘이축제**	436
SPOT 3	현지인들이 추천하는 맛집 **장미칼국수**	438
추천 코스	군산으로 떠나는 시간 여행	439
2박 3일 코스 12월의 산사여행 **눈 내리는 전북의 사찰을 찾아서**		440

전라도의 1월 한파는 목도리를 싸매고 또 싸매도 새우처럼 온몸을 웅크리게 만든다. 하지만 이처럼 시린 겨울에도 새해를 맞이하는 마음만큼은 설레고 특별하다. 그 특별함의 완성은 역시 해맞이다. 해가 떠오르기 전까지 춥고 힘든 시간을 견뎌 낼 수 있는 이유는 머지않아 눈앞에 펼쳐질 황금 같은 순간 때문이다. 산 너머로 떠오르는 태양이 붉은 선을 그으며 고개를 내밀기 시작하면 여기저기에서 감탄이 터져 나온다. 비록 눈 깜짝할 사이에 펼쳐지는 광경이지만 새해 일출의 황홀함은 쉽게 잊히지 않을 경험이다. 긴 밤을 추위와 싸워 기다린 끝에 맞이한 이 순간이 한 해를 살아가는 원동력이 된다.

1월의 전라도

새해는 언제나
특별하다

1월 첫째 주

새로운 한 해의 시작

1 week

SPOT 1
산 위에서 맞는 해돋이
국사봉전망대

주소 전라북도 임실군 운암면 국사봉로 624 · 가는 법 자동차 이용

해돋이 명소가 대부분 동해 쪽에 있어 서해와 남해를 끼고 있는 전라도는 내로라할 만한 곳이 거의 없다. 하지만 임실 국사봉은 바다가 아닌 산에서 맞는 해돋이 명소로, 전국적으로도 절대 빠지지 않을 만큼 유명하다. 한 번도 와 보지 않은 사람은 있어도 한 번만 다녀간 사람은 없다고 할 정도로 국사봉에서 맞이하는 일출은 매우 아름답다.

국사봉은 옥정호반의 11km 드라이브 코스 끝자락에 위치하고 있다. 작은 주차장에서 20분 정도 가파른 계단을 걸어 올라 숨이 턱 밑까지 차오를 때쯤이면 국사봉전망대에 도착한다. 전망대에 서면 드넓은 옥정호가 한눈에 들어온다. 옥정호는 농업용수를 대기 위해 만들어진 인공호수로, 우리나라에서 열 손가락 안에 들 만큼 큰 호수다. 옥정호가 조성되면서 자연스럽게 생 겨난 일명 '붕어섬(외앗날)'은 옥정호 최고의 명물이다. 특히 물안개가 피어오르는 11월과 3월에는 물안개와 어우러진 붕어섬 풍경을 담기 위해 방문한 사진가들이 장사진을 이룬다.

해돋이를 보기 위해서는 전망대에서 20분 정도를 더 걸어 올라가야 한다. 과연 해돋이를 볼 수 있을지 의문이 들 정도로 깊은 소나무숲을 지나면 일순간 앞이 확 트인 장소가 나타난다. 주변 산들에 막혀 있지 않아 멀리 산 능선이 겹겹이 보이고 날씨가 좋으면 마이산까지 볼 수도 있다. 경사진 언덕의 소나무 사이로 아침 해가 떠오르면 마치 애국가 2절에 나오는 '남산 위에 저 소나무' 같은 장면이 펼쳐진다.

주변 볼거리·먹거리

전북도립미술관

Ⓐ 전라북도 완주군 구이면 모악산길 111-6 ⓗ 10:00~18:00/매주 월요일 휴관 Ⓒ 무료 Ⓣ 063-290-6888 Ⓗ www.jma.go.kr
1월 1주 소개(35쪽 참고)

TIP

- 국사봉전망대까지의 길은 경사가 가파르지만 거리가 짧아 어렵지 않게 오를 수 있다.
- 겨울에 국사봉전망대에 오르기 위해서는 아이젠을 꼭 준비해야 한다.
- 해돋이를 보기 위해서는 일출 1시간 전까지 주차장에 도착해서 등반을 시작해야 한다. 단, 새해 첫날은 해돋이 행사로 매우 혼잡하므로 피하는 것이 좋다.

SPOT 2
설경에 빠져들다
금산사

주소 전라북도 김제시 금산면 모악15길 1 · 가는 법 원평공용버스터미널 → 원평공용버스터미널 정류장에서 버스 5번 승차 → 금산사 정류장 하차 → 도보 24분(약 1.6km) · 입장료 어른 3,000원, 청소년·군인 2,000원, 어린이 1,000원 · 전화번호 063-324-9282 · 홈페이지 www.geumsansa.org

모악산 서쪽 품에 안겨 있는 천년고찰 금산사는 백제 때 세워졌지만 신라가 삼국을 통일한 이후 절의 기틀이 갖추어졌다고 전해진다. 신라 법상종의 중심 사찰인 금산사는 대웅전이 없고 미륵전이 절의 중심이다. 국내 유일의 3층 목조건물인 미륵전은 국보 제62호로 지정될 만큼 역사적 가치가 높다.

봄에는 진입로 주변 수백 그루의 벚나무에 탐스러운 꽃송이가 매달리고, 가을에는 절 안쪽의 붉은 단풍이 관광객을 유혹한다. 그런 이유로 금산사는 봄과 가을에 사람들이 가장 많이 다녀간다. 하지만 금산사 최고의 풍경은 흰 눈에 덮인 설경이라는 사실을 아는 이는 많지 않다.

발목이 빠질 만큼 눈이 내렸을 때 금산사를 방문해 보라. 눈 쌓인 진입로를 뽀드득뽀드득 걷는 기분은 봄날의 꽃길보다 황홀하고, 앙상한 나뭇가지 위에 핀 눈꽃은 눈부시게 아름답다. 계곡 위에 소복이 내려앉아 눈밭을 이룬 풍경은 겨울의 운치를 더해 준다. 사찰 경내에 들어서면 새하얀 눈이 미륵전과 석탑을 포근하게 감싸고 있다. 특히 방등계단에서 굽어보는 절 앞마당의 풍경은 은빛 설경의 백미다.

주변 볼거리·먹거리

금평저수지 둘레길
Ⓐ 전라북도 김제시 금산면 청도리 481

4월 15주 소개(134쪽 참고)

TIP
- 눈이 내린 날 금산사를 방문한다면 아이젠과 스패츠를 준비하는 것이 좋다.

SPOT 3

착한 가격의 한우 전문점
반햇소

주소 전라북도 무주군 적상면 적상산로 3 · 가는 법 무주공용버스터미널 → 무주버스터미널 정류장 농어촌버스 7-6, 9-5, 10-2번 승차 → 적상면 정류장 하차 → 도보 8분(약 520m) · 운영시간 11:00~20:40(14:30~17:00 브레이크 타임)/매주 월요일 휴무 · 전화번호 063-324-9282 · 대표메뉴 된장찌개 6,000원, 한우탕·한우곰탕 8,000원, 불고기비빔밥 9,000원, 차림상 비용 대인(중학생 이상) 3,000원, 소인 1,000원

무주는 대전 이남에서 유일하게 스키장이 있는 곳이다. 지대가 높아 겨울에는 눈이 많이 내리며, 환경오염이 없는 청정 지역이다. 따라서 무주에서 자란 가축과 야채는 믿고 먹을 수 있다. 반햇소는 청정 한우를 키우는 햇살농장에서 운영하는 한우 전문 식당이다. 고기 맛에 반해서 '반햇소'라는 상호를 쓰는 줄 알았는데 '반디와 소가 노니는 햇살농장'이라는 의미라고 한다. 햇살농장은 무주 최초로 HACCP과 무항생제 한우 인증을 받은 곳이라 더욱 믿음이 간다.

무주 적상삼거리에 위치한 반햇소는 원하는 부위를 직접 골라 구워 먹는 정육식당이다. 상차림비를 내면 식당에서 소고기를 구워 먹을 수 있도록 푸짐한 야채와 숯불을 제공해 준다. 야채는 농장에서 직접 재배한 것이고, 일주일에 한 번 정도 참숯장인을 찾아가 가져온 참숯을 사용한다고 한다. 생생한 선홍빛의 반햇소 소고기를 숯불에 구워 입에 넣으면 육즙이 흐르면서 살살 녹는다. 이곳의 소고기가 최상의 품질과 맛을 자랑하는 이유는 '미경산한우'를 공급하기 때문이라고 한다. 미경산한우란 송아지를 한 번도 낳지 않은 25개월 미만의 암소를 말한다. 소고기 외에 한우로 만든 수제 소시지도 별미다. 고기 속에 청양고추가 들어가 있어 맛이 개운하다. 착한 가격에 믿을 수 있는 한우를 먹고 싶다면 반햇소에 들러 보길 추천한다.

주변 볼거리·먹거리

적상산전망대 적상산 정상에 위치한 양수발전소 겸 전망대로, 나선계단을 따라 빙빙 돌아 올라갈 수 있다. 전망대에 오르면 적상산과 적상호가 한눈에 들어온다.

Ⓐ 전라북도 무주군 적상면 북창리 산119-8

덕유산 향적봉

Ⓐ 전라북도 무주군 설천면 백련사길 819 Ⓞ 관광 곤돌라 운영 시간 10:00~16:00(절기와 요일에 따라 달라질 수 있음, 홈페이지 참고) Ⓣ 063-322-9000 Ⓒ 관광 곤돌라 이용 요금 대인 왕복 18,000원, 편도 14,000원/소인 왕복 14,000원, 편도 11,000원 Ⓗ www.mdysresort.com
1월 4주 소개(48쪽 참고)

TIP
- 아이들과 함께라면 명품한우 떡갈비와 한우소시지를 추가하는 것이 좋다.
- 참숯불의 화력이 좋으므로 고기가 타지 않도록 주의하자.

추천 코스 해돋이 보고 난 후 따뜻한 수제비 한 그릇

1 COURSE 🚗 자동차 이용(약 20km) ▶ 국사봉전망대

2 COURSE 🚗 자동차 이용(약 1.7km) ▶ 원조다슬기수제비

3 COURSE ▶ 전북도립미술관

주소 전라북도 임실군 운암면 국시봉로 624
가는 법 자동차 이용

1월 1주 소개(30쪽 참고)

주소 전라북도 완주군 구이면 하학길 4
운영시간 10:00~15:00/매주 월요일 휴무
전화번호 063-221-16/1
대표메뉴 다슬기수제비 6,000원, 다슬기수제비(곱배기) 7,000원, 공기밥 1,000원

한때는 동네 사람들만 아는 숨은 맛집이었지만 지금은 입소문을 타고 먼 곳에서도 일부러 손님들이 찾아온다. 다슬기수제비 단일 메뉴만 판매하는 곳이지만 점심시간에는 줄을 서서 기다려야 할 만큼 손님이 많다. 오후 3시 이전에 영업을 마감하기 때문에 늦을 경우 전화로 미리 확인해야 괜한 헛걸음을 하지 않는다.

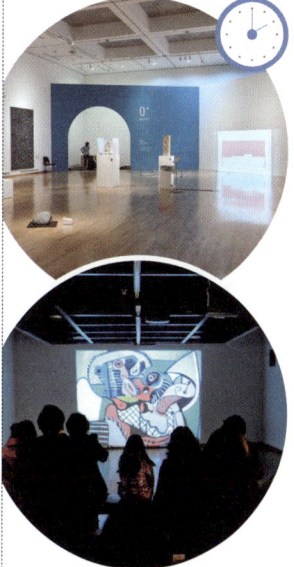

주소 전라북도 완주군 구이면 모악산길 111-6
운영시간 10:00~18:00/매주 월요일 휴관
전화번호 063 290 6888
홈페이지 www.jma.go.kr

2004년 10월 개관한 전북도립미술관은 전라북도의 대표적인 문화예술공간이다. 문화와 자연을 함께 공유할 수 있도록 모악산도립공원 내 모악산 아래쪽에 위치하고 있다. 다양한 분야의 전시뿐만 아니라 문화예술 교육과 국제 교류 등을 통해 대중성과 전문성을 동시에 추구하고 있다.

1월 둘째 주

겨울은 시리다

2 week

SPOT 1
내 마음의 고향 같은 곳
옥정호 요산공원

주소 전라북도 임실군 운암면 입석리 458-9 · **가는 법** 강진공용버스터미널 → 강진터미널정류장에서 농어촌버스 강진-운암-강진행 승차 → 입석 정류장 하차 → 도보 10분(약 700m) · 운영시간 없음

    옥정호는 지리적으로 임실에 속하지만 전주에서 가까워 가끔 찾는 곳이다. 옥정호는 마음의 고향이자, 어머니의 품같이 포근한 곳으로, 옥정호를 자주 가본 사람도 호수 끝자락에 이렇게 아름다운 공원이 있다는 사실을 아는 이는 그리 많지 않다. 요산공원에 처음 방문한 것은 20여 년 전 그때 이곳은 허허벌판이었다. 도로가 끝나는 곳에 넓은 호수만 출렁이고 있어서 우리는 이곳을 임실의 '땅끝 마을'이라 이름 붙였다.
    그런데 언제부턴가 방문하는 사람이 점점 많아지고, 임실군에서 이곳에 공원을 조성하기 시작해 지금의 요산공원이 되었

다. 조금 인위적이긴 하지만 호수 주변을 따라 멋진 목조 산책길이 놓여 있고, 공원 안쪽에는 계절마다 예쁜 꽃이 피는 정원이 완성되었다. 특히 봄에는 갓꽃(유채꽃과 비슷한 노란 꽃)이 지천으로 피어 호수와 어우러져 환상적인 풍경을 연출한다. 이 풍광을 보기 위해 봄에 많은 사람이 방문하지만 나는 요산공원의 진면목을 보고 싶다면 겨울에 방문할 것을 추천한다. 눈 내린 이른 아침에 요산공원을 찾으면 눈 쌓인 호숫가의 경치와 산 능선이 어우러져 만들어낸 풍경에 감탄을 쏟아내고 만다.

주변 볼거리·먹거리

국사봉전망대

Ⓐ 전라북도 임실군 운암면 국사봉로 624

1월 1주 소개(30쪽 참고)

TIP
- 산책길을 따라 공원을 다 둘러보는 데 1시간 정도 소요된다.
- 눈이 많이 쌓였을 때는 산책길이 미끄러울 수 있으니 미끄러지지 않도록 주의해야 한다.
- 눈이 신발에 들어갈 수 있으니 목이 긴 신발을 신을 것을 추천한다.

SPOT 2

한국관광공사 선정
4대 눈꽃축제

바래봉
눈꽃축제

주소 전라북도 남원시 운봉읍 바래봉길 214 · **가는 법** 자동차 이동 · **입장료** 8,000원 (36개월 미만 무료) · **전화번호** 063-635-0301

　날씨가 춥다고 방 안에만 있긴 싫고, 어디 가 볼 만한 곳이 없는지 찾고 있다면 남원 바래봉눈꽃축제를 추천한다. 지리산 자락의 바래봉은 스님들이 공양할 때 쓰는 그릇인 '발우'를 엎어 놓은 모양을 닮았다고 해서 붙여진 이름이다. 5월에는 철쭉이 붉게 물들고 7~8월이면 허브 향이 진하게 묻어나지만, 그래도 바래봉 최고의 풍경은 역시 겨울 설경이다. 대자연의 은빛 설원이 아름다워 '아시아의 알프스'로 불리기도 한다.

　바래봉눈꽃축제는 전라도의 유일한 눈꽃축제로, 매년 1월 초부터 2월 중순까지 열린다. 지리산 천혜의 자연경관과 화려한 눈꽃 풍경이 어우러져 방문객의 눈과 마음을 정화해 준다. 눈썰매장, 얼음썰매장, 허브체험장, 먹거리장터 등 즐길 거리가 다양한데, 그중에도 바래봉눈꽃축제의 하이라이트는 길이가 무려 120m에 이르는 눈썰매장이다. 아이들의 환호성이 끊이지 않을 만큼 최고 인기 코스이며, 어른들도 바람을 가르며 내려오는 순간만큼은 동심으로 돌아간다. 짜릿한 속도감을 즐기려는 젊은 연인들에게도 인기 있다. 어린 시절, 비닐 포대에 짚을 가득 채워 동네 뒷동산에서 타던 눈썰매는 이제 아련한 기억 속에만 남아 있다. 바래봉눈꽃축제는 아이와 어른 모두에게 특별한 겨울 추억을 선물해 줄 것이다.

TIP
- 안전사고의 위험이 있으니 어린아이들은 보호자와 함께 눈썰매를 타는 것이 좋다.
- 눈썰매를 타면 옷이 젖을 수 있으니 여별의 옷을 준비하자.
- 등산을 좋아한다면 바래봉 정상까지 다녀올 것을 추천한다.

주변 볼거리·먹거리

국악의성지 남원시 운봉읍 비전마을은 동편제 소리의 발상지이자 춘향가와 흥부가의 배경이 된 곳이다. 국악의 본고장으로서의 정체성을 확립하고 국악을 보전·계승하기 위해 이곳에 '국악의 성지'를 설립하여 전시 및 체험 프로그램을 제공하고 있다.

ⓐ 전라북도 남원시 운봉읍 비전길 69 ⓞ 09:00~18:00/매주 월요일 휴관 ⓣ 063-620-6905

SPOT 3

예술의 옷을 갈아입은 폐창고
노매럴

주소 전라남도 담양군 금성면 담순로 66 · 가는 법 담양공용버스터미널 → 담양여객버스터미널 정류장에서 농어촌버스 10-3, 13-4, 10-1번 승차 → 금성중학교 정류장 하차 → 도보 3분(약 200m) · 운영시간 평일 11:00~21:00, 토 · 일요일 11:00~21:30 · 전화번호 0507-1375-1232 · 대표메뉴 아메리카노 4,900원, 카페라테 5,900원, 달달라테 6,500원, 망고주스 9,900원

담양은 우거진 대나무숲과 초록빛 자연만 느낄 수 있는 도시는 아니다. 다양한 예술 문화 공간과 폐시설을 활용한 특별한 카페를 만날 수 있는 곳이기도 하다. 노매럴(NO MATTER)은 오래전 폐허가 된 낡은 창고를 리모델링해 새롭게 재탄생한 카페다.

노매럴 대표는 평범한 청년이었지만 20대부터 독학으로 노력해 예술가가 되었고, 꿈을 위해 카페를 창업했다. 폐창고를 인수해 자신만의 독특한 디자인으로 꾸미기 시작했는데, 리모델링 비용을 최소화하기 위해 주변의 자원들을 최대한 재활용했다고 한다. 예술가가 운영하는 카페답게 실내 곳곳에는 대부분 본인이 직접 작업한 재미있는 작품들이 걸려 있다. 독특한 카페의 외관과 컬러, 색다른 실내 구조와 조명 덕분에 개업 초기부터 담양의 힙한 카페로 20~30대 젊은이들에게 큰 인기를 끌고 있다.

주변 볼거리·먹거리

대나무골테마공원
Ⓐ 전라남도 담양군 금성면 비내동길 148 ⓗ 09:00~18:00, 금~일요일 11:00~21:00 ⓣ 061-383-9291 ⓒ 어른 2,000원, 청소년 1,500원, 어린이 1,000원
4월 17주 소개(148쪽 참고)

TIP
- 반려견 동반 가능한 카페로 반려인들에게 인기가 높다.
- 카페에 전시된 작품이 수시로 바뀌기 때문에 주기적으로 방문하면 다양한 작품을 관람할 수 있다.

추천 코스 눈꽃축제 즐기고 따끈한 돌솥비빔밥 한 그릇

1 COURSE 바래봉눈꽃축제

🚗 자동차 이용(약 21.1km)

2 COURSE 한우회관

🚶 도보 5분(약 350m)

3 COURSE 광한루원

주소 전라북도 남원시 운봉읍 바래봉길 214
입장료 8,000원(36개월 미만 무료)
전화번호 063-635-0301
가는 법 자동차 이용

1월 2주 소개(38쪽 참고)

주소 전라북도 남원시 정문길 10
운영시간 11:00~21:00(15:00~17:00 브레이크 타임)/매월 둘째, 넷째 주 목요일 휴무
전화번호 063-625-4777
대표메뉴 육회비빔밥·곰탕 10,000원, 갈비탕·불고기백반 14,000원

한우회관은 한우 전문점이지만 한우보다는 육회비빔밥이 훨씬 더 유명하다. 육회비빔밥은 대여섯 가지의 기본 반찬에 선짓국이 함께 나온다. 돌솥밥에 김가루, 달걀, 육회와 야채를 넣고 쓱쓱 비비면 맛있는 돌솥 육회비빔밥이 된다. 밥을 덜어낸 돌솥에 뜨거운 물을 부어 두면 식사 후 고소한 누룽지를 맛볼 수 있다. 이곳은 신뢰를 높이기 위해 '특산물 등급 판정 확인서'를 손님에게 공개하는데, 요리에 들어가는 고기의 품종, 성별, 육질, 등급 판정 날짜 등이 상세히 기록되어 있다.

주소 전라북도 남원시 요천로 1447
운영시간 하절기(4~10월) 08:00~21:00 (18:00~21:00 무료 입장), 동절기(11~3월) 08:00~20:00(18:00~20:00 무료 입장)
입장료 어른 3,000원, 청소년·군인 2,000원, 어린이 1,500원
전화번호 061-752-9936
홈페이지 www.gwanghallu.or.kr

광한루원은 남원을 대표하는 관광지로 〈춘향전〉의 공간적 배경이다. 성춘향과 이몽룡의 사랑만큼이나 애틋하고 아름다운 곳이다. 특히 광한루원의 중심인 광한루는 옥황상제의 궁전을 재현했다고 전해질 만큼 조형미가 뛰어나다. 광한루의 색다른 매력을 보고 싶다면 야경을 추천한다. 연못에 비치는 반영이 환상적이다.

1월 셋째 주

겨울은 현재진행형

3 week

SPOT 1

150여 년의 전통을 가진
천주교 교우촌

천호성지

주소 전라북도 완주군 비봉면 천호성지길 124 · 가는 법 자동차 이용 · 운영시간 09:00~17:00 · 전화번호 063-263-1004 · 홈페이지 www.cheonhos.org

　천호성지는 천주교 박해 시대에 선조들의 삶과 죽음의 과정을 간직한 순교자의 무덤과 집터, 그리고 자연환경이 고스란히 보존되어 있는 곳이다. 조선 후기 천주교 박해를 피해 숨어서 미사를 집전했던 공소 터가 남아 있는 천호산 기슭에 위치해 있다. '천호(天呼)마을'은 '천주(하느님)의 이름을 부르며 살아가는 마을'이라는 뜻을 가지고 있으며, 이 마을을 둘러싼 천호산의 이름과도 관련이 있다.

　천호마을에 천주교 신자들이 모여 살기 시작한 것은 기해박해(1839년) 전후로 알려져 있다. 이후 많은 신자가 모여들면서 교우촌이 형성되었고 규모가 더욱 커졌다. 당시에는 첩첩산중이었지만 현재는 잘 정비된 도로와 주차장까지 생겼다. 천호성지에는 부활성당, 피정의 집, 성물박물관과 전주에서 순교한 네 명의 천주교 성인을 모신 성인묘역 등이 있다. 150여 년 전 고난의 시기와는 달리 지금의 천호성지는 겨울 날씨에도 아름다웠다. 쌀쌀한 계절이 아니라 따뜻한 봄에 오면 또 다른 모습을 만날 수 있을 것 같다. 천주교 신자가 아니더라도 조용히 산책하며 마음의 평온을 찾고 싶다면 한 번쯤 가 볼 만한 곳이다. 잔잔한 실로암 연못을 바라보며 대나무 잎 부딪히는 청량한 소리를 들으면 복잡한 마음이 정화되는 느낌이 든다.

주변 볼거리·먹거리

완주힐조타운

ⓐ 전라북도 완주군 비봉면 천호로 235-38 ⓣ 1899-5852 ⓗ www.완주힐조타운.kr ⓒ 입장료 없음, 숙박료·체험료 별도
7월 29주 소개(254쪽 참고)

TIP
- 관광지가 아니기 때문에 조용하고 경건한 마음으로 방문해야 한다.
- 일반 방문객이라면 실로암 연못(무능제) 옆 주차장에 주차하고 걸어서 성지 전체를 둘러보는 것이 좋다. 성지를 다 둘러보는 데는 넉넉 잡아도 두 시간 정도면 충분하다.

SPOT 2

신재생에너지의 모든 것
신재생에너지 테마파크

주소 전라북도 부안군 하서면 신재생에너지로 42 · **가는 법** 부안종합버스터미널 → 부안버스터미널 정류장에서 농어촌버스 100번 승차 → 신촌·문수 정류장 하차 → 도보 8분(약 520m) · **운영시간** 하절기(3~10월) 09:00~18:00, 동절기(11~2월) 09:00~17:00/매주 월요일 휴무 · **입장료** (테마체험관) 어른 2,000원, 청소년·군인 1,500원, 어린이 1,000원, 3D 관람료 2,000원 · **전화번호** 063-580-1400 · **홈페이지** nrev.or.kr

　신재생에너지란 말은 많이 사용하지만 이에 대해 정확히 설명할 수 있는 사람은 그리 많지 않다. 신재생에너지는 햇빛, 바람, 물 등을 여러 가지 형태로 변환시켜 이용하는 에너지를 말한다. 좀 더 깊이 있게 알고 싶다면 부안에 위치한 신재생에너지테마파크에 방문해 보자. 이곳은 테마체험관, 컨벤션센터, 실증연구단지, 산업단지 등 총 네 개의 단지로 구분되어 있다. 대부분은 신재생에너지에 대한 연구와 개발을 위한 산업단지이고, 일반 방문객이 관람할 수 있는 곳은 테마체험관이다.
　30번 국도를 따라 부안군청에서 새만금방조제 방향으로 가다

보면 오른쪽에 지구를 닮은 커다란 공 모양의 건물이 눈에 들어오는데, 이곳이 바로 신재생에너지테마파크다. 신재생에너지에 대한 이론적인 정보를 딱딱하게 제공하는 대신 직접 체험하며 쉽고 재밌게 접근할 수 있도록 프로그램이 마련되어 있어 더욱 좋다. 1층에서 가자 RFID(전자태그)카드를 등록해야 모든 체험에 참여할 수 있고, 관람이 끝나면 본인이 참여한 체험의 점수를 확인할 수 있다. 아이들뿐만 아니라 어른들도 즐겁게 참여할 수 있어 겨울방학 가족 여행지로 인기가 매우 높다.

주변 볼거리·먹거리

새만금홍보관 총 길이 33.9km의 세계 최대 규모로 기네스북에 등재된 새만금 간척사업의 추진 과정과 역사를 한눈에 볼 수 있도록 각종 사진과 모형, 형상매체 등을 전시하고 있다.
Ⓐ 전라북도 부안군 변산면 새만금로 6 ⓞ 09:00~17:00/매주 월요일 휴무 ⓣ 063-584-6822 ⓗ www.isaemangeum.co.kr

TIP
- 4D영상은 특히 아이들이 무척 흥미로워한다. 별도의 관람료가 있지만 꼭 관람할 것을 추천한다.

SPOT 3

와온 해변의 일몰 맛집

카페 와온

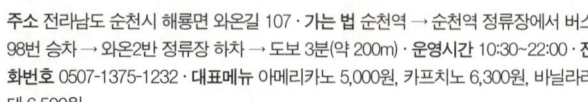

주소 전라남도 순천시 해룡면 와온길 107 · 가는 법 순천역 → 순천역 정류장에서 버스 98번 승차 → 와온2반 정류장 하차 → 도보 3분(약 200m) · 운영시간 10:30~22:00 · 전화번호 0507-1375-1232 · 대표메뉴 아메리카노 5,000원, 카푸치노 6,300원, 바닐라라테 6,500원

순천의 작은 어촌 마을을 품고 있는 와온 해변은 오로지 일몰을 보기 위해 찾아가는 곳이다. 썰물 때 드러나는 넓은 갯벌과 작은 솔섬 너머로 물들어가는 노을이 미치도록 아름답다. SNS를 통해 일몰이 아름답기로 소문이 나면서 젊은 연인과 가족이 많이 찾는 여행지가 되었다.

와온 해변의 일몰 맛집으로 불리는 '카페 와온'은 따뜻하고 분위기가 좋아 실내에서 편안하게 일몰을 볼 수 있는 최적의 장소다. 크고 멋진 외관과 감성 넘치는 실내 분위기 덕분에 사진 찍기에도 좋은 곳이다. 특히 2층 창가 자리는 통유리를 통해 넓은 와온 해변을 한눈에 담을 수 있기 때문에 경쟁이 치열하다. 해 질 무렵 밋밋했던 해변 위로 붉은 노을이 서서히 물들기 시작하면 평범했던 어촌 마을이 영화의 한 장면처럼 아름다워진다.

주변 볼거리·먹거리

여자만 갯노을길 해변 데크
ⓐ 전라남도 여수시 율촌면 봉전리 산 160-4
1월 3주 소개(47쪽 참고)

TIP
- 일몰 시간이 가까워질수록 손님이 많아지므로 조금 일찍 방문해야 좋은 자리를 선점할 수 있다.
- 일몰을 가장 잘 볼 수 있는 위치는 2층과 3층 창가 자리인데, 3층은 대부분 야외 공간이기 때문에 겨울철에는 2층을 추천한다.
- 3층 루프톱은 위험성이 있는 개방된 공간이라 노키즈존으로 운영한다.

추천 코스 와온 해변에서 만나는 일몰

1 COURSE ⓘ 자동차 이용(약 5km)
▶ 여자만 갯노을길 해변 데크

2 COURSE ⓘ 자동차 이용(약 18km)
▶ 카페 와온

3 COURSE
▶ 양지쌈밥

주소	전라남도 여수시 율촌면 봉전리 산 160-4
가는 법	자동차 이용
etc.	도로 끝에 4~5대 정도 주차 가능

순천과 여수의 경계지역으로 여자만을 끼고 도는 해변길 끝에 위치한 해변 데크다. 왕복 2.2km 정도로 천천히 걸어도 1시간 정도면 충분하다. 여자만의 깔끔한 해안 풍경과 해 질 무렵 아름다운 일몰을 감상할 수 있다.

주소	전라남도 순천시 해룡면 와온길 107
운영시간	10:30~22:00
전화번호	0507-1375-1232
대표메뉴	아메리카노 5,000원, 카푸치노 6,300원, 바닐라라테 6,500원

1월 3주 소개(46쪽 참고)

주소	전라남도 순천시 금곡길 8
운영시간	10:30~21:00(15:00~16:00 브레이크 타임)/매주 월요일 휴무
전화번호	061-752-9930
대표메뉴	돼지고기 쌈밥·고등어 쌈밥 12,000원, 주꾸미 쌈밥 17,000원, 주꾸미 돼지고기 쌈밥(大) 55,000원

순천 문화의 거리는 일명 '옥리단길'로 불리며 다양한 음식점이 생겨나고 있다. 대부분 유행에 민감한 젊은 취향의 음식점이 주를 이루는데, 양지쌈밥은 오랫동안 자리를 지켜온 전통 맛집이다. 일반적으로 알려진 돼지고기 쌈밥 외에 고등어 쌈밥, 주꾸미 쌈밥 등의 메뉴가 있으며, 특히 주꾸미 돼지고기 쌈밥의 인기가 높다.

1월 넷째 주

추워야 제맛이다

4 week

SPOT 1
겨울 산의 매력
덕유산 향적봉

주소 전라북도 무주군 설천면 백련사길 819 · 가는 법 자동차 이용 · 관광 곤돌라 운영시간 10:00~16:00(절기와 요일에 따라 달라질 수 있음, 홈페이지 참고) · 관광 곤돌라 이용 요금 대인 왕복 18,000원, 편도 14,000원/소인 왕복 14,000원, 편도 11,000원 · 전화번호 063-322-9000 · 홈페이지 www.mdysresort.com

겨울을 대표하는 꽃은 누가 뭐래도 눈꽃(雪花, 설화)이다. 덕유산은 전라도를 넘어 전국 최고의 눈꽃 산행지다. 특히 겨울 산행을 좋아하는 등산객과 사진가들에게는 꼭 한 번 다녀와야 할 성지 같은 곳이다. 소담스럽게 내린 눈이 나무에 쌓여 빛을 받으면 시시각각 다양한 빛깔로 물든다. 겨울 덕유산은 대자연의 신비와 화려한 눈꽃을 볼 수 있는 최적의 장소다.

덕유산은 전라도 무주와 장수, 경상도 거창과 함양에 걸쳐 있는 큰 산이며, 최고봉인 향적봉은 높이가 무려 1,614m에 달해 우리나라에서 네 번째로 높다. 이렇게 높은 산의 설경을 어렵지 않게 볼 수 있는 이유는 덕유산리조트의 관광 곤돌라 덕분이다. 설천하우스에서 곤돌라를 타고 20분 정도 올라가 설천봉에서 내린 뒤 30분 정도 쉬엄쉬엄 등산하면 향적봉에 도착한다. 운이 좋으면 설천봉에서 향적봉으로 가는 길에 눈부시게 아름다운 눈꽃 터널을 만날 수도 있다. 고사목에 핀 눈꽃과 설경 사이로 끝없이 펼쳐진 산 능선이 그대로 수묵담채화가 된다. 왜 덕유산이 전국 최고의 눈꽃 산행지로 손꼽히는지 향적봉에 올라봐야 비로소 그 이유를 알 수 있다.

주변 볼거리·먹거리

생두부촌

Ⓐ 전라북도 무주군 설천면 만선로 20
Ⓞ 07:30~20:00
☎ 063-322-7771 Ⓜ 버섯두부전골(大) 48,000원, 버섯순두부전골(大) 48,000원, 한방두부수육보쌈 38,000원
1월 4주 소개(53쪽 참고)

TIP
- 덕유산리조트 스키장 개장 기간에는 교통이 매우 혼잡하기 때문에 곤돌라를 타기 위해서는 아침 일찍 도착하는 것이 좋다.
- 곤돌라 탑승권 구매 방법은 절기와 요일에 따라 구매 방법이 다르다.
  - 동절기(10~2월) 주말 및 공휴일 : 인터넷 사전 예약만 가능(www.mdysresort.com)
  - 동절기(10~2월) 평일 및 하절기(3~9월) : 현장 구매만 가능(인터넷 예약 불가)
- 곤돌라에서 내려 향적봉까지 등산할 계획이라면 아이젠, 스패츠, 장갑, 모자 등 눈과 추위를 이길 수 있는 장비를 반드시 준비해야 한다.
- 덕유산리조트 내에는 호텔, 콘도, 유스호스텔 등 다양한 숙박 시설이 있으며, 리조트 입구에도 펜션, 모텔 등의 숙박 시설이 많다.

SPOT 2

두 마리 학 같은 눈부신 자태

목포대교

주소 전라남도 목포시 고하대로597번길 73 · **가는 법** 목포종합버스터미널 → 시외버스터미널에서 버스 1번 승차 → 목포해양대학교 정류장 하차 → 도보 6분(약 370m)

    삼면이 바다로 둘러싸인 목포는 해가 지고 어둠이 깔리면 한 폭의 수채화가 된다. 유달산 능선과 삼학도로 이어지는 경관 조명, 항구에 정박 중인 어선들의 조명이 은은한 조화를 이루며 아름다운 야경을 뽐낸다. 하지만 목포 최고의 야경은 역시 목포대교의 야경이다. 마치 두 마리 학처럼 눈부신 자태를 뽐내는 목포대교는 목포 시내와 고하도를 연결하는 약 4.1km의 다리로, 2012년에 개통되었다. 주탑을 먼저 세우고 케이블로 연결하는 사장교 형식의 다리이지만, 우리나라 최초로 '3웨이 케이블 공법'이라는 고난도 방식을 시도해 대교 건설의 새로운 역사를 썼

다. 굳이 이렇게 어려운 공법을 택한 이유는 다리 양쪽의 경관을 살리기 위해서라고 한다.

  목포대교의 야경을 볼 수 있는 곳은 유달산, 어민동산, 신안비치호텔 등 여러 곳이 있지만 차량을 이용해 비교적 쉽게 갈 수 있는 목포해양대학교 앞 방파제를 추천한다. 유달산에서는 고하도와 목포대교를 한눈에 내려다볼 수 있지만 목포대교의 웅장함을 가까이서 느껴 보고 싶다면 목포해양대학교 앞 방파제가 제격이다. 야경은 완전히 어두운 밤보다 해 질 무렵부터 일몰 직후가 가장 아름답다. 검푸른 하늘을 배경으로 수놓은 불빛은 눈이 시리도록 황홀하고, 바다에 비친 풍경은 오색 물감을 풀어 놓은 듯 아름답다. 겨울밤, 이곳에서 낭만적인 야경을 만끽해 보자.

주변 볼거리·먹거리

다순구미마을

Ⓐ 전라남도 목포시 올외나루길15번길

2월 6주 소개(66쪽 참고)

SPOT 3

먹음직스러운 보리굴비 한 상
법성토우

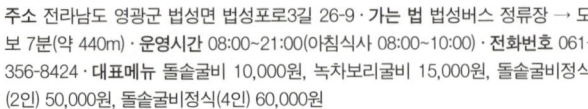

주소 전라남도 영광군 법성면 법성포로3길 26-9 · 가는 법 법성버스 정류장 → 도보 7분(약 440m) · 운영시간 08:00~21:00(아침식사 08:00~10:00) · 전화번호 061-356-8424 · 대표메뉴 돌솥굴비 10,000원, 녹차보리굴비 15,000원, 돌솥굴비정식(2인) 50,000원, 돌솥굴비정식(4인) 60,000원

주변 볼거리·먹거리

백제불교문화최초도래지

Ⓐ 전라남도 영광군 법성면 백제문화로 203 Ⓞ 09:00~18:00 Ⓒ 무료 ☏ 061-350-5999
11월 44주 소개(380쪽 참고)

굴비는 조기를 염장하여 말린 건어물로, 굴비 하면 영광이라는 지명이 저절로 따라올 정도로 영광굴비가 유명하다. 영광에서도 특히 법성포굴비가 유명한 이유는 이곳에서 조기가 많이 잡힐 뿐만 아니라 독특한 염장법과 알맞은 기후 조건 때문이다. 따라서 영광에 가면 반드시 먹어 봐야 하는 음식이 바로 굴비정식이다. 주민 7천여 명이 거주하는 면 단위의 작은 소도시지만 '굴비거리' 덕분에 언제나 활력이 넘친다. 굴비 매장과 음식점이 두 집 건너 한 집씩 있을 정도로 방문객이 많이 찾는 곳이다.

굴비정식은 대부분 1인분에 최소 2만 원 이상을 줘야 제대로 먹을 수 있는 제법 비싼 음식이지만, 법성토우에서는 저렴한 가격에 푸짐한 굴비정식을 맛볼 수 있다. 법성토우는 원래 굴비매장이 즐비한 골목길 깊숙이 위치한 작은 가게였지만, 지금은 새로 조성된 법성포 앞 상업지구에서 2층짜리 건물을 운영할 정도로 유명해졌다. 가게가 훨씬 넓어졌는데도 불구하고 식사 시간에는 30~40분 이상을 기다려야 할 만큼 인기가 높다.

게장을 좋아한다면 조금 비싼 게장굴비정식을 맛봐도 좋지만 대부분은 돌솥굴비정식을 주문한다. 10여 가지가 넘는 밑반찬에 계란탕, 굴비, 게장까지 말 그대로 상다리가 휘어지게 나오는데, 흑미를 넣어 지은 돌솥밥을 대접에 덜어 콩나물, 생채 등 여러 가지 나물과 토하젓을 넣고 비벼 먹으면 그야말로 꿀맛이다. 서비스로 나오는 게장의 살도 통통하다. 1인당 두 마리씩 나오는 굴비는 크기는 작지만 촉촉한 살점이 짜지 않아 입안에서 살살 녹는다.

추천 코스 나제통문에서 덕유산 향적봉까지

1 COURSE 🚗 자동차 이용(약 13km) **2 COURSE** 🚗 자동차 이용(약 3km) **3 COURSE**
▶ 나제통문 ▶ 생두부촌 ▶ 덕유산 향적봉

주소	전라북도 무주군 설천면 소천리 1501
가는 법	자동차 이용
etc.	나제통문에는 주차할 공간이 없고, 나제통문 삼거리 옆 무료 주차장에 주차 가능

자연 암벽을 인위적으로 뚫어 만든 통문이다. 옛 신라와 백제를 잇는 관문이라 하여 나제통문이라 부르지만 언제 만들어졌는지는 정확히 알 수 없다. 일부에서는 일제강점기 때 만들어졌다는 주장도 있다.

주소	전라북도 무주군 설천면 만선로 20
운영시간	07:30~20:00
전화번호	063-322-7771
대표메뉴	버섯두부전골(人) 48,000원, 버섯순두부전골(大) 48,000원, 한방두부수육보쌈 38,000원

두부 요리 전문점답게 다양한 종류의 두부 요리를 맛볼 수 있다. 두부는 100% 국내산 콩을 사용하고 있으며, 매일 새벽에 직접 두부를 만든다.

주소	전라북도 무주군 설천면 백련사길 819
관광 곤돌라 운영 시간	10:00~16:00(절기와 요일에 따라 변동, 홈페이지 참고)
관광 곤돌라 이용 요금	대인 왕복 18,000원, 편도 14,000원/소인 왕복 14,000원, 편도 11,000원
전화번호	063-322-9000
홈페이지	www.mdysresort.com
etc.	동절기(10~2월) 주말 및 공휴일에 관광 곤돌라를 이용하려면 미리 인터넷 예약을 해야 한다.

1월 4주 소개(48쪽 참고)

1월의 눈꽃여행
전주의 겨울왕국

눈 쌓인 설경을 느긋이 즐기고 싶다면 전주가 좋다. 가장 한국적인 도시 전주는 느린 걸음으로 걸어야 제맛이다. 많은 사람들이 전주는 가을에 가장 아름답다고 말하지만 전주의 진가는 겨울에 발휘된다. 흰 눈이 소복이 쌓인 전주 한옥마을의 고즈넉한 분위기는 물론이고, 태조로를 따라 펼쳐지는 순백의 카펫이 마음을 설레게 한다. 오목대에서 내려다보이는 하얀 지붕과 눈꽃 핀 풍경은 그대로 한 폭의 수묵화가 된다.

🚩 2박 3일 코스 한눈에 보기

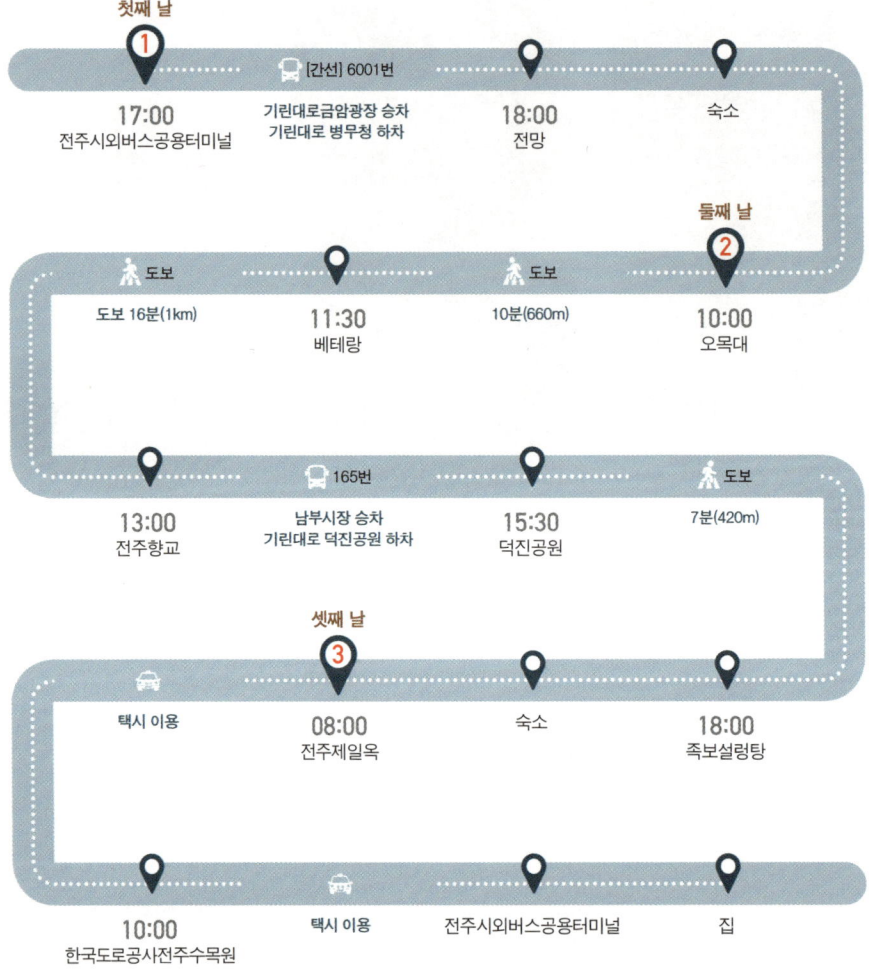

◀ **전주제일옥** 콩나물국밥 전문점으로 국물 맛이 깔끔하고 담백하다. 주문할 때 매운맛, 순한맛을 선택할 수 있다.
Ⓐ 전라북도 전주시 덕진구 송천동1가 342 Ⓞ 06:00~15:00 Ⓣ 063-275-1991 Ⓜ 콩나물국밥 7,000원, 오징어 반 마리 3,000원, 모주 2,000원

▲ **베테랑** 전주를 넘어 전국적인 칼국수 맛집으로 등극했다. 채소를 우린 국물에 달걀을 걸쭉하게 풀고 김가루와 들깨 등을 뿌려 만든 칼국수가 유명하다.
Ⓐ 전라북도 전주시 완산구 경기전길 135 Ⓞ 09:00~20:00 Ⓣ 063-285-9898 Ⓜ 칼국수 8,000원, 쫄면 7,000원, 만두 5,500원

▼ **오목대** 전주 한옥마을을 한눈에 내려다볼 수 있는 오목대는 설경마저도 매력적인 곳이다.
Ⓐ 전라북도 전주시 완산구 기린대로 55

전주향교

▲ **전주향교** 드라마, 영화 촬영지로 유명한 전주향교는 가을 은행나무 단풍과 겨울 눈꽃 설경이 눈부시게 아름다운 곳이다.
Ⓐ 전라북도 전주시 완산구 향교길 139 Ⓞ 09:00~18:00 Ⓣ 063-288-4544 Ⓗ www.jjhyanggyo.or.kr

▼ **전망** 라한호텔 옆 카페 '전망'은 전주 한옥마을 풍경을 조망할 수 있는 또 다른 명소로 사진가들이 많이 찾는 곳이다.
Ⓐ 전라북도 전주시 완산구 한지길 89 Ⓞ 09:00~23:00 Ⓣ 063-232-6106 Ⓜ 아메리카노 5,500원, 카페라테 6,500원, 스무디 7,500원 Ⓗ www.jeonmang.net

오목대

카페 전망에서 내려다보이는 전주 한옥마을의 설경

2월은 기나긴 겨울과 빨리 이별하고 싶은 달이다. 옷깃으로 파고드는 칼바람에 어깨가 자꾸 움츠러든다. 비탈진 응달에는 아직 눈이 남아 있고, 낮 기온은 여전히 영하로 내려가는 날이 더 많다. 하지만 가장 큰 명절인 설날과 봄의 시작을 알리는 입춘이 다가오고 있어 마음만은 따뜻하다. 냇가의 얼음은 단단하지만 그 속에서도 새로운 생명이 영글어 가고 있다.

2월의 전라도

긴 겨울의
여운

2월 첫째 주

자 연 의 순 리

5 week

SPOT 1

예술과 자연의 만남

남원시립
김병종미술관

주소 전라북도 남원시 함파우길 65-14 · 가는 법 남원공용버스터미널 → 택시 이용(약 2km) · 운영시간 10:00~18:00 · 전화번호 063-620-5660 · 홈페이지 nkam. modoo.at

　2018년에 개관한 남원시립김병종미술관은 짧은 기간에도 불구하고 입소문을 타고 많은 사람에게 회자되고 있다. 서울대학교 미술대학 교수이자 서울대학교미술관 관장을 역임한 김병종 작가의 명성 때문이기도 하지만 조형성이 뛰어난 미술관의 건축 디자인도 한몫했다. 건축에 조금 관심 있는 사람들은 세계적인 건축가 안도 타다오가 설계한 작품으로 착각하곤 하지만 김병종미술관은 전주의 젊은 건축가가 설계한 것이라고 한다.
　김병종미술관은 남원시에서 직접 운영하는 공립미술관으로 시민들에게 보다 품격 있는 문화 체험의 기회를 제공하고 있다. 유년 시절을 남원에서 보낸 김병종 작가가 자라면서 늘 갈

망했던 문화 예술에 대한 혜택을 고향 후배들이 누릴 수 있도록 400여 점의 작품을 기증하면서 지금의 미술관이 건립되었다. 김병종미술관은 숲으로 둘러싸인 정원형 미술관으로 새소리와 물소리가 가득하고 자연을 즐기며 마음을 치유할 수 있는 복합문화공간이다.

김병종미술관은 총 3개의 갤러리로 구성되어 있다. 갤러리 1에서는 김병종 작가의 작품을 감상할 수 있고, 갤러리 2에서는 기획 전시 작품과 남원 지역 젊은 작가들의 작품을 만날 수 있다. 갤러리 3은 빛과 어둠을 대조적인 콘셉트로 꾸민 독특한 공간이다. 일상에 지친 바쁜 현대인들이 작품을 감상하며 잠시 마음의 평안을 얻고, 멀리 창밖으로 지리산의 푸근한 능선을 보며 지친 마음을 위로 받는다.

주변 볼거리·먹거리

광한루원

Ⓐ 전라북도 남원시 요천로 1447 Ⓞ 하절기(4~10월) 08:00~21:00(18:00~21:00 무료), 동절기(11~3월) 08:00~20:00(18:00~20:00 무료) Ⓣ 063-625-4861 Ⓒ 어른 3,000원, 청소년 2,000원, 어린이 1,500원 Ⓗ www.gwanghallu.or.kr Ⓒ 주차 2,000원
1월 2주 소개(41쪽 참고)

TIP
- 미술관 입구에 위치한 북카페 '화첩기행'에서는 미술과 문학 관련 도서를 볼 수 있고, 너무 맛있어서 미안하다는 일명 미안커피를 마실 수 있다.
- 갤러리 1에 전시하는 김병종 작가의 작품은 주기적으로 교체되기 때문에 두세 달에 한 번씩 방문하면 새로운 작품을 만날 수 있다.

SPOT 2

호남의 3대 산성 중 하나
금성산성

주소 전라남도 담양군 금성면 금성산성길 75 · 가는 법 자동차 이용

혼히 무주의 적상산성, 장성의 입암산성 그리고 담양의 금성산성을 호남의 3대 산성으로 꼽는다. 순창군과 담양군의 경계를 이루는 금성산 정상(603m)에 위치한 금성산성에 오르기 위해서는 주차장 입구에서 40분 이상 발품을 팔아야 한다. 하지만 길이 그리 험하지 않아 아이들도 어렵지 않게 오를 수 있다. 주차장에서 출발해 이마에 땀이 맺힐 때쯤 가장 먼저 보국문을 만나게 된다. 보국문을 지나 10여 분을 더 오르면 충용문에 도착한다.

금성산성은 삼국시대에 처음 축조했다고 전해지며, 조선 태종 9년(1409년)에 개축한 이후 여러 번의 보수공사를 통해 성의 면모를 갖추었지만 동학농민운동 때 치열한 싸움터가 되어 대부분의 시설이 불타 없어졌다. 현재의 모습은 1994년부터 추진

된 성곽복원사업으로 외남문인 보국문과 내남문인 충용문을 복원한 것이다. 충용문 앞에 서면 너른 산과 들이 한눈에 들어온다. 무등산과 추월산이 보이고 발아래 담양호가 펼쳐진다. 겨울바람과 함께 코끝을 찌르는 솔향이 더없이 좋다. 새벽잠을 아끼고 부지런을 떨면 일출을 보기에도 좋은 곳이다. 산세 고운 동북쪽 능선 너머로 찬란한 아침 해가 떠오르는 순간의 설렘은 잊지 못할 추억이 될 것이다.

주변 볼거리·먹거리

담양메타세쿼이아 가로수길

Ⓐ 전라남도 담양군 담양읍 메타세쿼이아로 25 Ⓞ 하절기(5~8월) 09:00~19:00, 동절기(9~4월) 09:00~18:00 Ⓣ 061-380-3149 Ⓒ 어른 2,000원, 청소년 1,000원, 어린이 700원
12월 51주 소개(433쪽 참고)

TIP
- 2월에 해돋이를 보려면 아침 6시 전에 주차장에서 출발해야 한다.
- 2월에는 아직 눈이 남아 있으므로 아이젠을 준비하는 것이 좋으며, 보온에 각별히 신경 쓰도록 하자.

SPOT 3
부안에서 만나는 산토리니 풍경
씨윈드 카페

주소 전라북도 부안군 변산면 변산로 3262 · 가는 법 격포터미널 → 격포터미널 정류장에서 농어촌버스 211번 승차 → 상록 정류장 하차 → 도보 10분(약 600m) · 운영시간 09:30~21:00 · 전화번호 063-582-2228 · 대표메뉴 아메리카노 4,500원, 핫초코 5,500원, 스무디 6,500원, 와플 5,500원, 팬케이크 7,000원, 고르곤졸라 씬피자 14,000원

주변 볼거리·먹거리

금구원야외조각미술관 우리나라 최초의 개인 조각 공원으로 조각가 김오석 작가의 작업 공간이자 전시 공간이다. 작가의 열정이 담긴 150여 점의 조각 작품들이 자연과 어우러져 있다. 대형 돌조각 작품이 주를 이루고 있으며, 산책하면서 자연스럽게 작품을 감상할 수 있다.

Ⓐ 전라북도 부안군 변산면 조각공원길 31 Ⓞ 아침해가 뜬 직후부터 해가 지기 1시간 전까지 Ⓣ 063-584-6770 Ⓗ www.keumkuwon.org Ⓒ 어른 2,000원, 어린이 1,000원

부안 격포항에서 30번 국도를 타고 달리다 보면 바다가 내려다보이는 확 트인 공간에서 '씨윈드 카페'를 만날 수 있다. 마치 그리스의 작은 섬 산토리니 마을의 어느 집 한 채를 그대로 옮겨놓은 것처럼 아름다운 건물이 마음을 설레게 한다. 1층이 카페고, 2층은 펜션이다.

카페는 외관만 아름다운 것이 아니라 아기자기한 실내 인테리어도 눈길을 사로잡는다. 실내 곳곳이 인생 사진을 찍을 수 있는 포토존이다. 날씨가 좋은 날 실내 폴딩도어를 열면 신선한 바람과 함께 변산 앞바다가 한눈에 들어온다. 해 질 무렵에는 서해의 아름다운 석양을 볼 수 있는 일몰 포인트다. 카페에서는 커피, 차 등 기본 음료 외에 와플, 팬케이크, 피자 등 가벼운 식사가 가능한 여러 종류의 메뉴를 판매하고 있다. 특히 여름에는 계절 메뉴인 옛날 빙수를 판매하는데 꽤 인기가 높다.

TIP
- 날씨가 좋은 날에는 실내에만 있지 말고 테라스나 루프톱을 이용하는 것도 추천한다.
- 2층은 펜션으로 운영하므로 루프톱을 이용할 때는 투숙객들에게 불편함을 주지 않도록 주의하자.

추천 코스 미술관 옆 제과점

1 COURSE 🚕 택시 이용(약 1.7km)
▶ 남원시립 김병종미술관

2 COURSE 🚶 죽항동주민센터 정류장까지 도보 7분(약 400m) ▶ 🚌 1-112, 1-131, 1-141번 버스 승차 ▶ 황죽 입구 정류장 하차 ▶ 🚶 도보 1분 (약 50m)
▶ 명문제과

3 COURSE
▶ 황금보리밭

주소	전라북도 남원시 함파우길 65-14
운영시간	10:00~18:00
전화번호	063-620-5660
홈페이지	nkam.modoo.at
가는 법	남원공용버스터미널 → 택시 이용(약 2km)

2월 5주 소개(58쪽 참고)

주소	전라북도 남원시 용성로 56
운영시간	10:00~20:00/매주 월요일 휴무
전화번호	063-322-7771
대표메뉴	생크림슈보르 1,900원, 꿀아몬드 2,000원, 수제햄빵 3,300원
etc.	빵 나오는 시간 10:00, 13:30, 16:30(하루 세 번)

남원에서 가장 오래된 빵집으로 40년 가까운 역사를 자랑한다. 〈백종원의 3대 천황〉에 출연한 뒤로 더욱 유명해졌다. 하루 세 번 빵이 나오는데, 빵이 나오는 시간에는 평일에도 줄을 서야 할 만큼 많은 사람이 찾는다. 생크림슈보르, 꿀아몬드, 수제햄빵이 명문제과의 대표 빵이다.

주소	전라북도 남원시 누른대길 64
운영시간	11:00~21:00(브레이크 타임 15:00~17:00)/첫째 주, 셋째 주 일요일 휴무
전화번호	063-636-0799
대표메뉴	해물찜닭 50,000원, 찜닭 33,000원, 뼈다귀전골(大) 33,000원, 소불고기 쌈밥 10,000원

황금보리밭의 대표 메뉴인 해물찜닭은 해물과 닭의 특별한 조합으로 사람들의 입맛을 사로잡는다. 해물탕도 아닌 것이, 찜닭도 아닌 것이 참 깊고도 오묘한 특별한 맛을 선사한다. 정갈하고 맛있는 반찬과 깔끔한 실내 분위기 덕분에 식당에 대한 만족도가 더욱 높아진다.

2월 둘째 주

한 해의 안녕을 기원하며

6 week

SPOT 1

정월대보름 세시 풍속

박사골 정월대보름축제

주소 전라북도 임실군 삼계면 충효로 1281 · 가는 법 자동차 이용 · 전화번호 삼계면 사무소 063-640-4251

　박사골은 면 단위로는 우리나라에서 가장 많은 박사를 배출한 임실군 삼계면의 별칭이다. 두 집 건너 한 집에 박사가 나왔다는 우스갯소리가 있지만, 실제로는 인구 1,600여 명 남짓한 이 고장에서 약 160여 명의 박사가 배출되었다고 한다. 박사골만큼이나 삼계를 유명하게 만든 것은 바로 쌀엿이다. 너무 달지 않고 이에 잘 달라붙지도 않는 삼계쌀엿은 겨울철 별미로 인기가 높아 설이 가까워 오면 없어서 못 팔 정도로 선물용 주문이 쇄도한다. 최근에는 정월대보름축제의 '달집태우기' 행사로 또 한 번 박사골이 주목받고 있다. 일명 '달사르기'라고도 불리는 달집태우

주변 볼거리·먹거리

오수의견공원 술에 취해 숲에서 잠든 주인을 화재로부터 구하고 목숨을 잃은 의견의 넋을 위로하고 희생정신을 기리기 위해 조성한 공원이다.

Ⓐ 전라북도 임실군 오수면 충효로 2096-16
Ⓣ 063-640-2941

TIP
- 달집은 오후 7시에 점화하므로 그 전에 도착하는 것이 좋다.
- 달집에서 날아오는 불씨에 옷이 탈 염려가 있으니 각별히 주의하자.

기는 1980년대 이전만 하더라도 대부분의 농촌에서 정월대보름이 되면 한 해의 풍년과 안녕을 기원하며 벌이는 마을 축제였다. 하지만 농촌 인구가 급감하면서 자연스럽게 사라졌다. 어릴 적에 달집태우기를 경험한 세대에게는 두고두고 생각나는 즐거운 추억이다. 그런데 몇 년 전부터 귀농 인구가 증가하고 농촌이 다시 활력을 찾으면서 박사골에도 달집태우기 행사가 부활한 것이다. 박사골의 달집태우기 행사는 참여 인원과 규모가 면 단위 행사로는 다른 지역을 압도할 정도로 크게 열린다. 달집을 태우기 전에 각자의 소원이 담긴 풍등을 날리고, 달집에 불을 붙여 화력이 절정에 다다르면 폭죽이 화려하게 밤하늘을 수놓는다. 마을 부녀회에서 준비한 음식을 나눠 먹고 풍년을 기원하는 주민노래자랑을 끝으로 정월대보름축제가 마무리된다. 달집이 활활 타오르는 장관을 보고 싶다면 꼭 한 번 방문해 보자.

SPOT 2

유달산 아래 달동네
다순구미마을

주소 전라남도 목포시 올뫼나루길15번길 · **가는 법** 목포역 → 목포역 정류장에서 버스 1번 승차 → 아리랑고개입구 정류장 하차 → 도보 7분(약 430m)

목포 유달산 아래 집들이 오순도순 모여 바다를 굽어보는 동네가 있다. 좁은 골목과 가파른 계단이 많은 이곳은 가난한 고기잡이 선원들이 모여 사는 다순구미마을이다. '다순'은 '따뜻하다'는 뜻의 전라도 사투리고, '구미'는 '바닷가의 후미지고 깊은 곳'을 가리키는 말이다. 지형적인 영향으로 북서풍이 닿지 않아 겨울에도 따뜻하기 때문에 붙은 이름이라고 한다. 목포에서 가장 오래되었다는 다순구미마을은 전형적인 달동네로, 울긋불긋 양철지붕을 덮어쓴 집들이 옹기종기 모여 있다. 골목길은 미로처럼 뻗어 있고, 벽의 페인트는 군데군데 벗겨져 있으며, 일부는 반쯤 허물어진 곳도 있다. 일제강점기 개항 무렵부터 근현대까지의 풍경이 오롯이 남아 있는 곳이다.

1970년대까지 남자들은 뱃일을 하고, 여자들은 생선을 운반하거나 그물을 수리하며 생계를 이어 갔다. 바닷물이 빠지는 조금* 때는 뱃일을 할 수 없어 남편이 집에서 쉴 때 아이를 갖는 집이 많았는데, 이 아이들을 '조금새끼'라 부르기도 했다. 남자들은 바다에 나가 목숨을 잃고, 골목에서 놀던 조금새끼들도 도시로 떠나 이제 마을은 노인들이 지키고 있다. 마을 입구에서 벽돌을 생산했던 조선내화 공장도 오래전 문을 닫은 채 세 개의 굴뚝에 의지해 버티고 서 있다. 다순구미마을은 여러 가지 이유로 몇 년 전 재개발이 결정되었다. 머지않아 아파트 단지가 들어설 계획이라고 한다. 100년 가까운 세월의 자취가 어느 날 흔적도 없이 사라진다는 것은 참으로 안타까운 일이다.

주변 볼거리·먹거리

목포대교

Ⓐ 전라남도 목포시 고하대로 597번길 73

1월 4주 소개(50쪽 참고)

*
조금 : 조수(潮水)가 가장 낮은 때를 이르는 말

TIP
- 골목길의 경사가 급하므로 넘어지지 않도록 주의하자.
- 사람들이 살고 있는 마을이니 일상생활에 방해가 되지 않도록 조심하자.
- 마을 입구에서 골목길을 따라 마을 끝까지 가면 마을 전체를 조망할 수 있는 바위로 올라갈 수 있다.

SPOT 3

전주 서부 신시가지
고품격 베이커리 카페
네잎클로버

주소 전라북도 전주시 완산구 홍산북로 23-3 · **가는 법** 전주시외버스공용터미널 → 시외버스터미널 정류장에서 버스 72번 승차 → 유로병원 정류장 하차 → 도보 7분(약 400m) · **운영시간** 10:00~22:00 · **전화번호** 063-221-4120 · **대표메뉴** 아메리카노 4,000원, 카페라테 4,500, 바닐라라테 5,000원

예전에는 농산물이나 토종 음식이 그 지역을 대표하는 먹을거리였는데, 언제부턴가 빵이 그 자리를 차지하고 있다. SNS에서는 전국 빵집을 찾아 돌아다니는 '빵지순례'라는 말이 유행하기도 했다. 이런 트렌드의 영향으로 빵집이 새로운 형태로 변화하고 있다. 우리에게 익숙한 동네 빵집이 아니라 빵과 음료를 함께 판매하는 고품격 베이커리 카페로 새롭게 태어나고 있다.

전주 서부 신시가지의 네잎클로버는 고품격 베이커리 카페의 대표 주자다. 외관만 봤을 때는 최근에 많이 생기는 대형 카페라고 생각하지만 실내로 들어가면 화려한 조명과 독특한 공간 구조에 놀라고, 다양한 빵과 음료를 함께 마실 수 있는 베이커리 카페라는 사실에 또 한 번 놀란다. 사람들의 입소문을 타면서 주말에는 자리를 잡기 어려울 정도로 많은 사람이 방문하고 있다.

TIP
- 실내 조명이 화려해 소위 말하는 '인스타 감성' 사진 찍기 좋은 곳이다.
- 가장 인기 있는 자리는 1층에서 2층으로 올라가는 계단 중앙에 위치한 좌식 테이블이다.

주변 볼거리·먹거리

솔가숯불갈비 신시가지점 전주 아중지구에 본점을 둔 솔가숯불갈비가 서부 신시가지에 2호점을 열었다. 20년 전통의 갈비 맛집답게 평일에도 손님이 많은 편이다. 특히 영화 <기생충>의 관계자들이 회식한 장소로 알려지면서 더욱 인기를 끌고 있다.

ⓐ 전라북도 전주시 완산구 석산2길 17-15 1층 ⓗ 11:00~23:00 ⓣ 0507-1477-1184 ⓜ 수제돼지갈비 14,000원, 솔가삼겹살 13,000원, 갈비탕 10,000원, 해장국 7,000원

베테랑 신시가지점 1977년 개업하여 전주를 넘어 전국 칼국수 맛집으로 등극한 전주 한옥마을의 베테랑이 전주 신시가지에 분점을 열었다. 그동안 베테랑 칼국수를 먹으려면 전주 한옥마을로 가야 했지만 이제 서부 신시가지에서도 그 맛을 즐길 수 있다.

ⓐ 전라북도 전주시 완산구 우전로 260 ⓗ 09:00~21:00 ⓣ 063-229-1977 ⓜ 칼국수 7,000원, 쫄면 6,000원, 만두 5,000원

추천 코스 목포대교 구경하고 얼큰한 짬뽕 한 그릇

1 COURSE ▶ 다순구미마을
아리랑고개입구 정류장까지 도보 7분(약 430m) ▶ 버스 1, 33번 승차 ▶ 목포해양대학교 정류장 하차 ▶ 도보 6분(약 370m)

2 COURSE ▶ 목포대교
해양대학교 정류장까지 도보 6분(약 370m) ▶ 버스 1번 승차 ▶ 동신대학교한방병원 정류장 하차 ▶ 도보 6분(약 330m)

3 COURSE ▶ 교동짬뽕

주소 전라남도 목포시 올외나루길 15번길
가는 법 목포역 → 목포역 정류장에서 버스 1번 승차 → 아리랑고개입구 정류장 하차 ▶ 도보 7분(약 430m)

2월 6주 소개(66쪽 참고)

주소 전라남도 목포시 고하대로 597번길 73

1월 4주 소개(50쪽 참고)

주소 전라남도 목포시 백년대로 307번길 20
운영시간 10:30~21:00
전화번호 061-284-7793
대표메뉴 짜장면 6,000원, 간짜장 8,000원, 교동짬뽕 9,000원, 차돌짬뽕 10,000원

'대한민국 5대 짬뽕'이라 불릴 정도로 명성이 높다. 골목길에 위치해 있어 찾기가 다소 어렵지만 멀리서 봐도 간판이 눈에 띈다. 짬뽕에는 홍합을 비롯한 해산물이 많이 들어가고, 김치가 들어가 매콤하면서도 국물 맛이 진하다. 주문할 때 더 맵게 또는 덜 맵게 주문이 가능하다.

2월 셋째 주
겨울을 보낼 채비

7 week

SPOT 1
육지의 가장 남쪽 절
미황사

주소 전라남도 해남군 송지면 미황사길 164 · **가는 법** 자동차 이용 · **전화번호** 061-533-3521 · **홈페이지** www.mihwangsa.org

　매서운 겨울바람이 잦아들 만도 한데 여전히 혹독하다. 그래도 육지의 남쪽 끝 미황사에 도착하니 남도의 따뜻한 기운이 느껴진다. 통일신라 경덕왕 8년(749년)에 처음 축조했다가 임진왜란으로 소실된 것을 선조(1598년) 때 다시 지었다는 미황사는 이름만큼이나 아름다운 절이다. 대웅보전은 단청 없이 단아한 모습인데, 달마산을 등 뒤에 두르고 있어 산세와 어우러진 풍경이 전통건축의 멋을 보여 준다. 대웅보전 나무기둥의 주름 무늬는 인공으로는 도저히 흉내 낼 수 없을 만큼 일품이다. 주춧돌 위에 새겨진 게와 거북 조각은 어느 절에서도 볼 수 없는 독특한 모습이다. 바다와 가까운 절이라는 연유로 이런 장식이 남아 있을 것

이라는 추측만 무성할 뿐이다.

　대웅보전 앞을 가로질러 오른쪽 숲길을 따라가면 미황사의 자랑인 부도밭을 만날 수 있다. 약 1.5km의 숲길은 경사가 없고 완만하기 때문에 걸어서 가볍게 다녀올 수 있는 산책 코스다. 부도밭으로 가는 길에는 무너진 돌담과 아담한 대밭이 있으며, 대밭이 끝나는 곳에 이르러서야 부도를 만날 수 있다. 부도는 대부분 조선 후기에 만들어진 것으로, 부도마다 연꽃, 물고기, 원숭이, 거북 등 이린이의 그림처럼 꾸밈없이 아름다운 조각이 새겨져 있다. 다양한 그림이 새겨진 부도는 미황사에서 빼놓지 말고 둘러보아야 할 구경거리이니 잊지 말자.

주변 볼거리·먹거리

대흥사

Ⓐ 전라남도 해남군 삼산면 대흥사길 400 Ⓓ 09:00~18:00 Ⓒ 어른 4,000원, 청소년(중·고등학생) 2,000원, 어린이(초등학생) 1,500원 Ⓣ 061-534-5502 Ⓗ www.daeheungsa.co.kr
8월 35주 소개(303쪽 참고)

TIP
- 미황사로 향하는 농어촌버스는 운행 횟수가 매우 적다. 따라서 자동차로 여행할 것을 추천한다.
- 미황사를 배경으로 사진을 찍을 때는 대웅보전과 함께 뒤쪽의 달마산이 잘 보이도록 촬영할 것을 추천한다.
- 방문객이 붐비지 않는 날에는 절밥 공양이 가능하다. 사무소에 미리 문의해 보자.

SPOT 2

100년이 넘은 시장의 부활

1913송정역시장

주소 광주광역시 광산구 송정로8번길 13 · 가는 법 광주송정역 → 도보 5분(약 300m) · 전화번호 062-942-1914 · 홈페이지 1913songjungmarket.modoo.at · etc. 공영주차장 시장 이용고객 1시간 무료, 초과 30분까지 200원, 15분당 100원 추가

　쇠락해가던 재래시장인 송정역전매일시장이 '1913송정역시장'으로 다시 태어났다. 1913년부터 광주 송정역과 명맥을 같이한 송정역전매일시장은 100년이 넘는 역사를 간직한 유서 깊은 전통시장이었다. 한때는 넘쳐나는 손님과 물건들로 북적거렸던 시장이 1990년대부터 생겨난 대형마트에 밀려 서서히 쇠퇴의 수순을 밟았다. 이렇게 쇠락해가던 시장에 새로운 바람을 불어 넣은 것은 공공기관이 아닌 디자인 경영으로 유명한 현대카드였다. 강원도 봉평장 프로젝트를 성공적으로 추진했던 현대카드가 전체적인 콘셉트와 디자인 기획을 담당해 큰 주목을 받았다.

　2016년 4월, 현대카드 덕분에 완전히 태어난 1913송정역시장은 더 이상 낡고 오래된 재래시장이 아닌 20~30대도 한 번 방문

해 보고 싶은 젊고 트렌디한 전통시장으로 탈바꿈했다. 송정역시장 프로젝트는 기존 건물을 없애고 새로운 건물을 짓는 형태가 아니라 리모델링을 최소화하고 건물과 간판 디자인에 상인들의 역사와 추억을 담았다. 과거와 현대가 공존하는 모습, '바꾸기 위한 변화가 아니라 지키기 위한 변화'를 선택한 것이다.

1913송정역시장이 다른 전통시장과 조금 다른 점은 물건을 사고파는 상점의 기능보다는 먹거리가 우선인 '먹거리 중심 시장'이라는 것이다. 상점의 기능은 대형마트에 비해 경쟁력이 떨어지기 때문에 어쩔 수 없는 선택이었지만 오히려 이것이 시장의 차별화 전략이 되었다. 사람들이 왁자지껄한 분위기의 시장 음식이 그립다면 1913송정역시장에서 사람 냄새를 느껴 보자.

주변 볼거리·먹거리

국립광주과학관

Ⓐ 광주광역시 북구 첨단과기로 235 Ⓞ 09:30~17:30 / 매주 월요일 휴관 Ⓣ 062-960-6210 Ⓗ www.sciencecenter.or.kr
12월 50주 소개(422쪽 참고)

TIP
- 1913송정역시장은 낮과 해가 진 후의 풍경이 완전히 다르다. 좀 더 운치 있는 전통시장의 분위기를 느끼고 싶다면 해 질 무렵에 방문할 것을 추천한다.
- 시장 주변은 주정차 단속이 심하므로 자동차로 이동할 경우에는 시장 옆 공영주차장 이용을 추천한다. 시장 이용고객은 1시간 무료 주차가 가능하고, 1시간 초과 후에도 주차요금이 매우 저렴하다.

SPOT 3

겨울철 별미, 백합탕

군산식당

주소 전라북도 부안군 변산면 격포항길 16 · **가는 법** 격포터미널 → 도보 5분(약 200m) · **운영시간** 08:30~20:00 · **대표메뉴** 백반 9,000원 백합죽·바지락죽 11,000원, 충무공정식(4인) 50,000원, 백합정식(4인) 110,000원 · **전화번호** 063-583-3234

다양한 식당이 몰려 있는 격포항은 그 어느 지역보다 먹거리가 풍부한 여행지다. 백합탕, 바지락죽, 광어회, 오징어불고기 등 어느 하나 빼놓을 게 없다. 이 중 겨울철 별미는 단연 백합탕이다. 보글보글 끓어오르는 백합탕을 보고 있자면 차라리 추운 겨울이 고맙게 느껴질 정도다. 백합은 단단한 갯벌에서 자라며, 몸속에 펄을 머금지 않아 비린내가 없다. 어린아이 주먹만 한 백합은 회로 먹어도 좋지만 탕, 찜, 구이, 죽 등 다양한 요리가 가능하다.

격포항 주변의 음식점 중에서 백합탕으로 가장 추천할 만한 곳은 '군산식당'이다. 군산식당에서 백합탕을 주문하면 백합탕은 물론 백합찜, 백합죽까지 다양한 백합 요리를 한 번에 맛볼 수 있다. 보글보글 맑게 끓인 백합탕 국물을 한 모금 마시면 추위에 움츠러든 몸이 따뜻하게 데워진다. 백합찜의 뽀얀 속살을 초장에 찍어 먹으면 향긋한 바다 향이 입안 가득 퍼진다. 마지막에 나오는 백합죽은 쫄깃함과 고소함이 잘 어우러져 있다. 군산식당은 평일에도 관광객과 인근 주민들로 붐빌 만큼 맛집으로 소문난 곳이다. 실내가 조금 비좁고 깔끔하지 않아 실망할 수도 있지만 음식 맛을 보면 이내 마음이 너그러워질 것이다.

주변 볼거리·먹거리

채석강
Ⓐ 전라북도 부안군 변산면 격포리 301-1 ⓣ 063-582-7808
ⓒ 채석강 방문은 물때를 확인하고 찾아가야 멋진 경관을 즐길 수 있다.
2월 7주 소개(75쪽 참고)

TIP
- 근처에 주차장이 없으니 주차하고 걸어가야 한다.
- 주말에는 손님이 많아 오랫동안 기다려야 할 수도 있다.

추천 코스 변산 앞바다의 아름다운 일몰

1 COURSE ▶ 군산식당 — 도보 12분(약 800m) — **2 COURSE** ▶ 채석강 — 도보 25분(약 1.5km) — **3 COURSE** ▶ 격포방파제

주소 전라북도 부안군 변산면 격포항길 16
운영시간 08:30~20:00
전화번호 063-583-3234
대표메뉴 백반 9,000원, 바지락죽·백합죽 11,000원, 백합찜 30,000원, 충무공정식(4인) 50,000원, 백합정식(4인) 110,000원
가는 법 격포터미널 → 도보 5분(약 200m)

2월 7주 소개(74쪽 참고)

주소 전라북도 부안군 변산면 격포리 301-1
전화번호 063-582-7808
etc. 채석강 방문은 물때를 잘 확인하고 찾아가야 멋진 견관을 즐길 수 있다.

채석강이라는 이름은 당나라의 시선 이태백이 강물에 비친 달을 잡으려다 삶을 마감했다는 장소에서 기인했다. 바닷물에 침식되어 겹겹이 쌓인 절벽의 퇴적암이 마치 수만 권의 책을 쌓아 놓은 듯한 형태로 사람들의 감탄을 자아낸다. 퇴적암 안쪽으로 들어가면 독특한 해식동굴과 기암괴석, 그리고 푸른 하늘이 어우러진 아름다운 풍광을 감상할 수 있다.

주소 전라북도 부안군 변산면 격포리 794
etc. 만조 시 파도가 심할 때는 방파제가 위험할 수 있으니 각별히 조심해야 한다.

채석강과 멀지 않은 격포방조제는 날씨가 좋은 날이면 많은 낚시꾼들이 몰리는 곳이다. 긴 방조제를 따라 다양한 어종을 낚을 수 있기 때문에 낚시꾼들에게 인기가 많다. 하지만 해 질 무렵에는 변산 앞바다의 일몰을 보기 위해 많은 사람이 모여든다. 격포방조제 끝에 자리 잡은 등대 너머로 떨어지는 일몰이 가히 환상적이다. 운이 좋으면 변산 8경 중 하나로 불리는 '서해 낙조'를 제대로 만날 수 있다.

2월 넷째 주

아직 시린 2월

8 week

SPOT 1
가장 먼저 봄소식을 전하는
금둔사

주소 전라남도 순천시 낙안면 상송리 산2-2 · **가는 법** 자동차 이용 · **전화번호** 061-754-6942

　순천에는 송광사, 선암사 등 이름만 들어도 알 만한 사찰이 많다. 하지만 금둔사를 아는 이는 그리 많지 않다. 낙안읍성 근처 금전산 자락에 기대어 있는 금둔사는 본래 통일신라 때 세워졌지만 후에 소실되었다가 1980년대에 복원된 것으로 전해진다. 절의 규모가 작고 고색창연한 기품도 없지만 입구의 돌다리는 선암사 승선교와 비교할 만큼 조형미가 뛰어나다.

　최근 금둔사는 우리나라에서 가장 먼저 봄소식을 전하는 홍매화인 납월매로 유명해졌다. '납월'은 음력 섣달을 뜻하는 말로, 음력 섣달에 피는 매화라 하여 '납월매'라 부르는 것이다. 뒤쪽의 금전산이 바람을 막아 주고 앞쪽에는 햇볕이 잘 들어 일찍 핀 홍

매화가 다른 곳보다 빨리 봄을 알린다. 금둔사에는 여섯 그루의 매화나무가 있다. 전각 사이에 핀 분홍빛 꽃송이에 눈이 환해지고 마음에 봄빛이 스며든다. 꽃의 생김새가 겹겹으로 성글고, 외래종과 달리 향이 짙고 그윽하다. 금둔사의 홍매화를 제대로 즐기려면 2월 말부터 3월 초 사이에 방문할 것을 권한다. 빠르면 1월 말부터도 피기 시작하지만 3월 초쯤에 가장 화려한 자태를 뽐낸다. 특히 검은 기와지붕과 어우러진 분홍빛 홍매화가 눈부시게 아름답다. 겨울철 칼바람과 추위를 오롯이 견뎌 내고 이렇게 화려한 꽃을 피운 홍매화가 참으로 대견하다.

TIP
• 홍매화는 어두운 배경에 역광으로 촬영하는 것이 좋다.

주변 볼거리·먹거리

낙안읍성민속마을
ⓐ 전라남도 순천시 낙안면 평촌리 6-4 ⓞ 2~4월·11월 09:00~18:00, 5~9월 08:30~18:30, 1월·11~12월 09:00~17:30 ⓣ 061-749-8831 ⓒ 어른 4,000원, 청소년·군인 2,500원, 어린이 1,500원 ⓗ http://www.suncheon.go.kr/nagan
2월 8주 소개(83쪽 참고)

SPOT 2
양곡창고의 색다른 변신
삼례문화
예술촌

주소 전라북도 완주군 삼례읍 삼례역로 81-13 · 가는 법 삼례공용버스터미널 → 삼례터미널 정류장에서 좌석버스 111번 승차 → 삼례역 정류장 하차 → 도보 6분(약 400m) · 운영시간 10:00~18:00/매주 월요일 휴관 · 전화번호 063-290-3862~3 · 홈페이지 www.samnyecav.kr

전주에서 기차로 10여 분 거리에 있는 삼례는 만경강 상류에 자리하고 있다. 기후가 온화하고 토지가 비옥한 만경평야를 끼고 있는 천혜의 자연환경은 아이러니하게도 일제강점기 때 군산, 김제와 더불어 양곡 수탈의 중심지가 되는 결과를 낳았다. 1970년대까지 농협의 창고로 사용된 삼례양곡창고는 이런 역사의 아픔을 고스란히 간직하고 있는 곳이다. 이후 오랫동안 흉물로 방치되던 이곳이 2013년 문화와 예술을 담은 삼례문화예술촌으로 다시 탄생했다.

문화재청으로부터 근대문화유산으로서의 가치를 인정받고

있는 삼례문화예술촌은 1920년대에 지어진 원형을 최대한 훼손하지 않으면서 현대적인 감각을 덧붙인 공간이다. 총 일곱 개 동으로 구성된 삼례문화예술촌의 외관은 오랜 세월의 흔적이 역력하지만 내부에는 현대 예술과 문화를 담아내 과거와 현재가 조화롭게 공존하고 있다. 다양한 미술 체험을 통해 아이들의 상상력을 기를 수 있는 '모모미술관', VR(가상현실)과 동작 인식기술 등 4차산업 관련 기술 및 제품을 체험할 수 있는 '디지털아트관', 여러 장르의 공연과 영화를 볼 수 있는 '소극장 시어터애니', 나만의 책을 만들 수 있는 '책공방 북아트센터' 등의 문화 공간이 마련되어 있으며, 쌀쌀한 날씨에 삼례문화예술촌을 둘러본 후 따뜻한 커피 한 잔을 마실 수 있는 카페도 있다. 최근 기차 타고 떠나는 겨울여행 코스로 입소문이 난 이곳은 날씨가 조금 풀린 2월 말쯤에 방문하기에 가장 좋은 시기다.

주변 볼거리·먹거리

삼례성당 1955년에 완공된 본당의 아치형 입구가 미학적으로 뛰어난 건축물이다. 삼례문화예술촌에서 도보 3분 거리에 있다.

Ⓐ 전라북도 완주군 삼례읍 삼례역로 65 Ⓣ 063-291-3874

삼례책마을 1999년에 설립한 '영월책박물관'이 2013년 삼례로 이전했다. 해마다 2~3회씩 북페스티벌, 학술세미나 등의 문화행사가 열린다.

Ⓐ 전라북도 완주군 삼례읍 삼례역로 68 Ⓣ 063-291-7820 Ⓗ www.koreabookcity.com

TIP
- 각 시설별 체험비는 입장료에 포함되어 있지 않으므로 별도로 지불해야 한다.
- 각 시설별로 실내 사진 촬영이 불가한 곳도 있다. 규정을 확인하고 따르도록 하자.

SPOT 3

아열대 식물원에서 만나는
봄의 향기

전라북도 산림환경연구소 고원화목원

주소 전라북도 진안군 백운면 덕현로 45-54 · **가는 법** 자동차 이용 · **운영시간** 09:00~18:00 · **전화번호** 063-290-5494 · **홈페이지** forest.jb.go.kr

'대동강 물도 풀린다'는 우수(雨水)가 지나고 나면 슬슬 봄기운을 느끼고 싶은 시기가 온다. 여전히 아침저녁으로는 옷깃에 찬바람이 스며들지만 곳곳에서 들려오는 봄소식에 마음이 설레는 시기다. 전라도의 남도 지역은 비교적 따뜻해서 간간이 꽃 소식이 들려오지만 북도 지방은 아직 꽃을 보기엔 조금 이른 시기다. 하지만 이맘때 진안 내동산 아래 위치한 '고원화목원'에 방문하면 각양각색의 꽃을 만날 수 있다.

2017년 개원한 고원화목원은 전라북도 산림환경연구소에서 운영하는 식물원이다. 사계절 다양한 식물을 만날 수 있는 곳으로 1,100여 종이 넘는 많은 식물을 보유하고 있다. 고원 지역인 진안의 지리적 특성에 맞게 고산 지역에서 주로 볼 수 있는 구

름국화, 한라구절초, 구상나무 등 우리 꽃과 나무가 주종을 이룬다. 또한 아열대 온실에서는 금호선인장, 파인애플, 바나나 등 아열대 식물과 독특한 꽃을 볼 수 있다. 파릇파릇 새싹이 피어나는 봄에 찾는다면 주변을 산책하기도 좋을 것 같다.

아이들과 함께 방문한다면 산림문화홍보관도 둘러보는 것이 좋다. 평소에는 방문객이 많지 않아서 에너지 절약을 위해 소등하고 있지만 관리 담당자에게 문의하면 편안하게 관람할 수 있도록 친절하게 안내해 준다. 우리나라 산림에 대한 다양한 정보를 얻을 수 있고, 간단한 체험 공간도 있어 아이들에게 인기가 높다.

주변 볼거리·먹거리

마이산탑사

Ⓐ 전라북도 진안군 마령면 마이산남로 367 Ⓞ 06:00~18:00 Ⓣ 063-433-0012 Ⓒ 어른 3,000원, 청소년 2,000원, 어린이 1,000원 Ⓗ www.maisantapsa.com

12월 50주 소개(425쪽 참고)

TIP
- 아열대 온실은 실내 기온이 높은 편이라 들어갈 때 옷차림을 가볍게 하는 것이 좋다.
- 아열대 온실을 다 둘러보는 데는 천천히 둘러봐도 1시간 정도면 충분하다.

SPOT 4
자연을 담은 건강한 빵
목월빵집

주소 전라남도 구례군 구례읍 서시천로 85 · **가는 법** 구례공영버스터미널 → 도보 17분(약 1.1km) · **운영시간** 11:00~19:00(수~일요일)/화요일 정기 휴무, 월요일 격주 휴무 · **전화번호** 061-781-1477 · **대표메뉴** 젠피긴빵 4,000원, 앉은뱅이통밀목월밭빵 3,000원, 블루베리크림치즈빵 5,000원, 아메리카노 4,000, 카페라테 5,000원, 목월쯔꼬 3,500원, 수제장인어른에이드 5,000원

주변 볼거리·먹거리

구례성당 1970년 설립된 구례성당은 광주 대교구 소속의 성당이다. 구례는 주민의 약 70%가 불교 신자였는데, 한국전쟁 이후 구호물자로 전쟁난민을 도우면서 천주교 전파가 시작되었다고 한다. 목련 꽃이 필 때 성당에 방문하면 하얀 목련 꽃과 본당이 아름답게 어우러진 멋진 풍경을 만날 수 있다.
ⓐ 전라남도 구례군 구례읍 학교길 99

쌍산재
ⓐ 전라남도 구례군 마산면 장수길 3-2 ⓣ 11:30~16:30(16:00 입장 마감) ⓟ 010-3635-7115 ⓗ www.ssangsanje.com ⓒ 1인당 10,000원(웰컴티 제공) ⓔ 안전 사고 예방을 위해 중학생 이상부터 관람 가능
5월 20주 소개(176쪽 참고)

TIP
- 빵 나오는 시간은 11:00, 13:30, 15:30 하루 세 번이며, 시간마다 나오는 빵의 종류가 다르다.
- 평일에는 줄 서서 순서를 기다리면 되고, 휴일과 주말에는 번호표를 배부해 준다.
- 65세 이상 부모님과 함께 가면 1일 1회 한 종류의 빵을 50% 할인한 가격에 살 수 있다.
- 전용 주차장이 없기 때문에 자동차는 주변 갓길에 주차해야 한다.

구례 소도읍 한산한 골목길에 문전성시를 이루는 작은 빵집이 있다. 인구도 많지 않은 읍내에 오직 빵을 먹기 위해 전국에서 사람들이 모여든다. 목월빵집은 TV 프로그램 〈한국인의 밥상〉, 〈생활의 달인〉 등에 소개되면서 줄 서서 먹는 빵집이 되었다. 목월빵집이 빵지순례의 명소가 된 것은 빵을 만드는 젊은 사장님의 철학 때문이다. 목월빵집은 100% 구례에서 생산하는 우리밀로 빵을 만들고, 대부분의 재료도 구례 농산물을 이용한다. 또한 대부분의 빵에는 우유, 달걀, 설탕, 버터를 사용하지 않는다. 그래서 많이 먹어도 속이 더부룩하지 않은 건강한 빵이 완성된다고 한다.

목월빵집이 이런 특별한 빵을 만들게 된 계기는 사장님이 독일 유학 시절 즐겨먹던 천연발효빵 맛의 추억 때문이다. 한국에 돌아온 뒤 독일에서 먹던 빵을 추억하며 직접 만들어 먹기 시작하다가 본격적으로 제빵을 배웠고, 2016년 고향인 구례에 빵집을 열었다. 우리밀 주산지인 구례의 특색에 맞는 우리밀 빵을 만들기 시작했고, 지금은 전국적으로 소문난 빵집으로 등극했다. 가게 이름은 사장님이 좋아하는 박목월 시인의 '밀밭 길을 구름에 달 가듯이 가는 나그네'라는 시구절에 반해 '목월빵집'이라 지었다고 한다.

추천 코스 홍매화로 가장 먼저 만나는 봄

1 COURSE 금둔사 — 자동차 이용(약 2.4km)
2 COURSE 남도사또밥상 — 도보 5분(약 300m)
3 COURSE 낙안읍성민속마을

주소　전라남도 순천시 낙안면 상송리 산2-2
전화번호　061-754-6942
홈페이지　www.geumdunsa.org
가는 법　자동차 이용

2월 8주 소개(76쪽 참고)

주소　전라남도 순천시 낙안면 삼일로 69
운영시간　07:00~20:30
전화번호　061-755-2928
대표메뉴　꼬막비빔밥 10,000원, 꼬막정식 18,000원, 사또정식 20,000원, 꼬막회무침 20,000원

찬바람 불고 쌀쌀해지면 꼬막의 속살은 더욱 통통해지고 쫄깃해진다. 순천에는 유명한 꼬막 맛집이 여럿 있다. 낙안읍성민속마을 앞 남도사또밥상도 그중 하나다. 아담한 외관과 달리 실내는 생각보다 넓고 쾌적하다. 아삭한 배와 무를 넣어 새콤하게 버무린 꼬막무침을 큰 대접에 덜어 밥과 함께 비벼 먹으면 감칠맛이 일품이다.

주소　전라남도 순천시 낙안면 평촌리 6-4
운영시간　2~4월·11월 09:00~18:00, 5~9월 08:30~18:30, 1월·11~12월 09:00~17:30
입장료　어른 4,000원, 청소년·군인 2,500원, 어린이 1,500원
전화번호　061-749-8831
홈페이지　www.suncheon.go.kr/nagan

나지막한 산으로 둘러싸인 분지에 위치한 낙안읍성은 100여 가구가 마을을 형성하며 살고 있는 곳이다. 조선 중기에 만들어진 읍성으로 성곽 둘레가 1.4km에 이른다. 관아 건물을 빼고는 대부분이 초가로 이루어져 있다. 초가가 이마를 맞대고 옹기종기 모여 있는 모습이 정겹다. 마을 전체를 한 눈에 굽어보고 싶다면 조그만 구릉이 있는 서북쪽 성곽 위쪽을 추천한다.

2월의 도시문화 여행
근대와 현대가 교차하는 광주

'빛고을'이라는 별칭을 가진 광주는 광주학생항일운동과 5·18 광주민주화운동 등 우리나라 근현대사의 중요한 사건들이 일어난 곳으로, 이제는 '아시아문화중심도시'를 표방하고 있다. 아시아문화중심도시로 자리 잡기 위해 권역별 특성을 살려 일곱 가지 문화권을 조성 중인데, 오래된 건물을 리모델링하여 문화공간으로 활용하고 문화적 자원을 통해 도시의 새로운 동력을 만들어가고 있다. 2월에는 근대사와 문화가 오롯이 남아 있는 양림동 일대와 지역예술가들의 자발적인 노력으로 다시 태어난 대인예술시장을 방문하여 광주의 과거와 현재를 만나 보자.

2박 3일 코스 한눈에 보기

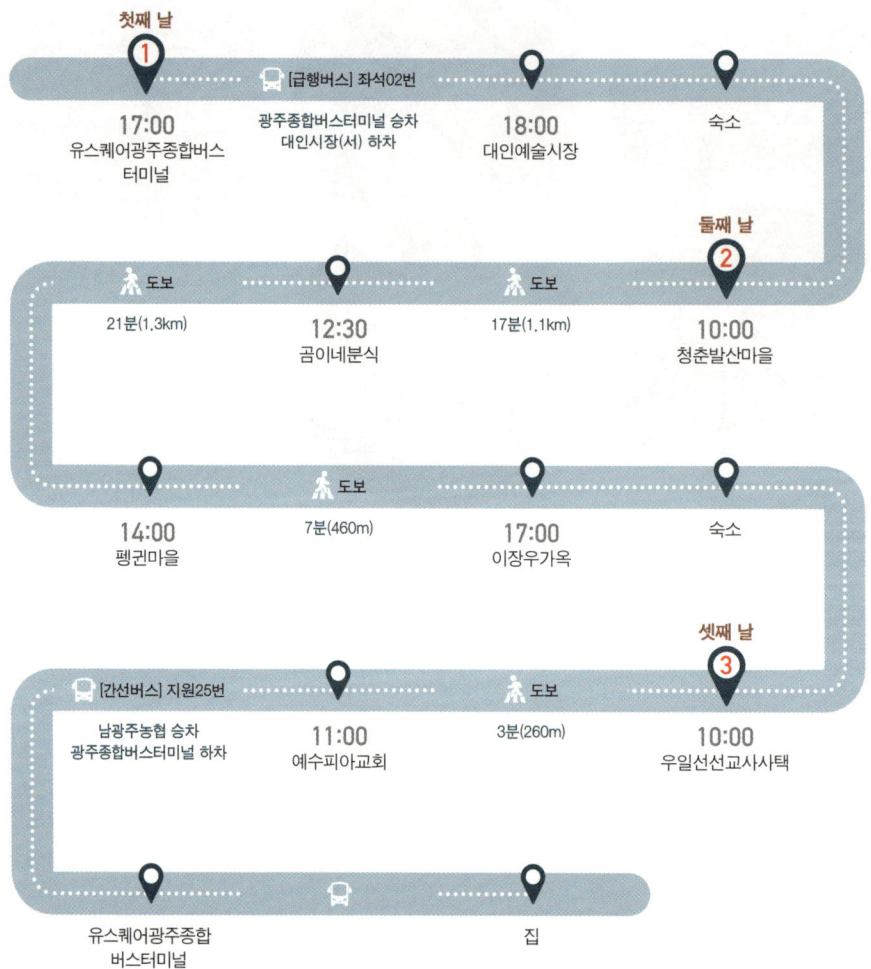

첫째 날
- ① 17:00 유스퀘어광주종합버스터미널
- [급행버스] 좌석02번 광주종합버스터미널 승차 대인시장(서) 하차
- 18:00 대인예술시장
- 숙소

둘째 날
- ② 10:00 청춘발산마을
- 도보 17분(1.1km)
- 12:30 곰이네분식
- 도보 21분(1.3km)
- 14:00 펭귄마을
- 도보 7분(460m)
- 17:00 이장우가옥
- 숙소

셋째 날
- ③ 10:00 우일선선교사사택
- 도보 3분(260m)
- 11:00 예수피아교회
- [간선버스] 지원25번 남광주농협 승차 광주종합버스터미널 하차
- 유스퀘어광주종합버스터미널
- 집

▲ **우일선선교사사택** 1920년대 주택으로 광주광역시에서는 가장 오래된 서양식 건물이다. 미국인 선교사 우일선(Wilson)이 지었다고 알려져 있다. 시내에 위치하고 있지만 숲이 감싸고 있는 최고의 주택지다.

Ⓐ 광주광역시 남구 제중로 47번길 20

◀ **청춘발산마을** 비탈진 언덕에 좁디좁은 골목 사이로 다닥다닥 붙어 있는 집들이 모여 있던 낙후된 마을이었다. 2014년 예술마을 프로젝트를 통해 재미있는 조형물이 설치되고 벽화가 그려지면서 색채감이 넘쳐나는 마을이 되었다.

Ⓐ 광주광역시 서구 천변좌로 12-16 ☏ 062-464-0020

▼ **예수피아교회** 첨두아치 형상의 창문이 아름다운 건축물이다. 본래는 수피아여학교의 커티스메모리얼 홀로 사용되었던 곳을 현재는 예수피아교회로 쓰고 있다.

Ⓐ 광주광역시 남구 백서로 13

겨울의 끝이자 봄을 시작하는 3월은 분주하다. 겨우내 꽁꽁 얼었던 산기슭 아래 어린 나무와 화초는 사람들의 발길을 피해 봄을 준비하느라 바쁘고, 들녘에 잠자던 채소와 봄나물도 기지개를 켠다. 남도에 홍매화가 피었다는 소식이 들려오는가 싶었는데, 어느새 지리산 자락 아래 산수유마을이 노랗게 물들었다. 섬진강을 따라 화려한 백 리 길을 여는 매화는 섬진강 상류 구담마을에 이르러 절정을 이룬다.

3월의 전라도

겨울의 끝
봄의 시작

3월 첫째 주

겨울과 봄 사이

9 week

SPOT 1

매화 길 따라 그윽한 봄 내음 가득

탐매마을

주소 전라남도 순천시 매곡2길 48 · 가는 법 순천종합버스터미널 → 버스터미널 정류장에서 버스 14, 52, 66, 17번 승차 → 옷장 정류장 하차 → 도보 5분(약 300m)

차갑고 민숭민숭했던 겨울이 지나고 울긋불긋 화려한 봄이 오고 있다. 어릴 적에는 겨울이 끝나야 봄이 온다고 생각했는데, 나이가 들수록 봄이 와야 비로소 겨울이 물러가는 게 아닌가 하는 생각이 든다. 남도의 작은 사찰에서 시작한 봄꽃 소식이 전라도 전체로 퍼지고 있다. 우리나라에서 가장 이른 꽃소식은 금둔사의 홍매화고, 사람들이 모여 사는 마을 중에는 단연 탐매마을의 홍매화다. 수백 그루의 홍매가 늘어선 거리는 몇 년 전부터 SNS를 통해 알려지면서 순천의 명소가 되었다. 홍매화는 '눈 속에서 피는 꽃'이라 하여 '설중매(雪中梅)'라 부르기도 한다.

탐매마을은 순천 매곡동에 위치하고 있다. 조선 중기의 학자

배숙이 이곳에 홍매를 심고 초당을 지어 그 이름을 '매곡당'이라 부른 데서 유래했다고 전해진다. 2006년부터 마을 가꾸기 사업으로 홍매를 심기 시작해 지금은 약 1,000그루의 홍매가 자태를 뽐내고 있다. 마을의 고즈넉한 지붕 위를 붉게 물들인 홍매화를 보면 탄성이 절로 나온다. 홍매화가 만개한 것은 마을 입구에서부터 느껴지는 그윽한 향기만으로도 짐작할 수 있다. 남도 마을에 홍매 몇 그루쯤은 다 있겠지만 탐매마을의 홍매는 존재감이 남다르다. 어떻게 이렇게 붉은 빛깔을 토해내는지 신비롭기만 하다.

탐매마을의 홍매화는 나무에만 피지 않는다. 미술 프로젝트를 통해 담장, 건물 벽에도 화려한 꽃이 피었다. 바람이 불 때, 나무에서 떨어진 꽃잎이 춤을 추며 주변 담장에 핀 꽃과 어우러지면 환상적인 풍경이 펼쳐진다. 잠시 붉은 빛깔에 취해 꽃멀미가 나고 발길을 옮길 때마다 은은한 매화 향이 머리 위로 흩어진다.

주변 볼거리·먹거리

순천복음교회 보통 매화는 사찰이나 고택과 어울리는 꽃이지만 순천복음교회 앞 정원에서는 갖가지 매화를 만날 수 있다. 은퇴한 이 교회 담임목사가 가꾼 '복음매화 정원'에는 청매, 홍매, 백매, 능수홍매 등 각양각색의 매화가 자라고 있다. 2012년 교회를 이전하면서 다양한 수형의 매화나무를 가져다 심었다. 축구장 절반 정도의 면적에 150여 그루의 매화나무가 있는데, 꽃이 만개할 때는 마치 이곳이 천국이 아닌가 하는 생각이 들 정도로 아름답다.

Ⓐ 전라남도 순천시 왕지로 113 ⓣ 061-752-1766

- 해마다 꽃 피는 시기가 조금씩 다를 수 있으니 미리 조사 후 가는 것을 추천한다.
- 탐매마을 여행은 '탐매희망센터'에서 시작하는 것이 좋다.
- 전용 주차장은 없고, 주변 갓길에 주차 가능하다.

SPOT 2

당신들을 기억합니다
상해임시정부 청사

주소 전라남도 함평군 신광면 일강로 873-12 · **가는 법** 자동차 이용 · **운영시간** 3~10월 09:00~18:00, 11~2월 09:00~17:00/매주 월요일 휴관 · **전화번호** 061-320-3511

　함평군 신광면 함정리의 구봉마을이라는 작은 동네에, 상해에 있는 대한민국임시정부청사를 재현한 독립운동역사관이 있다는 얘기를 듣고 사실 의문이 들었다. 방문객도 많지 않은 곳에 이처럼 특별한 건물을 재현한 이유는 무엇일까? 의문은 현장에 도착하자마자 풀렸다. 이곳이 바로 호남의 대표적인 독립운동가 김철 선생의 출생지이기 때문이다. 천석꾼이었던 김철 선생은 전 재산을 처분하여 상해임시정부청사를 마련하는 데 큰 기여를 하였고 임시정부 수립과 운영에 중추적인 역할을 하였다. 그의 숭고한 애국정신을 기리기 위해 선생의 고향인 이곳에 상해임시정부청사를 재현하고 기념관을 세운 것이다.

　주차장에서 바라보면 왼쪽이 대한민국임시정부청사, 오른쪽

이 김철선생기념관이다. 2009년에 문을 연 대한민국임시정부청사는 아직 많이 알려지지 않아 비교적 한산하다. 삐걱거리는 나무계단, 두 명이 겨우 비켜갈 정도로 좁은 복도 등 상해에 있는 임시정부청사를 원형 그대로 재현하였으며, 책상, 침대 등 가구뿐만 아니라 소품까지 중국 현지에서 직접 들여왔다고 한다. 초라할 만큼 작은 정부집무실과 김구 선생의 방, 몇 명이 겨우 누울 수 있는 임시숙소 등은 당시 독립운동가들이 중국인 하층 노동자보다도 못한 비참한 환경에서 생활했음을 보여 준다. 옆쪽 전시실에는 빛바랜 태극기 앞에서 찍은 임시정부 요원들의 사진이 있다. 너무 잔혹해서 차마 눈을 뜨고 볼 수 없는 고문 사진과 기록들을 보면 마음이 먹먹해진다. 삼일절 즈음 조국의 독립을 위해 기꺼이 한 몸을 다 바친 독립투사들의 숭고한 뜻을 되새길 수 있는 의미 있는 곳이다.

주변 볼거리·먹거리

일강김철선생기념관 김철 선생은 호남의 대표적인 독립운동가로, 3·1 독립운동을 주도한 상해임시정부의 핵심 인물이었다. 그의 뜻을 기리기 위해 고향인 구봉마을에 기념관을 건립하였다.

Ⓐ 전라남도 함평군 신광면 일강로 873-12
Ⓞ 3~10월 09:00~18:00, 11~2월 09:00~17:00/매주 월요일 휴관 Ⓣ 061-320-3511

TIP
- 실내 전시장의 계단이 가파르고 좁으므로 오르내릴 때 주의하자.

SPOT 3

칼국수, 비빔밥
그리고 보쌈의 환상적인 조합
전주칼국수

주소 전라북도 전주시 덕진구 태진로 122-6 · **가는 법** 전주시외버스공용터미널 → 도보 10분(약 600m) · **운영시간** 11:00~20:30/매주 일요일 휴무 · **대표메뉴** 칼국수 7,000원, 쫄면·비빔밥 6,500원, 보쌈 10,000원 · **전화번호** 063-274-2002

주변 볼거리·먹거리

덕진공원
Ⓐ 전라북도 전주시 덕진구 권삼득로 390 ⓣ 063-239-2607
4월 14주 소개(131쪽 참고)

'한국의 부엌'이라고도 불리는 전주에서는 부러 맛집을 찾지 않아도 될 만큼 한 집 건너 한 집이 맛집이다. 전주 하면 떠오르는 음식으로 비빔밥, 콩나물국밥, 순대국밥 등이 있지만 칼국수 또한 빼놓을 수 없다. 칼국수는 전주 한옥마을에 위치한 '베테랑'이 일찍이 맛집으로 등극하면서 '전주에서 시집간 딸이 친정보다 먼저 찾는 곳이 베테랑'이라는 우스갯소리가 회자하기도 했다. 하지만 최근에는 전주 한옥마을도 아니고 구도심 맛집 거리인 '객리단길'도 아닌 진북동 후미진 골목에 위치한 '전주칼국수'가 새로운 맛집으로 떠오르고 있다.

이름이 전주칼국수라 하여 칼국수만 팔지는 않는다. 칼국수는 물론 비빔밥, 쫄면, 보쌈까지 있어 선택의 폭이 넓다. 칼국수는 국물에 깻가루가 듬뿍 들어가 걸쭉하면서도 감칠맛이 있다. 또한 이 집의 보쌈은 보쌈 전문점과 달리 양이 적고 가격이 저렴해 추가로 주문해도 전혀 부담스럽지 않다. 여름에는 계절메뉴로 메밀콩국수가 나오고, 겨울에는 따끈한 떡국을 맛볼 수 있다.

반찬은 배추겉절이, 깍두기, 단무지로 매우 단출하지만 막 무쳐 낸 겉절이는 기본 한 접시로 부족할 만큼 맛깔스럽다.

추천 코스 독립운동가 김철을 기억하다

1 COURSE
🚗 자동차 이용(약 16.7km)
▶ 상해임시정부청사

2 COURSE
🚗 자동차 이용(약 1.2km)
▶ 대흥식당

3 COURSE
▶ 함평엑스포공원

주소	전라남도 함평군 신광면 일강로 873-12
운영시간	3~10월 09:00~18:00, 11~2월 09:00~17:00/매주 월요일 휴관
전화번호	061-320-3511
가는 법	자동차 이용

3월 9주 소개(90쪽 참고)

주소	전라남도 함평군 함평읍 시장길 112
운영시간	11:00~21:00/매월 둘째, 넷째 주 화요일 휴무
대표메뉴	육회비빔밥(보통) 10,000원, 육회비빔밥(특) 15,000원
전화번호	061-322-3953

4월 15주 소개(138쪽 참고)

주소	전라남도 함평군 함평읍 곤재로 27
운영시간	09:00~18:00
입장료	어른 5,000원, 청소년·군인 3,500원, 어린이·경로 2,500원, 유치원생 1,500원
전화번호	061-320-2203~5
홈페이지	www.hampyeong.go.kr/expopark

함평엑스포공원은 '함평나비대축제'가 열리는 곳으로 여러 종류의 나비와 곤충을 한곳에서 볼 수 있다. 2008년 '세계나비 곤충엑스포'가 열린 후 자연학습을 위한 생태문화 관광지로 거듭났다. 다육식물관, 황금박쥐생태관, 나비곤충표본전시관 등의 상설 전시관과 친환경농업관, 물놀이장 등 비상설 전시관을 운영 중인 대규모 생태공원이다.

3월 둘째 주

황 금 빛 낭 만

10 week

SPOT 1

서해 3대 낙조 명소

솔섬

주소 전라북도 부안군 변산면 변산로 3318 · 가는 법 자동차 이동

변산반도의 해안가는 전체적으로 수심이 얕고 경사가 완만하며 소나무가 많다. 썰물 때 1km 이상 물이 빠져 갯벌이 하얗게 드러나면 조개를 잡을 수도 있다. 또한 해가 질 때 수평선 위로 붉게 타오르는 노을은 마치 영화 속 한 장면을 연상케 한다.

흔히 사진 좀 찍는 사람들 사이에서는 강화도, 안면도, 변산반도를 서해의 3대 낙조 명소로 꼽는다. 특히 변산반도의 솔섬은 서해 최고의 낙조 명소로 알려져 있다. 전북학생해양수련원 주차장 끝의 길을 따라 해변으로 내려가면 자갈이 깔린 해변 너머로 소나무 몇 그루가 고개를 내민 솔섬이 눈에 들어온다. 즐길 만한 것도 없고 사람도 살지 않는 손바닥만 한 작은 섬을 보기 위해 해 질 무렵이 되면 많게는 수백 명이 이곳을 찾아든다. 그 중 대부분은 고가의 카메라로 무장한 '카메라 부대'다.

노을을 배경으로 바위섬과 소나무가 만들어 내는 실루엣의 조화가 숨 막힐 듯 아름답다. 하늘이 맑은 날이면 소나무 가지와 태양이 절묘하게 어우러져 용이 여의주를 문 듯한 장면을 볼 수 있다. 구름이 약간 낀 날에는 운이 좋으면 여의주를 문 용이 마치 불을 뿜어내는 듯한 기막힌 장면을 만날 수도 있다. 이 극적인 순간을 한 장 찍기 위해 수십 번씩 솔섬을 찾는 사진가도 있다고 하니, 솔섬이 가히 서해 최고의 낙조 명소라 해도 이견이 없을 것이다.

TIP
- 자동차를 이용할 경우 전북학생해양수련원에 주차하고 해변으로 50m 정도 걸어 내려가면 된다.
- 썰물 때는 물이 빠져 솔섬까지 걸어서 갈 수 있지만 밀물 때 고립될 수 있으니 매우 주의해야 한다.
- 낙조 촬영을 위해서는 최소한 일몰 30분 전에 도착해 적당한 위치를 찾아보자.
- 해가 진 뒤의 황혼도 아름다우니 시간이 된다면 여유롭게 감상할 것을 추천한다.

주변 볼거리·먹거리

씨윈드 카페 Ⓐ 전라북도 부안군 변산면 변산로 3262 ⓗ 09:30~21:00 ⓣ 063-582-2228 Ⓜ 아메리카노 4,500원, 핫초코 5,500, 스무디 6,500원, 와플 5,500원, 팬케이크 7,000원, 고르곤졸라 씬피자 14,000원

2월 5주 소개(62쪽 참고)

궁항마을 궁항마을은 산과 바다가 아름답고 조화를 이루고 있는 곳에 위치하고 있다. 2010년 해안마을 미관 개선 사업으로 벽화를 그리고 집마다 귀여운 조각상을 설치했다. 골목을 걸으며 집마다 담장 위에 놓여 있는 조각상을 보는 재미가 쏠쏠하다.

Ⓐ 전라북도 부안군 변산면 궁항로 142

SPOT 2
꽃향기 가득한 비밀의 화원
대아수목원

주소 전라북도 완주군 동상면 대아수목로 94-34 · 가는 법 자동차 이용 · 운영시간 하절기(3~10월) 09:00~18:00, 동절기(11~2월) 09:00~17:00 · 전화번호 063-243-1951 · 홈페이지 forest.jb.go.kr/daeagarden

대아수목원은 산과 계곡 사이 비밀스러운 곳에 자리 잡고 있다. 전주에서 732번 지방도로를 타고 대아저수지를 감돌며 펼쳐지는 약 10km의 호반도로를 달리면 도로 끝에서 대아수목원을 만나게 된다. 마치 자연이 숨겨 놓은 비밀의 화원처럼 아늑하다. 사람의 손으로 꾸몄다고 하기엔 너무도 자연 친화적인 곳이다. 특히 봄꽃이 화려한데, 3월부터 5월까지 개나리, 벚꽃, 진달래, 튤립, 금낭화 그리고 철쭉이 마치 바통을 건네듯 연달아 꽃잔치를 벌인다. 색깔에 빠지고 향기에 취해 꽃멀미가 날 정도로 황홀하다. 대아수목원의 꽃들은 사진으로만 모아도 한 권의 아름다운 식물도감을 만들어 낼 수 있을 정도다.

    대아수목원에서 빼먹지 말고 꼭 가 봐야 할 곳은 분재원과 열대식물원이다. 분재원에서는 전문가의 손길을 수천 번 거친, 마치 갓난아기에게 그러는 것처럼 한시도 눈을 떼지 않고 정성으로 가꾼 귀한 분재를 감상할 수 있다. 또한 열대식물원에는 한겨울에도 바나나, 오렌지, 파인애플 등이 열린다. 그뿐만 아니라 천사의 나팔을 닮은 엔젤트럼펫과 거북이 등껍데기처럼 생긴 구갑용 등 다양한 열대식물도 만날 수 있다. 대아수목원의 또 다른 자랑거리는 수목원 뒷산 중턱에 위치한 우리나라 최대의 금낭화군락지다. 4월 중순이 되면 햇빛에 반짝이는 수만 송이의 금낭화가 마치 영롱한 보석 같아 탄성이 절로 나온다.

주변 볼거리·먹거리

고산자연휴양림

Ⓐ 전라북도 완주군 고산면 고산휴양림로 246 ⓞ 09:00~18:00 ⓒ 어른 2,000원, 청소년·군인 1,500원, 어린이 1,000원(숙박시설 이용 시 무료) ⓣ 063-263-8680 ⓗ www.foresttrip.go.kr/indvz ⓔ 부대시설 이용 및 체험료 별도 8월 33주 소개(286쪽 참고)

TIP
- 수목원은 금연구역이며, 야영 및 취사가 금지되어 있다.
- 수목원은 경사가 있고 부지가 넓어 많이 걸어야 하므로 편한 신발을 권한다.
- 애완동물과 함께 입장할 수 없으니 주의하자.

SPOT 3
땅끝 마을에서 올라오는 봄 소식
보해매실농원

주소 전라남도 해남군 산이면 예덕길 125-89 · 가는 법 자동차 이용 · 운영시간 09:00~18:00 · 전화번호 061-532-4959

매화는 우아한 모습과 청아한 향기 때문에 사군자 중에서도 으뜸으로 여겨졌다. 고고한 자태와 은은한 향으로 많은 문학 작품의 소재가 되기도 했다. 단순히 꽃만 사람들의 사랑을 받은 것이 아니라 그 열매인 매실도 건강식품으로 사람들에게 사랑을 받고 있다.

보해양조(주)는 1978년 전라남도 해남에 국내 최대 규모인 매실농원을 조성하였고, 매화가 만개할 때는 일반인들에게 무료로 개방하고 있다. 흔히 남도의 매화 하면 광양의 '섬진강 매화마을'이 먼저 떠오르지만 호젓하고 여유롭게 매화를 즐기고 싶다면 '보해매실농원'을 추천한다. 섬진강 매화마을처럼 화려한 포토존이나 잘 가꾸어진 산책로는 없지만 오롯이 꽃에 집중하

고 싶다면 이곳이 제격이다. 축구장 60배가 넘는 면적에 매화나무 14,000여 그루가 만드는 매화 터널은 그야말로 환상적이다. 백매화가 주종이지만 간혹 홍매화가 조화를 이루고 매화밭 양쪽에는 동백꽃이 울타리 역할을 한다. 드넓은 언덕에 가득 흐드러진 꽃을 보면 감탄이 절로 나온다. 바닥은 녹색 양탄자를 깐 듯 초록의 풀밭이고 곳곳에 야생화들이 피어난다.

보해매실농원은 일반인들에게 잘 알려지지 않았다가 영화 〈너는 내 운명〉, 〈연애소설〉 등의 배경이 되면서 입소문이 나기 시작했다. 꽃잎 날리는 봄날의 아름다운 장면을 이곳에서 촬영했다. 시기를 잘 맞춰 방문한다면 마치 영화의 주인공이 된 것처럼 아름다운 풍경을 만날 수도 있다.

주변 볼거리·먹거리

달동네보리밥집

Ⓐ 전라남도 해남군 삼산면 고산로 656
Ⓞ 09:00~20:30 Ⓣ 061-532-3667 Ⓜ 보리밥쌈밥 9,000원, 버섯전골 12,000원, 도토리묵 10,000원, 묵은지생삼겹 12,000원

8월 35주 소개(303쪽 참고)

TIP
- 해마다 꽃 피는 시기가 조금씩 다를 수 있으니 미리 조사를 해보고 갈 것을 추천한다.
- 관리사무실 옥상을 전망대로 개방하고 있으며, 이곳에서는 농원 전체를 조망할 수 있다.
- 민간기업에서 무료로 개방하는 곳이므로 나무와 꽃 등이 상하지 않도록 세심한 주의가 필요하다.

SPOT 4

아름다운 야경에 반하다
카페오늘

주소 전라북도 순창군 순창읍 경천1로 34 · **가는 법** 순창공용버스정류장 → 도보 15분(약 900m) · **운영시간** 10:00~21:50 · **전화번호** 010-3650-3544 · **대표메뉴** 에스프레소 · 아메리카노 3,500원, 카페라테 4,500원, 바닐라라테 · 헤이즐넛라테 5,000원, 쿠키앤크림 프라페 6,000원

'카페오늘'은 선물 같은 곳이다. 작은 소도읍에 있다는 게 믿기지 않을 정도로 멋지고 분위기가 좋다. 카페오늘은 낮과 밤의 느낌이 전혀 다르다. 잘 가꾸어진 정원과 시원한 분수를 감상할 수 있는 낮 풍경도 좋지만, 해가 지고 난 후 검푸른 하늘과 어우러진 야경은 훨씬 더 매력적이다.

카페오늘의 매력은 야경뿐만 아니다. 1층과 2층의 인테리어 느낌이 완전히 다른 것도 특별한 매력이 있다. 1층의 느낌이 마치 에드바르크 뭉크의 작품처럼 어둡고 무거운 느낌이라면, 2층은 색채의 마술사 마르크 샤갈의 그림처럼 밝고 경쾌한 느낌이다. 카페 감성이 가득한 사진을 찍고 싶다면 2층이 좋다. 2층에는 연인들이 은밀하게 사랑을 속삭일 수 있는 숨은 공간이 있고, 5~6명 정도가 소모임을 할 수 있는 별도의 방도 있다. 특히 공간을 분리한 둥근 창이 인상적이다. 날씨가 좋은 날 신선한 봄바람을 맞고 싶다면 루프톱에 올라가는 것도 좋다.

주변 볼거리·먹거리

옥천골한정식
Ⓐ 전라북도 순창군 순창읍 경천1로 78 Ⓗ 월~금요일 12:00~20:00, 토~일요일 12:00~19:00 Ⓣ 063-653-1008 Ⓜ 소불고기한정식 15,000원, 한정식+조기탕(4인) 70,000원
5월 21주 소개(191쪽 참고)

TIP
- 멋진 야경을 찍고 싶다면 해가 진 후 30분 이내(매직 아워)에 찍는 것을 추천한다.
- 루프톱에 오르면 카페 정원을 한눈에 내려다볼 수 있고 멀리는 순창 읍내까지 조망할 수 있다.
- 6월 말 즈음에 방문하면 정원에 가득 핀 수국을 만날 수 있다.

추천 코스 | 변산반도 해안 드라이브 코스

1 COURSE 🚗 자동차 이용(약 15.4km)
▶ 슬지네찐빵

2 COURSE 🚗 자동차 이용(약 2.7km)
▶ 모항해수욕장

3 COURSE
▶ 솔섬

주소 전라북도 부안군 진서면 청자로 1076
운영시간 10:00~19:00
전화번호 1899-9504
대표메뉴 우리팥찐빵 2,000원, 우리밀소금찐빵 2,600원, 크림치즈찐빵 3,500원, 우유생크림찐빵 3,600원
홈페이지 www.zzinbbang.kr
가는 법 자동차 이용
etc. 전용 주차장 있음

12월 50주 소개(424쪽 참고)

주소 전라북도 부안군 변산면 도청리 203-45
전화번호 063-322-7771

내변산과 외변산이 만나는 지점으로 산악경관과 해안풍경이 아름다운 해수욕장이다. 작고 아담한 소나무숲이 있고, 서해안의 다른 해수욕장과 달리 물이 빠지면 하얀 모래밭이 끝없이 펼쳐진다. 가족호텔, 펜션, 야영장 등 가족 숙박시설을 갖추고 있어서 여름철 휴양지로 인기가 높다.

주소 전라북도 부안군 변산면 변산로 3318

3월 10주 소개(94쪽 참고)

3월 셋째 주

마 음 은 봄

11 week

SPOT 1

낮보다 밤이 아름다운

아중호수

주소 전라북도 전주시 덕진구 아중호수길 117 · **가는 법** 전주역 → 동부대로전주역 정류장에서 버스 200번 승차 → 인교마을아중요양병원 정류장 하차 → 도보 10분 (약 650m)

　　1961년에 조성된 아중호수의 원래 명칭은 아중저수지였다. 처음에는 농업용수를 공급하기 위한 저수지였으나 더 이상 농업용수가 필요 없어지면서 2015년 아중호수로 명칭을 변경하고 생태공원으로 변모하고 있다. 2009년부터 조성하기 시작한 수상산책로에는 야경을 더욱 빛내 주는 조명이 설치되어 있는데, 어둠이 깔리면 각양각색의 은은한 불빛 덕분에 몽환적인 분위기가 펼쳐진다. 낮보다 밤이 더 아름다운 이곳은 전주의 새로운 데이트 코스로 떠오르고 있다. 약 1km 길이의 수상산책로 중간에는 두 개의 수상광장이 있다. 100여 명이 동시에 이용할 수 있는 공간으로, 소규모 공연을 위한 벤치나 음향시설 등도 갖춰져 있다.

주변 볼거리·먹거리

전주한옥레일바이크 전라선 철도 개선사업으로 폐역이 된 옛 아중역 주변 철로를 도심형 레일바이크로 운영하고 있다. 레일바이크와 나란히 철길이 있어 기차와 함께 달리는 특별한 경험을 할 수 있다.

Ⓐ 전라북도 전주시 덕진구 동부대로 420
Ⓞ 10:00~17:30/매주 수요일 휴무 Ⓣ 063-273-7788 Ⓒ 2인 25,000원, 3인 29,000원, 4인 33,000원 Ⓗ www.jeonju-railbike.kr

아름다운 풍경을 품고 있는 아중호수가 일산호수공원이나 광교호수공원 못지않은 생태호수공원으로 거듭나길 기대해 본다.

SPOT 2

바닷속 용궁보다 아름다운 비경
용궁마을

주소 전라북도 남원시 주천면 용궁리 67 · 가는 법 자동차 이용

　많은 사람이 전라도의 산수유마을은 구례 산동면에만 있다고 생각하지만, 남원의 '용궁마을'도 대표적인 산수유마을 중 하나다. 지리산 영재봉 기슭에 자리 잡은 용궁마을은 3월 중순이 넘어가면 마을을 뒤덮은 노란 산수유꽃이 장관을 이룬다. 일설에 의하면 용궁마을의 풍광이 마치 바닷속 궁궐 같다 하여 '용궁마을'이라 불렀다고 전해진다.

　용궁마을은 수령 3~400년 된 고목과 수백 그루의 산수유나무가 어우러져 독특한 풍경이 펼쳐진다. 마을이 고지대에 위치해 경관이 수려할 뿐만 아니라 각종 산나물과 농산물 등이 풍부하다. 또한 용궁마을의 산수유꽃은 다른 곳과 달리 유난히 색깔이 진하고 꽃망울이 크다. 오래된 돌담길 따라 이어진 산수유꽃 길을 걸으면 눈앞에 펼쳐진 풍경에 순간순간 감탄이 절로 나온다.

마을의 논과 밭, 여유로운 전원 풍경이 어릴 적 살던 고향처럼 포근한 느낌을 준다. 용궁마을은 아기자기한 돌담과 아름다운 농촌의 정취를 잘 간직하고 있어 봄나들이를 즐기는 여행객과 사진가들 사이에 인기가 높다.

TIP
- 별도의 주차장이 없으므로 자동차를 이용할 경우 당산나무가 있는 공터 앞에 주차하면 편리하다.
- 어르신들이 많이 살고 있는 마을이므로 큰 소리로 떠들거나 동네 사람들에게 피해를 주는 행위를 하지 않도록 주의하자.
- 산수유꽃을 감상하고 사진을 찍을 때는 꽃과 농작물이 상하지 않도록 각별히 주의하자.

주변 볼거리·먹거리

한우회관

Ⓐ 전라북도 남원시 정문길 10 Ⓞ 11:00~21:00 / 매월 둘째, 넷째 주 목요일 휴무 ⓣ 063-625-4777 Ⓜ 육회비빔밥·곰탕 10,000원, 갈비탕·불고기백반 14,000원
1월 2주 소개(41쪽 참고)

SPOT 3

백수해안도로의 핫플레이스
레드힐

주소 전라남도 영광군 백수읍 해안로 917 · 가는 법 자동차 이용 · 운영시간 10:00~21:00 · 전화번호 061-352-2001 · 대표메뉴 아메리카노 5,000원, 카페라테 · 바닐라라테 · 캐러멜 마끼아또 5,500원

SNS에서 사진 한 장으로 서해안 최고의 오션뷰 카페로 등극한 곳이 있다. 서해안에서 가장 손꼽히는 드라이브 코스로 알려져 있는 백수해안도로에 위치한 카페 '레드힐'이 그곳이다. 영광대교를 지나 약 10km에 이르는 백수해안도로는 서해의 아름다운 풍광과 해 질 무렵 감동적인 석양을 볼 수 있는 곳으로 유명하다.

레드힐은 백수해안도로에서 바다가 가장 잘 내려다보이는 곳에 자리 잡고 있다. 주변에 몇몇 카페가 있지만 레드힐이 더 유명해진 것은 1층과 2층을 잇는 계단의 통유리 오션뷰 포토존 때문이다. 바다가 보이는 통유리를 배경으로 사진으로 찍을 때 카메라 각도에 따라 마치 바다에 떠 있는 것처럼 연출할 수 있다. 사람이 많을 때는 줄 서서 사진을 찍어야 하는 진풍경이 펼쳐지기도 한다.

주변 볼거리·먹거리

영광노을전시관 우리나라 최초로 노을을 주제로 한 전시관이다. 거북이 형태의 지하 1층과 지상 2층 구조의 건축물이다. 지하 1층은 카페, 편의점 등이 있고, 지상 1층에서는 문학, 사진, 음악 등 노을에 관련된 다양한 체험을 할 수 있다. 지상 2층은 아름다운 노을을 감상할 수 있는 전망대로 운영하고 있는데, 전망대 전체가 투명 유리로 되어 있어 다양한 각도에서 노을을 감상할 수 있다.

ⓐ 전라남도 영광군 백수읍 해안로 957
ⓞ 하절기(3~10월) 10:00~18:00, 동절기(11~2월) 10:00~17:00 ⓣ 061-350-5600

TIP
- 카페 앞 주차장이 매우 좁기 때문에 자동차를 이용할 경우에는 아래쪽(약 400m) 공영주차장에 주차하고 무료 셔틀버스를 이용하는 것이 좋다.
- 오션뷰 포토존에서 사진을 찍을 때 극적인 장면을 담고 싶다면 광각렌즈로 찍는 것을 추천한다.
- 반려견 동반 가능한 카페로 반려인들에게 인기가 높다.

추천 코스 | 서해안 최고의 드라이브 코스

1 COURSE 🚗 자동차 이용(약 14.4km) **2 COURSE** 🚗 자동차 이용(약 1.9km) **3 COURSE**
▶ 인의정　　　　　　　　　　　　　▶ 백수해안도로　　　　　　　　　　　▶ 레드힐

주소	전라남도 영광군 법성면 법성포로3길 26-11
운영시간	10:00~21:00
전화번호	061-356-0321
대표메뉴	숯불굴비정식(2인) 50,000원, 숯불굴비정식(한상) 60,000원, 굴비정식(한상) 80,000원, 인의정식(한상/예약 필수) 120,000원
가는 법	자동차 이용

영광에 가면 꼭 먹어봐야 할 음식이 굴비정식이다. 굴비정식은 비싼 음식이지만 인의정에서는 2인 이상이라면 비교적 저렴한 가격에 풍미 넘치는 한상차림 굴비정식을 맛볼 수 있다. 웅장한 한옥의 2층 신축 건물로 실내가 깔끔하고 쾌적하며, 주차장이 넓어 자동차를 이용해도 편리하다.

주소	전라남도 영광군 백수읍 대신리 산 234-11

법성포에서 영광대교를 건너 모래미해수욕장을 지나면 해안도로에 갑자기 탁 트인 바다가 펼쳐진다. 이곳이 서해안이 맞는지 의심이 들 정도로 섬 하나 없는 시원한 수평선이 시야를 가득 채운다. 마치 동해안의 해안도로를 연상케 하는 백수해안도로는 서해안에서 가장 손꼽히는 드라이브 코스다. 차를 타고 달릴 때 굽이굽이 이어지는 새로운 풍경에 감탄이 나오고, 해 질 무렵 수평선 너머로 떨어지는 낙조는 눈부시게 아름답다.

주소	전라남도 영광군 백수읍 해안로 917
운영시간	10:00~21:00
전화번호	061-352-2001
대표메뉴	아메리카노 5,000원, 카페라테·바닐라라테·캐러멜 마끼아또 5,500원

3월 11주 소개(106쪽 참고)

3월 넷째 주

봄은 노랗다

12 week

SPOT 1
꽃향기 가득한 구례의 봄
현천마을

주소 전라남도 구례군 산동면 현천2길 2 · 가는 법 자동차 이용

　살랑살랑 봄바람이 불어오면 섬진강을 따라 매화가 꽃망울을 터트리고, 긴 겨울잠에서 깨어난 구례에는 산수유꽃이 살며시 고개를 내민다. 산수유꽃은 아련한 첫사랑 같기도 하고, 새침한 스무 살 아가씨 같기도 하다. "산수유는 꽃이 아니라 나무가 꾸는 꿈처럼 보인다"라고 표현했던 김훈 작가의 글귀보다 산수유꽃을 더 잘 표현한 말이 또 있을까? 산수유꽃 한 송이는 참 소박하지만 수십 만 송이의 꽃이 무리를 지으면 화려하기 그지없다. 반쯤 허물어진 돌담길을 따라 산수유꽃의 매력에 빠져 걷다 보면 어느새 나도 노란 산수유꽃이 된 듯하다.
　구례 산동에서 산수유꽃이 유명한 곳은 상위마을, 반곡마을, 원좌마을을 꼽지만 비교적 사람들이 적은 곳에서 산수유꽃을

조용히 즐기고 싶다면 상위마을에서 조금 떨어진 현천마을을 추천한다. 옹기종기 모여 있는 기와집 사이 돌담길을 따라 노랗게 휘감은 산수유꽃은 고즈넉한 분위기가 묻어난다. 해마다 이맘때가 되면 산골짜기 조용한 마을이 서서히 존재감을 드러내며 마을 선체가 꽃몸살을 앓는다. 뒷산에 오르면 마을 전체가 한눈에 들어오는데, 마치 노란 물감을 풀어 놓은 듯 샛노랗다. 바람이 잔잔한 날에는 호수에 비친 마을의 풍경이 더욱 아름답다.

주변 볼거리·먹거리

원좌마을 구례의 대표적인 산수유마을 중 하나로 고각, 장독대 등과 어우러진 노란 산수유가 인상적이다.

Ⓐ 전라남도 구례군 산동면 원좌1길 24-9

TIP
- 마을 전체를 조망하려면 마을 입구 왼쪽에 있는 야산으로 올라가자.
- 현천마을로 향하는 농어촌버스의 운행 횟수가 매우 적으므로 자동차 여행을 추천한다.

SPOT 2

자연이 빚어낸 걸작
장군목유원지

주소 전라북도 순창군 동계면 장군목길 686-1 · 가는 법 자동차 이용 · 전화번호 063-650-5721

　섬진강을 따라 흐르는 600리 길 중 가장 아름다운 장소로 꼽히는 장군목의 봄 풍경은 그야말로 장관이다. 용궐산과 무량산 사이의 산세가 '장군대좌형' 명당이어서 장군목이라 이름 붙었다고도 하고, 강폭이 좁아지는 모습이 마치 전통악기인 장구를 닮았다 하여 장구목이라 불리다가 장군목이 되었다고도 한다.

　장군목에는 수만 년간 물살이 굽이치며 빚어낸 기묘한 모양의 바위가 가득하다. 마치 용틀임을 하며 살아 움직이는 듯한 바위의 생김새에 감탄이 절로 나온다. 그중에서도 장군목의 백미는 요강바위다. 둘레 1.6m, 깊이 2m 정도의 구덩이가 마치 요강처럼 생겼다 하여 붙여진 이름이다. 오랜 세월 자연이 빚어낸 최고의 조형물로, 마을 사람들은 요강바위를 수호신처럼 받들며 신성시한다. 아기를 원하는 여인이 이곳에 들어가 기도하면 소원이 이루어진다는 전설이 내려오며, 6·25 전쟁 때는 마을 사람 다섯 명이 이곳에 몸을 숨겨 목숨을 건졌다는 이야기도 있다. 한때 20톤에 달하는 요강바위가 감쪽같이 사라져 온 동네가 떠들썩한 적이 있었다. 수억 원의 값어치가 있다는 소문을 듣고 어떤 골재채취업자가 야밤에 중장비를 이용해 요강바위를 훔쳐 간 것이다. 하지만 마을 사람들의 각고의 노력 끝에 제자리로 돌아올 수 있었고, 현재까지도 장군목유원지의 상징으로 남아 있다.

주변 볼거리·먹거리

구담마을

Ⓐ 전라북도 임실군 덕치면 천담2길 287-4

3월 13주 소개(114쪽 참고)

TIP
- 바위의 굴곡이 심해 위험할 수 있으므로 이동 시 각별히 주의하자.

SPOT 3

여자만에서 나오는 싱싱한 꼬막
순천만정문식당

주소 전라남도 순천시 순천만길 492 · **가는 법** 순천역 → 순천역 정류장에서 버스 66번 승차 → 순천만 정류장 하차 → 도보 2분(약 150m) · **운영시간** 08:30~20:00 · **전화번호** 061-746-1800 · **대표메뉴** 정문스페셜(2인 이상) 23,000원, 정문정식(2인 이상) 19,000원, 꼬막비빔밥 11,000원

순천은 사계절 다른 특색을 가진 매력적인 여행지다. 다양한 볼거리만큼이나 맛집도 많은데, 특히 꼬막정식과 짱뚱어탕은 순천의 대표적인 음식으로 꼽힌다. 흔히 꼬막은 벌교가 제일이라고 알고 있지만 순천에도 내로라하는 꼬막정식집이 여럿 있다. 순천 앞바다 여자만에서 나오는 꼬막은 이맘때쯤 통통하게 살이 올라 까먹는 재미와 싱싱한 맛을 한꺼번에 느낄 수 있다. 꼬막무침, 꼬막전 등 다양한 꼬막 요리는 미식가들의 입맛도 사로잡는다.

순천만습지 입구에서 걸어서 3~4분 거리에 위치한 순천만정문식당은 제대로 된 꼬막정식을 즐길 수 있는 곳이다. 매일 아침 여자만에서 공수한 싱싱한 꼬막으로 만든 수십 년 내공의 꼬막 요리는 여행객뿐만 아니라 현지인들에게도 인정받고 있다. 맛깔스럽고 푸짐한 꼬막정식은 여럿이 함께 먹으면 더욱 좋다.

주변 볼거리·먹거리

순천만습지 순천만습지는 갈대 군락지로는 국내 최대 규모다. 햇살의 방향에 따라 은빛, 금빛 등으로 채색되는 모습이 장관이다. 전 세계 습지 가운데 희귀 조류가 가장 많은 것으로 알려져 있으며, 약 140여 종의 새들이 순천만습지 일대에서 월동하거나 번식한다.

ⓐ 전라남도 순천시 순천만길 513-25 ⓞ 08:00~18:30 ⓒ 어른 8,000원, 청소년·군인 6,000원, 어린이 4,000원 ⓣ 061-749-6052 ⓔ 순천만습지 입장권으로 순천만국가정원까지 관람 가능

순천만국가정원 ⓐ 전라남도 순천시 국가정원1호길 47 ⓞ 08:30~19:00 ⓣ 061-749-3114 ⓒ 통합권(국가정원+습지+스카이큐브) 어른 14,000원, 청소년(중·고등학생) 12,000원, 어린이(초등학생) 8,000원, 유아(만 3~6세) 4,000원 ⓗ scbay.suncheon.go.kr
3월 12주 소개(113쪽 참고)

TIP
- 꼬막정식은 2인분 이상만 주문 가능하다.
- '내일로' 이용자는 티켓을 제시하면 음식값을 할인받을 수 있다.

추천 코스 스카이큐브 타고 순천만국가정원 여행

1 COURSE 순천만국가정원
└ 순천만PRT정원역에서 스카이큐브 탑승(약 4.6km)

2 COURSE 순천문학관
└ 갈대열차 이용(약 1.4km)

3 COURSE 순천만정문식당

주소 전라남도 순천시 국가정원1호길 47
운영시간 08:30~19:00
입장료 통합권(국가정원+습지+스카이큐브) 어른 14,000원, 청소년(중·고등학생) 12,000원, 어린이(초등학생) 8,000원, 유아(만 3~6세) 4,000원
전화번호 061-749-3114
홈페이지 scbay.suncheon.go.kr
가는 법 순천역 → 순천역 정류장에서 버스 66번 승차 → 국가정원(동문) 정류장 하차 → 도보 10분(약 700m)

순천만을 보호하기 위해 조성한 대한민국 제1호 국가 정원이다. 2013년 순천만국제정원박람회를 개최한 후 그곳을 정비하여 정원으로 조성했다. 국내 최대 규모의 인공 정원으로 56개의 주제 정원을 보유하고 있다. 500종이 넘는 꽃과 나무가 심어져 있어 계절별로 아름다운 정원의 모습을 감상할 수 있다.

주소 전라남도 순천시 무진길 130
운영시간 09:00~18:00
전화번호 061-749-4392

순천 출신의 문학인 정채봉, 김승옥 작가의 생애와 문학 정신을 기리고 문화생활을 누릴 수 있는 공간이다. 정채봉, 김승옥관에서 작가의 저서와 소장 도서 및 영상 등을 보고 다목적관에서는 문학적 감수성을 느낄 수 있다. 문학관 앞에 조성된 갈대밭 오솔길은 한적함을 느낄 수 있는 숨은 명소로 알려져 있다.

주소 전라남도 순천시 순천만길 492
운영시간 08:30~20:00
전화번호 061-746-1800
대표메뉴 정문스페셜(2인 이상) 23,000원, 정문 정식(2인 이상) 19,000원, 꼬막비빔밥 11,000원

3월 12주 소개(112쪽 참고)

3월 다섯째 주
섬진강 매화 백리 길

13 week

SPOT 1

섬진강 비탈 따라
구담마을

주소 전라북도 임실군 덕치면 천담2길 287-4 · **가는 법** 자동차 이용

섬진강 상류에 위치한 구담마을은 아름다운 강촌이다. 김용택 시인도 가장 아름다운 섬진강의 물길로 구담마을을 거쳐 장군목으로 흘러가는 길목을 꼽았다. 구담마을에 들어서면 들녘과 매화, 강물의 조화가 너무도 아름다워 잠시 멍해진다. 걷기 좋은 곳으로 입소문이 나면서 봄에 이곳을 찾는 사람들이 부쩍 늘었다고 한다.

구담마을은 10여 가구가 모여 오둔도순 살고 있는 동네로, 주민 대부분이 70세를 넘긴 어르신이다. 고령화가 심해지면서 마을 내 수익 창출을 위해 20여 년 전부터 하나둘 심기 시작한 매화나무가 지금은 구담마을의 상징이 되었다. 매년 3월 말이 되면 산비탈에 만개한 매화가 섬진강 물길과 어우러져 장관을 이

주변 볼거리·먹거리

장군목유원지
ⓐ 전라북도 순창군 동계면 장군목길 686-1 ⓣ 063-650-5721
3월 12주 소개(110쪽 참고)

TIP
• 매화나무밭에 들어갈 때는 농작물이 상하지 않도록 주의하자.

룬다. 마을 어귀 전망대에 오르면 굽이치는 섬진강 물줄기를 한눈에 내려다볼 수 있다.

SPOT 2

비탈길 골목에서 만난
허영만의 그림들

고소1004
벽화마을

주소 전라남도 여수시 고소동 268 · 가는 법 여수엑스포역 → 택시 이용(약 2.7km) ·
전화번호 061-659-3877

때로는 노래 한 곡이 도시의 이미지를 바꾸기도 하고, 인물이 지역의 대표 상품이 되기도 한다. 오래전 여수를 떠올리는 키워드가 '오동도'와 '이순신 장군'이었다면, 지금은 '여수 밤바다'와 '낭만포차'가 그 자리를 대신하고 있다. 가끔 허영만 화백을 떠올리는 이도 있다.

고소1004벽화마을은 여수 출신의 우리나라 대표 만화가 허영만 화백의 그림을 볼 수 있는 곳으로 유명하다. 고소1004벽화마을은 여수에서 가장 오래된 마을로 여수 앞바다를 접하고 있다. '고소'라는 이름은 이순신 장군이 작전을 세우고 명령을 내렸던 '고소대'에서 유래하였다. 그래서 이 마을 주변에는 진남관을 비롯해 이순신 장군과 관련된 유적이 많다.

고소1004벽화마을은 2012여수엑스포가 개최되기 몇 년 전부터 원도심 활성화를 위해 주민들이 중심이 되어 벽화마을을 조성하기 시작했다. 초기에 벽화를 그렸던 골목의 길이가 1,004m였기 때문에 '1004벽화마을'이라는 별칭이 붙여졌다고 한다. 현재는 1,600m가 넘는 골목길에 10개 구간의 벽화 길이 조성되었다. 이 중 가장 인기가 높은 허영만 화백의 그림이 있는 곳은 3구간이다. 허영만 화백이 고향을 위해 흔쾌히 그림 사용을 허가하면서 〈식객〉, 〈타짜〉, 〈제7구단〉, 〈날아라 슈퍼보드〉 등 누구나 다 알만한 허영만 표 만화가 벽면을 장식하고 있다.

주변 볼거리·먹거리

진남관 조선시대 전라좌수영에 속해 있던 건물로 선조 때 처음 건축하였다가 후에 소실된 것을 다시 중건하였다. 대형 단층 한옥으로 현존하는 지방관아 건물로는 최대 규모. 18세기 초기 건물로 역사적 의미와 함께 학문적, 예술적 가치가 뛰어나다. 현재 국보로 지정되어 있다.

Ⓐ 전라남도 여수시 동문로 11 Ⓞ 하절기(3~10월) 09:00~18:00, 동절기(11~2월) 09:00~17:00 Ⓣ 061-659-5711 Ⓔ 2015년 말~2023년 말까지 해체 복원 공사 진행

TIP
- 10개 구간은 각각 동심의 세계(①구간), 바다 이야기와 여수 풍경(②구간), 허영만 화백 거리(③구간), 동물 판타지 문화(④구간), 여수의 어제와 오늘(⑤구간), 사계절 자연 풍경(⑥구간), 이순신 장군 일대기(⑦구간), 여수 10경과 이순신 신호연(⑧구간), 바닷속 이야기(⑨구간), 커피의 거리(⑩구간)로 구성되어 있다.
- 오포대 공원은 벽화마을에서 가장 높은 곳으로 여수 전경을 바라볼 수 있는 전망대가 설치되어 있다.

SPOT 3

자연 속의 빵집
오늘제빵소

주소 전라북도 완주군 구이면 두방길 28 · **가는 법** 자동차 이용 · **운영시간** 10:00~21:30 · **전화번호** 063-224-3737 · **대표메뉴** 에스프레소 4,000원, 아메리카노 4,500원, 카페라테 5,500원, 에이드 6,000원, 딸기라테 · 망고라테 6,500원

베이커리 카페는 카페 시장의 빠른 변화 속에서 소비자의 욕구에 맞는 새로운 형태로 탄생한 특별한 카페다. 커피와 음료가 주메뉴였던 카페에 달달한 디저트가 추가되었고, 지금은 다양한 종류의 빵이 주메뉴를 차지하고 있는 대형 베이커리 카페가 생겨나고 있다. '오늘제빵소'는 그런 베이커리 카페 중 하나다.

오늘제빵소가 있는 곳은 오래전에 유명한 패밀리 레스토랑이 있던 자리다. 패밀리 레스토랑이 문을 닫고 잠시 다른 카페가 영업하다가 지금의 오늘제빵소가 문을 열었다. 이곳은 카페 앞에 넓은 잔디밭을 품고 있어서 가족 나들이 장소로 인기가 높고, 반려견 동반 가능한 카페라 반려인들도 즐겨 찾는 곳이다. 카페의 규모만큼이나 다양한 종류의 빵과 음료를 곁들일 수 있어서 간단한 식사를 대신할 수 있다. 또한 야외 정원 전체가 포토존이라 어디를 배경으로 사진을 찍어도 멋진 풍경을 담을 수 있다.

주변 볼거리·먹거리

전북도립미술관
ⓐ 전라북도 완주군 구이면 모악산길 111-6 ⓣ 10:00~18:00/매주 월요일 휴무 ⓣ 063-290-6888
ⓗ www.jma.go.kr
1월 1주 소개(35쪽 참고)

TIP
- 6인 테이블이 많아서 가족·친구 등의 소모임을 하기 좋은 카페다.
- 빵은 가격대가 다른 베이커리 카페에 비해 약간 높은 편이다.
- 두방리 주민(신분증 확인)은 평일에 20% 할인된 가격으로 구매할 수 있다.
- 반려견 동반 가능한 카페로 반려인들에게 인기가 높다.

추천 코스 섬진강에 퍼지는 은은한 매화 향기

1 COURSE 성심회관 — 자동차 이용(약 8.9km) →
2 COURSE 구담마을 — 자동차 이용(약 6.7km) →
3 COURSE 장군목유원지

주소	전라북도 임실군 강진면 호국로 17-5
운영시간	08:00~20:00
대표메뉴	원조다슬기탕 10,000원, 추어탕 8,000원, 백반 7,000원
전화번호	063-643-1328
가는 법	강진공용버스터미널 → 도보 2분(약 110m)

성심회관은 20년 넘게 한 자리에서 다슬기탕을 판매해온 다슬기탕 맛집이다. 쌉싸름하면서도 구수한 맛의 다슬기는 국물 맛이 칼칼하고 개운해 해장국 재료로 인기가 높다. 성심회관의 다슬기탕은 다슬기를 듬뿍 넣은 맑은 국물에 호박 등 각종 채소와 부추를 잘게 썰어 올린 것이 특징이다.

주소	전라북도 임실군 덕치면 천담2길 287-4

3월 13주 소개(114쪽 참고)

주소	전라북도 순창군 동계면 장군목길 686-1
전화번호	063-650-5721

3월 12주 소개(110쪽 참고)

3월의 종교문화 여행
영광의 4대 종교 성지를 찾아서

전라남도 영광은 '영광(靈光, 신령스러운 빛)'이라는 지명에서 느낄 수 있듯이 종교적 의미가 깊은 고장으로, 우리나라 4대 종교의 유적지가 모여 있는 보기 드문 곳이다. 법성항을 통해 백제에 불교가 처음 들어왔으며, 그 근처에는 원불교 발상지인 영산성지도 있다. 또한 신유박해 당시 순교한 신자들을 추모하는 천주교 순교지가 있으며, 6·25 전쟁 당시 순교한 기독교인들의 순교지도 자리하고 있다. 서로 다른 종교의 문화가 공존하고 화합하는 이곳에서 종교의 의미를 되새겨 보는 것은 어떨까.

🚩 2박 3일 코스 한눈에 보기

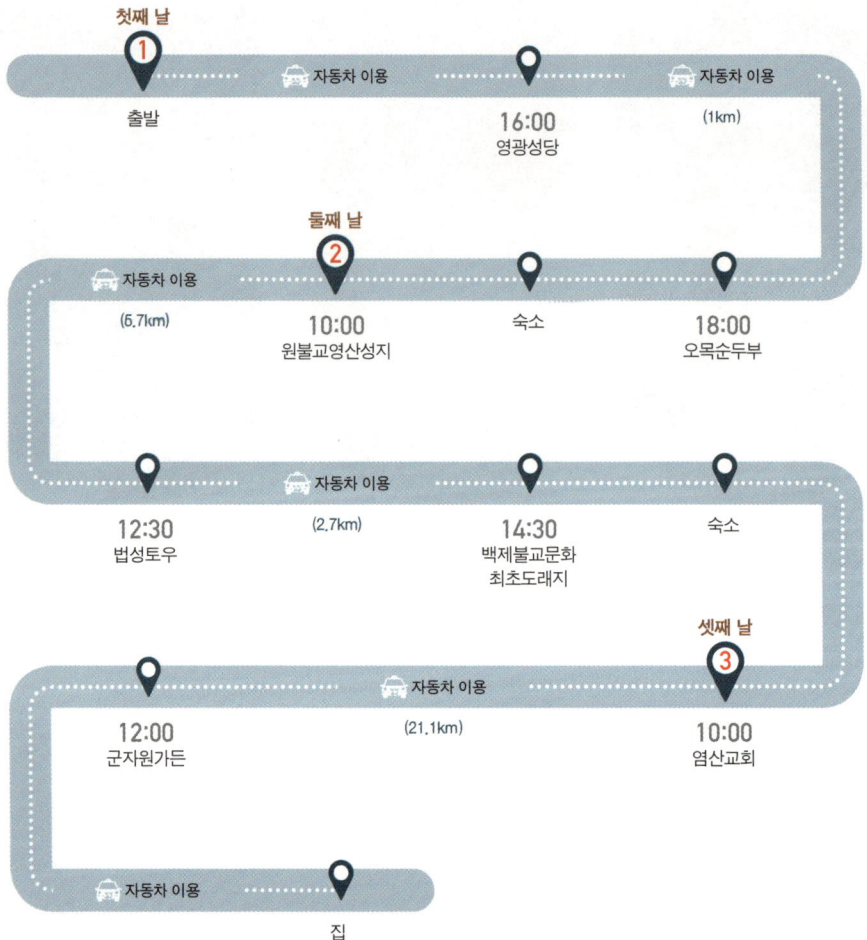

첫째 날
① 출발 → 자동차 이용 → 16:00 영광성당 → 자동차 이용 (1km) → 18:00 오목순두부 → 숙소

둘째 날
② 자동차 이용 (6.7km) → 10:00 원불교영산성지 → 12:30 법성토우 → 자동차 이용 (2.7km) → 14:30 백제불교문화 최초도래지 → 숙소

셋째 날
③ 10:00 염산교회 → 자동차 이용 (21.1km) → 12:00 군자원가든 → 자동차 이용 → 집

영광성당

오목순두부

원불교영산성지

▲ **영광성당** 신유박해 당시 영광 지역의 천주교 순교자를 추모하는 순교기념관이 자리하고 있다.
Ⓐ 전라남도 영광군 영광읍 중앙로2길 40 ⓣ 061-351-2276

▲ **오목순두부** 100% 국산 콩만을 사용한 두부로 음식을 만든다. 담백한 맛의 반찬과 깔끔한 찌개가 일품이다.
Ⓐ 전라남도 영광군 영광읍 옥당로 32-5 Ⓞ 11:30~20:30/매주 토요일 휴무 Ⓜ 순두부·청국장 8,000원 ⓣ 061-352-1498

◀ **원불교영산성지** 원불교 교조인 소태산 박중빈 대종사가 태어나 성도하고 원불교를 창립한 곳이다.
Ⓐ 전라남도 영광군 백수읍 성지로 1345 ⓣ 061-351-1898

염산교회

군자원가든

▲ **염산교회** 6·25 전쟁 당시 북한군의 교회 탄압에 항거하다 194명의 신자가 순교한 곳이다.
Ⓐ 전라남도 영광군 염산면 향화로5길 34-30 ⓣ 061-352-9005

▲ **군자원가든(군자식당)** 현지인들이 즐겨찾는 맛집으로 저렴한 가격에 푸짐한 백반을 맛볼 수 있다.
Ⓐ 전라남도 영광군 묘량면 영대로 437 Ⓞ 07:00~14:00/격주 일요일 휴무 Ⓜ 백반 7,000원 ⓣ 061-352-3366

4월의 전라도는 바람 한 자락, 구름 한 조각도 어머니의 품처럼 포근하게 느껴지는 마음의 고향 같은 곳이다. 봄을 맞이하는 성급한 마음에 새싹이 막 돋아나는 나뭇가지를 보며 초록 가득한 풍경을 상상해 본다. 해가 지날수록 봄을 맞는 느낌이 새롭다. 북풍한설(北風寒雪)을 오롯이 견디고 피어난 나뭇가지의 꽃눈이 더없이 대견스럽고, 때를 맞춰 하나둘 겨울잠에서 깨어나는 작은 생명체들이 경이롭기만 하다. 4월의 끝자락이 되면 산과 들은 형형색색의 봄꽃과 비단을 두른 듯 반짝이는 초록빛으로 우리를 유혹할 것이다.

4월의 전라도

매일이 꽃놀이

4월 첫째 주

따스한 봄 날

14 week

SPOT 1

잊힌 장소가 예술로 태어나다

팔복예술공장

주소 전라북도 전주시 덕진구 구렛들1길 46 · **가는 법** 전주시외버스공용터미널 → 금암1동주민센터 정류장에서 간선버스 1001, 1002번 승차 → 팔복예술공장·동명기계 정류장 하차 → 도보 8분(약 530m) · **운영시간** 10:00~17:30/매주 월요일 휴관 · **전화번호** 063-211-0288 · **홈페이지** www.palbokart.kr

팔복동은 전주의 산업화와 근대화를 이끌어 온 요지였다. 공장이 들어서고, 철길이 놓이고, 사람들이 모여들면서 경제 발전을 이루어 갔지만 1980년 이후 거세게 불어닥친 신산업화의 물결에 수많은 공장이 폐업하거나 이전했다. 카세트테이프를 만들던 '쏘렉스'도 CD 시장이 성장하면서 시대적 변화를 극복하지 못하고 1990년 초에 문을 닫았다. 팔복예술공장은 25년간 닫혀 있던 쏘렉스 공장이 예술의 힘으로 다시 태어난 공간이다. 마치 폐허 같던 옛 공장이 예술가들의 손끝에서 마법같이 되살아났다. 폐공장 특유의 삭막하고 거친 느낌은 그대로 살리면서도 아늘한 조명과 원색 계열의 인테리어를 통해 감각적인 공간을 만들어 낸 것이다.

1층에는 작가들이 입주한 창작스튜디오와 카페가 있고, 2층에는 실내외 전시공간이, 3층에는 관람객의 휴식공간인 옥상놀이터가 조성되었다. 2018년 3월, 개관을 맞아 '전환하다'를 주제로 약 두 달간 특별전이 진행되었고, 이후 2~3개월을 주기로 새로운 전시를 추진하고 있다. 단순히 폐공장을 예술공간으로 탈바꿈했다는 것에서 그치지 않고 많은 사람들에게 또 다른 예술적 영감을 불어넣는 장이 될 것으로 기대된다.

주변 볼거리·먹거리

팔복동 철길 팔복예술공장 바로 옆에 있는 철길로, 하루에 2~3회 화물열차만 지나간다. 5월 초에는 철길 양옆으로 흐드러지는 이팝나무의 흰 꽃이 장관을 이룬다.

 전라북도 전주시 덕진구 구렛들1길

TIP
- 건물 내부에 엘리베이터가 있어 유모차나 휠체어도 이동하는 데 어려움이 없다.
- 문화해설사가 상주하고 있으니 운영시간을 미리 확인해 보자.

SPOT 2

드넓은 초원 위에 노란 수선화 가득

지리산 치즈랜드

주소 전라남도 구례군 산동면 산업로 1590-62 · **가는 법** 자동차 이용 · **운영시간** 09:00~18:00 · **입장료** 어른 3,000원, 유아(5~13세) 2,000원, 어르신(70세 이상) · 장애인 1,000원 · **전화번호** 010-8942-2587 · **홈페이지** www.jcheeseland.co.kr

지리산치즈랜드는 치즈 만들기, 양 먹이 주기 등을 할 수 있는 체험형 목장이다. '구만제'라는 호수 뒤로 드넓은 초원이 펼쳐져 일명 '한국의 알프스', '3초 스위스'로 불릴 만큼 풍광이 아름답다. 구만제에는 호수를 가로지르는 다리가 놓여있고, 이 다리를 건너 20분 정도 언덕을 오르면 지리산치즈랜드와 호수가 발아래 내려다보이는 전망대에 이르게 된다. 눈앞에 펼쳐진 시원한 풍경에 감탄이 절로 나온다.

하지만 4월 초에 지리산치즈랜드에 방문해야 하는 이유는 따로 있다. 지리산치즈랜드의 드넓은 초원을 가득 메운 수선화 때문이다. 입구에 들어서면 노란 꽃물결이 눈앞에서 출렁거린다. 샛노란 수선화가 아름다운 건물을 배경으로 파란 하늘과 어우

러진 풍경은 동화 속의 한 장면 같다. 왜 수선화 꽃말이 자기애인지 실감할 수 있다. 꽃이 예쁘다고 꽃만 보고 가는 것은 지리산치즈랜드를 반만 즐기는 것이다. 목장 둘레의 산책길을 따라 걸으며 자연을 즐기고, 양, 젖소 등이 있는 우리에서 먹이 주기 체험을 할 수 있다. 좀 더 오래 머물다 갈 계획이라면 간단한 먹을거리를 준비해 나무 그늘 아래 돗자리를 펴고 쉬었다 가는 것도 좋은 방법이다.

주변 볼거리·먹거리

구례산수유마을 지리산 아래 구례산수유마을은 척박한 땅에 농사짓기가 힘들어 시작한 것이 효시인데, 지금은 매년 전라도 봄의 전령사로 여행객을 끌어모으고 있다. 해발 약 400m에 위치한 산동면 일대는 3월 말, 4월 초가 되면 노란 산수유 꽃이 만발한다. 대표적인 산수유마을로는 상위마을, 하위마을, 반곡마을 등이 있다.

Ⓐ 전라남도 구례군 산동면 상관1길 45

TIP
- 지리산호수공원 전망대로 가는 길은 지리산치즈랜드 옆 길(울타리)을 따라가면 되기 때문에 입장료를 지불하고 들어갈 필요가 없다.
- 지리산치즈랜드는 간단한 먹을거리와 돗자리를 들고 들어갈 수 있다.
- 지리산치즈랜드 내 매점에서 직접 생산한 요구르트, 치즈 등을 구매할 수 있으며 입장권을 보여주면 할인을 받을 수 있다.

SPOT 3

달빛 아래 벚꽃이 흩날리다
왕궁리 오층석탑

주소 전라북도 익산시 왕궁면 궁성로 666 · **가는 법** 삼례공용터미널 → 삼례터미널 정류장에서 버스 65번 승차 → 왕궁유적전시관 정류장 하차 → 도보 5분(약 300m) · **운영시간** 09:00~18:00(백제왕궁박물관)/매주 월요일 휴무 · **전화번호** 063-859-4631 · **홈페이지** www.iksan.go.kr/wg

 익산 왕궁리는 마을 이름에서 짐작할 수 있듯이 옛날 왕궁이 있었던 곳이다. 1989년부터 발굴이 시작되어 백제 왕궁의 모습이 조금씩 세상에 그 존재를 드러내고 있다. 현재는 터만 남아 있기 때문에 옛 왕궁의 모습을 완벽히 재현할 수는 없지만 발견한 유물을 토대로 온전한 왕궁이 있었다는 사실은 확인되었다. 학자들은 발굴한 내용을 바탕으로 백제 말기인 무왕 때 건립한 왕궁임을 확신하고 있다.

 나중에 왕궁이 사라지고 이 자리에 사찰을 세웠는데, 무왕의 명복을 빌기 위해 지은 사찰로 추정하고 있다. 현재 남아 있는 사찰의 흔적은 왕궁리 오층석탑뿐이다. 형태가 단순하지만 촌스럽지 않고, 직선이지만 곡선보다 더 유려한 왕궁리 오층석탑은 백제의 절제된 조형미가 잘 드러난 석탑이다. 어느 각도에서 봐도 선이 곧고 조형미가 뛰어나다. 특히 해 질 무렵 석양에 비치는 실루엣은 왕궁리 오층석탑 최고의 백미다.

하지만 왕궁리 오층석탑이 유명해진 계기는 또 하나 있다. 3월 말경 석탑 주위를 하얗게 물들이는 벚꽃 때문이다. 특히 달빛 아래 석탑과 벚꽃이 어우러진 풍경은 눈을 뗄 수 없을 정도로 숨 막히게 아름답다. 마치 하늘에 한 땀 한 땀 수를 놓은 듯 야간 조명에 비치는 벚꽃이 화려하게 빛난다.

주변 볼거리·먹거리

국립익산박물관(미륵사지석탑) 미륵사지석탑 및 유물을 관리·보존하기 위해 1994년 건립한 미륵사지유물전시관이 2015년 국립미륵사지유물전시관으로 승격되었고, 2019년 국립익산박물관으로 변경되었다. 주요 유물로는 동양 최대의 탑으로 불리는 미륵사지석탑(국보 제11호)과 당간지주 2기, 미륵사지석탑 해체·복원 과정에서 출토된 국보급 유물인 사리장엄 등이 있다.

Ⓐ 전라북도 익산시 금마면 미륵사지로 362 Ⓞ 09:00~18:00(국립익산박물관) / 매주 월요일 휴무 Ⓣ 063-830-0900 Ⓗ iksan.museum.go.kr Ⓔ 미륵사지석탑은 야외에 위치하고 있어 관람 시간 제한이 없음

익산고도리석불입상(석조여래입상) 익산고도리석불입상은 돌로 만든 불상으로 두 개의 불상이 약 200m 거리를 사이에 두고 마주 보고 서 있는 남녀상이다. 불상은 머리부터 받침돌까지 돌기둥 한 개를 사용해 만들었으며 머리 위에 네모난 갓 모양의 관을 쓰고 있다. 고려시대에 만든 것으로 추정하고 있으며 불상이라기보다는 마을을 수호하는 석상에 가깝다.

Ⓐ 전라북도 익산시 금마면 서고도리 400-2

TIP
- 왕궁리 오층석탑은 야외에 위치하고 있어서 관람 시간 제한이 없다.
- 왕궁리 오층석탑은 국보 제289호, 석탑 안에서 발굴된 사리장엄구는 국보 제123호로 지정되어 있다.
- 깨끗한 야경을 찍으려면 삼각대를 꼭 준비하는 것이 좋다.

SPOT 4
아이들과 함께 가기 좋은 카페
정원마더커피

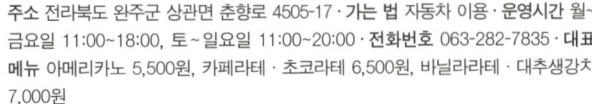

주소 전라북도 완주군 상관면 춘향로 4505-17 · **가는 법** 자동차 이용 · **운영시간** 월~금요일 11:00~18:00, 토~일요일 11:00~20:00 · **전화번호** 063-282-7835 · **대표메뉴** 아메리카노 5,500원, 카페라테 · 초코라테 6,500원, 바닐라라테 · 대추생강차 7,000원

주변 볼거리·먹거리

공기마을편백나무숲
ⓐ 전라북도 완주군 상관면 죽림편백길 191-24

6월 26주 소개(228쪽 참고)

TIP
- 아이들의 안전을 위해 반려견은 입장할 수 없다.
- 연못은 수심이 낮아서 안전하지만 어린아이들이 빠지지 않도록 각별히 신경 써야 한다.
- 정원 옆에 비닐하우스로 된 철쭉 분재원을 운영하고 있는데, 카페 이용 고객은 자유롭게 관람할 수 있다.

최근 생기는 카페들은 대부분 규모가 크고 분위기도 좋지만 어린아이들을 데리고 가기에는 눈치가 보이고 부담스러운 곳들이 많다. 아예 노키즈존(No Kids Zone)으로 운영하는 곳도 있어서 아이들과 함께 카페에 한 번 가는 것도 쉽지 않다. 하지만 정원마더커피는 오히려 아이들을 반기는 웰컴키드존(Wellcome Kid Zone)이다. 카페 앞 정원이 아이들이 맘껏 뛰어놀 수 있는 공간으로 꾸며져 있다. 넓은 잔디밭과 모래 놀이터가 있고, 작은 연못과 분수, 그리고 야외공연장도 있다.

정원 곳곳에는 각양각색의 꽃이 피고 독특한 분재들이 놓여 있다. 나무 사이로 산책로가 잘 꾸며져 있어 어른들도 힐링하기 좋은 정원이다. 카페는 2층 건물인데, 1층에는 단체석이 있고 2층은 서너 명이 앉을 수 있는 소규모 테이블이 많다. 2층 테라스에서는 정원을 한눈에 내려다볼 수 있다. 날씨가 좋은 날에는 테라스에서 차를 음미하며 정원을 바라보는 것만으로도 마음의 여유와 평온함을 느낄 수 있다.

추천 코스 든든한 설렁탕 한 그릇 먹고 문화 예술 속으로

1 COURSE
▶ 덕진공원

도보 7분(약 420m)

2 COURSE
▶ 족보설렁탕

택시 이용(약 2.7km)

3 COURSE
▶ 팔복예술공장

주소 전라북도 전주시 덕진구 권삼득로 390
전화번호 063-239-2607
가는 법 전주시외버스공용터미널 → 금암1동주민센터 정류장에서 버스 752, 165, 970번 승차 → 기린대로덕진공원 정류장 하차 → 도보 5분(약 300m)

덕진공원은 전주 시민에게 가장 사랑받는 휴식공간이다. 드넓은 호수를 품고 있으며, 호수에는 호수를 가로지르는 연화교가 놓여 있다. 연화교 중간에는 전주 최초의 한옥 도서관인 연화정 도서관이 자리 잡고 있다. 6월 말이 되면 호수의 절반을 가득 채우는 분홍빛 홍련의 향연이 펼쳐진다.

주소 전라북도 전주시 덕진구 송천중앙로 25
운영시간 09:30~21:00
전화번호 063-277-0004
대표메뉴 설렁탕·돼지떡갈비 9,000원, 우거지탕 8,500원 물만두 3,000원

전주에는 내로라하는 맛집이 많지만 든든한 설렁탕이 생각난다면 족보설렁탕을 추천한다. 자리 잡고 앉으면 노란 주전자에 담긴 보리차와 오래된 스테인리스 물그릇을 내준다. 설렁탕은 굵은 소금으로 간을 맞추고 소면과 파를 취향대로 넣어 먹으면 된다. 설렁탕에 들어 있는 고기는 초장에 찍어 먹어야 맛있다.

주소 전라북도 전주시 덕진구 구렛들1길 46
운영시간 10:00~17:30 / 매주 월요일 휴관
전화번호 063-211-0288
홈페이지 www.palbokart.kr

4월 14주 소개(124쪽 참고)

4월 둘째 주
유채꽃 노란 물결

15 week

SPOT 1
삶이 쉼표가 되는 섬
청산도
슬로길 1코스

주소 전라남도 완도군 청산면 청산로 132 · 가는 법 완도항에서 여객선 이용 · 여객선 이용요금(편도) 어른 7,700원, 청소년(중고생) 7,000원, 경로 우대 6,300원, 어린이(초등학생 이하) 3,700원, 자동차 65,700원(왕복/운전자 포함) · 여객선 운행시간 여행객 및 차량 증감에 따라 달라짐(완도군 홈페이지 참고)

　전라도에서 가장 가 볼 만한 섬을 꼽으라면 한치의 망설임 없이 이 '청산도'를 꼽을 것이다. 완도에서 뱃길로 약 45분(약 19km) 거리의 청산도는 다도해에서 가장 아름다운 섬이다. 하늘, 바다, 산이 모두 푸르다 하여 청산도라 불렸다고 한다. 2007년 12월, 아시아에서는 최초로 슬로시티로 선정됐다.
　청산도의 4월은 섬 전체가 온통 청보리와 유채꽃 풍경이다. 이 무렵에는 삼삼오오 배낭을 메고 슬로길을 걷는 여행객들을 쉽게 볼 수 있다. 걷기 여행자들의 성지가 된 청산도는 11개의 슬로길 코스를 갖췄다. 11개 코스 중 가장 인기 있는 코스는 단

연 '슬로길 1코스'다. 슬로길 1코스는 여객선이 도착하는 '도청항'에서 시작해 '화랑포전망대'까지 이어지는 약 5.7km 구간이다. 이 구간에서 풍광이 가장 아름답기로 소문난 곳은 당리 언덕에서 내려다 본 해안 풍경이다. 특히 쪽빛 바다를 배경으로 펼쳐진 노란 유채꽃밭은 청산도를 상징하는 한 장의 이미지가 되었다. 영화 〈서편제〉에서 주인공 세 사람이 진도아리랑을 부르며 돌담길을 걷는 장면이 이 구간에서 촬영됐다. 〈서편제〉 촬영지에서 멀지 않은 곳에 드라마 〈봄의 왈츠〉 세트장이 있다. 관심 있다면 함께 둘러봐도 좋다.

TIP

- 청산도 여행은 여객선 왕복 시간 및 여행 코스를 고려하면 최소 1박 2일 이상을 추천한다.
- 유채꽃이 피는 4월 초·중순에는 여행객이 너무 많기 때문에 주말보다는 평일에 방문하는 것이 좋다.
- 슬로길 1코스는 도청항 → 도락리 → 〈서편제〉 촬영지 → 〈봄의 왈츠〉 촬영지 → 화랑포전망대까지 이어지는 구간(약 5.7km)으로 1시간 30분 정도 걸린다.
- 슬로길 코스는 전체 11개 구간으로 약 42km에 이르며, 전체를 다 걷는 데 꼬박 2박 3일이 걸린다.
- 청산도를 여행하는 방법은(걷기+버스, 자전거 타기, 자동차 이용 등) 상황에 맞게 선택할 수 있다.
- 자동차는 여객선에 선착순으로 탑승(예매 불가)하므로 출발 예정시각보다 1시간 정도 미리 도착하는 것이 좋다.

주변 볼거리·먹거리

지리청송해변 청산도의 대표적인 해수욕장으로 청산도에서 가장 아름다운 일몰을 볼 수 있는 곳이다. 폭 100m에 이르는 백사장이 펼쳐져 있으며, 해수욕장 뒤쪽에는 수령 200년 이상의 노송 500여 그루가 숲을 이루고 있다.

ⓐ 전라남도 완도군 청산면 지리 1108-2

SPOT 2

걷기 좋은 봄날의 힐링로드

금평저수지 둘레길

주소 전라북도 김제시 금산면 청도리 481 · 가는 법 자동차 이용

　오래전 저수지의 용도는 농업 용수나 홍수 조절을 위한 경우가 대부분이었는데, 지금은 그 본연의 기능은 사라지고 지역 주민을 위한 휴식 공간이나 산책로 역할을 하는 경우가 많다. 금평저수지도 이런 변화에 따라 '수변 문화체험 숲 사업'을 통해 둘레길이 만들어졌다. 둘레길 전 구간은 수상 데크 길과 흙길이 적절히 조성되어 힐링 산책로로 인기를 끌고 있다. 특히 수상 데크 길과 흙길의 일부 구간은 거의 평지에 가깝고, 유모차를 끌고 갈 수 있어서 어르신과 아이가 있는 가족이 함께 걸을 수 있는 최적의 코스다.

　금평저수지 둘레길은 봄에는 벚꽃과 꽃잔디가 흐드러지고,

주변 볼거리·먹거리

수월담
Ⓐ 전라북도 김제시 금산면 모악7길 118 Ⓗ 10:00~21:00 Ⓣ 010-3190-3412 Ⓜ 오미자차·매실차·아메리카노 4,000원, 카페라테·에이드 5,000원, 쌍화탕·대추탕·생강차 6,000원
8월 32주 소개(282쪽 참고)

가을에는 코스모스와 단풍이 장관을 이룬다. 특히 가로수가 터널과 소나무, 버드나무, 각종 꽃나무가 어우러진 길은 특별한 운치를 보여준다. 물에 반쯤 담긴 채 연녹색 가지를 늘어뜨린 버드나무가 반갑다고 손짓을 하는 것 같다. 봄바람에 가볍게 일렁이는 물결을 보면 이곳이 저수지가 아니라 드넓은 호수 같은 착각이 들기도 한다. 둘레길 중간중간에는 쉼터와 벤치가 있어서 잠시 휴식하며 담소를 나눌 수 있다. 벤치에 앉아 있으면 가끔씩 제방을 넘어 불어오는 시원한 계곡 바람이 가슴을 후련하게 한다.

TIP

- 둘레길 전체 길이는 약 3.5km로 1시간 정도면 둘러볼 수 있다.
- 제방구간은 2020~2023년 말(예정)까지 수리시설 개보수 사업에 진행됨에 따라 통제되고 있다.
- 자동차를 이용할 경우 '증산교본부' 앞에 주차할 수 있고, 이곳에서 둘레길을 시작하는 것이 좋다.

SPOT 3

고즈넉한 사찰에서 만난
분홍빛 사랑

선암사

주소 전라남도 순천시 승주읍 선암사길 450 · **가는 법** 자동차 이용 · **운영시간** 하절기 06:00~19:30, 춘추기 07:00~19:00, 동절기 07:00~18:00 · **입장료** 어른 3,000원, 청소년 1,500원, 어린이(초등학생) 1,000원 · **전화번호** 061-754-5247 · **홈페이지** www.seonamsa.net

    선암사는 지금 꽃대궐이다. 4월 중순, 선암사의 백미는 누가 뭐래도 분홍빛 겹벚꽃이다. 벚꽃이 다 지고 나서 만개하는 겹벚꽃은 색감이 화려해 존재감이 남다르다. 절문을 들어서면 꽃향기가 경내에 가득 넘쳐난다. 선암사는 예로부터 꽃이 많아 '화훼사찰'로 불리기도 했다. 생강나무과 산수유꽃이 봄을 알리기 시작하면 매화, 개나리, 겹벚꽃, 진달래, 영산홍, 철쭉이 누가 먼저랄 것도 없이 피어나기 시작한다. 4월에 잊지 말고 선암사에 방문해야 하는 이유가 여기에 있다.

    선암사에는 겹벚꽃 말고도 눈여겨봐야 할 것이 두 가지 더 있다. 하나는 '우리나라에서 가장 아름다운 돌다리'로 불리는 '승선

교'다. 큰 돌을 이음새 없이 맞물려 쌓은 선조들의 뛰어난 건축술이 감탄스러울 뿐만 아니라 자연과 어우러진 조화가 가히 신의 경지다. 돌들이 서로에게 기댄 채 300여 년의 세월을 온전히 지켜온 게 그저 신비롭기만 하다.

또 하나 그냥 지나칠 수 없는 게 선암사의 뒷간 '해우소(解憂所)'다. 300년이 넘은 2층 누각 건물인 해우소는 그 자체가 문화재급이다. 우리나라 목조 건물의 특징을 유감 없이 보여주고, T자형 구조로 입구에 들어서면 자연스럽게 남자용(좌)과 여자용(우)으로 구분된다. 또한 사방이 나뭇살로 이루어져 자연 환기가 뛰어나 냄새가 거의 나지 않는다. 오죽했으면 김훈 작가가 수필집 〈자전거 여행〉에서 '인류가 똥오줌을 처리한 역사 속에서 가장 빛나는 금자탑'이라고 극찬했을까.

주변 볼거리·먹거리

낙안읍성민속마을

Ⓐ 전라남도 순천시 낙안면 평촌리 6-4 Ⓞ (5~9월) 09:00~18:30, (1, 11~12월) 09:00~17:30, (2~4월, 10월) 09:00~18:00 Ⓣ 061-749-8831 Ⓒ 어른 4,000원, 청소년·군인 2,500원, 어린이 1,500원 Ⓗ nagan.suncheon.go.kr
2월 8주 소개(83쪽 참고)

TIP
- 선암사 겹벚꽃이 피는 시기에는 여행객이 넘쳐나므로 편안하게 사진을 찍고 싶다면 평일에 방문하거나 주말에는 오전 9시 이전에 도착하는 것이 좋다.
- 자동차를 이용할 경우 주차장에 주차 후 선암사까지 약 1.5km 걸어가야 한다.
- 승선교의 아름다움을 제대로 느끼고 싶다면 계곡으로 내려가 감상하는 것을 추천한다.

SPOT 4
대를 이어 온 육회비빔밥
대흥식당

주소 전라남도 함평군 함평읍 시장길 112 · **가는 법** 도보 8분(약 560m) · **운영시간** 11:00~21:00/매월 둘째, 넷째 주 화요일 휴무 · **대표메뉴** 육회비빔밥(보통) 10,000원, 육회비빔밥(특) 15,000원 · **전화번호** 061-322-3953

비빔밥은 지방마다 특색이 다르며 이는 재료에 따라 구분된다. 흔히 전주비빔밥과 진주비빔밥이 비빔밥의 대명사로 여겨지지만 함평의 육회비빔밥도 빼놓을 수 없다. 함평 육회비빔밥의 역사는 1900년대 초 우시장이 들어서면서 시작됐다. 장터에서 아낙네들이 도축장에서 나온 신선한 소고기를 비빔밥 위에 얹어 팔면서 유명해졌다고 한다. 현재 함평오일장에는 10여 곳의 식당이 모여 '육회비빔밥거리'를 형성하고 있다. 대부분 2~3대에 걸쳐 한자리에서 육회비빔밥을 판매해 오고 있는 음식점이다. 그중에서도 '화랑식당'과 '대흥식당'이 가장 유명하다.

최근 〈백종원의 3대 천왕〉에 소개된 화랑식당은 발 디딜 틈도 없이 사람이 많아 50m 정도 떨어진 곳에 있는 대흥식당을 추천한다. 시어머니 때부터 40여 년간 이어 온 손맛과 신선한 재료, 질 좋은 한우 덕분에 별다른 홍보 없이도 입소문을 듣고 찾아온 손님이 많은 곳이다. 대흥식당의 육회비빔밥은 당일 잡은 100% 한우 암소 고기만을 사용하고, 신선한 야채에 고추장 대신 고춧가루와 다진 마늘, 새우젓 등을 넣어 비벼 먹는다. 따로 나오는 삶은 돼지비계를 비빔밥에 넣어 같이 먹으면 고소한 맛이 더해진다. 또한 소뼈를 우려낸 맑은 선짓국은 국물 맛이 개운하여 육회비빔밥과 잘 어울린다. 육회의 신선도를 유지하기 위해 남은 생고기는 절대 다시 팔지 않는다는 사장님의 말에 신뢰가 더해지는 곳이다.

주변 볼거리·먹거리

함평엑스포공원

ⓐ 전라남도 함평군 함평읍 곤재로 27 ⓣ 09:00~18:00 ⓒ 어른 5,000원, 청소년·군인 3,500원, 어린이·경로 2,500원, 유치원생 1,500원 ⓣ 061-320-2203~5 ⓗ www.hampyeong.go.kr/expopark

3월 9주 소개(93쪽 참고)

TIP
- 생고기를 좋아하지 않을 경우 익힌 고기로도 비빔밥을 주문할 수 있다.
- 주차장이 없으므로 주변 골목길의 적당한 곳에 주차하자.

추천 코스 발 딛는 곳마다 여유와 느림의 미학

1 COURSE ⟳ 순환버스 이용
▶ 청산도 슬로길 1코스

2 COURSE ⟳ 순환버스 이용
▶ 느린섬여행학교

3 COURSE
▶ 범바위

주소 전라남도 완도군 청산면 청산로 132
가는 법 etc. 완도항에서 여객선 이용 여객선 이용 요금(편도) 어른 7,700원, 청소년(중고생) 7,000원, 경로 우대 6,300원, 어린이(초등학생 이하) 3,700원, 자동차 65,700원(왕복/운전자 포함) 여객선 운행 시간은 여행객 및 차량 증감에 따라 달라짐(완도군 홈페이지 참고)

4월 15주 소개(132쪽 참고)

주소 전라남도 완도군 청산면 청산로 541
운영시간 10:00~20:00
전화번호 061-554-6962
대표메뉴 건강밥상(2인 기준) 10,000원, 느림밥상(2인 기준) 13,000원, 삼치백반(2인 기준/1일 전 예약) 17,000원, 남도밥상(4인 기준/5일 전 예약) 25,000원

2009년 폐교된 청산중학교 동분교를 리모델링하여 홍보관, 체험관(식당), 숙박동으로 운영 중인 다목적 복합시설이다. 2층은 다락 구조로 된 숙박동, 1층에는 홍보관과 슬로푸드체험관이 있다. 청산도의 향토음식을 발전시킨 '남도밥상', '느림밥상', '건강밥상' 등을 즐길 수 있다.

주소 전라남도 완도군 청산면 청계길 8-28

범바위 정상에 오르면 섬 전체의 풍경과 코발트블루의 청전 해역을 한눈에 내려다볼 수 있다. 남쪽으로 여서도가 보이고, 날씨가 맑은 날에는 멀리 제주도가 아스라이 눈에 들어온다. 범바위 정상은 바람이 매우 강하기 때문에 안전에 유의해야 한다.

4월 셋째 주

핑크빛 꽃망울 톡톡 터지는

16 week

SPOT 1

울긋불긋 꽃대궐

완산칠봉 꽃동산

주소 전라북도 전주시 완산구 동완산동 산124-1 · **가는 법** 전주시외버스공용터미널 → 금암광장·청담한방병원 정류장에서 버스 1001, 1002번 승차 → 서학동예술마을 정류장 하차 → 도보 7분(약 460m)

동요 〈고향의 봄〉의 가사 중 '울긋불긋 꽃대궐'을 혹시 4월의 완산칠봉 투구봉을 보고 쓴 것이 아닌가 하는 착각이 든다. 완산칠봉의 막내 봉우리인 투구봉은 전주시립도서관에서 5분이면 오를 수 있는 작은 동산이지만 눈앞에 펼쳐지는 꽃동산의 풍경은 결코 평범하지 않다. 어른 키를 훌쩍 넘는 붉은 영산홍과 겹벚꽃, 철쭉, 꽃사과, 황매화 등이 어우러져 그 어디서도 볼 수 없는 화려한 꽃잔치를 벌인다.

완산칠봉 꽃동산은 본래 인근에 살던 토지 주인 김영섭 씨가 1970년대부터 사비로 꽃나무를 심어 40여 년 동안 가꿔 온 곳이다. 부족한 살림에도 박봉을 쪼개 꽃나무를 사서 심었는데, 근처에 선친의 묘가 있어 더욱 정성껏 가꿨다고 한다. 이를 2009년 전주시에서 매입해 각종 꽃나무를 추가로 심고 도심을 내려다볼 수 있는 전망대 및 산책로를 조성하여 다음 해에 일반 시민에게 개방하였다.

TIP
- 유모차나 휠체어는 다니기가 매우 불편하다.
- 꽃이 피는 시기에는 전주시립도서관의 주차장 출입을 제한하므로 자동차 이용 시 전주천변 주차장을 이용하자.
- 전주시립도서관 쪽에서 올라가는 것이 어려울 경우 곤지중학교 쪽에서 올라가도 좋다.

주변 볼거리·먹거리

완산공원 동학농민운동 때 격전이 벌어졌던 장소로, 현재는 삼나무, 전나무, 측백나무 등이 숲을 이룬 시민공원이다. 아름다운 경관과 수질 좋은 약수터가 있어 새벽에 산책하는 사람들이 많으며, 정상에는 팔각정이 있다.

Ⓐ 전라북도 전주시 완산구 매곡로 35-29

전주남부시장 전주의 대표적인 전통시장인 남부시장은 조선시대 전주 사대문 밖에서 열리는 장터 중에 가장 규모가 컸던 곳이다. 대형마트가 생기면서 많이 쇠락했지만 전주 한옥마을의 방문객이 증가하면서 다시 주목받고 있다.

Ⓐ 전라북도 전주시 완산구 풍남문1길 19-3
Ⓣ 063-284-1344

SPOT 2

가장 먼저 진달래 소식을
전해 주는
영취산

주소 전라남도 여수시 중흥동 72 · **가는 법** 자동차 이용

　창녕 화왕산, 대구 비슬산, 강화 고려산 등 진달래가 유명한 산은 많지만 우리나라에서 가장 먼저 분홍빛 꽃소식을 전해 주는 곳은 여수 영취산이다. 영취산은 높이 약 500m의 낮은 산이지만 4월이 되면 수십만 송이의 진달래가 온 산을 뒤덮는 우리나라 최대의 진달래 군락지다. 분홍빛 색동옷으로 갈아입은 영취산에 오르면 산 능선과 쪽빛 바다가 어우러진 풍경에 눈이 부시다. 가파른 길을 힘겹게 오른 것에 대한 보답으로 이 이상 무엇이 필요할까?

　역시 봄에는 꽃구경이 제일이다. 영취산의 등산로는 여러 개지만 흥국사에서 출발하여 봉우재를 지나 진례봉으로 올라가는 길을 추천한다. 오르는 길에 만나는 기암괴석과 진달래의 절경은

순간순간 감탄사를 연발케 한다. 일찍이 이처럼 많은 진달래 군락을 본 적이 없다. 진달래 꽃잎은 여린 듯 순수하고 기품 있는 양반집 규수의 정서를 담고 있어 '참꽃'이라는 별칭이 딱 어울린다. 영취산에 이렇게 넓은 진달래 군락지가 생긴 이유를 두고, 여수산업단지의 매연 때문에 산성화된 영취산에서 나무는 대부분 죽고 척박한 산성 토양에 강한 진달래만이 살아남았다는 설이 있지만 정확한 근거는 없다.

TIP
- '영취산진달래축제' 기간에는 주차장이 매우 혼잡하므로 대중교통을 이용하는 것이 좋다.
- 진달래 감상이 목적이라면 흥국사에서 봉우재까지만 다녀와도 좋다.
- 진달래꽃을 예쁘게 찍고 싶다면 역광으로 촬영해 보자.

주변 볼거리·먹거리

흥국사 영취산 품안에 자리 잡고 있는 흥국사는 그 이름처럼 나라가 잘되기를 기원하는 사찰이다. 흥국사는 임진왜란 당시 승군의 중심지였는데 전쟁 피해로 거의 폐허가 되었다가 숙종 때 재건되어 오늘에 이르고 있다.

ⓐ 전라남도 여수시 흥국사길 160 ⓒ 어른 2,000원, 청소년·군인 1,500원, 어린이 1,000원 ⓣ 061-685-5633

SPOT 3

가족이 여행하기 좋은 곳
달빛소리 수목원

주소 전라북도 익산시 춘포면 천서길 150 · **가는 법** 삼례공용터미널 → 삼례터미널 정류장에서 버스 66, 73번 승차 → 담월 정류장 하차 → 도보 2분(약 160m) · **운영시간** 11:30~19:00/매주 월요일 휴무 · **입장료** 어른 3,000원, 어린이 2,000원 (카페 음료 주문 시 입장료 무료) · **전화번호** 063-834-9265 · **대표메뉴** 아메리카노 6,000원, 카페라테 · 카푸치노 7,000원, 레몬에이드 · 자몽에이드 7,000원, 녹차 · 국화차 6,000원

달빛소리수목원은 비교적 최근인 2018년에 문을 열어서 아직 많은 사람에게 알려지지 않은 곳이다. 하지만 농장주가 지난 20여 년간 전국 각지에서 수집한 100여 종의 희귀한 고목들과 주변 풍경이 어우러져 유서 깊은 수목원 부럽지 않은 멋진 풍광을 보여준다. 수목원 입구가 가정집 대문 같은 느낌이라 약간 실망할 수 있지만, 수목원 진입로를 따라 언덕에 오르면 눈앞에 펼쳐진 풍경에 우려는 금세 환희로 바뀐다.

수목원에 들어서면 숲길에서 가장 먼저 만나는 게 '황순원 소나기 나무'다. 달빛소리수목원의 상징인 이 나무는 500년이 넘은 마을 수호신으로 예로부터 '첫사랑' 나무라 불리기도 했다. 이웃 마을 소년 소녀들이 이곳에 와 몰래 쪽지를 주고받다가 소나기가 내리면 느티나무 아래서 비를 피하며 사랑을 키웠다는 이야기나 전해온다.

황순원 소나기 나무를 지나 조금 더 오르면 갖가지 꽃나무로 둘러싸인 대형 목조건물이 눈에 들어온다. 수목원의 카페이자 쉼터로 운영하는 곳이다. 달빛소리수목원은 사계절 특색 있는 아름다움으로 소문난 곳이다. 봄에는 수선화, 철쭉, 겹벚꽃이 만발하고, 여름에는 백합, 산나리꽃, 수국, 가을에는 백일홍, 금목서, 은목서, 산풍이 수목원을 장식하고, 겨울에는 동백꽃과 납매가 눈과 어우러져 멋진 설경을 보여준다. 또한 야외 결혼식장을 비롯한 신부 대기실, 폐백실 등을 갖추고 있어 예비부부들의 관심이 높다. 수목원의 자랑인 작은 메타세콰이아길은 결혼식 야외 촬영지 및 젊은 연인들의 포토존으로 큰 사랑을 받고 있다.

주변 볼거리·먹거리

왕궁리 오층석탑
Ⓐ 전라북도 익산시 왕궁면 궁성로 666
Ⓞ 09:00~18:00(백제왕궁박물관) / 매주 월요일 휴무 Ⓗ www.iksan.go.kr/wg
4월 14주 소개(128쪽 참고)

TIP
- 삼각대를 이용해 사진을 촬영할 때 화초나 나무가 상하지 않도록 각별한 주의가 필요하다.
- 계단이 많고 지형의 굴곡이 심해서 유모차를 끌고 가기에는 적합하지 않다.

SPOT 4
씨알 굵은 우렁이
정통옛날쌈밥

주소 전라북도 고창군 고창읍 남정6길 7 · 가는 법 고창문화버스터미널 → 도보 9분(약 560m) · 운영시간 11:00~20:00/15:00~17:00 브레이크 타임 · 대표메뉴 우렁쌈밥 12,000원 · 전화번호 063-564-2700

복분자주와 풍천장어는 오래전부터 고창을 대표하는 먹거리로 유명하다. 특히 풍천장어는 옥황상제가 고창에 살다 죽어서 온 이들에게 그 맛을 물어봤다는 전설이 있을 정도로 유명하다. 하지만 고창에 풍천장어만 있는 것은 아니다. 고창읍성 근처에 위치한 '정통옛날쌈밥'은 우렁쌈밥으로 지역 주민과 여행객의 입맛을 사로잡았다. 역시 맛집은 메뉴가 단순해야 한다. 이곳의 메뉴는 달랑 우렁쌈밥이 전부다. 예전에는 몇 가지 메뉴가 더 있었지만 손님 대부분이 우렁쌈밥만 찾아서 다른 메뉴를 없앴다고 한다.

우렁쌈밥을 주문하면 김이 모락모락 나는 보리밥과 쌀밥이 대나무소쿠리를 싼 보자기 위에 반반씩 섞여 나온다. 그리고 10여 가지가 넘는 밑반찬과 우렁된장, 싱싱하고 풍성한 쌈채소가 한데 어우러진 푸짐한 밥상이 차려진다. 흔히 볼 수 있는 반찬들이지만 시골 밥상의 인심과 정성이 느껴진다. 씨알 굵은 우렁이 씹히는 맛이 일품인 우렁된장과 갖은 채소를 송송 썰어 끓인 된장찌개는 까다로운 손님들 입에도 착착 감긴다. 여섯 개의 테이블이 전부라 30분 이상 줄을 서서 기다려야 할 때도 있지만 충분히 기다릴 만한 가치가 있는 곳이다.

주변 볼거리·먹거리

고창읍성 Ⓐ 전라북도 고창군 고창읍 읍내리 125-9 ⓣ 05:00~22:00 ⓒ 어른 3,000원, 청소년 2,000원, 어린이 1,000원(18:00 이후 무료 입장) ⓣ 063-560-8067
4월 17주 소개(150쪽 참고)

TIP
• 점심 이후 잠시 쉬는 시간이 있고, 상황에 따라 일찍 문을 닫을 수도 있으니 미리 연락해 보고 가자.

추천 코스 진분홍빛 영산홍에 취하고 맛있는 우렁쌈밥까지

1 COURSE 고창읍성
→ 도보 13분(약 840m)
2 COURSE 정통옛날쌈밥
→ 도보 6분(약 390m)
3 COURSE 고창전통시장

주소   전라북도 고창군 고창읍 읍내리 125-9
운영시간   05:00~22:00
입장료   어른 3,000원, 청소년 2,000원, 어린이 1,000원(18:00 이후 무료 입장)
전화번호   063-560-8067
가는 법   고창문화터미널 → 도보 18분 (약 1.1km)

4월 17주 소개(150쪽 참고)

주소   전라북도 고창군 고창읍 남정6길 7
운영시간   11:00~20:00 / 15:00~17:00 브레이크 타임
전화번호   063-564-2700
대표메뉴   우렁쌈밥 12,000원

4월 16주 소개(146쪽 참고)

주소   전라북도 고창군 고창읍 시장안길 37
전화번호   063-564-3097
홈페이지   www.gochangmarket.com

고창전통시장은 1965년에 문을 연 역사 깊은 시장이다. 1980~90년대에 비해 손님은 많이 줄었지만 전통시장 고유의 문화와 역사를 고스란히 간직해 여전히 고창 군민들에게는 추억과 향수가 가득한 곳이다. 전통시장의 옛 추억을 되새기며 시장의 먹거리를 맛보는 재미도 쏠쏠하다.

4월 넷째 주

향긋한 꽃내음 가득한

17 week

SPOT 1

조용하고 여유롭게
산책하기 좋은 곳

대나무골
테마공원

주소 전라남도 담양군 금성면 비내동길 148 · 가는 법 담양공용버스터미널 → 담양여객버스터미널 정류장에서 농어촌버스 10-3, 12-1번 승차 → 테마공원 정류장 하차 → 도보 5분(약 350m) · 운영시간 09:00~18:00 · 입장료 어른 2,000원, 청소년 1,500원, 어린이 1,000원 · 전화번호 061-383-9291

담양은 대나무다. 대나무를 빼놓고 담양을 논할 수 없다. 우리나라 대나무 면적의 30%를 담양이 품고 있으니 결코 과언이 아니다. 담양을 대표하는 대나무숲은 '죽녹원'이 유명하지만, 호젓하게 사색하며 걷기에는 '대나무골테마공원'이 더 매력적이다. 고지산과 봉황산 사이 골짜기에 부채꼴처럼 펼쳐진 대나무골테마공원은 죽녹원에 비해 비교적 덜 알려져 여유롭게 산책하기에 좋은 곳이다. 대나무골테마공원은 자연적으로 생긴 게 아니라 자연을 사랑한 한 사진작가가 은퇴 후 20여 년간 가꿔온 숲이다. 어른 팔뚝만 한 대나무가 하늘을 찌를 듯 뻗어 울창한

숲을 이루고, 청량한 대나무숲 아래는 야생 죽로차가 자생하고 있다. 〈전설의 고향〉, 〈다모〉, 〈흑수선〉 등 많은 드라마와 영화 촬영지로 활용되기도 했다.

축구장 열다섯 배에 이르는 대나무숲에는 죽림욕을 즐길 수 있는 3개의 코스가 있고, 울창한 소나무 숲길이 있다. 산책로를 따라 걸으면 자연스럽게 대나무숲과 소나무숲을 다 둘러볼 수 있다. 대나무숲으로 들어가면 낮은 바람에 사각거리는 댓잎 부딪히는 소리가 오케스트라 연주처럼 들린다. 가만히 귀를 기울이면 자연의 품에 안긴 듯 마음이 편안해진다. 또한 댓잎 향이 은은하게 맴도는 대밭 곳곳에서 축축한 땅을 뚫고 불쑥 불쑥 솟아오른 죽순의 신비로운 모습도 볼 수 있다. 오랫동안 잘 가꾸어진 대나무숲은 여행객에게 경이롭고 아름다운 모습을 아낌없이 보여 준다.

주변 볼거리·먹거리

노매럴

Ⓐ 전라남도 담양군 금성면 담순로 66 Ⓞ 평일 11:00~21:00, 주말 11:00 21:30 ☎ 0507-1375-1232 Ⓜ 아메리카노 4,900원, 카페라테 5,900원, 달달라테 6,500원, 망고주스 9,900원
1월 2주 소개(40쪽 참고)

TIP
- 산책 코스를 다 둘러보려면 편한 신발을 추천한다.
- 여름에는 대나무숲에 모기와 벌레가 많으므로 벌레 기피제, 긴 소매 옷 등을 준비하는 것이 좋다.
- 대나무에 상처를 주거나 숲에서 자라는 죽순, 봄나물 등에 피해가 가지 않도록 주의하자.

SPOT 2
진분홍빛 영산홍의 물결
고창읍성

주소 전라북도 고창군 고창읍 읍내리 125-9 · **가는 법** 고창문화터미널 → 도보 18분 (약 1.1km) · **운영시간** 05:00~22:00 · **입장료** 어른 3,000원, 청소년·군인 2,000원, 어린이 1,000원(18:00 이후 무료 입장) · **전화번호** 063-560-8067

고창은 자연과 문화, 역사의 조화가 기막히게 어우러진 축복받은 고장이다. 우리나라 최대의 경관농업 관광지 학원농장, 사람들의 방치로 새로운 생명을 얻은 땅 운곡습지, 유네스코 세계문화유산에 등재된 고인돌 군락지, 가을 단풍의 절정 선운사까지. 이 모든 것을 고창이 품고 있다. 하지만 이 많은 명소에 결코 뒤지지 않는 곳이 바로 고창읍성이다. 고창읍성은 '모양성'이라 불리기도 하는데, 이 지역이 백제시대에 '모량부리'라 불렸던 것에서 유래했다고 한다. 고창읍성에서는 음력 9월 9일 전후로 '모양성제'라는 축제가 열리며, 이 축제의 하이라이트는 '성밟기'다. 한복을 곱게 입은 여인들이 머리에 돌을 얹고 성을 도는 풍습으

주변 볼거리·먹거리

고창판소리박물관
판소리 대가였던 동리 신재효, 진채선 등의 명창을 기념하고 판소리의 전통을 계승·발전해 나가기 위해 설립하였다.

Ⓐ 전라북도 고창군 고창읍 동리로 100 Ⓞ 동절기 09:00~17:00, 하절기 09:00~18:00/매주 월요일 휴관 Ⓒ 어른 800원, 청소년·군인 500원, 어린이·경로 무료 Ⓣ 063-560-8061 Ⓗ www.gochang.go.kr/pansorimuseum

정통옛날쌈밥

Ⓐ 전라북도 고창군 고창읍 남정6길 7 Ⓞ 11:00~20:00/15:00~17:00 브레이크 타임 Ⓒ 우렁쌈밥 12,000원 Ⓣ 063-564-2700
4월 16주 소개(146쪽 참고)

로, 이 장관을 보기 위해 많은 사람들이 이곳을 찾는다. 한 바퀴를 돌면 다릿병이 낫고, 두 바퀴를 돌면 무병장수하며, 세 바퀴를 돌면 극락에 간다는 재미있는 전설이 전해진다.

하지만 고창읍성 최고의 풍광은 4월 초순부터 피기 시작하여 중순쯤에 절정을 이루는 진분홍빛 영산홍의 물결이다. 성곽과 어우러진 영산홍은 봄 풍경의 절정이다. 영산홍은 철쭉에 비해 대체적으로 꽃이 작고, 하나의 가지 끝에 꽃을 한 송이만 피우는 것이 특징이다. 성곽 안에서는 죽순대의 자태를 감상하고, 성곽 위에서는 탁 트인 읍내를 조망하고, 성곽 밖에서는 분홍빛으로 물든 영산홍길을 걸으며 봄날을 즐겨 보자.

TIP
• 야간에도 관람할 수 있으니 야경까지 보고 돌아가자.

SPOT 3

알록달록 튤립이 수목원 가득
하늘빛수목원

주소 전라남도 장흥군 용산면 장흥대로 2746 · 가는 법 자동차 이용 · 운영시간 09:00~18:00 · 입장료 어른 5,000원, 청소년(초·중·고생) 4,000원, 유치원생(36개월) 3,000원 · 전화번호 061-862-2000 · 홈페이지 하늘빛수목원.com

튤립은 사람의 마음을 참 설레게 하는 꽃이다. 가느다란 꽃대에 어떻게 이렇게 크고 탐스러운 꽃이 피는지 참 신기하다. 하늘빛수목원은 4월 말이 되면 수목원 전체가 튤립 꽃밭이 된다. 빨강색, 노란색, 분홍색, 두 가지 색이 섞인 튤립 등 수목원은 그야말로 튤립 백화점이다. 축구장 14배에 이르는 약 10만㎡ 규모의 정원에는 튤립뿐만 아니라 1,000여 종의 화초와 야생화가 피어 화사한 봄 풍경을 보여주고 있다. 수목원 뒤쪽으로는 편백나무숲이 넓게 펼쳐져 있어 여유롭게 산책을 할 수 있다. 또한 편백나무숲 한편에는 완벽한 시설이 갖춰진 글램핑장이 들어서 있다. 별빛 가득한 숲속에서 하룻밤을 보내며 감성 캠핑을 할

수 있는 곳으로 알려지면서 가족, 연인들의 꾸준한 사랑을 받고 있다.

하늘빛수목원은 2014년에 개원했는데, 20여 년 전부터 꽃과 나무를 심고 가꾸어 지금의 명품 정원이 완성됐다. 수목원 내에는 카페, 온실, 동물농장, 물놀이장 등이 있고, 작은 결혼식이 가능한 야외 결혼식장도 있다. 또한 계곡물을 끌어 만든 생태 연못에는 분수와 폭포수가 흐르고 비단잉어, 송어 등이 자라고 있다. 2018년에는 전라남도 제8호 민간 정원으로 지정되기도 했다.

주변 볼거리·먹거리

남미륵사 세계불교 미륵대전 총본산인 남미륵사는 40여 년의 짧은 역사를 가진 사찰이다. 사찰 입구에서 경내까지 이어지는 수십만 그루의 철쭉, 영산홍, 서부해당화 등의 풍경이 SNS를 통해 알려지면서 국내는 물론 해외에서도 불자와 관광객이 몰려오고 있다. 2021년 한국관광공사가 발표한 '인스타그램을 빛낸 올해의 여행지 총결산'에서 3위를 차시하기도 했다.

Ⓐ 전라남도 강진군 군동면 풍동1길 24-13
Ⓞ 08:00~17:00 Ⓣ 061-433-6460 Ⓗ www.nmireuksa.or.kr

> **TIP**
> - 튤립 정원이 가장 예쁘고 유명하지만 시간적 여유를 갖고 튤립 정원과 함께 편백나무숲과 글램핑장까지 다 둘러보는 것이 좋다.
> - 편백나무숲에는 편백나무 톱밥이 깔린 맨발 산책로가 있는데, 신발을 벗고 이 길을 걸으면 기분이 상쾌해진다.

SPOT 4

대통령 표창 제과 명인의 집
김정선 베이커리카페

주소 전라북도 김제시 금산면 우림로 188-14 · **가는 법** 자동차 이용 · **운영시간** 09:00~21:00 · **전화번호** 010-3659-4928 · **대표메뉴** 치즈프레첼 5,500원, 단호박빵 6,000원, 아메리카노 4,500원, 카페라테 5,000원, 에이드 6,000원, 스무디 6,800원, 차 4,000원

주변 볼거리·먹거리

금평저수지 둘레길
Ⓐ 전라북도 김제시 금산면 청도리 481

4월 15주 소개(134쪽 참고)

TIP
- 분수대는 수심이 낮아서 안전하지만 어린아이들이 빠지지 않도록 각별히 신경 써야 한다.
- 빵은 가격대가 다른 베이커리 카페에 비해 약간 높은 편이다.

　　전주 효자동과 김제 금산사를 잇는 712번 국도는 봄에 갖가지 꽃이 피어나고 풍광이 좋아 드라이브 코스로 인기가 높다. 그래서 입지가 좋은 곳에 분위기 있는 카페들이 자리 잡고 있다. 하지만 다른 카페와 달리 눈에 띄는 카페가 있는데, 그곳이 '김정선베이커리카페'다. 전주 시내에 있던 동네 빵집이 새로운 이름을 내걸고 대형 베이커리 카페로 탄생한 것이다.
　　김정선 대표의 경력은 정말 화려하다. 대한민국 제과 기능장은 물론 대통령 표창까지 받았으니 제과 업계의 '슈퍼 히어로'라 할 만하다. 경력만 화려한 것이 아니다. 김정선베이커리의 빵은 모양이 화려하고 예쁘며 맛도 최고다. 신선하고 질 좋은 유기농 밀과 천연발효종, 순 생크림 등을 사용하고 화학 첨가제를 쓰지 않아 가격이 조금 비싸지만 건강하고 속이 편한 빵을 먹을 수 있다. 카페는 빵을 전시 판매하는 A동과 빵과 음료를 먹을 수 있는 B동으로 나뉘어져 있으며, 카페 앞 분수대와 아이들이 뛰어놀 수 있는 넓은 잔디 마당을 품고 있다.

추천 코스 숲에서 맞는 청량한 봄바람

1 COURSE 🚗 자동차 이용(약 7.8km) ▶ 대나무골테마공원

2 COURSE 🚗 자동차 이용(약 1.5km) ▶ 황금소나무

3 COURSE ▶ 관방제림

주소	전라남도 담양군 금성면 비내동길 148
운영시간	09:00~18:00
입장료	어른 2,000원, 청소년 1,500원, 어린이 1,000원
전화번호	061-383-9291
가는 법	자동차 이용

4월 17주 소개(148쪽 참고)

주소	전라남도 담양군 담양읍 천변5길 54-4
운영시간	11:30~20:00 / 15:00~16:30 브레이크 타임
전화번호	061-382-0009
대표메뉴	떡갈비한정식(2인 이상) 15,000원

담양의 대표적인 음식 중 하나가 떡갈비다. 담양의 떡갈비는 음식점마다 만드는 방식이나 맛이 조금씩 다르다. 떡갈비로 유명한 맛집이 많지만 가성비 높은 떡갈비집으로는 '황금소나무'를 추천한다. 떡갈비와 신선한 샐러드, 각종 반찬이 정갈하고 맛깔스러우며 고객들의 만족도가 높다.

주소	전라남도 담양군 담양읍 객사7길 37
전화번호	061-380-2812

담양천의 물길을 다스리기 위해 제방을 쌓고 나무를 심어 만든 풍치림이다. 약 2km에 걸쳐 3~400년에 달하는 나무들이 빽빽하게 자리 잡고 있다. 주요 수종은 푸조나무, 팽나무 등이며, 여름철 피서지로 또는 젊은 연인들의 데이트 코스로도 인기가 높다. 산림청이 주최한 '제5회 아름다운 숲 전국대회'에서 대상을 받기도 했다.

SPECIAL

4월은 벚꽃이다!
전라도의 벚꽃 명소

4월 전라도는 따스한 햇살과 바람으로 완연한 봄을 알리는 시기다. 손톱만 했던 새싹이 한 뼘 길이의 꽃대가 되고, 곳곳에서 생명의 기운이 존재를 드러낸다. 공원 산책로마다 작은 들꽃이 피어나고 도로변에는 화려한 꽃들의 향연이 펼쳐진다. 이맘때 전라도는 벚꽃 구경 가기 가장 좋은 시기다. 남도에서 시작된 벚꽃의 물결이 섬진강을 따라 전라도 전체로 퍼지면 전라도의 매력은 절정에 이른다.

마이산 벚꽃길

마이산 벚꽃길은 진안이 고원지대라는 특수한 기후 환경 때문에 전국에서 가장 늦게 벚꽃이 피는 것으로 유명하다. 이산묘와 탑사를 잇는 2.5km의 구간에 벚나무가 수천 그루 일제히 피어나면 화려한 장관을 이룬다. 특히 탑영저수지 부근 풍경이 가장 아름답다.

Ⓐ 전라북도 진안군 마령면 마이산남로 192 Ⓒ 어른 3,000원, 청소년 2,000원, 어린이 1,000원

섬진강 벚꽃길

백양사 벚꽃길

섬진강 벚꽃길

섬진강 벚꽃길은 전라도에서 가장 아름다운 벚꽃길로 꼽힌다. 1992년부터 조성된 벚꽃길은 섬진강변의 도로를 따라 3km에 이르는데, 봄의 향기를 느끼면서 드라이브할 수 있는 최적의 코스다. 현재는 데크가 설치되어 걸으면서 즐길 수 있는 벚꽃 명소로 사랑을 받고 있다.

Ⓐ 전라남도 구례군 문척면 죽마리 844-1

백양사 벚꽃길

장성 북하면사무소에서 천년고찰 백양사까지 2.5km 구간에 벚나무 400여 그루가 해마다 꽃 잔치를 벌인다. 백양사 벚꽃길은 '한국에서 가장 아름다운 길 100선'에 선정된 장소로 벚꽃이 피면 이곳을 찾는 관광객들이 줄을 잇는다.

Ⓐ 전라남도 장성군 북하면 중평리 377-1

정읍천변 벚꽃길

정읍천변 벚꽃길은 정읍천을 따라 내장상동에서 연지동에 이르는 5km 구간으로 '정읍 9경' 중 하나다. 꽃봉우리가 크고 탐스러우며, 색상이 은은하고 멋스러워 상춘객들로부터 많은 사랑을 받는다.

Ⓐ 전라북도 정읍시 벚꽃로 401

한내로 벚꽃길

왕궁리 오층석탑

전주동물원

Ⓐ 전라북도 전주시 덕진구 소리로 68 Ⓞ 하절기(3~10월) 09:00~19:00, 동절기(11~2월) 09:00~18:00 Ⓣ 063-281-6759 Ⓒ 어른 3,000원, 청소년·군인 2,000원, 어린이 1,000원 Ⓗ zoo.jeonju.go.kr

한내로 벚꽃길

한내로 벚꽃길은 전주 최고의 드라이브 벚꽃 명소다. 약 4km에 이르는 벚꽃 터널을 자동차로 달리면 하늘에서 꽃비가 떨어진다. 도로에 인도가 없어서 차를 멈추고 내려서 사진을 찍는 것은 약간 위험하다. 가끔 도로 옆 산책로를 걸으며 벚꽃을 즐기는 사람들을 볼 수 있다

Ⓐ 전라북도 전주시 덕진구 한내로 121

송광사 벚꽃길

전북체육고등학교 입구에서 전라북도교통문화연수원까지 이어지는 2차선 도로 양쪽에 벚꽃나무가 터널을 이룬다. 벚꽃 터널의 규모는 작지만 벚꽃이 만개할 때 장관을 이룬다.

Ⓐ 전라북도 완주군 소양면 황운리 318-6

왕궁리 오층석탑

4월 14주 소개(128쪽 참고)

흔히 '계절의 여왕'이라 불리는 5월이 되면 산과 들, 나무뿐만 아니라 길가의 풀 한 포기마저도 쏟아지는 햇살을 담뿍 이고 초록을 드러낸다. 대지를 촉촉이 적시는 봄비로 가는 곳마다 새 생명이 싱그럽게 넘실댄다. 사람들의 옷은 점점 더 얇아지고, 갓 돋아나던 새싹들도 어느새 눈부시게 자라 하늘을 향해 발돋움한다. 지리산 바래봉 자락은 진분홍 철쭉의 향연을 보러 모여든 상춘객들로 인산인해를 이룬다. 이토록 생명력이 넘치는 5월에는 즐겁고 기뻐해야 할 날들이 참 많다. 하루쯤 일상을 벗어나 감성 가득한 여행을 떠나는 것은 어떨까. 멀리 떠나는 여행도 좋지만 가벼운 배낭에 과일 몇 개와 물 한 병만 넣고 가까운 곳으로 떠나는 도보여행도 괜찮을 듯싶다.

5월의 전라도

싱그러운 초록의
풍경 속으로

5월 첫째 주

풋풋한 풀향기 가득한

18 week

SPOT 1

전라도에서 가장 행복한 마을

원연장 꽃잔디마을

주소 전라북도 진안군 진안읍 연장리 산 23-1 일원 · 가는 법 진안시외버스공용정류장 → 진안터미널에서 농어촌버스 1-5, 2-1, 3-2번 승차 → 대성 정류장 하차 → 도보 14분(약 960m) · 운영시간 (축제 기간) 평일 09:00~18:00, 주말 09:00~19:00 · 입장료 (축제 기간) 1인 5,000원(7세 이하 무료)

　5월 초순, 전주에서 26번 국도를 따라 진안의 부귀면을 조금 지나 좌측으로 고개를 돌려 보면 산자락에 만개한 꽃잔디 융단을 볼 수 있다. 100여 명의 주민이 사는 이 작은 마을은 언제부터인가 '원연장마을'이라는 본래 이름 대신 '꽃잔디마을'로 불리기 시작했다. 원연장마을은 2005년부터 마을 산자락에 꽃잔디를 심기 시작해 해마다 5월이 되면 꽃잔디로 장관을 이룬다. 2009년에 처음 시작한 '원연장꽃잔디축제'는 해를 거듭할수록 방문객이 늘어나 지금은 2만 명 이상이 찾는 큰 축제가 되었다.

주변 볼거리·먹거리

마이산탑사
Ⓐ 전라북도 진안군 마령면 마이산남로 367 Ⓞ 06:00~18:00 Ⓒ 어른 3,000원, 청소년 2,000원, 어린이 1,000원 ☏ 063-433-0012 ✉ www.maisantapsa.com
12월 50주 소개(425쪽 참고)

한일관
Ⓐ 전라북도 진안군 진안읍 진장로 6 Ⓞ 10:00~20:00 Ⓒ 찌개백반 7,000원 ☏ 063-433-2585
12월 50주 소개(425쪽 참고)

꽃잔디는 볕이 잘 드는 곳이라면 어디서든 잘 자라는 흔한 꽃이지만 무리를 이루면 그 어느 꽃보다 아름답고 황홀하다. 산자락이 온통 연분홍빛으로 물들 때 전망대에 오르면 멀리 마이산 봉우리와 어우러져 환상적인 풍경을 이룬다. 또한 작은 꽃에서 뿜어져 나오는 은은한 향기에 코끝이 행복해진다. 이 때문일까? 원연장마을은 전라북도와 농어촌공사가 주관한 '제1회 행복마을 만들기 콘테스트'에서 경관·생태 분야 최우수상을 수상했다. 예쁜 이름만큼이나 기분이 좋아지는 이 마을에서 분홍빛 봄 풍경을 만끽해 보자.

TIP
- 사진을 찍을 때 마이산을 배경으로 촬영하면 더 멋진 사진을 담을 수 있다.
- 어린아이들이 꽃잔디 밭에 들어가지 않도록 주의하자.
- 축제가 끝난 후에도 꽤 오랫동안 꽃잔디를 감상할 수 있으므로 축제 기간이 지나서라도 방문해 보자.

SPOT 2

호수와 숲의 정취를 동시에
느낄 수 있는 트레킹 코스
장성호 수변길

주소 전라남도 장성군 장성읍 용강리 171-1 · 가는 법 자동차 이용 · 운영시간 하절기(3~10월) 09:00~18:00, 동절기(11~2월) 09:00~17:00 · 입장료 일반 3,000원(장성사랑상품권으로 사용 가능)/만 18세 미만, 65세 이상 무료

'옐로시티(Yellow City)'라는 독특한 컬러 마케팅으로 주목을 끌고 있는 장성군이 장성호 주변에 수변길을 조성해 관광객들의 사랑을 받고 있다. 1970년대 농업용수를 공급하기 위해 조성했지만 현재는 본연의 기능을 사라지고 관광지로써 인기가 높다. 수변길 입구에 들어서면 광활하게 펼쳐진 호수가 마음을 뻥 뚫리게 한다. 규모가 너무 커서 얼핏 보면 바다라고 해도 믿을 정도다.

장성호에는 '옐로출렁다리(2018년 개통)'와 '황금빛출렁다리(2020년 개통)'가 놓여 있고, 그 사이를 연결하는 수변길이 있다. 황금빛출렁다리는 주탑이 없는 무주탑 방식의 출렁다리로 중

심으로 갈수록 수면과 가까워지는데, 중심의 높이는 수면에서 2~3m에 불과해 짜릿한 경험을 할 수 있다. 입구에서 옐로출렁다리까지는 약 1.5km, 그다음 황금빛출렁다리까지는 약 1km 정도의 거리다. 아직 순환길이 조성되지 않아 옐로출렁다리까지만 갔다가 되돌아오는 경우가 많은데, 느린 걸음으로 걸어도 왕복 2시간 정도면 충분하다.

수변길을 걸으면 곳곳에 조성한 경관 숲과 쉼터 덕분에 지루하지 않고, 숲에서 내뿜는 산소 때문에 기분이 상쾌해진다. 가끔 호수에서 불어오는 시원한 바람을 맞으면 몸이 가뿐해지고 감탄사가 절로 나온다. 수변길은 데크와 흙길이 적절히 조성되어 걷는 느낌이 다르다. 또한 경사가 완만하고 계단이 거의 없어서 어린아이들과 함께 걸어도 무리가 가지 않는다.

주변 볼거리·먹거리

축령산편백나무숲
우리나라 최대의 편백나무숲으로 전체 편백림의 32%를 차지하고 있다. 한국전쟁으로 폐허가 된 산을 독립운동가인 임종국 선생이 약 34년간 사재를 털어 심고 가꿔온 인공조림지다. 선생이 세상을 떠나면서 숲을 잃을 위기가 있었지만 산림청이 산을 사들여 현재는 국유림으로 관리하고 있다.

Ⓐ 전라남도 장성군 서삼면 모암길 153-83

TIP
- 주말에만 받는 입장료(3,000원)는 '장성사랑상품권'으로 옐로출렁다리 주변에 있는 편의점, 카페, 식당 등에서 현금처럼 사용할 수 있다.
- 옐로출렁다리 입구에는 편의점이 있고, 출렁다리를 건너면 카페와 김밥집이 있다.
- 옐로출렁다리 건너편에 위치한 '여우愛김밥'은 맛집으로 유명해 이곳에서 간단한 점심을 해결하는 관광객이 많다.

SPOT 3

모악산 아래 예술이 머무는 공간
유휴열미술관

주소 전라북도 완주군 구이면 신뱅이길 55 · **가는 법** 자동차 이용 · **운영시간** 11:00~19:00/매주 월요일 휴무 · **전화번호** 061-374-0660 · **홈페이지** www.ryuartmuseum.com

모악산은 완주와 김제에 걸쳐 있지만 전주 시민들이 더 많이 찾는 곳이다. 특히 봄에는 산 전체에 산벚꽃, 진달래 등 봄꽃이 만발하고 신록이 우거져 등산객들의 많은 사랑을 받고 있다. 모악산 아래에는 전라북도를 대표하는 미술관인 '전북도립미술관'이 있고, 그 아래에는 예술인 마을이 자리 잡고 있다. 지금은 일부 예술인들이 떠났지만 한때는 많은 예술인들이 모여살던 곳이다. 그 예술인 마을의 중심에 '유휴열미술관'이 있다.

2020년 5월에 개관한 유휴열미술관은 오래전 건립한 '문화공간 모악재'를 새롭게 재개관한 곳이다. 미술관은 유휴열 작가의 작업실과 수장고, 자연의 아름다움을 살린 정원과 실내 갤러리, 그리고 카페 '르 모악(LE MOAK)' 등으로 구성되어 있다. 수장고에는 유화, 조각, 드로잉 등 5천여 점이 넘는 작품이 소장되어 있다고 한다. 유휴열 작가는 끊임없는 작품 활동으로 자신만의 작품 세계를 구축한 대한민국 미술계의 거장이다. 갤러리에는 유휴열 작가의 작품뿐만 아니라 지역 청년 작가들의 작품이 전시되기도 한다.

미술관 초입에 들어서면 돌담 위에 놓인 춤 추는 조형물이 시선을 끌어당기고, 돌담을 따라 연결된 바람길을 걸으면 가족을 주제로 한 조각품이 발길을 멈추게 한다. 바람길 끝 나무 그늘 아래에는 야외 테이블과 의자가 놓인 야외 카페가 있다. 실내 갤러리에서 작품을 감상하고 카페에서 음료를 주문해 이곳으로 나오면 자연을 즐기며 편안한 힐링을 할 수 있다. 꽃잔디의 화려한 색감과 은은한 향기에 취하면 감성이 충만해진다. 유휴열미술관에 가면 차 한 잔 값으로 누구나 호사스러운 문화 생활을 누릴 수 있다.

주변 볼거리·먹거리

전북도립미술관

Ⓐ 전라북도 완주군 구이면 모악산길 111-6 ⓞ 10:00~18:00/매주 월요일 휴무 ⓣ 063-290-6888
Ⓗ www.jma.go.kr
1월 1주 소개(35쪽 참고)

TIP
- 미술관 관람료는 별도로 없기 때문에 관람료 대신 카페에서 음료를 마시는 것을 추천한다.
- 혼잡함을 피하기 위해 바람길 출입은 미술관 관람객과 카페 이용객으로 제한한다.
- 카페에서는 음료뿐만 아니라 미술관 로고를 활용해 디자인한 여러 가지 아트 상품을 구매할 수 있다.

SPOT 4

커피는 저희가 탈게요,
분위기는 손님이 타세요

달, 커피

주소 전라남도 여수시 소라면 섬달천길 114-1 · **가는 법** 자동차 이용 · **운영시간** 11:00~20:00 · **전화번호** 0507-1311-2793 · **대표메뉴** 블루오션 문 에이드 6,500원, 씨플라워 크루즈 에이드 7,000원, 커피 섬달천 4,500원, 달 카페라테 5,000원

카페는 오션뷰가 진리다! 풍경이 좋은 곳에 새로운 카페가 속속 들어서고 있지만 아무리 풍광이 좋은 카페도 오션뷰를 이길 수는 없다. 더구나 카페에서 멋진 일몰까지 볼 수 있다면 그야말로 금상첨화다. 노을이 아름답기로 유명한 여수 달천도(섬달천)에 꽃 한 송이처럼 자리 잡은 '달,커피'는 인기 있는 카페로서의 조건을 모두 갖췄다. 실내가 넓진 않지만 조명이 밝고 곳곳이 포토존이라 누구나 자연스럽게 사진을 찍게 된다. 주문대 위의 '커피는 저희가 탈게요, 분위기는 손님이 타세요'라는 감성적인 글귀에 시선이 꽂힌다. 조명, 소품 하나까지 신경 쓴 느낌이 역력하다.

달,커피 최고의 매력은 시원한 통창 너머로 막힘없이 보이는 바다 풍경이다. 해 질 무렵 창가에 앉아 노을을 바라보면 자신도 몰랐던 감성이 살아난다. 2층 노란색 문을 열고 발코니로 나가면 달과 별 조형물과 천국의 계단 포토존이 있어서 노을과 함께 멋진 사진을 찍을 수 있다.

주변 볼거리·먹거리

여자만 갯노을길 해변 데크
Ⓐ 전라남도 여수시 율촌면 봉전리 산
1월 3주 소개(47쪽 참고)

TIP
- 일몰을 보고 싶다면 늦어도 일몰 1시간 전에 도착하는 것이 좋다.
- 자동차로 간다면 섬으로 들어가는 길이 좁고 커브가 많아 운전에 주의해야 한다.

추천 코스 민족의 영웅, 홍길동의 발자취를 따라서

1 COURSE 🚗 자동차 이용(약 6.4km) ▶ 홍길동테마파크

2 COURSE 🚗 자동차 이용(약 9.8km) ▶ 장성소머리국밥

3 COURSE ▶ 장성호 수변길

주소	전라남도 장성군 황룡면 아곡리 384
운영시간	09:00~18:00(테마파크)
전화번호	061-394-7242
홈페이지	jangseong.go.kr/home/honggildong
가는 법	자동차 이용

홍길동이라는 인물과 문화적 가치를 보존하고 알리기 위해 생가 터 근처에 조성한 복합문화공간이다. 홍길동의 생가뿐만 아니라 전시관, 캠핑장, 전통한옥, 야영장, 수변공원 등 다양한 공간으로 구성되어 온 가족이 즐길 수 있는 곳이다.

주소	전라남도 장성군 황룡면 강변로 516
운영시간	08:00~20:00
전화번호	061-392-6111
대표메뉴	소머리국밥(보통) 8,000원, 육회비빔밥(보통) 8,000원, 소머리 수육(400g) 30,000원

장성 황룡시장을 대표하는 음식이 소머리국밥이다. 한때는 호남 최대 우시장이 열렸던 황룡우시장을 새벽에 찾던 장사꾼들이 즐겨 먹었던 음식이다. 장성소머리국밥은 황룡우시장 건너편에 자리 잡고 있다. 규모는 작지만 항상 손님이 많다. 머리고기가 듬뿍 들어간 소머리국밥은 담백하고 많이 일품이다. 국내산 식재료만을 사용해 더욱 신뢰가 간다.

주소	전라남도 장성군 장성읍 용강리 171-1
운영시간	하절기(3~10월) 09:00~18:00, 동절기(11~2월) 09:00~17:00
입장료	일반 3,000원(장성사랑상품권으로 사용 가능)/민 18세 미만, 65세 이상 무료

5월 18주 소개(162쪽 참고)

5월 둘째 주

봄은 깊어만 간다

19 week

SPOT 1

천불천탑(千佛千塔)의 신화
운주사

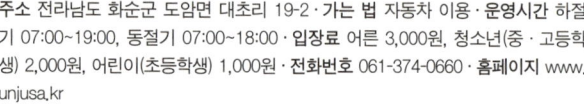

주소 전라남도 화순군 도암면 대초리 19-2 · 가는 법 자동차 이용 · 운영시간 하절기 07:00~19:00, 동절기 07:00~18:00 · 입장료 어른 3,000원, 청소년(중 · 고등학생) 2,000원, 어린이(초등학생) 1,000원 · 전화번호 061-374-0660 · 홈페이지 www.unjusa.kr

운주사는 우리가 흔히 알고 있는 보통의 사찰과는 여러 면에서 다르다. 천왕문이 없고, 울타리나 대문도 없다. 경사가 완만한 골짜기에 석탑과 석불만이 즐비하게 놓여있다. 현재는 운주사에 100기 정도의 석탑과 석불이 있지만 1940년대만 해도 석탑 30기와 석불 200여 기 이상이 있었다. 그보다 훨씬 이전인 조선 성종 때 편찬한 〈동국여지승람〉에 따르면 사찰의 좌우 산마루에 각각 1,000개의 석탑과 석불이 있었다고 전해진다. 하지만 일제강점기와 6·25전쟁 등 험난한 세월을 거치면서 수많은 석탑과 석불이 사라졌다. 더러는 어느 무덤 앞 석상으로 쓰였고,

TIP
- 운주사 근처에는 음식점이 없기 때문에 방문하기 전에 미리 식사를 하고 가는 것이 좋다.
- 운주사의 유적이 위치한 곳은 경사가 심하고 제대로 둘러보려면 많이 걸어야 하기 때문에 편한 신발을 신고 가는 것을 추천한다.
- 운주사에는 나무 그늘이 거의 없기 때문에 햇볕이 강한 날에는 양산이나 모자가 꼭 필요하다.

일부는 집을 짓는 주춧돌이나 논밭의 축석으로 쓰이기도 했다. 또한 상당 부분은 발길도 닿지 않는 산과 계곡 어딘가에 묻혀 있을지도 모른다.

운주사의 석탑과 석불은 저마다 다른 모양과 매력을 가지고 있다. 얼핏 봐도 모양이 예사롭지 않은 '원형다층석탑'과 누워 있던 불상이 일어나는 날 세상이 바뀐다는 '와불' 이야기가 특히나 인상적이다. 운주사는 경주 불국사처럼 아름다운 사찰도 아니고, 합천 해인사처럼 국보급 문화재를 품고 있는 사찰도 아니지만 가만히 들여다보면 유물 하나하나가 여행객의 마음을 사로잡는다. 오랜 시간이 지나고 나면 꼭 다시 찾고 싶어지는 사찰이다.

주변 볼거리·먹거리

천불천탑사진문화관 2017년에 개관한 천불천탑사진문화관은 단순히 사진만을 전시하는 갤러리가 아니다. 사진 전시는 물론 '사진 전문 도서실', '포토랩실', '옵스큐라 체험실' 등을 갖춘 사진 전문 문화관이다. 특히 '옵스큐라'는 라틴어로 '어두운 방'을 뜻하는데, 카메라 발명의 바탕이 된 원리다. 우리나라 최초이자 최대 규모로 관심을 끌고 있으며, 이곳에 들어가면 독특한 경험을 할 수 있다.

Ⓐ 전라남도 화순군 도암면 천태로 91-20
Ⓞ 하절기(3~10월) 10:00~18:00, 동절기(11~2월) 10:00~17:00/매주 월요일 휴무
Ⓣ 061-379-5893 Ⓗ 화순군립천불천탑사진문화관.com

SPOT 2
동학농민운동의 발상지
무장읍성

주소 전라북도 고창군 무장면 성내리 149-1 · 가는 법 자동차 이용 · 전화번호 063-560-8047

　무장읍성은 우리나라 읍성 중에 유일하게 정확한 건축 연대가 알려진 곳이다. 1417년(태종 17년)에 빈번한 왜구의 침입을 막기 위해 만들어졌다고 전해온다. 무장읍성의 남문인 '진무루' 주변 석축 성곽을 제외하고는 대부분 흙으로 다져진 토성으로 조선시대의 객사, 동헌 등의 건물이 현재까지 남아 있다. 동학농민운동 당시 정읍, 부안, 고창 일대의 농민군과 동학 세력이 모여 나라를 바로 세우기 위해 거사를 도모한 역사적 장소이기도 하다.

　무장읍성은 학술적, 역사적 의미를 차치하고 여행지로써 매우 매력적인 곳이다. 특히 5월의 무장읍성은 어느 읍성과 비교할 수 없을 정도로 건축물과 어우러진 주변 풍광이 아름답다. 성곽 둘레가 1.4km 정도밖에 되지 않아 규모는 작지만 마치 넓은 공원에 온 것처럼 가슴이 뻥 뚫리고 시야가 맑아진다. 잘 알려진 관광지가 아니라 방문객이 많지 않은 까닭에 조용히 사색하며 산책하기 좋고, 연인, 가족과 함께라면 객사 마루에 걸터 앉아 도란도란 이야기꽃을 피울 수도 있다. 특히 진무루 위에 신발을 벗고 앉으면 사방에서 불어오는 시원한 바람 덕분에 자리를 털고 일어나고 싶은 생각이 사라진다. 나지막한 평지에 아담한 담장으로 둘러싸인 읍성이 권위적이지 않고 마치 고향에 방문한 것처럼 편안한 느낌을 준다.

주변 볼거리·먹거리

학원농장
ⓐ 전라북도 고창군 공음면 학원농장길 158-6 ⓣ 063-563-9897 ⓗ www.borinara.co.kr
9월 39주 소개(330쪽 참고)

TIP
- 유명 관광지가 아니라 전용 주차장이 없으므로 자동차를 이용할 경우 마을 안쪽에 주차하는 것을 추천한다.
- 간이 화장실이 있지만 시설이 좋지 않아서 다소 불편할 수 있다.

SPOT 3

숲을 걸었더니 도서관이
내게로 왔다

학산숲속
시집도서관

주소 전라북도 전주시 완산구 평화동2가 산 81 · 가는 법 자동차 이용 · 운영시간 하절기 09:00~18:00, 동절기 09:00~17:00/매주 월요일 휴무 · 전화번호 063-714-3525

전주에는 다른 곳에는 없는 특별한 도서관이 있다. 얼핏 보면 도서관 같지 않지만 속을 들여다보면 너무나 아름다운 도서관, '학산숲속시집도서관'이 그곳이다. 도서관으로 가는 길은 아파트 옆 도로가 끝나는 산책길에서 시작된다. 포장된 길을 따라 걷다가 숨이 차오를 무렵 마지막 계단을 오르면 거짓말처럼 눈앞에 작은 호수가 펼쳐진다. '맏내호수'라 불리는 이 호수는 반짝이는 보석처럼 마음을 설레게 한다. 수면 위로 떨어지는 은빛 햇살, 호수에 투영된 파란 하늘, 주변을 둘러싼 울창한 숲과 초록을 머금은 나뭇잎이 어우러져 수려한 경관을 뽐낸다. 호수 주위를 한 바퀴 돌고 낮은 언덕을 오르면 학산숲속시집도서관을 만

나게 된다.

　학산숲속시집도서관은 외관이 독특해서 멀리서 봐도 눈에 띈다. 마치 누군가가 세상에서 가장 큰 시집 한 권을 숲속에 꽂아둔 느낌이다. 숲속 도서관이라는 이름에 걸맞게 자연 훼손을 최소화하여 자연스럽게 숲과 하나가 된 도서관의 모습이 인상적이다. 도서관 문을 열고 들어가면 낮은 다락방이 먼저 눈에 들어온다. 누구나 하나쯤 갖고 싶은 서재 같은 아늑한 공간이다. 다락방 아래에 자리 잡은 책장에는 빨강, 파랑, 노랑 등 표지의 색깔에 따라 시집을 구분해 놓았다. 학산숲속시집도서관은 전체가 나무와 통유리로 되어 있어서 시야가 확 트이고 기분이 상쾌하다. 학산숲속시집도서관에서 방문객들의 사랑을 가장 많이 받는 것은 '문학자판기'다. 즐겨 읽는 책의 종류를 선택하면 '사랑', '휴식', '위로' 등의 글귀를 출력해 준다. 운이 좋으면 '인생글'을 얻는 행운을 잡을 수도 있다.

TIP
- 학산숲속시집도서관은 시집 전문 도서관으로 김용택, 안도현 시인 등 유명 작가들의 친필 서명이 있는 시집이 소장되어 있다.
- 소장 도서는 도서관 내에서만 읽을 수 있고 대출은 안 된다.
- 문학자판기 출력 횟수는 제한이 없지만 다음 사람을 위해 1인 1장 출력을 원칙으로 한다.
- 맏내호수까지는 휠체어나 유모차를 끌고 갈 수 있고, 주변 산책도 무리 없이 할 수 있다.
- 자동차로 갈 경우 맏내호수 아래 전주학산기도원까지 갈 수 있지만 걷는 데 무리가 없다면 송정써미트아파트 옆 갓길에 주차하고 걸어가는 것을 추천한다.
- 학산숲속시집도서관에는 화장실이 없기 때문에 도서관에 도착하기 전 맏내호수 옆 화장실을 들렀다 가는 것이 좋다.

주변 볼거리·먹거리

완산공원

Ⓐ 전라북도 전주시 완산구 매곡로 35-29
4월 16주 소개(141쪽 참고)

SPOT 4
150년 전통의 한옥 고택
왕궁다원

주소 전라북도 익산시 왕궁면 사곡길 21-5 · **가는 법** 자동차 이용 · **운영시간** 11:00~18:00/매주 월요일 휴무 · **전화번호** 063-831-4759 · **대표메뉴** 쌍화탕 9,000원, 오미자차 · 자몽차 · 대추탕 8,000원, 유자차 · 매실차 7,500원, 아메리카노 6,000원, 카페라테 7,000원

150년이 넘은 세월의 무게를 넉넉히 지켜온 왕궁다원은 이 고장의 만석꾼(1년에 쌀 만 섬을 거둬들이는 부자)이었던 송병우 선생의 가옥이다. 선생은 초대 수리조합장을 지내면서 왕궁저수지, 함벽정, 지방도 건설 등 지역 발전에 힘썼고, 낙후된 곳에 학교를 설립해 교육 발전에도 공헌했다고 한다. 선생이 생을 마감하고 세월이 흘러 고택의 일부는 훼손되었는데, 그의 손자가 복원하고 가꾸어 지금의 모습을 유지하고 있다. 현재는 선생의 증손녀가 고택의 아름다움을 널리 알리고자 다원으로 운영하고 있다.

왕궁다원은 운치 있는 한옥과 아름다운 정원이 입소문을 타면서 익산뿐만 아니라 멀리 전주나 군산 등에서도 일부러 찾는 사람이 많다. 특히 꽃잔디가 만발한 4~5월, 능소화와 배롱나무 꽃이 피는 7~8월에 방문하면 더욱 아름다운 풍광을 만날 수 있다. 차를 주문하면 사랑방 같은 작은 공간으로 자리를 안내해 주는데, 고택 안에서 창밖을 보며 즐기는 차 한 잔의 여유는 도심의 카페에서는 절대 느낄 수 없는 호사다.

주변 볼거리·먹거리

익산보석박물관
ⓐ 전라북도 익산시 왕궁면 호반로 8 ⓗ 10:00~18:00 ⓣ 063-859-4641 ⓒ 어른 3,000원, 청소년 2,000원, 어린이 1,000원 ⓗ www.jewelmuseum.go.kr
5월 19주 소개(175쪽 참고)

TIP
• 4~5월 주말에는 방문객이 많기 때문에 가능하면 이 시기에는 평일에 방문하는 것이 좋다.

추천 코스 익산으로 떠나는 오감 만족 여행

1 COURSE 도보 8분(약 500m) 익산보석박물관

2 COURSE 자동차 이용 본향

3 COURSE 왕궁다원

주소 전라북도 익산시 왕궁면 호반로 8
운영시간 10:00~18:00
입장료 어른 3,000원, 청소년 2,000원, 어린이 1,000원
전화번호 063-859-4641
홈페이지 www.jewelmuseum.go.kr
가는 법 자동차 이용

익산보석박물관은 보석의 제작 과정 및 역사 등을 한곳에서 살펴볼 수 있다. 외관은 프랑스 루브르박물관을 닮았고, 그 안에는 11만여 점에 이르는 보석이 전시되어 있다. 1층에는 저렴하게 보석을 구매할 수 있는 보석판매센터 '주얼팰리스'가 있다. 보석박물관 바로 옆에는 '다이노키즈월드'와 '공룡테마공원'이 있어 아이들이 있는 가족 여행지로 손색이 없다.

주소 전라북도 익산시 왕궁면 금광길 54-17
운영시간 11:00~20:30/15:00~16:30 브레이크 타임
전화번호 063-858-1588
대표메뉴 서동선화정식(2인) 35,000원, 사랑정식(2인) 45,000원, 황제정식(2인) 55,000원

본향은 '마약밥'으로 유명한 퓨전 한정식 식당이다. 마약밥은 본향에서만 먹을 수 있는 음식으로 '마를 넣은 몸에 좋은 약밥'이라는 의미다. 익산은 예로부터 마의 고장이자 주산지였던 탓에 마를 활용한 음식이 발달했다. 본향의 마약밥은 다양한 코스요리가 있는데, 문화관광부로부터 '한국 대표 100대 음식점'으로 선정되기도 했다.

주소 전라북도 익산시 왕궁면 사곡길 21-5
운영시간 11:00~18:00/매주 월요일 휴무
전화번호 063-831-4159
대표메뉴 쌍화탕 9,000원, 오미자차·자몽차·대추탕 8,000원, 유자차·매실차 7,500원, 아메리카노 6,000원, 카페라테 7,000원

5월 19주 소개(174쪽 참고)

5월 셋째 주

생기 넘치는 전라도의 봄

20 week

SPOT 1

들어가 보지 않고는
그 깊이를 알 수 없는 고택

쌍산재

주소 전라남도 구례군 마산면 장수길 3-2 · 가는 법 구례공영버스터미널 → 구례공영버스터미널 정류장에서 농어촌버스 4-8, 4-9번 승차 → 상사 정류장 하차 → 도보 1분(약 70m) · 운영시간 11:00~16:30 · 입장료 1인 10,000원(웰컴티 제공), 중학생 이상만 입장 가능 · 전화번호 061-782-5179 · 홈페이지 www.ssangsanje.com

쌍산재는 운조루, 곡전재와 더불어 구례의 3대 전통 가옥이라 불린다. 2018년 전남 민간 정원 5호로 지정되어 역사와 전통뿐만 아니라 정원의 가치가 더해졌다. 쌍산재는 현재 집주인의 고조부의 호(쌍산)를 빌어 지은 이름이라고 한다. KBS 프로그램 〈1박2일〉을 통해 조금씩 알려지기 시작했고, tvN 〈윤스테이〉 촬영지가 되면서 사람들의 폭발적인 관심을 받게 됐다.

쌍산재는 입구만 보고는 감히 그 규모를 짐작할 수 없을 정도로 안과 밖이 다른 고택이다. 큰 규모의 대갓집을 예상하고 왔다가 입구를 보고 실망하지만, 대문을 지나 안으로 들어가면 엄청난 규모의 고택과 뛰어난 자연환경에 입이 다물어지지 않는다. 대문에 들어서면 왼쪽이 관리동, 오른쪽에 마당을 두고 안채, 건너채, 사랑채가 있다. 관리동 뒤쪽으로 난 돌계단을 오르면 대숲이 이어지고, 대숲을 지나면 눈앞에 드넓은 잔디밭이 펼쳐져 파란 하늘이 오롯이 드러난다. 고택 안에 이렇게 넓은 광장이 있다는 것이 믿기지 않는다. 잔디밭을 지나 가정문을 통과하면 서당채, 경암당과 작은 연못이 있다. 경암당 옆 영벽문을 열고 나가면 또 다른 세상, 사도저수지가 한눈에 들어온다. 과연 쌍산재의 규모는 상상 그 이상이다. 축구장 두 배가 훌쩍 넘는 면적에 아홉 채의 한옥이 자리 잡고 있으니 건축에서도 선조들의 여백의 미가 드러난다.

주변 볼거리·먹거리

목월빵집
Ⓐ 전라남도 구례군 구례읍 서시천로 85 Ⓞ 11:00~19:00(수~일요일)/화요일 정기 휴무, 월요일 격주 휴무 Ⓣ 061-781-1477 Ⓜ 피긴빵 4,000원, 앉은뱅이통밀목월밭빵 3,000원, 블루베리크림치즈빵 5,000원, 아메리카노 4,000, 카페라테 5,000원, 목월쪼끄 3,500원, 수제장인어른에이드 5,000원
2월 8주 소개(82쪽 참고)

> **TIP**
> - 안전 사고 예방을 위해 중학생 이상부터 입장이 가능하다(초등학생 이하는 보호자와 함께여도 입장할 수 없음).
> - 여름에는 대나무숲에 모기와 벌레가 많으므로 벌레 기피제, 긴 소매 옷 등을 준비하는 것이 좋다.
> - 쌍산재 입구의 당몰샘은 가뭄에도 물이 마르지 않는 것으로 알려져 있으며, 물맛이 좋기로 유명하다.
> - 숙박을 하고 싶다면 홈페이지 또는 대표 번호로 문의해야 한다(숙박 시 취사는 할 수 없음).

SPOT 2

숲속의 작은 미술관
소아르갤러리

주소 전라남도 화순군 화순읍 화보로 4439-10 · **가는 법** 자동차 이용 · **운영시간** 갤러리 09:00~18:00, 카페 10:00~18:00 · **전화번호** 061-371-8585

광주에서 화순 방향으로 너릿재 터널을 통과하면 오른쪽에 작은 공원이 하나 있고, 그 위쪽에 독특한 갤러리가 조용히 자리 잡고 있다. 2012년에 문을 '소아르갤러리'다. 이 갤러리는 조선대학교 미술학부 조의현 교수가 사재를 털어 만든 사립 미술관이다. 조각가인 조의현 교수는 이 갤러리의 건축물, 내부 인테리어는 물론 조경까지 직접 설계하고 만들었다고 한다. 사재를 털어 이렇게 예쁜 미술관을 만들었다는 것도 놀랍지만 벽돌 한 장, 나무 한 그루까지 조의현 교수의 손길이 닿지 않은 것이 없다는 사실이 더 놀랍다.

소아르갤러리는 음악과 커피, 그리고 예술의 삼박자를 갖춘 종합 예술 공간이다. 갤러리 입구에 들어서는 순간 관람객을 맞

이하는 형형색색의 꽃과 나무, 정원 곳곳의 조각품을 보는 재미가 쏠쏠하다. 마치 작은 조각공원에 온 듯한 느낌이 든다. 특히 큰 얼굴에 작은 안경을 낀 곱슬머리 사내가 커피를 마시며 무표정으로 서 있는 조각상이 우습고도 인상적이다.

소아르갤러리는 총 다섯 개 동으로 구성되어 있다. 카페(BOX COFFEE), 스튜디오 및 전시 갤러리, 조각 제작실, 푸드 팩토리 그리고 온실이 있다. 개성 넘치는 건물과 이름다운 정원이 잘 조화를 이루고 있다. 갤러리와 온실은 누구나 무료로 관람할 수 있는데, 무료 관람이 미안하다면 카페에서 커피 한 잔 마시는 것을 추천한다. 정원 곳곳이 포토존이라 가족, 연인과 여유롭게 사진 찍기에도 참 좋다.

TIP
- 갤러리 명칭인 '소아르(SOAR)'는 'Space Of Art Research'의 약자이다.
- 갤러리 관람은 무료, 갤러리 내 주차장은 유료지만 카페에서 커피나 차를 마시면 주차요금(3시간)이 면제된다.
- 자동차 이용 시 카페에 가지 않고 갤러리만 보고 갈 계획이라면 갤러리 아래쪽의 작은 공영주차장에 주차하는 것을 추천한다.

주변 볼거리·먹거리

불타는용궁짬뽕

Ⓐ 전라남도 화순군 화순읍 칠충로 11 Ⓗ 10:30~20:00
Ⓣ 061-371-1122 Ⓜ 용궁짜장면(2인 이상) 8,000원, 용궁짬뽕(2인 이상) 9,000원, 탕수육(小) 15,000원
5월 20주 소개(183쪽 참고)

SPOT 3
4천여 개의 전통 항아리가 가득
고스락

주소 전라북도 익산시 함열읍 익산대로 1424-14 · **가는 법** 익산공용버스터미널 → 시외·고속버스터미널 정류장에서 버스 48, 50, 51번 승차 → 박전 정류장 하차 → 도보 10분(약 700m) · **운영시간** 월~토요일 10:00~18:00, 일요일 12:00~18:00/식당(이화동산) 월~금요일 11:30~15:30 · **전화번호** 063-861-2288 · **대표메뉴** 카페 : 매실·레몬 6,000원, 레몬·청포도 에이드 8,000원, 아메리카노·초코라테 6,000원, 카페라테 6,500원/식당(이화동산) : 이화동산 한상(2인 이상) 15,000원, 이화동산 솥밥 한상(2인 이상) 18,000원 · **홈페이지** 고스락.com

    고스락은 '관광지', '농장', '체험장' 등 한 단어로는 정의할 수 없는 곳이다. 굳이 표현하자면 영농조합 법인에서 운영하는 '전통식품 제조 및 체험 농장'이라고 할 수 있다. 고스락은 '으뜸', '최고'를 뜻하는 순우리말로 옛날 방식으로 자연 숙성한 전통식품을 생산 판매하고, 4천여 개의 항아리가 있는 장독 정원을 운영하는 관광 명소다. 초기에 된장, 간장 맛에 반해 제품을 구매하기 위해 이곳을 찾던 고객들이 입소문을 내면서 아름다운 경관이 알려지기 시작했다. 지금은 옛날 전통 방식으로 생산하는 장을 구입하고 장독과 어우러진 아름다운 풍경을 즐기기 위해 국내외 많은 관광객들이 방문하고 있다.

고스락은 30여 년 전부터 전국에서 항아리를 엄선해 모으기 시작했고, 한옥 담장 안에 장독을 활용한 전통식 정원을 조성해 한국의 멋을 보여주고 있다. 정원 주위로 넓은 잔디밭을 조성하여 소나무를 심고, 돌로 만든 솟대를 세워 특별한 풍경을 만들었다. 한옥 담장을 끼고 걷다 보면 고스락의 아름다운 전경을 한눈에 내려다볼 수 있는 전망 언덕에 오를 수 있다. 언덕에 오르는 길은 자연석의 투박한 돌담길로 만들어져 정겨운 느낌을 더해 준다. 전망 언덕에 올라 내려다 본 장면은 고스락에서 볼 수 있는 가장 아름다운 풍광이다.

주변 볼거리·먹거리

익산교도소세트장
Ⓐ 전라북도 익산시 성당면 함낭로 207
Ⓞ 10:00~17:00 / 매주 월요일 휴무 Ⓣ 063-859-3836
7월 27주 소개(244쪽 참고)

간판없는짜장면집
Ⓐ 전라북도 익산시 낭산면 화배길 4-5
Ⓞ 11:00~18:00 Ⓣ 063-861-6541 Ⓜ 짜장보통 3,500원, 짜장곱 4,500원, 짜장왕곱 5,500원, 우짜면 5,000원, 우짜곱 6,000원
10월 42주 소개(365쪽 참고)

TIP
- 고스락은 입장료가 없으며, 차와 음료를 마시거나 제품을 구입하고 싶다면 판매장을 겸한 카페를 이용하면 된다.
- 평일에는 고스락 내 식당(이화동산)에서 점심 식사가 가능하다.
- 고스락은 유기농 농장이므로 반려견과 함께 입장할 수 없고, 외부 음식물을 갖고 들어갈 수 없다.
- 장독이 있는 정원에는 장을 숙성하고 있기 때문에 절대로 출입할 수 없다.

SPOT 4
여수의 별미, 서대회무침
구백식당

주소 전라남도 여수시 여객선터미널길 18 · **가는 법** 여수엑스포역 → 여수엑스포역-L 정류장에서 버스 109, 111번 승차 → 중앙시장여객선터미널 정류장 하차 → 도보 5분(약 250m) · **운영시간** 07:00~20:30/매월 둘째, 넷째 주 화요일 휴무 · **전화번호** 061-662-0900 · **대표메뉴** 서대회·아귀찜 13,000원, 금풍생이구이 15,000원

주변 볼거리·먹거리

여수수산물특화시장
ⓐ 전라남도 여수시 남산로 60-31
ⓣ 09:00~18:00
061-643-9944
7월 30주 소개(267쪽 참고)

고소1004벽화마을
ⓐ 전라남도 여수시 고소동 268 ⓣ 061-659-3877
3월 13주 소개(116쪽 참고)

TIP
• 자동차 이용 시 근처 지정 주차장에 주차하면 1시간이 무료다.

여수를 대표하는 먹거리를 꼽자면 단연 갓김치와 게장백반이다. 알싸한 맛의 갓김치는 이미 남도지방의 명품음식이 되었고, 돌게로 만든 양념게장과 간장게장은 놀랄 만큼 가격이 저렴하고 양도 푸짐하다. 갓김치와 게장백반뿐만 아니라 금풍생이(군평선이), 굴구이, 장어구이와 탕 등 유명한 먹거리가 많지만 여수의 또 다른 별미인 서대회무침을 추천한다. 서대는 남해안에서 주로 잡히는 물고기로, 가자미와 비슷하지만 몸의 길이가 조금 더 길다. 서대회는 맛이 부드럽고 담백하여 어르신이나 아이들이 먹기에도 부담이 없다. 여수수산시장 근처의 식당에서는 대부분 서대회를 맛볼 수 있지만 서대회무침과 서대회비빔밥은 구백식당이 유명하다.

구백식당은 서대회무침에 시큼한 맛을 내고 신선도를 오래 유지하기 위해 막걸리식초를 쓴다. 통통하게 썰어 낸 서대회에 고추장, 마늘, 부추, 상추 등 여러 재료를 넣고 새콤달콤하게 무친 것을 흰밥에 쓱쓱 비벼 먹으면 그 맛이 일품이다. 겨우내 떨어졌던 입맛을 돋우는 데 최고다. 여수에서 서대회는 귀한 손님에게 예를 갖춰 대접하는 음식이었을 뿐만 아니라 임금님 수라상에도 올랐던 음식이라고 하니 꼭 맛보고 돌아가자.

추천 코스 갤러리, 그리고 분위기 좋은 카페

1 COURSE 🚗 자동차 이용(약 4km)
▶ 소아르갤러리

2 COURSE 🚗 자동차 이용(약 2.2km)
▶ 불타는용궁짬뽕

3 COURSE
▶ 아더맨

주소	전라남도 화순군 화순읍 화보로 4439-10
운영시간	갤러리 09:00~18:00, 카페 10:00~18:00
전화번호	061-371-8585
가는 법	자동차 이용

5월 20주 소개(178쪽 참고)

주소	전라남도 화순군 화순읍 칠충로 11
운영시간	10:30~20:00
전화번호	061-371-1122
대표메뉴	용궁짜장면(2인 이상) 8,000원, 용궁짬뽕(2인 이상) 9,000원, 탕수육(小) 15,000원

화순 일대에서는 짬뽕 맛집으로 꽤 유명한 중화요리집이다. 음식점에 들어가면 "매워서가 아니라 불맛이 나서 '불타는'입니다"라는 친절한 문구가 적혀 있다. 진짜로 모든 음식에서 불맛이 느껴진다. 탕수육이 다른 중화요리집과 달리 독특하다. 기본적으로 탕수육에 소스를 부어 나오는 '부먹' 탕수육이며, 탕수육 위에 야채가 올라가는 것이 독특하다.

주소	전라남도 화순군 화순읍 연양1길 28
운영시간	11:00~20:00
전화번호	061-372-7939
대표메뉴	아메리카노 5,000원, 카페라테 5,500원, 에이드 6,500원, 오렌지주스·밀크티 6,000원

9월 39주 소개(336쪽 참고)

5월 넷째 주
푸르름 가득한 산과 들

21 week

SPOT 1
계절의 여왕, 장미를 만나다
곡성세계장미축제
(섬진강기차마을)

주소 전라남도 곡성군 오곡면 기차마을로 232 · **가는 법** 곡성역 → 도보 9분(약 670m) · **운영시간** 09:00~19:30 · **입장료** 대인 5,000원, 소인·경로 4,500원 · **전화번호** 061-363-9900 · **홈페이지** www.railtrip.co.kr/homepage/gokseong

수도권에 '에버랜드장미축제'가 있다면, 전라도에는 '곡성세계장미축제'가 있다. 섬진강기차마을 장미공원에서 열리는 곡성세계장미축제는 매년 5월, 1,004종의 장미 수억만 송이가 펼치는 전라도 최대의 장미 향연이다. 축구장 10배가 넘는 면적에 전 세계 희귀 장미를 비롯해 각양각색의 장미가 가득하다. 국내에서 가장 많은 종류의 장미를 한곳에서 볼 수 있으며, 축제 기간 동안 다양한 공연과 이벤트로 풍성한 즐길거리를 제공한다.

섬진강기차마을은 1998년 전라선 철도 개선 공사로 폐쇄된 옛 곡성역과 철로를 보존하여 관광지로 개발한 곳이다. 생태학습관, 동물농장, 요술랜드, 드림랜드 등 다양한 시설을 조성하였으며 섬진강레일바이크와 기차마을레일바크도 운영하고 있다. 또한 섬진강변을 달리던 옛 중기기관차를 그대로 재현해 기차마을(곡성역)에서 가정역까지 10㎞ 구간을 왕복 운행하고 있는데, 관광객들에게 가장 인기 있는 여행 상품이다. 나이 드신 어르신들은 옛 향수를 느낄 수 있고, 어린아이들에게는 신기한 체험이라 가족 단위 여행객들에게 특히 인기가 높다. 주말에는 사전 예약을 하지 않으면 탑승하기 어렵다.

TIP
- 장미축제 기간에는 교통 정체가 매우 심각하므로 대중교통(기차)을 이용하는 것이 좋다.
- 섬진강기차마을과 장미축제를 다 둘러보려면 많이 걸어야 하기 때문에 편한 신발을 신고 가는 것이 좋다.
- 축제 기간이나 주말에 '증기기관차', '섬진강레일바이크', '기차마을레일바이크'를 이용할 계획이라면 온라인 사전 예약을 추천한다.

주변 볼거리·먹거리

도림사 원효대사가 이 절을 창건할 때 온산에 아름다운 음악 소리가 들렸다고 전해진다. 도림사로 들어가는 계곡을 따라 기암괴석이 즐비하고 해발 735m의 동악산에서 내려오는 물줄기가 암반 위로 흐르며 시원한 절경을 보여준다. 여름에는 계곡 물놀이 장소로 인기가 높다.

Ⓐ 전라남도 곡성군 곡성읍 도림로 175 Ⓣ 061-362-2727 Ⓒ 어른 3,000원, 청소년 2,000원, 어린이 1,000원

SPOT 2

맨발로 흙길을 걷다
강천산군립공원

주소 전라북도 순창군 팔덕면 강천산길 97 · 가는 법 순창공용버스정류장 → 농어촌버스 순창-정읍, 순창-팔덕-구림행 승차 → 강천산임시치안센터 정류장 하차 → 도보 5분(약 300m) · 운영시간 09:00~18:00 · 입장료 어른 3,000원, 청소년(학생) 2,000원 · 전화번호 061-650-1672 · 홈페이지 www.gangcheonsan.kr

강천산은 우리나라의 제1호 군립공원이다. 예로부터 '옥천골(옥구슬처럼 맑은 개울)'이라 불릴 만큼 물이 깨끗하고 곳곳에 기암괴석이 자리 잡고 있어 피서지로 유명하다. 냇물은 바닥까지 투명하고, 숲에서 불어오는 바람은 청량한 풀 내음이 난다. 강천산군립공원에는 맨발로 걸을 수 있는 트레킹 코스가 조성되어 있다. 트레킹 코스는 매표소를 지나 구장군폭포까지 약 2.5km에 이르는데, 아름다운 풍경을 따라 도란도란 이야기하며 걸으면 어느새 몸과 마음이 건강해지는 느낌이다. 전 구간에 걸쳐 경사가 거의 없어 아이를 안거나 유모차를 밀고 가도 힘들지 않다.

매표소에서 조금만 걸어 올라가면 금방이라도 무너져 내

주변 볼거리·먹거리

순창전통고추장민속마을 순창군이 고추장의 전통 제조비법과 명성을 이어 가기 위해 1997년 곳곳에 흩어져 살던 고추장 장인들을 모아 조성한 마을이다. 집집마다 커다란 장독대가 있고 처마에는 메주가 매달려 있으며 마을 전체가 관광지이자 판매장이다.

Ⓐ 전라북도 순창군 순창읍 민속마을길 5-13
Ⓣ 063-653-0703

산호가든
Ⓐ 전라북도 순창군 팔덕면 강천산길 29-34 Ⓗ 09:00~20:00 Ⓜ 메기탕(大) 45,000원, 옻닭 65,000원 Ⓣ 063-652-5102

릴 것 같은 거대한 병풍바위와 그 위에서 시원한 물줄기를 쏟아 내는 병풍폭포를 만날 수 있다. 병풍폭포를 지나 걷다 보면 하늘을 찌를 듯 곧게 뻗은 메타세쿼이아길이 나오고, 조금만 더 올라가면 도선국사가 창건한 것으로 알려진 천년고찰 강천사 앞마당에 도착한다. 강천사는 단출하지만 단아한 절이다. 약수터에서 목마름을 달래고 마지막 코스인 구름다리와 구장군폭포를 만나러 가자. 약 50m 높이에 매달린 구름다리는 혼자 걸어도 심하게 출렁거려서 담이 약한 사람은 건너기가 쉽지 않다. 하지만 구름다리를 건너 보지 않으면 강천산군립공원의 반도 즐기지 못한 것이라고 하니 무서워도 꼭 건너가 보길 권한다. 구름다리를 지나 조금만 올라가면 강천산의 백미, 구장군폭포에 이른다.

TIP
- 구름다리를 지나 강천산 전망대까지 올라갈 수 있는 등산 코스도 있다.

SPOT 3
캠퍼스에서 즐기는 장미축제
조선대학교 장미원

주소 광주광역시 동구 서석동 300 · 가는 법 유스퀘어광주종합버스터미널 → 광주종합버스터미널 정류장 급행버스 수완03번 승차 → 조선대 정류장 하차 → 도보 11분(약 700m) · 운영시간 09:00~21:00 · 전화번호 062-230-6223 · etc. 주차료 : 30분 경과후 기본 900원, 10분당 300원씩 추가

바야흐로 '장미의 계절'이다. 5월이 되면 조선대학교 장미원에는 수십만 송이의 장미가 만개해 눈부신 자태를 뽐낸다. 축구장보다 넓은 면적에 226종 18,000여 주의 장미가 자라고 있다. 이 장미원은 학생들이 풍부한 감성과 상상력을 길러 따뜻한 마음을 가진 전문인으로 성장할 수 있도록 하기 위해 조성했다. 2001년 의과대학 동문들이 모금을 시작해 전체 동문과 교직원까지 확산됐고, 지역 주민과 기업의 후원을 받아 현재의 장미원을 조성했다.

조선대학교는 매년 5월, '장미 주간'을 선정하고 일상생활에 지친 시민들에게 보은의 뜻을 담아 장미원을 개방하고 있다. 캠퍼스에 즐기는 색다른 장미축제에 해마다 수만 명의 방문객이 찾는다. 장미는 붉은 장미, 노란 장미, 흰 장미 정도만 알고 있었던 사람들이 각양각색의 장미를 보고 놀람을 금치 못한다. 이렇고 많은 품종과 색깔에 감탄이 절로 나온다. 마치 장미 식물도감 책 한 권을 보는 느낌이다. 조선대학교 학생들은 이 장미원을 얼마나 사랑하고 자랑스러워할지 문득 궁금하다.

주변 볼거리·먹거리

양림동 펭귄마을

Ⓐ 광주광역시 남구 백서로 94

10월 42주 소개(362쪽 참고)

TIP
- 장미 주간 주말에는 방문객을 위해 주차장을 무료로 개방한다.
- 관광지가 아니라 학생들이 공부하는 학교이기 때문에 공부에 방해가 되는 부적절한 행동은 삼가야 한다.

SPOT 4

숲인가, 카페인가
늘숲

주소 전라북도 김제시 금산면 청도4길 30-8 · 가는 법 자동차 이용 · 운영시간 10:00~21:30 · 전화번호 063-543-5680 · 대표메뉴 아메리카노 7,000원, 카페라테 8,000원, 에이드 · 스무디 9,000원, 레몬차 · 자몽차 8,000원, 오렌지&자몽주스 10,000원

'늘숲'은 많은 사람에게 온실 카페로 잘 알려져 있지만 사실은 카페 이름에서 알 수 있듯이 숲으로 둘러싸인 숲속 카페다. 5월에는 주차장에서 카페로 들어가는 길이 너무 아름다워 카페에 도착하기도 전에 이곳에서 너도나도 사진을 찍는다. 특히 진입로 주변에 가득 핀 하얀 불두화가 탐스러워 그 곁을 떠나지 못하는 사람이 많다.

늘숲은 앞쪽의 카페 건물과 뒤쪽의 온실로 구성되어 있다. 카페는 개방감이 뛰어난 창고형 구조로 형태가 단순하다. 하지만 카페 앞 사이프러스 나무와 낮은 수면 위를 가로지는 돌다리 덕분에 이국적인 느낌이 든다. 카페 실내는 흰색 벽면에 천정을 원목으로 마감 처리해 고급스러운 분위기를 연출하고 있다. 2층에는 인스타그램에서 유명한 포토존이 있다.

카페 왼쪽 길을 따라가면 유리온실이 나오고 입구에 들어서면 핑크빛 존재감을 뽐내는 부겐빌레아가 가장 먼저 눈에 띈다. 안쪽에는 선인장, 구즈마니아, 바오밥나무, 자몽, 레드향 등 다양한 식물이 자라고 있다. 온실 안에는 테이블과 의자가 있어서 이곳에서 자연을 즐기며 음료를 마실 수 있다.

주변 볼거리·먹거리

귀신사 신라 의상대사가 창건했으며 천년 전에는 전주 일원을 관장하며 '화엄십찰'로 불릴 정도로 사세가 컸다. 현재는 고색창연한 작은 사찰이다. 입구에 감나무가 많아서 가을에 아름다운 정취를 풍긴다. 고려시대에 세워진 것으로 추정되는 삼층석탑은 귀신사의 중요 유적 중 하나다.
Ⓐ 전라북도 김제시 금산면 청도6길 40 ⓣ 063-548-0917

TIP
- 내비게이션을 켜고 찾아가도 카페 입구를 찾지 못해 헤매는 경우가 있으므로 미리 지도에서 위치를 확인하는 것이 좋다.
- 모든 음료에는 카페 입장료가 포함되어 있어 다른 카페에 비해 비싼 편이다.
- 온실은 식물 보호와 아이들의 안전을 위해 노키즈존(10세 이하 출입 불가)으로 운영하고 있다.

추천 코스 맨발 트레킹 코스를 마치고 맛있는 한 상 차림

1 COURSE
🚍 강천산군립공원 ▶ 강천산임시치안센터 정류장에서 농어촌버스 순창-복흥, 순창-광암-구림 승차 ▶ 순창군보건의료원 정류장 하차
🚶 도보 15분(약 950m)

▶ 강천산군립공원

2 COURSE
🚶 도보 13분(약 850m)

▶ 옥천골한정식

3 COURSE

▶ 베르자르당

주소	전라북도 순창군 팔덕면 강천산길 97
운영시간	09:00~18:00
입장료	어른 3,000원, 청소년(학생) 2,000원
전화번호	061-650-1672
홈페이지	www.gangcheonsan.kr
가는 법	순창공용버스정류장 → 농어촌버스 순창-정읍, 순창-팔덕-구림행 승차 → 강천산임시치안센터 정류장 하차 → 도보 5분(약 300m)

5월 21주 소개(186쪽 참고)

주소	전라북도 순창군 순창읍 경천1로 78
운영시간	월~금요일 12:00~20:00, 토~일요일 12:00~19:00
전화번호	063-653-1008
대표메뉴	소불고기한정식 15,000원, 돼지불고기 20,000원

순창에는 '한 상 차림'으로 유명한 식당이 많지만, 그중에서 옥천골한정식이 으뜸이다. 한 상 차림이란 식당에 들어가 자리를 잡고 앉아 음식을 주문하면 한 상 가득 음식을 차려서 상째로 가져다주는 식사다. 2인상 기준으로 반찬이 20종류 이상이고 찌개가 한 그릇 나온다. 장맛으로 유명한 순창골 답게 모든 반찬이 입에 감긴다.

주소	전라북도 순창군 순창읍 순창로 102-2
운영시간	10:00~22:00
전화번호	010-7170-5305
대표메뉴	아메리카노 6,000원, 카페라테 6,500원, 바닐라라테 7,000원, 에이드·주스 8,000원

8월 33주 소개(288쪽 참고)

5월 다섯째 주
여름준비
22 week

SPOT 1
산책하기 좋은 힐링 숲
광주호
호수생태원

주소 광주광역시 북구 충효동 905 · **가는 법** 자동차 이용 · **운영시간** 09:00~18:00 · **전화번호** 062-613-7891

광주호호수생태원은 광주호 주변의 생태계를 보존하고 관리하기 위해 2006년 3월에 문을 열었다. 호수생태원 안에는 자연학습장, 잔디 휴식광장, 수변 데크가 조성되어 광주 시민뿐만 아니라 주변 도시인 담양, 화순 군민들에게도 산책 장소로 인기가 높다. 거의 모든 산책로가 데크로 연결되어 있어 트레킹화나 운동화가 아니라 구두를 신고 와도 가볍게 걷기에 무리가 없다. 생태 숲길에서는 계절에 따라 피어나는 다양한 꽃의 향연을 볼 수 있다. 봄에는 수선화와 꽃창포, 여름에는 수련, 가을에는 상사화와 구절초 등이 피어난다.

광주호호수생태공원의 백미는 하늘을 찌를 듯 높이 솟아 오

른 메타세쿼이아숲이다. 나무 사이로 놓인 데크길을 따라 걷다 보면 마치 내가 동화 속 깊은 숲에 들어와 있는 듯한 착각이 든다. 메타세쿼이아숲 주변에는 걷다가 쉴 수 있는 정자와 전망대가 있고, 늪가에 피어난 예쁜 꽃들이 하늘거린다. 전망대에서 광주호를 내려다보며 잠시 쉬어가는 것도 좋다.

광주호호수생태원은 아이들과 함께 가봐야 할 생태교육장으로도 인기가 높다. 계절에 따라 변화하는 자연의 신비와 다양한 생물의 생태 과정을 살펴볼 수 있다. 운이 좋으면 실제로 늪지에서는 각종 새가 부화하고 성장하는 모습을 지켜볼 수도 있다. 또한 아이들이 가볍게 걷고 놀기에도 안성맞춤이다.

주변 볼거리·먹거리

소쇄원

ⓐ 전라남도 담양군 가사문학면 소쇄원길 17 ⓓ (11~12월, 1~2월) 09:00~17:00, (3~4월, 9~10월) 09:00~18:00, (5~8월) 09:00~19:00 ⓣ 061-381-0115 ⓒ 어른 2,000원, 청소년 1,000원, 어린이 700원, 담양군민·65세 이상·미취학 아동·장애인 무료 ⓗ www.soswaewon.co.kr 5월 22주 소개(197쪽 참고)

TIP
- 광주호호수생태원은 대부분의 길이 평지와 데크로 구성되어 유모차나 휠체어가 무리 없이 다닐 수 있다.
- 광주호호수생태원에는 다양한 종류의 생물이 살고 있기 때문에 큰 소리를 내거나 위협적인 행동을 하지 않도록 주의해야 한다.

SPOT 2

붐비지 않는 메타세콰이아길
전라남도 산림자원연구소

주소 전라남도 나주시 산포면 다도로 7 · 가는 법 자동차 이용 · 운영시간 하절기(3~10월) 09:00~18:00, 동절기(11~2월) 09:00~17:00 · 전화번호 061-336-6300 · 홈페이지 jnforest.jeonnam.go.kr

전남에는 산책하기 좋은 메타세콰이아길이 두 곳 있다. 그중 하나는 이미 유명한 담양 메타세콰이아길이고, 다른 한 곳이 바로 나주 전라남도산림자원연구소 내에 있는 메타세콰이아길이다. 담양 메타세콰이아길에 비해 비교적 사람들에게 많이 알려지지 않아 주말에도 이른 시각에는 조용히 산책할 수 있다. 이곳은 일명 '산포수목원'이라 불리기도 한다. 연구소 내 수목원은 산림자원의 보전과 연구라는 본래의 목적 외에도 지역 주민들에게 쾌적한 자연환경을 제공하기 위해 조성된 것이기 때문이다. 이곳에는 잣나무숲, 삼나무숲, 소나무숲 등이 있지만 가장 인기 있는 곳은 하늘을 떠받치듯 높게 솟은 메타세콰이아가 길

양쪽에 빽빽이 서 있는 메타세콰이아길이다. 직선으로 뻗은 약 500m 거리의 이 길을 걷다 보면 나무 사이로 신선한 바람이 불어온다. 간간이 비치는 햇살에 초록빛으로 반짝거리는 나뭇잎이 무척 아름답다.

연구소 내 수목원에서는 숲 해설 프로그램도 운영하고 있는데, 자연에서 즐길 수 있는 다양한 놀이를 알려 주는 '유아숲체험학교'와 일반인을 대상으로 하는 프로그램이 있다. 몇 해 전 조성된 '건강 산책로'의 인기도 높다. 무려 500여 종이 넘는 수목이 울창한 숲을 이루며 피톤치드를 내뿜는 이곳에서 진정한 힐링의 시간을 만끽하자.

주변 볼거리·먹거리

나주향교
Ⓐ 전라남도 나주시 향교길 38 ⓗ 09:00~18:00 ⓣ 061-334-2369
10월 42주 소개(358쪽 참고)

나주한우곰탕 나주곰탕은 가마솥에 한우 사골과 머릿고기 등을 넣고 오랜 시간 끓인 후 밥에 뜨거운 국물을 넣어 여러 번 부었다가 따라내는 토렴 방식을 고수한다. 나주한우곰탕은 외관은 허름해 보여도 실내는 넓고 깔끔하며 나주곰탕의 맛을 제대로 느낄 수 있다.

Ⓐ 전라남도 나주시 남평읍 세남로 1532 ⓗ 10:00~20:00 ⓒ 곰탕 8,000원 ⓣ 061-331-8759

TIP
- 잣나무숲, 삼나무숲 등의 다양한 코스를 모두 둘러보길 추천한다.
- 오전 8시부터 10시 사이가 산책하고 사진 찍기에 가장 좋다.

SPOT 3
브런치가 맛있는 팜 카페
본앤하이리

주소 전라북도 완주군 용진읍 하이1길 60 · **가는 법** 전주역 → 전주역 정류장에서 마을버스 81번 승차 → 하이리 정류장 하차 → 도보 4분(약 250m) · **운영시간** 월~목요일 10:00~20:00, 금~일요일 10:00~21:00 · **전화번호** 063-246-0243 · **대표메뉴** 브런치 세트 15,500원, 샌드위치 8,500원, 샐러드 9,500원, 아메리카노 5,000원, 카페라테 5,500원, 생과일주스 · 에이드 · 스무디 6,000원, 단호박식혜 4,500원, 유자차 · 레몬티 · 자몽차 5,000원

주변 볼거리·먹거리

전주한옥레일바이크
Ⓐ 전라북도 전주시 덕진구 동부대로 420 ⓞ 10:00~17:30/매주 수요일 휴무 ⓣ 063-273-7788 ⓒ 2인 25,000원, 3인 29,000원, 4인 33,000원 ⓗ http://www.jeonju-railbike.kr
3월 11주 소개(103쪽 참고)

최근 브런치를 판매하는 카페가 늘고 있다. '브런치(brunch)'의 사전적 의미는 '아침 겸 점심으로 먹는 오전 식사'라고 한다. 일반적으로는 12시 이전에 제공되는 간단한 식사를 말한다. 전북 완주에는 브런치가 맛있는 카페로 소문이 자자한 '본앤하이리'가 있다. 작은 농촌 마을에 자리 잡고 있지만 큰 규모와 이국적인 카페의 외관이 사람들의 궁금증과 호기심을 자극한다. 카페는 2층 건물로, 1층은 주방과 판매장, 2층은 주문한 음식을 먹을 수 있는 테이블이 놓여있다. 2층은 천장이 높고, 개방감이 뛰어나며 통창으로 보이는 전원 풍경이 아름다워 인스타그램 감성을 좋아하는 2~30대들에게 인기가 높다.

본앤하이리에서는 브런치 외에도 시그니처 메뉴인 단호박식혜를 비롯해 커피, 과일음료, 수제차, 떡, 베이커리 등 다양한 음료와 디저트 메뉴를 판매하고 있다. 메뉴에 들어가는 모든 재료는 직접 짓거나 지역 농가와 제휴하여 공급받은 원재료를 사용하고 있다. 본앤하이리가 다른 카페와 달리 조금 특별한 것은 카페 손님들이 견학할 수 있는 하우스 농장을 운영한다는 것이다. 농장 안에는 전북지역에서는 쉽게 볼 수 없는 한라봉, 탐라향, 레몬 등의 만감류가 자라고 있다. 특히 만감류 수확철이 되면 탐스러운 열매가 농장 가득 열리고, 예약을 통해 한라봉, 탐라향 수확 체험에 참여할 수 있다.

TIP
- '본앤하이리(BORN&HILEE)'의 명칭은 '나고 자랐다'라는 의미인 'BORN'과 농장이 자리 잡은 마을인 '하이리(下二里)'를 합쳐 지은 이름이다.
- 브런치는 준비하는 데 시간이 걸리기 때문에 미리 예약 주문하고 방문하는 것이 좋다.
- 만감류 수확 시즌은 보통 1월 초순이며, 수확 체험에 참여하고 싶다면 본앤하이리 SNS에 신청하면 된다.

추천 코스 숲에서 느끼는 초여름 향기

1 COURSE
🚗 자동차 이용(약 2.4km)
▶ 소쇄원

2 COURSE
🚗 자동차 이용(약 1.7km)
▶ 카페퀸즈

3 COURSE
▶ 광주호호수생태원

주소	전라남도 담양군 가사문학면 소쇄원길 17
운영시간	(11~12월, 1~2월) 09:00~17:00, (3~4월, 9~10월) 09:00~18:00, (5~8월) 09:00~19:00
입장료	어른 2,000원, 청소년 1,000원, 어린이 700원, 담양군민·65세 이상·미취학 아동·장애인 무료
전화번호	061-381-0115
홈페이지	www.soswaewon.co.kr
가는 법	자동차 이용

소쇄원은 우리나라 민간 정원 중에서 가장 아름답다고 평가되고 있으며, 조선시대의 원형을 그대로 간직하고 있다. 조선 중종 때의 문인 양산보가 1530년경 고향인 담양에 낙향하여 조성한 것으로 500년 가까운 세월이 흘렀지만 여전히 많은 사람의 사랑을 받고 있다. 입구에는 대나무숲이 소쇄원을 은밀하게 감싸고 있으며, 광풍각 마루에 누워 가만히 계곡물 소리를 듣고 있으면 옛 선조들이 지녔던 예술적 감성이 고스란히 전해오는 느낌이다.

주소	전라남도 담양군 가사문학면 가사문학로 760-12
운영시간	11:30~21:00 / 15:00~16:00 브레이크 타임
전화번호	061-383-6500
대표메뉴	해산물파스타 19,500원, 까르보나라 16,500원, 고르곤졸라 19,500원, 돼지갈비치즈오븐리조또 17,500원

9월 37주 소개(320쪽 참고)

주소	광주광역시 북구 충효동 905
운영시간	09:00~18:00
전화번호	062-613-7891

5월 22주 소개(192쪽 참고)

SPECIAL

책이 삶이 되는 도시!
전주의 특별한 도서관

전주는 오랜 역사와 전통이 있는 출판·기록 문화의 도시다. 조선시대에는 완판본 서적을 찍어낸 도시이고, 임진왜란 때는 전주사고에 보관해온 《조선왕조실록》을 지켜낸 도시다. 이런 역사를 이어가기 위해 전주는 '책의 도시'를 선포했다. 책을 통해 시민들의 삶을 바꾸며 '인문학 도시'로 성장하고 있다. 그 중심에는 전주의 도서관이 있다. 전주는 우리나라에서 인구 대비 도서관이 가장 많은 도시다. 시민들은 도서관에서 책과 사귀고 세대를 넘어 소통한다. 도서관을 찾은 시민들의 발자국은 글자가 되어 쌓이고, 시민들이 이야기는 책 속으로 스며든다. 5월에는 전주의 특별한 도서관을 만나 보자.

전주시립도서관 꽃심

전주시립도서관 꽃심은 책의 도시 전주를 이끌어가는 전주의 대표 도서관이다. 지하 1층, 지상 4층 건물로 종합자료실, 어린이자료실, 영유아자료실, 북카페 등을 갖추고 있으며, 전국 최초로 트윈세대 전용공간인 '우주로1216'이 조성되었다. 우주로1216은 어린이와 청소년 사이에 낀 트윈세대(12~16세)를 위한 공간으로 이곳은 트윈세대 이외에는 부모, 보호자도 함께 입장할 수 없다.

ⓐ 전라북도 전주시 완산구 백제대로 306 ⓞ 평일 09:00~22:00, 주말 09:00~18:00/매주 월요일 휴관 ⓣ 063-230-1840 ⓗ lib.jeonju.go.kr

책기둥도서관

전주시청 1층을 리모델링해 개관한 책기둥도서관은 시민을 위한 열린 문화공간으로 조성됐다. 도서관에서 가장 눈에 띄는 것은 네 개의 대형 책 기둥이다. 각 기둥에는 세계의 책, 전주의 책, 시민이 권하는 책, 출판사 추천 책 등 주제에 맞는 책들로 구성되어 있다. 또한 1.5층으로 만들어진 복층 책방에는 전주의 동네 책방에서 큐레이션 한 책이 비치되어 있고, 유명 작가들의 문화강좌가 열리기도 한다.

ⓐ 전라북도 전주시 완산구 노송광장로 10 ⓞ 평일 09:00~18:00, 주말 10:00~18:00 ⓣ 063-230-1845

송천도서관

지루하고 따분했던 송천도서관이 온 가족이 누릴 수 있는 복합문화공간으로 변신했다. 1층은 장애인 일자리를 위한 카페가 있고, 책과 목재 서가가 숲처럼 배치되어 아이들이 캠핑하듯 책과 놀 수 있다. 2층은 길게 이어진 아치형 서가가 마치 외국의 유명 도서관을 연상케 한다. 이용자들은 기다란 문을 통해 책과 책 사이를 유람하듯 다닐 수 있다. 3층은 미디어 시설을 갖춘 미디어 창작공간이 조성되어 있다.

Ⓐ 전라북도 전주시 덕진구 거북바우로 13 Ⓞ 평일 종합자료실 09:00~22:00, 어린이자료실 09:00~20:00, 주말 09:00~18:00/매주 월요일 휴관 Ⓣ 063-281-6443

삼천도서관

낡고 오래된 도서관이 리모델링을 통해 엄숙한 도서관의 틀을 깨고 창의력이 샘솟는 도서관으로 변신했다. 특히 1층은 단순히 책을 읽고 빌리는 공간을 넘어 아이들이 책과 함께 놀고 쉴 수 있는 아이들의 '책 놀이터'로 바뀌었다. 2층과 3층은 청소년과 어른들을 위한 공간으로 서가가 자리한 '책뜰'과 종합자료실인 '책그루터기', 휴식 공간인 '쉼뜰', 열린 공간인 '책너머' 등이 자리 잡고 있다. 또한 삼천도서관은 음식 특화 도서관이라는 콘셉트에 맞게 음식 관련 책과 특화 체험을 운영하고 있다.

Ⓐ 전라북도 전주시 완산구 용리로 107 Ⓞ 평일 종합자료실 09:00~22:00, 어린이 자료실 09:00~20:00, 주말 09:00~18:00/매주 월요일 휴관 Ⓣ 063-281-6464

금암도서관

1980년에 개관한 금암도시관은 전주시립도서관 중에서 가장 오래된 도서관이다. 개관한 지 40년이 넘어 낡고 오래된 도서관이 리모델링을 통해 새롭게 태어났다. '책과 공간의 경계를 허문다'라는 콘셉트에 맞게 1층, 2층과 옥상 사이의 공간을 과감하게 개방해 새로운 공간을 만들었다. 특히 전주 도심을 한눈에 내려다볼 수 있는 옥상 전망대는 금암도서관에서 가장 인기 있는 공간이다.

Ⓐ 전라북도 전주시 덕진구 거북바우로 13 Ⓞ 평일 종합자료실 09:00~22:00, 어린이자료실 09:00~20:00, 주말 09:00~18:00/매주 월요일 휴관 Ⓣ 063-281-6443

첫마중길여행자도서관

기차를 타고 전주를 찾는 여행객에게 좋은 첫인상을 심어주기 위해 조성한 첫마중길에 여행자 도서관을 개관했다. 길쭉한 형태의 빨간 컨테이너 박스에는 여행자를 위한 휴식 공간 겸 전주에 관한 책을 비롯한 리커버 북과 매거진 등이 비치되어 있다. 여행자에게 편의를 제공하고 다른 도서관에서는 좀처럼 보기 힘든 귀한 아트북을 만나 볼 수 있는 여행 특화 도서관이다.

Ⓐ 전라북도 전주시 덕진구 우아동3가 746 Ⓗ 09:00~21:00/매주 월요일 휴관 Ⓣ 063-714-3524

이팝나무그림책도서관

어린이들을 위한 그림책 도서관으로 5월이 되면 도서관 근처의 철길에 이팝나무 꽃이 만발해 '이팝나무그림책도서관'이라 이름 지었다. 그림책 도서관이라는 특성에 걸맞게 우리나라 작가의 그림책은 물론, 다른 곳에서는 쉽게 만날 수 없는 세계의 희귀한 그림책, 팝업북 등을 볼 수 있다.

Ⓐ 전라북도 전주시 덕진구 구렛들1길 46 Ⓗ 10:00~17:30/매주 월요일 휴관 Ⓣ 063-283-9221

인후도서관

1996년에 개관한 인후도서관이 리모델링을 통해 새로운 옷을 입었다. 기존의 정적인 이미지를 벗어나 누구나 자유롭게 책과 문화를 즐길 수 있는 시민 중심의 편의시설을 늘렸다. 1층은 어린이를 위한 책마루 공간으로 만들고, 2층은 일반자료실과 영화 관련 자료실로 만들었다. 특히 한쪽 벽면에 해리포터 시리즈의 영문·한글 버전의 책을 전시해 눈길을 끌고 있다. 이 외에도 '도서관 속 영화여행'이라는 주제로 다양한 영화와 드라마의 원작들이 전시되어 있다.

Ⓐ 전라북도 전주시 덕진구 안덕원로 349 Ⓗ 평일 종합자료실(기억의서재·이음의서재) 09:00~22:00, 어린이 자료실(책마루·키움마루) 09:00~20:00, 주말 09:00~18:00/매주 월요일 휴관 Ⓣ 063-281-6406

다가여행자도서관

옛 다가동파출소를 리모델링해 개관한 다가여행자도서관은 SNS에서 핫플레이스로 떠오르고 있다. 이곳은 여행과 관련된 2,000여 권의 책이 비치되어 있는 여행 특화 도서관이다. 2층에는 여유롭게 책을 보며 음악을 들을 수 있는 공간이 마련되어 있고, 지하 1층은 좁은 공간에서 1~2명이 책을 읽을 수 있는 '다가독방'이 있다. 3층 옥상에서는 주변 거리를 한눈에 내려다볼 수 있는 특별한 휴식 공간이 있다.

Ⓐ 전라북도 전주시 완산구 전라감영2길 28 ⓞ 09:00~18:00/매주 월요일 휴관 ⓣ 063-714-3526

연화정도서관

연화정도서관은 덕진공원의 옛 연화정 건물이 있던 자리에 새로운 한옥을 지어 개관한 전주 최초의 시립 한옥 도서관이다. 전주의 정체성과 한옥의 아름다움을 담은 도서관으로 'ㄱ'자 형태의 단층 건물이다. 한옥과 목조 구조의 특징인 '점·선·면' 그리고 여백'의 미를 살려 다양한 한국의 아름다움을 담은 책이 비치되어 있다.

Ⓐ 전라북도 전주시 덕진구 권삼득로 390-1 ⓞ 평일 일반자료실 09:00~22:00, 어린이자료실 09:00~20:00, 주말 09:00~18:00/매주 월요일 휴관 ⓣ 063-281-6443

학산숲속시집도서관

5월 19주 소개(172쪽 참고)

SPECIAL

우리는 도서관으로 여행간다!
전주 도서관 여행

전주 도서관 여행은 전국에서 유일한 도서관 여행 프로그램이다. 특별하고 이색적인 전주의 도서관을 여행자들이 자신의 취향대로 선택하여 여행할 수 있다. 자, 이제 전주의 특별한 도서관을 찾아 여행을 떠나보자.

운영 기간
매주 토요일 3회 운영(하루 코스 1회, 반일 코스 2회)

참여 인원
회당 15명(전주 도서관 여행 전용 버스)

여행 장소
책기둥도서관, 학산숲속시집도서관, 첫마중길여행자도서관, 다가여행자도서관, 연화정도서관, 전주시립도서관 꽃심, 금암도서관

예약 방법
매월 1일 다음달 도서관 여행 신청(전주시립도서관 홈페이지 lib.jeonju.go.kr)

전주 도서관 여행 전용 버스

운영 내용
- 구석구석 하루 코스/매주 1회, 5개 도서관 하루 체험 코스
- 쉬엄쉬엄 반일 코스/매주 2회, 4개 주제별 코스
※ 7세 이상 어린이부터 참여 권장

참가 비용
- 구석구석 하루 코스 : 어른 6,000원, 청소년·어린이·장애인·경로자 5,000원
- 쉬엄쉬엄 반일 코스 : 어른 5,000원, 청소년·어린이·장애인·경로자 4,000원
※ 참가 비용에는 식비가 포함되어 있지 않음

책기둥도서관

다가여행자도서관

연화정도서관

유의 사항

- 모든 도서관 여행 프로그램은 사전 예약제로만 운영(홈페이지 신청 후 체험비를 입금해야 예약 완료).
- '구석구석 하루 코스'에는 점심시간이 포함되어 있으며 점심은 개별적으로 해야 함 (참가비에는 식비가 포함되지 않음).
- 회당 참여자가 5명 미만인 경우 도서관 여행이 자동 취소됨.

문의 사항

전주시 도서관여행팀 063-230-1842

코스 안내

● 구석구석 하루 코스

▶ 덕진공원 코스 : 1, 3, 5주 토요일 10:00~17:00
책기둥도서관(모이는 장소) → 연화정도서관 → 중식 → 첫마중길여행자도서관 → 전주시립도서관꽃심 → 학산숲속시집도서관 → 책기둥도서관(도착)

▶ 웨리단길 코스 : 2, 4주 토요일 10:00~17:00
책기둥도서관(모이는 장소) → 다가여행자도서관 → 중식 → 학산숲속시집도서관 → 금암도서관 → 첫마중길여행자도서관 → 책기둥도서관(도착)

● 쉬엄쉬엄 반일 코스

▶ 책+상상코스(오전) : 1, 3, 5주 토요일 09:20~13:00
상상력을 키우는 그림책 큐레이션, 책놀이, 아트북 큐레이션 체험을 통해 책과 도서관을 경험해 보는 가족형 코스
금암도서관(모이는 장소) → 첫마중길여행자도서관 → 책기둥도서관 → 금암도서관(도착)

▶ 책+삶코스(오후) : 1, 3, 5주 토요일 13:30~17:00
주택가, 자연 속, 번화가 등 어디서나 만날 수 있는 책과 도서관을 경험해 보는 코스
전주시립도서관꽃심(모이는 장소) → 학산숲속시집도서관 → 다가여행자도서관 → 전주시립도서관꽃심(도착)

▶ 책+놀이터 코스(오전) : 2, 4주 토요일 09:20~13:00
도서관 근처의 숲, 자연놀이터와 연계해 놀이터 체험, 책놀이 프로그램 운영 등 온 가족이 참여하는 가족형 코스
전주시립도서관꽃심(모이는 장소) → 학산숲속시집도서관 → 책기둥도서관 → 전주시립도서관꽃심(도착)

▶ 책+추억 코스(오후) : 2, 4주 토요일 13:30~17:00
전주의 오래된 공간이 시민들을 위한 도서관으로 새롭게 재탄생하여 시민들의 기억을 담아 추억을 기록하는 도서관 여행
책기둥도서관(모이는 장소) → 연화정도서관 → 금암도서관 → 책기둥도서관(도착)

전주시립도서관 꽃심

금암도서관

희미하게 남아 있던 봄 내음이 사라져 가는 동안 계절은 부지런히 달려 여름으로 왔다. 전라도의 6월은 산과 들이 온통 초록 그 자체다. 하늘은 유난히 푸르고 나무와 호흡하는 숲길은 짙은 신록으로 매력을 발산한다. 아침저녁으로 싱그러운 초여름의 정취를 느낄 수 있는 6월은 여행하기 좋은 계절이다. 따가운 햇살이 두렵다면 가까운 수목원이나 편백나무숲을 추천한다. 에메랄드빛 감성 가득한 숲속을 가벼운 옷차림으로 걸으며 깊게 숨을 들이켜 보자. 피톤치드 덕분에 기분이 상쾌해지고, 무심코 지나쳤던 들꽃에게도 눈길이 간다.

6월의 전라도

초여름의 **낭만**

6월 첫째 주
여름이 온다

23 week

SPOT 1
방랑시인 김삿갓이 반한 비경
화순적벽투어

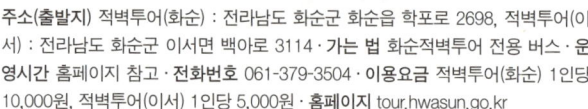

주소(출발지) 적벽투어(화순) : 전라남도 화순군 화순읍 학포로 2698, 적벽투어(이서) : 전라남도 화순군 이서면 백아로 3114 · **가는 법** 화순적벽투어 전용 버스 · **운영시간** 홈페이지 참고 · **전화번호** 061-379-3704 · **이용요금** 적벽투어(화순) 1인당 10,000원, 적벽투어(이서) 1인당 5,000원 · **홈페이지** tour.hwasun.go.kr

방랑시인 김삿갓으로 불리는 김병연은 경기도 양주에서 태어났지만 전남 화순에서 생을 마감했다. 화순은 그의 방랑을 멈추게 할 만큼 물길이 아름답고 산세도 수려한 곳이다. 특히 화순적벽은 김삿갓뿐만 아니라 당대의 수많은 시인 묵객이 찾았을 정도로 아름다운 곳으로 알려져 있다. 하지만 1985년 동북댐이 건설되면서 일반인의 출입이 금지된 금단의 땅이 되었다.

지난 2013년 10월, 화순적벽 최고의 절경으로 알려진 '노루목 적벽'과 '보산적벽'의 문이 열렸다. 화순적벽 출입이 통제된 후 약 30년 만에 감격스러운 상봉을 하게 된 것이다. 오랫동안 사람의 발길이 닿지 않아 적벽과 함께 천혜의 자연환경이 고스란히 남아 있다. 하지만 아무 때나 개인적으로 방문할 수는 없고, 방문을 위해서는 화순적벽투어 홈페이지에서 예약을 해야 한다. 개인 방문을 제한하는 것은 안전 문제와 자연환경을 보존하기 위해서다.

화순적벽 제일의 포토존은 노루목적벽과 보산적벽이 한눈에 들어오는 망향정이다. 망향정 건너편으로 보이는 웅성산의 자태가 수려하고 웅성산과 어우러진 두 적벽의 모습이 가히 환상적이다. 만약 댐이 건설되지 않고 옛 모습 그대로 지금까지 보존되었다면 얼마나 더 아름다웠을까 하는 부질없는 생각이 들기도 한다.

주변 볼거리·먹거리

김삿갓종명지
Ⓐ 전라남도 화순군 동복면 구암길 76
6월 23주 소개(211쪽 참고)

물염정 화순지역의 대표적인 정자 중 하나로 화순적벽의 상류에 위치하고 있다. 물염정에서 바라본 물염적벽의 소나무 숲과 계곡의 모습은 마치 신선이 노닐던 풍광처럼 아름답다. 정자 입구에는 김삿갓의 석상과 시비가 조성되어 있다.

Ⓐ 전라남도 화순군 이서면 물염로 161

TIP
- 화순적벽투어는 인터넷을 통한 예약만 가능하며 개인적으로 자동차를 이용해서 갈 수는 없다.
- 화순적벽투어 시작점은 두 군데인데, '적벽투어(화순)' 코스는 3시간, '적벽투어(이서)' 코스는 2시간이 소요되며 이용요금에는 식비가 포함되지 않는다.
- 화순적벽투어를 대중교통으로 참여할 경우는 '적벽투어(화순)' 코스를, 자동차를 이용할 경우는 '적벽투어(이서)' 코스를 추천한다.

SPOT 2
김대건 신부의 혼이 담긴
나바위성당

주소 전라북도 익산시 망성면 나바위1길 146 · **가는 법** 강경버스정류장 → 강경시외버스터미널에서 버스 50-1번 승차 → 나바위성당 정류장 하차 → 도보 2분(약 140m) · **전화번호** 063-861-8182 · **홈페이지** www.nabawi.kr

　나바위성당은 김대건 신부가 중국에서 사제가 되어 귀국했을 때 첫발을 디딘 곳에 세워진 역사적인 성당이다. 익산 망성면의 화산이라는 작은 산 위에 호젓하게 자리 잡고 있어 화산성당이라 부르다가 화산 끝에 있는 넓은 바위를 나바위라 부르면서 성당 이름도 나바위성당으로 바꾸었다. 전라도에서 가장 오래된 성당으로, 1906년 건축 당시에는 한옥 목조건물이었으나 후에 10여 년간 증축 공사를 거쳐 서양식 건축양식과 한옥 목조건물이 조화를 이룬 독특한 건축물로 재탄생했다. 나바위성당은 어디서도 볼 수 없는 아름다운 건축양식으로 문화재적 가치를 인정받기도 했다. 본체는 팔작지붕의 한옥 건물인데 그 앞에 고딕 양식의 첨탑을 세웠다. 전혀 어울릴 것 같지 않은 건물의 조화가

기가 막히다. 성당 내부에는 옛 모습 그대로 남녀 좌석을 구분하기 위한 기둥 칸막이가 남아 있다. 유교적 관습으로 남녀의 좌석을 구분한 흔적이다. 낡고 오래된 바닥에는 100여 년이 넘는 세월 동안 미사를 드리기 위해 다녀갔던 발걸음의 흔적들이 켜켜이 쌓여 있다.

성당 뒤편으로 돌아가면 화산 언덕 위에 금강이 한눈에 내려다보이는 망금정이 위치하고 있다. 그 주변에는 김대건 신부 일행이 타고 온 배를 본떠 만든 김대건 신부 순교기념비와 십자가의 길이 조성되어 있어 마음이 절로 숙연해진다.

주변 볼거리·먹거리

마애삼존불 나바위 성당 뒤쪽에 위치한 망금정 아래의 바위에는 세 명의 부처 형상이 새겨져 있다. 성당이 들어서기 전 강을 따라 물류를 실어 나르는 배들의 안녕을 기원하기 위해 새겼을 것으로 추측할 뿐이다.

Ⓐ 전라북도 익산시 망성면 나바위1길 146

SPOT 3
폐교의 아름다운 변신
들꽃카페

주소 전라북도 고창군 고창읍 태봉로 575 · **가는 법** 자동차 이용 · **운영시간** 10:00~18:00 · **전화번호** 063-561-4255 · **대표메뉴** 아메리카노 4,500원, 생자몽에이드 6,500원, 시그니처피자 16,000~25,000원

수려한 자연환경과 유서 깊은 문화유적으로 유명한 고창에 '들꽃카페'라는 조금 특별한 카페가 사람들의 관심을 끌고 있다. 폐교된 옛 고창서초등학교를 리모델링해 고인돌들꽃학습원으로 운영하다 현재는 카페로 운영하는 곳이다. 들꽃카페라는 이름에 걸맞게 입구에 들어서면 갖가지 들꽃들이 아우성을 치고 있다. 폐교가 이렇게 아름다운 모습으로 변할 수 있다는 것을 들꽃카페에 방문하고 나서야 비로소 느낄 수 있었다.

폐교된 학교가 가끔 흉물로 남거나 체험장, 요양원 같은 시설로 변하기도 하는데 그나마 카페로 다시 태어난 것이 졸업생들에게는 참 다행인 것 같다. 나이 들어 모교를 생각할 때 자녀들에게 자신이 다녔던 학교를 보여주고 싶을 때, 이 카페에 방문해 차를 마시며 옛 추억을 이야기할 수 있기 때문이다. 또한 카페 주변 조경이 오랫동안 정성 들여 가꾼 정원처럼 아름다워서 사진 찍기에도 참 좋다.

TIP
- 카페에서는 음료 외에 피자를 판매하고 있어 간단한 식사를 해결할 수 있다.
- 사진 촬영할 때 출입 제한 구역에 들어가지 말고 꽃이나 화초가 상하지 않도록 주의해야 한다.

주변 볼거리·먹거리

고창고인돌유적지 고인돌은 청동기시대의 대표적인 무덤 양식으로 알려져 있다. 우리나라에는 3만여 기 이상의 고인돌이 분포되어 있는데, 고창고인돌유적지에는 약 1,665기의 고인돌이 있다. 단일 구역으로는 우리나라에서 가장 밀접하게 분포되어 학술적으로 가치가 높다. 이런 의미를 인정받아 2000년 세계문화유산으로 지정되었다. 유적지로서의 가치만 있는 것이 아니라 산책 코스로도 참 좋다. 싱그러운 자연이 물 오른 초여름에 2시간 정도 여유를 갖고 둘러보면 좋은 만족스러운 산책길이다.

Ⓐ 전라북도 고창군 고창읍 송암길 170-42

추천 코스 방랑 시인 김삿갓의 발자취를 따라서

1 COURSE 달맞이흑두부 (화순동면 본점)

자동차 이용(약 16.8km)

2 COURSE 화순적벽투어(이서)

자동차 이용(약 15.3km)

3 COURSE 김삿갓종명지

주소	전라남도 화순군 동면 충의로 849
운영시간	09:30~21:30
전화번호	061-372-8465
대표메뉴	흑두부버섯전골(大) 38,000원, 검은콩청국장 9,000원, 순두부찌개·흑두부김치찌개 8,000원
가는 법	자동차 이용

화순의 주요 농산물 중 하나가 콩이라 두부로 유명한 음식점이 여럿 있다. 그중에서 흑두부 맛집으로 유명한 곳은 단연 '달맞이흑두부'다. 1990년대에 검은콩으로 만든 두부에 '흑두부'라는 이름을 붙이면서 향토음식으로 발전했다. 두부를 별로 좋아하지 않는 사람에게도 추천할 만한 맛이다.

주소	전라남도 화순군 이서면 백아로 3114
투어시간	2시간(홈페이지 참고)
이용요금	1인당 5,000원
전화번호	061-392-6111
홈페이지	tour.hwasun.go.kr

6월 23주 소개(206쪽 참고)

주소	전라남도 화순군 동복면 구암길 76

조선 후기의 방랑 시인 김삿갓(김병연)은 경기도 양주의 유복한 집에서 자랐는데, 과거 시험에 급제한 글이 자신도 모르는 조부를 비판한 글이었다는 사실을 알게 되면서 죄인의 마음으로 전국을 방랑했다. 전국에 김삿갓의 발이 닿지 않는 곳이 없었는데, 화순 동북은 그가 세 번이나 찾았으며 생을 마감할 때까지 머물 만큼 아꼈던 곳이다. 57세의 나이로 숨을 거둔 김삿갓의 시를 되새기고 기념하기 위해 구암마을에 시비를 세우고 삿갓동산을 조성하였다.

6월 둘째 주

여 름 의 초 입 에 서

24 week

SPOT 1

그곳에 트로이목마가 있다
장수승마레저파크

주소 전라북도 장수군 장수읍 승마로 74 · 가는 법 장수공용버스터미널 → 택시 이용(약 1.5km) · 운영시간 09:30~17:30/12:00~13:00 브레이크 타임 · 전화번호 1688-6397 · etc. 일반승마체험 27,000원, 다이내믹승마체험 37,000원, 말간식 당근 주기 4,000원

불과 10여 년 전까지만 해도 장수는 한우와 사과가 주요 생산품인 작은 읍이었다. 하지만 2007년부터 한국마사회가 경주마 목장을 운영하면서 장수는 말(馬) 산업의 중심지가 되었다. 장수에서 말을 타는 모습은 이제 더 이상 낯선 풍경이 아니다. 장수승마레저파크에 가면 고급 스포츠로 알려진 승마를 누구나 쉽게 체험할 수 있다.

2010년에 개장한 장수승마레저파크는 해발 500m의 고원에 위치하여 여름에도 청량한 공기와 시원한 전망을 즐길 수 있다. 마방, 실외마장, 희귀말전시장, 방목장 등으로 구성되어 수학여

행단이나 기업체뿐만 아니라 가족 단위 관광객에게도 인기를 끌고 있다. 이곳에서는 초등학생부터 성인까지 누구나 조련사의 지시만 따르면 안전하게 말을 탈 수 있다. 비록 짧은 코스지만 말 근육의 움직임을 느끼며 초원을 달리는 기분은 이루 말할 수 없이 짜릿하다. 승마는 보기보다 체력 소모가 많은 근력운동으로, 다이어트 및 자세 교정에도 좋다. 한편 이곳의 명물은 단연 트로이목마다. 승마체험장의 상징물로 세운 높이 15m의 거대한 조형물로, 실내에는 승마 운동기구가 있고 머리 쪽에는 장수 읍내를 한눈에 내려다볼 수 있는 전망대가 있다.

주변 볼거리·먹거리

논개사당(의암사)
Ⓐ 전라북도 장수군 장수읍 논개사당길 41 Ⓞ 하절기 09:00~18:00, 동절기 08:00~17:00 Ⓣ 063-351-4837
8월 34주 소개(295쪽 참고)

TIP
- 승마 체험 시 안전모와 보호장비를 철저히 착용하자.

SPOT 2
우리나라 유일의 난대수목원
완도수목원

주소 전라남도 완도군 군외면 초평1길 156 · **가는 법** 자동차 이용 · **운영시간** 하절기(3~10월) 09:00~18:00, 동절기(11~2월) 09:00~17:00/매월 첫째 주 월요일 휴무 · **입장료** 어른 2,000원, 청소년·군인 1,500원, 어린이 1,000원 · **전화번호** 061-552-1544 · **홈페이지** www.wando-arboretum.go.kr

"이 나무가 먼 나무냐?"라고 물으면 "이 나무는 '이나무'고, 저 나무는 '먼나무'다"라고 대답한다. 말장난 같지만 완도수목원에서는 충분히 있을 법한 이야기다. 우리나라 수목원 중에서 가장 아래쪽에 위치하며 유일한 난대수목원인 완도수목원에서는 이름도 재밌는 이나무, 먼나무, 붉가시나무 등 난대 수종을 쉽게 볼 수 있다. 난대 수종은 잎이 반짝거리며 독특한 풍경을 연출하고 환경오염에도 강해 점차 주목받고 있다.

완도수목원은 광활한 난대림과 호수가 어우러진 천혜의 자연환경을 갖추고 있다. 봄에는 붉은 동백꽃이 봄소식을 전하고 여름에는 햇볕에 반짝이는 나뭇잎 아래로 여름 향기를 머금은 호수가 그림처럼 펼쳐진다. 입구의 산림전시관을 지나 산림박물관으로 향하는 길은 수목원 제일의 숲속 산책로다. 울창한 숲과 계곡의 청아한 물소리가 더위를 말끔히 날려 준다. 'ㅁ'자 형태의 전통한옥으로 지어진 산림박물관에는 다양한 난대 수종, 곤충 표본, 목공예품 등이 전시되어 있다. 산림박물관에서 다리 위에 정자가 있는 학림교를 건너면 완도수목원의 자랑인 아열대온실을 만나게 된다. 두 동으로 구분된 온실에는 대왕야자, 극락조화 등 200여 종의 아열대 식물과 금호, 펜타금 등 300여 종의 선인장이 신비로운 풍경을 만들고 있다.

주변 볼거리·먹거리

바다를담은면

ⓐ 전라남도 완도군 군외면 초평길 43-1
ⓗ 10:00~18:00/매주 월요일 휴무 ⓣ 061-555-9988 ⓜ 전복을담은파스타 8,000원, 수제등신눈꽃톳돈까스+뿌리랑께밥 10,000원

6월 24주 소개(219쪽 참고)

TIP
- 수목원 전체는 금연구역이며, 야영 및 취사도 불가하다.
- 전체적으로 경사가 없고 완만하지만 부지가 넓어 많이 걸어야 하므로 편한 신발을 추천한다.
- 맑은 날도 좋지만 비가 부슬부슬 내리는 날에도 색다른 운치가 있다.
- 완도수목원은 대중교통으로 여행하기 힘든 곳이다. 따라서 자동차 여행을 추천한다.

SPOT 3
보랏빛 물결 넘실대는 곳
허브원

주소 전라북도 정읍시 구랑1길 188-29 · **가는 법** 자동차 이용 · **운영시간** 09:00~19:00 · **입장료** 어른 9,000원, 어린이(36개월~13세) 5,000원(정읍 시민은 평일 무료 입장) · **전화번호** 063-536-5877

　유럽의 프로방스 지역에서나 볼 수 있는 보랏빛 라벤더 물결을 정읍에서 만날 수 있다. 정읍 칠보산 기슭에 자리 잡은 33만㎡의 허브원에 보라색 카펫을 깔아 놓은 듯 라벤더 향기가 넘실 거린다. 국내에서는 쉽게 볼 수 없는 이국적인 풍경이다. 허브원은 우리나라 라벤더 농장 중 단일 규모로는 가장 큰 곳이다. 라벤더로 유명한 프랑스 프로방스의 발랑솔, 일본 홋카이도의 도미팜이 부럽지 않다.

　허브원에는 약 30만 주의 라벤더와 4만 주의 라반딘이 장관을 이루고 있다. 진한 향기로 유명한 라벤더 계열의 라반딘은 우리나라에서는 흔히 볼 수 없어 관광객들의 많은 관심을 받는다. 허

브원은 사진 찍기 좋은 명소로 SNS에 소문이 나 있다. 그 이유는 비탈진 경사로에 라벤더를 심어 사진을 찍을 때 조금만 각도를 돌리면 인물과 배경이 분리되어 입체적인 사진을 찍을 수 있기 때문이다. 허브원 최고의 포토존은 '선돌'이 놓인 언덕 위쪽이다. 고인돌처럼 생겼지만 허브원을 조성하면서 인위적으로 만든 것이라 고인돌이 아니라 선돌이라 부른다고 한다. 선돌과 라벤더의 조화가 참으로 아름답다.

주변 볼거리·먹거리

카페 허브원 카페 허브원은 라벤더 농장이 한눈에 내려다보이는 허브원의 가장 높은 곳에 자리 잡고 있다. 2층 규모의 초대형 카페로 실내는 넓은 공간으로 구성되어 있고, 창문은 풍경을 조망할 수 있도록 통유리로 되어 있다. 음료뿐만 아니라 다양한 빵 종류를 판매하고 있어서 간단하게 식사를 대신할 수 있다.

ⓐ 전라북도 정읍시 구량1길 188-23 ⓞ 10:30~20:30 ⓣ 070-4159-8856 ⓜ 아메리카노 6,500원, 라벤더라테 7,500원, 마늘바게트 6,000원

TIP
- 라벤더 사진을 예쁘게 찍으려면 자세를 낮춰서 꽃과 카메라의 높이를 맞추는 것이 중요하다.
- 라벤더 꽃 사이로 많은 벌이 날아다니기 때문에 쏘이지 않도록 주의해야 한다.
- 그늘이 거의 없기 때문에 모자나 양산을 준비하는 것이 좋다.

SPOT 4
한 폭의 그림 같은 카페
두베카페

주소 전라북도 완주군 소양면 송광수만로 472-23 · **가는 법** 자동차 이용 · **운영시간** 월~금요일 10:00~18:00, 토~일요일 10:00~18:30 · **전화번호** 063-243-5222 · **대표메뉴** 아메리카노 8,000원, 수제레드벨벳케이크·말차크럼블크림라테·오렌지크림라테 8,500원, 소양미숫페너·클래식아이스크림라테 9,000원

자연 속에서 전통과 현대의 아름다움이 절묘하게 조화를 이루고 있는 카페가 있다. 완주 오성한옥마을에서는 유일한 현대식 건물인 '두베카페'가 그곳이다. 카페 옆에는 고창과 무안에 있던 130년 된 한옥을 옮겨 지은 '소양고택'이 있다. 고택 앞마당에서는 마을 앞으로 흐르는 계곡이 시원하게 내려다보인다. 게스트하우스로 사용하는 소양고택은 두베카페에서 함께 운영한다.

소양고택에서 두베카페로 이어지는 수국길은 인생사진 명소로 소문이 났다. 또한 'ㄱ'자형 카페 건물을 따라 잔디밭과 연못이 이어져 세련되고 고즈넉한 분위기를 자아낸다. 카페는 밖을 시원하게 내다볼 수 있도록 곳곳에 큰 창이 있다. 어디에 앉더라도 카페를 품은 아름다운 자연을 감상할 수 있다. 음료 값이 약간 비싸다는 느낌이 있지만 멋진 분위기 값이 포함되어 있다고 생각하면 그리 아깝다는 생각이 들지 않는다.

주변 볼거리·먹거리

아원고택 경남 진주의 250년 된 한옥을 완주 오성한옥마을에 옮겨 지은 고택이다. 한옥을 중심으로 현대적인 미술관이 함께 있다. 고택에서는 숙박이 가능하고 미술관에서는 문화를 즐길 수 있다. 전통과 현대적인 아름다움이 자연과 함께 절묘하게 어우러져 있다. 2019년 BTS가 이곳에서 머물며 화보를 찍어 더욱 유명해졌다.

ⓐ 전북 완주군 소양면 송광수만로 516-7 ⓞ 고택 12:00~16:00, 미술관 12:00~17:00 ⓣ 063-241-8195 ⓒ 1인 10,000원(8세 미만 출입 제한) ⓗ www.awon.kr

TIP
- 두베라는 이름은 북두칠성 중 가장 밝은 별인 '두베'가 잘 보이는 곳에 카페가 위치해 있어 붙인 것이다.
- 소양고택은 저녁에는 투숙객을 위해 출입이 제한되지만 낮에는 카페 이용객이 들어가 볼 수 있도록 개방한다.

추천 코스 완도에서 장보고의 숨결을 느끼다

1 COURSE 완도수목원

자동차 이용(약 1.3km)

2 COURSE 바다를담은면

자동차 이용(약 9.7km)

3 COURSE 청해포구촬영장

주소 전라남도 완도군 군외면 초평길 43-1
운영시간 10:00~18:00/매주 월요일 휴무
전화번호 061-555-9988
대표메뉴 전복을담은파스타 8,000원, 수제등신눈꽃톳돈까스+뿌리랑께밥 10,000원

바다를담은면은 수산물 가공 기업이 운영하는 신개념 면 요리 전문점이다. 드넓은 잔디마당을 품고 있어서 지나가다 얼핏 보면 분위기 좋은 카페처럼 느껴진다. 이곳은 해조류와 밀가루를 혼합하여 뽑은 면으로 모든 요리를 한다. 가장 인기 있는 메뉴는 '전복을담은파스타'로 크림과 토마토소스 등이 들어간 여러 종류가 있다. 파스타 외에도 국수와 냉면, 밥이 들어간 요리가 있다.

주소 전라남도 완도군 완도읍 청해진서로 1161-8
운영시간 08:00~17:30
입장료 어른 5,000원, 청소년·군인 3,000원, 어린이 2,000원, 경로 4,000원
전화번호 061-555-4500
홈페이지 www.wandoro.co.kr

완도는 통인신라시대의 장군 장보고를 빼고는 논할 수 없는 곳이다. 청해포구촬영장은 2004년 장보고의 일대기를 다룬 드라마 〈해신〉의 촬영장으로 쓰였던 곳이다. 당시 시청률이 30%가 넘을 정도로 인기 드라마였기 때문에 드라마가 끝난 후 많은 사람이 청해포구촬영장에 방문했다. 그 후에도 〈주몽〉, 〈추노〉, 〈명량〉 등 많은 드라마와 영화가 이곳에서 촬영되었다.

주소 전라남도 완도군 군외면 초평1길 156
운영시간 하절기(3~10월) 09:00~18:00, 동절기(11~2월) 09:00~17:00 /매월 첫째 주 월요일 휴무
입장료 어른 2,000원, 청소년·군인 1,500원, 어린이 1,000원
전화번호 061-552-1544
홈페이지 www.wando-arboretum.go.kr
가는 법 자동차 이용

6월 24주 소개(214쪽 참고)

6월 셋째 주

초 여 름 밤 의 낭 만

25 week

SPOT 1

가장 슬픈 곳에서
가장 아름다운 꽃이 핀다

소록도

주소 전라남도 고흥군 도양읍 소록선창길 124 · 가는 법 자동차 이용 · 운영시간 09:00~17:00(17시 이후 출입 통제) · 전화번호 061-830-5689

전라남도 고흥반도 녹동항 앞에 한 송이 꽃처럼 떠 있는 작은 섬, 소록도. 녹동항에서 뱃길로 1km 정도고, 전체 면적은 여의도의 1.5배밖에 되지 않는다. '작은(小) 사슴(鹿)'이라는 뜻의 소록도는 예쁜 이름과는 달리 한센병 환자들의 애환이 깃든 사연 많은 섬이다. 일제강점기 당시 일본이 한센병 환자들을 이곳에 강제로 격리했기 때문이다. 1910년대부터 광복 이후까지 약 6천여 명이 소록도에서 지옥 같은 생활을 했다고 전해진다. 지금은 한센병이 완치되고도 사회적 인식 때문에 세상 속으로 돌아가지 못하는 약 600명의 한센인이 이곳에 터를 잡고 살고 있다. 아직도 섬에는 단지 환자라는 이유로 자유와 인권을 박탈당하고 학대받았던 역사의 흔적이 곳곳에 남아 있다.

  2008년 6월, 소록대교가 개통되면서 소록도는 누구나 갈 수 있는 섬이 되었다. 녹동항에서 차로 10분이면 도착한다. 그렇게 섬이 아닌 섬이 되면서, 소록도의 역사적 의미를 되새기고 아름다운 풍광을 보기 위해 많은 사람들이 방문하고 있다. 국립소록도병원과 한센인이 생활하는 지역을 제외하고는 정해진 시간 내에 관광객이 자유롭게 출입할 수 있다. 울창한 소나무숲과 깨끗한 백사장, 중앙공원 등이 무척이나 아름답다. 이렇게 아름다운 섬이 그토록 아픈 역사를 품고 있다는 것이 너무도 안타깝지만 절대 잊어서는 안 될 역사다.

주변 볼거리·먹거리

거금대교 바다 위에 만들어진 다리 중에서는 우리나라 최초로 복층 구조로 설계된 곳이다. 1층은 사람과 자전거, 2층은 자동차가 다닌다. 금진항에서 바라보는 거금대교의 야경은 특히나 아름답다.

Ⓐ 전라남도 고흥군 금산면 거금로 720

TIP
- 소록도는 출입시간을 엄격히 통제하고 있으므로 시간을 잘 지키도록 하자.
- 자전거, 반려동물 등의 출입은 제한된다.
- 사진 촬영은 가능하지만 소록도 주민을 찍지 않도록 주의하자.

SPOT 2

아흔아홉 칸의 전형적인 양반 가옥
김명관고택

주소 전라북도 정읍시 산외면 공동길 66 · 가는 법 자동차 이용 · 운영시간 09:00~18:00 · 전화번호 063-536-6776

　흔히 아흔아홉 칸 집이라고 불리는 전형적인 상류층 고택이다. 조선 정조(1784년) 때 한양에서 내려온 김명관이 명당을 골라 10여 년에 걸쳐 완공한 한옥이다. 앞쪽에는 동진강 상류가 흐르고, 뒤쪽으로는 창하산이 병풍처럼 둘러싸고 있어 풍수지리에서 최고의 명당으로 꼽는 배산임수(背山臨水)의 지세다. 200년이 넘은 고택이지만 후세에 개보수 없이 거의 원형 그대로 보존되고 있어 문화재로서의 가치가 뛰어나다.

　주변과 아름답게 조화를 이루고 있는 고택은 대문에서 안채에 이르는 동선의 관계가 뛰어나고 아늑함이 느껴진다. 사랑채가 가장 화려한데, 부엌이 독립되어 있는 것이 일반적인 고택과 달리 특이하다. 옆에서 바라보면 팔작지붕이 화려하지만 기둥

과의 배열이 정갈하고 세련되면서도 소박하다. 사랑채와 안채 사이로 불어오는 바람이 초여름의 더위를 식혀준다. 이 고택은 사람의 마음을 잘 헤아려 지은 듯하다. 대청마루를 사이에 두고 시어머니 공간과 며느리 공간을 분리하여 각자 부엌에서 편안하게 식사 준비를 할 수 있도록 설계하였다고 한다. 고부간의 갈등을 최소화하기 위한 선조들의 지혜가 엿보인다. 모든 방이 개방되어 있어 누구나 신발을 벗고 안에 들어가 편안하게 둘러볼 수 있다.

TIP
- 능소화가 피기 시작하는 6월 중순쯤에 방문하면 능소화가 고택과 어우러진 아름다운 풍경을 볼 수 있다.
- 문화관광해설사의 무료 해설을 듣고 싶다면 방문 전에 전화로 문의하면 된다.

주변 볼거리·먹거리

산우한우마을 청정 한우의 고장인 정읍 산외에 2005년부터 한우를 직거래 방식으로 저렴하게 판매하는 정육점이 생겨나면서 형성된 한우 특화거리다. 정육점에서 고기를 사서 식당에서 요리해 먹는 '정육식당'의 시초가 된 곳이기도 하다. 저렴한 가격에 고급 한우를 먹을 수 있어 전국에서 많은 사람이 찾는다.

Ⓐ 전라북도 정읍시 산외면 산외로 452

칠보물테마유원지 옥정호와 동진강 수자원을 활용한 물테마 전시관, 수생식물원, 분수대, 인공폭포, 물놀이장 등을 갖춘 종합유원지다. 동진강의 생태와 주변 사연을 관찰하고 아이들이 뛰어놀 수 있는 놀이시설이 잘 갖춰져 있다. 특히 여름에 운영(7~8월)하는 물놀이장은 아이들에게 매우 인기가 높다.

Ⓐ 전라북도 정읍시 칠보면 칠보산로 1555 Ⓞ 09:00~17:30 Ⓣ 063-538-9388 Ⓒ 물놀이장 어른 6,000원, 청소년(13~18세) 5,000원, 어린이(12세 이하) 4,000원

SPOT 3

50년 만에 열린 비밀의 정원

아가페정원

주소 전라북도 익산시 황등면 율촌길 9 · 가는 법 자동차 이용 · 운영시간 하절기 09:00~17:00(16:00 입장 마감), 동절기 09:00~16:00(15:00 입장 마감) · 전화번호 063-843-7294 · etc. 주말 및 공휴일은 사전 예약제로 운영 : 방문 2주 전 화~금요일까지 전화 예약 가능, 09시, 11시, 13시, 15시(1일 4회) 중 선택

　아가페정원은 본래 무의탁 어르신들을 위한 무료 양로원이었다. 1970년 고(故) 서정수 신부가 노인복지시설을 설립하고 어르신들이 이곳에서 건강하고 행복한 노후를 보낼 수 있도록 숲을 조성했다. 그래서 50년이 넘도록 외부인들의 출입을 철저히 제한했다. 어느 수목원과 비교해도 손색이 없을 정도로 아름다운 경관을 자랑하는 비밀의 정원이 문을 연 것은 지난 2021년 3월이다. 익산시가 익산산림조합, 푸른익산가꾸기운동본부 등의 민간단체와 협력하여 천주교 재단 소유의 아가페정원을 '전라북도 제4호 민간 정원'으로 등록하고 일반인들에게 개방했다.

아가페정원은 축구장 열다섯 배가 넘는 넓은 언덕에 갖가지 수목과 화초가 저마다 아름다운 자태를 뽐내고 있다. 수십 년 수령을 자랑하는 향나무숲, 화려한 공작을 닮은 공작단풍나무, 나뭇가지를 우아하게 늘어뜨린 가문비나무와 정원 초입에 자리 잡은 어머어마하게 큰 두 그루의 밤나무도 신기하다. 하지만 아가페정원을 방문하는 사람들이 가장 감탄하는 것은 하늘을 찌를 듯 쭉 뻗은 40m 높이의 메타세콰이아길이다. 아가페정원 설립 초기에 심은 500여 그루의 메타세콰이아가 만든 명품 산책로는 이곳의 랜드마크가 되었다. 이 길을 걸으면 마치 동화 속 신비의 숲을 거니는 것 같은 특별한 분위기를 만끽할 수 있다.

주변 볼거리·먹거리

국립익산박물관(미륵사지석탑)

Ⓐ 전라북도 익산시 금마면 미륵사지로 362 Ⓞ 09:00~18:00(국립익산박물관) / 매주 월요일 휴무 Ⓣ 063-830-0900 Ⓗ iksan.museum.go.kr Ⓔ 미륵사지석탑은 야외에 위치하고 있어 관람 시간 제한이 없음
4월 14주 소개(129쪽 참고)

TIP
- 아가페정원에 앞에 전용 주차장이 있지만 주차 공간이 넓지 않아 불편할 수 있다.
- 현재도 어르신들이 요양을 하는 공간이므로 개방된 구역 이외에는 절대로 출입하면 안 된다.
- 주말에는 방문객이 많아 예약제로 운영하고 있다.
- 이용 시간은 상황에 따라 달라질 수 있으므로 도착 예정 시각이 늦을 경우에는 미리 전화로 확인해 볼 필요가 있다.

SPOT 4
용담호가 한눈에 보이는
호수 뷰 카페
기배기

주소 전라북도 진안군 상전면 진성로 373-20 · 가는 법 자동차 이용 · 운영시간 10:00~21:00/매주 수요일 휴무 · 전화번호 010-2470-5244 · 대표메뉴 아메리카노 5,000원, 카페라테 5,500원, 바닐라라테 6,000원, 레몬에이드 · 요거트스무디 6,000원, 크로와플세트 10,000원

용담호 주위를 포위하고 있는 호반도로는 바다가 아닌 내륙에서 만나는 특별한 드라이브 코스다. 전북 지역의 식수 및 생활용수 공급을 위해 인공호수를 만들면서 아름다운 수변 드라이브 코스가 조성되었다. 진안 읍내에서 도로를 따라 죽도교를 건너면 왼쪽으로 용담호에서 가장 뷰가 좋기로 소문난 '기배기' 카페를 만날 수 있다.

멀리서 봐도 '내가 감성 카페다'라고 느껴질 정도로 깔끔한 흰색 건물이 눈에 띈다. 외관의 느낌을 이어받아 인테리어도 전체적으로 밝은 톤이다. 실내의 밝고 경쾌한 느낌을 더욱 극대화하는 것은 창문을 반쯤 가리는 흰색 커튼이다. 커튼은 햇빛을 가리는 용도 외에 감성적인 실내 분위기를 높여주는데 큰 역할을 하고 있다. 카페에 앉아 창문 너머로 호수를 보고 있으면 지질로 기분이 차분해진다. 바다와 달리 거친 파도가 없이 잔잔한 수면이 마음을 안정 시키기 때문이다.

날씨가 약간 더운 초여름에는 야외 테라스가 좋다. 습하지 않은 날씨에는 호수에서 불어오는 바람에 기분이 상쾌하다. 잔디가 깔린 넓은 공간에 나무 그늘이 많아서 어린아이가 있는 가족이 특히 선호한다. 날씨가 조금 선선해지면 작은 결혼식이나 소규모 가족행사도 가능할 것 같다.

주변 볼거리 · 먹거리

용담호자연생태습지공원
Ⓐ 전라북도 진안군 진안읍 운산리 71-4
6월 25주 소개(227쪽 참고)

TIP
- 용담호를 더 멀리 내려다보고 싶다면 2층 발코니를 추천한다.
- 카페 분위기가 좋고 호수 뷰라는 장점에 비해 음료는 상대적으로 저렴한 편이다.

추천 코스 자연생태공원에서 호수 뷰 카페까지

1 COURSE 🚗 자동차 이용(약 5.2km)
▶ 로타리함흥냉면(진안면옥)

2 COURSE 🚗 자동차 이용(약 4.8km)
▶ 용담호자연생태습지공원

3 COURSE
▶ 기배기

주소	전라북도 진안군 진안읍 마이산로 287
운영시간	10:00~20:00
전화번호	063-433-7966
대표메뉴	비빔냉면·물냉면·김치찌개 8,000원, 홍어비빔냉면 9,000원, 물만두 3,000원
가는 법	자동차 이용

진안 읍내에서 냉면 맛집으로 꽤 소문난 곳이다. 전통 함흥냉면 방식인 고구마 전분으로 반죽해 직접 면을 뽑는다. 특히 동치미 육수와 비빔냉면의 양념을 만드는 데 많은 정성을 들인다.

주소	전라북도 진안군 진안읍 운산리 71-4

용담호가 만들어지면서 인근 마을 대부분의 농지가 수몰되고 마을 앞 대교 아래에 습지가 형성되었다. 진안군에서 그 상류에 공원을 조성하여 하천의 수질을 개선하고, 지역 주민들이 산책하고 휴식할 수 있는 공원을 조성했다. 자연 습지·인공 습지·탐방로·관찰 데크 등이 만들어졌으며, 진안천 변을 따라 3km 길이의 자전거 도로가 연결되었다.

주소	전라북도 진안군 상전면 진성로 373-20
운영시간	10:00~21:00/매주 수요일 휴무
전화번호	010-2470-5244
대표메뉴	아메리카노 5,000원, 카페라테 5,500원, 바닐라라테 6,000원, 레몬에이드·요거트스무디 6,000원, 크로와플 세트 10,000원

6월 25주 소개(226쪽 참고)

6월 넷째 주

삼림욕 힐링

26 week

SPOT 1
머물고 즐기는 숲
공기마을 편백나무숲

주소 전라북도 완주군 상관면 죽림편백길 191-24 · 가는 법 자동차 이용

점점 더워지는 날씨에 심신이 피로하다면 피톤치드 가득한 편백나무숲에서 잠시 머물러 보는 것은 어떨까? 17번 국도가 지나가는 완주 공기마을에는 깜짝 놀랄 만큼 넓고 깊은 편백나무숲이 있다. 마을 뒷산의 옥녀봉과 한오봉 자락에 둘러싸인 모양이 밥공기를 닮았다는 공기마을은 50여 가구가 사는 작은 마을이다. 약 40년 전 마을 주민들이 심은 10만여 그루의 편백나무가 어느새 자라 빽빽한 숲을 이루었다. 공기마을편백나무숲은 보물처럼 숨어 있다가 2009년 숲가꾸기사업을 통해 그 존재를 드러냈고, 2011년 영화 〈최종병기 활〉의 촬영지로 알려지면서 유명해졌다.

주차장에서 10분 정도 걸어 올라가면 편백나무숲을 만날 수 있는데, 고개를 힘껏 젖혀 올려다봐도 그 끝을 알 수 없을 정도로 키 큰 편백나무가 빼곡하다. 한 조각의 따가운 햇살도 허락하지 않는 촘촘한 편백나무 덕분에 한낮에도 어두컴컴하고 서늘하다. 많은 사람들이 평평한 곳에 자리를 깔고 낮잠을 즐기거나 휴식을 취하며 숲의 향을 즐긴다. 잠시 걸음을 멈추고 오롯이 호흡에 집중하다 보면 편백나무가 내뿜는 피톤치드로 심신이 맑고 청량해지는 느낌이다. 그래서인지 이곳은 '걷는 숲'보다는 '머물고 즐기는 숲'으로 인기가 높다.

주변 볼거리·먹거리

토닭토닭한식 직접 키운 닭과 직접 재배한 채소로 모든 요리를 하기 때문에 예약 없이 가면 오래 기다려야 한다. 메뉴가 다양하지는 않지만 산속에서 먹는 닭 요리의 참맛을 느낄 수 있다.

ⓐ 전라북도 완주군 상관면 죽림편백길 72-54 ⓞ 10:00~20:30 ⓣ 063-231-3521 ⓜ 꾸지뽕감자닭볶음탕·꾸지뽕백숙 60,000원

TIP
- 편백나무숲에서 휴식을 취하고 싶다면 돗자리를 준비해 가는 것이 좋다.
- 산책 후 내려오는 길에 유황샘 족욕탕에서 무료로 족욕을 즐길 수 있다.
- 삼림욕을 제대로 즐기고 싶다면 초여름부터 가을까지가 좋다.

SPOT 2

전라도의 수국 명소
지리산구례 수목원

주소 전라남도 구례군 산동면 탑동1길 125 · 가는 법 자동차 이용 · 운영시간 09:00~18:00 · 입장료 어른 2,000원, 청소년 1,500원, 어린이 1,000원 · 전화번호 061-783-0599

　봄꽃이 다 졌다고 안타까워할 필요 없다. 이제 본격적인 여름 꽃의 계절이다. 담장 너머에 숨죽이던 능소화가 꽃망울을 터트리고, 흙탕물 속에서 붉은빛을 간직하던 연꽃이 고개를 내밀고, 깊고 깊은 숲속에 잠자던 수국은 이미 화려한 자태를 뽐내고 있다. 꽃도 유행을 타는 것 같다. 한동안 여름 꽃의 대명사는 연꽃과 배롱나무꽃이었는데, 언제부턴가 수국이 그 자리를 차지하고 있다. 요즘 만나는 수국은 신비할 정도로 꽃송이가 크고 색감이 화려하다.

　그동안 수국은 제주, 거제, 부산 등 주로 바다를 끼고 있는 지역에서 볼 수 있었지만 요즘은 내륙에서도 쉽게 만날 수 있다. 전라도의 대표적인 수국 명소는 단연 지리산구례수목원이다.

산속 깊은 곳에 자리 잡고 있어서 마치 나만의 비밀정원 같은 특별함이 있다. 6월 중순이 넘어가면 95품종의 10만 송이 수국이 수목원을 가득 메운다. 이곳의 수국은 다른 곳에 비해 유난히 색감이 곱고 진하다. 수국이 가득 핀 산책길을 따라 걸으면 마치 꿈속을 걷는 듯 기분이 황홀하고 탄성이 절로 나온다. 이렇게 탐스러운 꽃이 있다는 게 신기할 정도로 그 존재감이 대단하다. 6월이 가기 전에 지리산구례수목원에 방문하면 수국의 화려함과 짙은 실록이 뿜어내는 피톤치드 향으로 움츠러진 몸과 마음이 더욱 건강하고 상큼해질 것이다.

주변 볼거리·먹거리

지리산치즈랜드

Ⓐ 전라남도 구례군 산동면 산업로 1590-62 Ⓞ 09:00~18:00 Ⓣ 010-8942-2587 Ⓒ 어른 3,000원, 유아(5~13세) 2,000원, 경로(70세 이상)·장애인 1,000원 Ⓗ www.jcheeseland.co.kr
4월 14주 소개(126쪽 참고)

TIP
- 지리산구례수목원은 2020년 3월 전라남도 공립수목원 1호로 지정되었다.
- 지리산구례수목원의 수국은 6월 중순부터 피기 시작하여 6월 말~7월 초에 절정을 이룬다.
- 수국의 색깔은 토양의 산도에 따라 달라진다. 토양이 산성에 가까우면 청색, 알칼리성에 가까우면 분홍색을 띠게 된다.

SPOT 3

치즈돈가스가 맛있는
예약제 레스토랑

하늘땅물바람

주소 전라북도 고창군 심원면 두어1길 58 · 가는 법 자동차 이용 · 운영시간 12:00~21:00/매주 월요일 휴무 · 전화번호 063-563-3869 · 대표메뉴 치즈돈가스 14,000원, 해산물스파게티 15,000원, 하와이안화덕피자(원형) 22,000원

잘 믿기지 않지만 고창 심원의 작은 시골 마을에 대도시의 유명 레스토랑과 비교해도 손색없는 최고의 양식집이 있다. 레스토랑이 맞나 싶을 정도로 아담하고 소박한 외관에 작은 간판이 수줍게 서 있다. '하늘땅물바람' 레스토랑. 실내는 밖에서 생각하는 것보다 더 좁다. 6~7인용 테이블 2개, 4인용 테이블 1개가 전부다. 주방은 개방형으로 요리하는 모습을 볼 수 있다. 그만큼 청결하게 운영하고 있다.

하늘땅물바람 레스토랑이 조금 특별한 것은 100% 예약제로 운영한다는 것이다. 사장님 부부가 직접 요리하고 서빙까지 하기 때문에 많은 손님을 받을 수 없다고 한다. 또한 손님이 많아지면 그만큼 요리에 들어가는 정성이 줄어 음식 맛이 달라질 수 있다는 이유도 있다. 최소 방문 하루 전에 인원과 메뉴, 방문 시간을 정확히 알려줘야 예약이 가능하다. 이곳에서 가장 인기 있는 메뉴는 치즈돈가스와 해산물스파게티다. 특히 해산물스파게티에 들어가는 해산물은 고창 지역에 직접 잡은 싱싱한 해산물을 사용한다고 한다.

주변 볼거리·먹거리

서해안바람공원
ⓐ 전라북도 고창군 심원면 애향갯벌로 311

10월 40주 소개(349쪽 참고)

TIP

- 주말에는 하루 전에도 예약하기가 쉽지 않고, 평일에는 운이 좋으면 3~4시간 전에도 예약 가능한 경우가 있다.
- 전화로 예약할 때 메뉴 내용을 알려달라고 하면 메뉴판 사진을 보내준다.
- 예약했던 내용과 인원수, 메뉴 등이 달라지면 대기 시간이 훨씬 길어질 수 있다.
- 후식으로 말차 분말을 토핑으로 올린 수제 요거트, 쿠키, 아이스크림, 그리고 직접 내린 커피 등이 제공된다.

추천 코스 알록달록 수국 보고 섬진강변에서 국수 한 그릇

1 COURSE 지리산구례수목원 — 자동차 이용(약 20.6km) — **2 COURSE** 운조루 — 자동차 이용(약 9.4km) — **3 COURSE** 섬진강재첩국수

주소 전라남도 구례군 산동면 탑동1길 125
운영시간 09:00~18:00
입장료 어른 2,000원, 청소년 1,500원, 어린이 1,000원
전화번호 061-783-0599
가는 법 자동차 이용

6월 26주 소개(230쪽 참고).

주소 전라남도 구례군 토지면 운조루길 59
운영시간 10:00~17:00
입장료 어른 1,000원, 학생 및 군인 700원, 어린이(10세 미만) 무료
전화번호 061-781-2644
홈페이지 www.unjoru.net

운조루라는 이름은 중국 시인 도연명이 지은 〈귀거래사〉라는 시의 첫 머리인 '운(雲)'자와 '조(鳥)'자를 따온 것이다. 영조 52년(1776년)에 삼수부사를 지낸 류이주가 지은 것으로 조선시대의 대표적인 양반 가옥이다. 전라도에는 'ㅡ'자형이나 'ㄱ'자형 안채가 많은데, 운조루는 'ㄷ'자형의 안채와 'ㄴ'자형 사랑채를 포함하여 전체적으로 트인 'ㅁ'자 형식의 구조다.

주소 전라남도 구례군 토지면 섬진강대로 4276
운영시간 09:00~19:00 / 매주 목요일 휴무
전화번호 061-783-2547
대표메뉴 재첩국수·재첩비빔국수 8,000원, 도토리묵무침 10,000원

재첩은 주로 섬진강 유역에서 채취하는 작은 민물조개로 맛이 담백하고 국물 맛이 뛰어나다. 재첩국수는 국수면에 재첩, 부추 등 여러 채소를 넣어 만든 국수다. 아삭한 열무, 잘 익은 묵은지와 함께 먹으면 그 어떤 음식도 부럽지 않다. 섬진강재첩국수는 주차장이 없어서 갓길에 주차해야 하는데, 안전사고의 위험이 있으니 주의해야 한다.

SPECIAL

이제 카페로 여행가자!
전라도의 감성 카페

카페 시장만큼 빠르게 변화하는 분야도 많지 않을 것이다. 한때는 커피와 달달한 디저트를 제공하던 카페가 유행했는데, 지금은 다양한 특색을 가진 카페가 생겨나고 있다. 뷰가 좋은 카페, 숲과 정원이 있는 카페, 갤러리를 겸한 카페, 옛 공간을 재생해 만든 카페, 규모가 압도적인 초대형 카페 등 개성있는 카페가 속속 생겨나고 있다. 이제 카페는 단순히 음료를 마시는 만남의 공간이 아니라 문화를 즐기고 여행지로써 각광받는 복합문화공간이다. 이제 전라도의 개성 있는 카페로 여행을 떠나 보자.

🚩 바다·호수가 보이는 카페

마르

카페 와온
1월 3주 소개(46쪽 참고)

레드힐
3월 11주 소개(106쪽 참고)

달,커피
5월 18주 소개(166쪽 참고)

기배기
6월 25주 소개(226쪽 참고)

라파르
고군산군도 내 장자도에 있는 유일한 카페다. 4층 건물이지만 건평이 좁아 독특한 실내 구조로 설계되었고, 이런 구조가 더 감성적으로 느껴져 오히려 SNS에서 유명해졌다. 주변 풍광이 아름다워 주말에는 대기를 해야 할 만큼 인기가 높다.
ⓐ 전라북도 군산시 옥도면 장자도2길 31 ⓞ 평일 11:00~19:30, 주말 10:00~19:30 ⓣ 0507-1423-8800 ⓜ 아메리카노 5,000원, 카페라테 5,500원, 라파르크림라테·한라봉크림라테 7,000원, 한라봉비앙코 8,000원

마르
부안 궁항 해변가에 자리 잡고 있어서 카페 안에서 창문을 통해 바다를 바라볼 수 있다. 해 질 무렵에는 변산 앞바다의 아름다운 일몰을 감상할 수 있다.
ⓐ 전라북도 부안군 변산면 궁항영상길 48 ⓞ 평일 10:30~20:00, 주말 10:00~20:30 ⓣ 아메리카노 6,500원, 카페라테 6,800원, 유자·레몬·자몽차 7,000원

코티지683

방송국에서 음악 프로듀서 겸 DJ로 활동했던 대표가 직접 지은 건물이다. 그래서 단순히 카페라기보다는 '음악 라운지'라는 말이 더 어울리는 곳이다. 잡지 〈행복이 가득한 집〉에 소개될 정도로 아름다운 건축과 풍광을 자랑한다.

Ⓐ 전라북도 임실군 운암면 운암2길 9 Ⓞ 10:30~19:30 / 매주 월요일 휴무 Ⓣ 0507-1327-6832
Ⓜ 아메리카노 6,000원, 카페라테 6,500원, 커피와 그라탕 브런치 15,000원

카페909

8월 34주 소개(294쪽 참고)

🚩 숲·정원이 있는 카페

십칠다시이십

정원이 예쁜 카페로 소문난 곳이다. 넓은 정원에 샤스타데이지, 페튜니아, 수국, 다양한 화초가 자라고 있으며, 곳곳에 쉼터와 테이블이 갖춰져 있다. 카페의 상징색인 진한 민트색이 인상적이다.

Ⓐ 전라북도 완주군 봉동읍 추동안길 17-20 Ⓞ 11:00~19:00 Ⓣ 070-7747-6990 Ⓜ 아메리카노 6,000원, 카페라테 6,500원, 레몬생강차·레몬생각에이드 8,000원, 아이스크림와플 15,000원

향기품은뜰
'천사마을'이라 불리는 전주 노송동의 골목 안쪽에 있다. 도심에 있지만 비밀의 정원처럼 은밀한 곳에 자리 잡고 있다. 아름다운 뜰과 갖가지 꽃이 피는 정원이 있는 카페로 정원에 꽃이 필 때는 한 폭의 수채화 같다.

Ⓐ 전라북도 전주시 완산구 인봉1길 49-5 Ⓞ 10:00~20:00 / 매주 월요일 휴무 ⓣ 063-232-2799
Ⓜ 아메리카노·카페라테·에이드 5,000원

늘숲
5월 21주 소개(190쪽 참고)

들꽃카페
6월 23주 소개(210쪽 참고)

아담원
7월 30주 소개(266쪽 참고)

🚩 갤러리가 있는 카페

오스갤러리
회화, 조각, 건축 등 다양한 작품을 전시하는 갤러리와 분위기 좋은 카페를 함께 운영한다. 넓은 잔디밭 위에 모던한 회색빛 건물의 갤러리와 붉은색의 카페 건물이 있다. 전체적인 분위기가 좋아서 가끔 드라마나 영화 촬영 장소로 활용되기도 한다.

Ⓐ 전라북도 완주군 소양면 오도길 24 Ⓞ 09:30~19:30 ⓣ 0507-1406-7116 Ⓜ 아메리카노·카페라테·스무디·에이드 9,000원, 딸기주스 10,000원, 힐링주스 12,000원

유휴열미술관
5월 18주 소개(164쪽 참고)

베르자르당
8월 33주 소개(288쪽 참고)

서학아트스페이스

공감선유

서학아트스페이스
게스트하우스, 갤러리, 카페 등을 함께 김성균 조각가의 개인 작업실이 있는 복합문화공간이다. 전주 한옥마을과 남부시장에서 가깝고 서학동예술마을 초입에 위치해 전주의 다양한 문화를 즐길 수 있다.

ⓐ 전라북도 전주시 완산구 서학로 7 ⓞ 08:00~20:00 ⓣ 063-231-5633 ⓣ 아메리카노 4,000원, 카페라테·유기농허브차 5,000원, 자몽차 5,500원

공감선유
8월 31주 소개(276쪽 참고)

 옛 공간을 재생한 카페

마노아카페
마노아는 특이하게도 옛 교회 건물을 재생해 만든 카페다. 건물 모양에서 예전에 이곳이 교회였다는 사실을 짐작할 수 있다. 실내외를 아기자기한 소품과 화초로 장식해 감성적인 카페로 인기가 높다.

ⓐ 전라북도 전주시 완산구 계룡산길 46 ⓞ 10:00~22:00 ⓣ 063-227-1700 ⓜ 아메리카노 5,000원, 수제자몽레몬차 6,500원, 마노아에이드 7,000원, 치아버터샌드위치 10,000원

마노아카페

라플라타

라플라타
과거 국도변의 휴게소였던 건물을 재생해 만든 카페다. 루프톱에서는 지리산과 섬진강 뷰를 한 번에 즐길 수 있으며, 카페 뒤쪽에 넓은 정원을 갖추고 있다. 다양한 종류의 빵을 함께 판매하는 베이커리 카페로 인기가 높다.

ⓐ 전라남도 구례군 구례읍 산업로 270 ⓞ 10:00~20:00 ⓣ 061-782-2701 ⓜ 아메리카노 6,000원, 카페라테 6,500원, 바닐라라테·자몽에이드 7,500원

리즈리
7월 28주 소개(252쪽 참고)

비비낙안
9월 38주 소개(328쪽 참고)

담빛예술창고

1960년대 지은 붉은 벽돌의 옛 양곡 창고를 재생해 카페를 겸한 복합문화공간으로 만들었다. 폐창고 특유의 삭막하고 거친 느낌은 그대로 살리고, 아늑한 조명과 원색 계열의 인테리어로 감각을 덧붙였다. 카페에는 국내 유일의 5m 높이 대나무 파이프 오르간이 있다.

ⓐ 전라남도 담양군 담양읍 객사7길 75 ⓞ 10:00~19:00/매주 월요일 휴무 ⓣ 061-381-8240 ⓜ 아메리카노 4,000원, 카페라테 4,500원, 카페모카 5,500원

🚩 초대형 카페

그날의 온도

전주 외곽에 위치한 카페로 축구장 2배에 달하는 면적에 2층 건물, 초대형 풀장을 갖추고 있는 카페다. 특별히 돋보이는 실내 장식은 없지만 높은 천장과 탁트인 실내 공간이 인상적이다.

ⓐ 전라북도 전주시 덕진구 원동로 345 ⓞ 11:00·21:00 ⓣ 063-214-8226 ⓜ 아메리카노 6,000원, 카페라테 7,000원, 아이스크림라테 9,000원, 상하목장 아이스크림 5,000원, 하와이안케이크 8,500원

카페 라온

완주 소양에 위치한 3층 건물의 카페로 실내 1, 2, 3층이 통으로 뚫려 있어 개방감이 뛰어나고 시원하다. 넓은 잔디 마당을 갖추고 있으며, 루프톱에서는 오성저수지와 주변의 아름다운 풍광을 감상할 수 있다.

ⓐ 전라북도 완주군 소양면 오도길 64 ⓞ 평일 10:30~19:00, 주말 10:30~21:00 ⓣ 010-7186-6896 ⓜ 아메리카노 6,500원, 카페라테 7,000원, 생레몬에이드·초코라테 7,000원

카페 허브원

6월 24주 소개(217쪽 참고)

카페 캔버스

전북혁신도시에 위치한 4층 건물의 대형 카페다. 루프톱에 오르면 전북혁신도시 주변 풍경을 조망할 수 있다. 벽면 일부를 노출 콘크리트 방식으로 설계해 감성적인 느낌을 더했다.

ⓐ 전라북도 완주군 이서면 지사제로 191 ⓞ 10:30~21:00 ⓣ 063-283-4600 ⓜ 아메리카노 6,500원, 카페라테 7,000원, 알로하에이드·피넛크림라테 7,500원, 쫀득누룽지빵 4,000원

그날의 온도

카페 라온

🚩 실내 분위기가 좋은 카페

행복이가득한집
100년 가까이 된 적산가옥을 개조해 카페로 운영하고 있다. 일본식 고급 주택의 원형을 잘 보존하고 있다. 입구에 일본식 정원이 있으며, 실내는 클래식한 가구와 소품으로 꾸며져 있다.

Ⓐ 전라남도 목포시 해안로165번길 45 ⓞ 10:00~21:00 ⓣ 061-247-5887 Ⓜ 아메리카노 4,000원, 카페라테 5,500원, 허브차·수제차·생과일주스 6,500원

담화
실내 전체가 막힘 없는 하나의 공간으로 구성되어 개방감이 뛰어나다. 조명을 최소화 하고 자연광을 많이 받아들여 실내가 매우 밝다. 통창문으로 바깥 풍경을 감상할 수 있어 창가 자리는 경쟁이 높다.

Ⓐ 전라남도 담양군 봉산면 면앙정로 368 ⓞ 10:00~21:00 ⓣ 061-381-2727 Ⓜ 아메리카노 5,000원, 카페라테 5,500원, 레몬티·자몽티 6,000원, 청귤에이드 6,500원, 담화에이드·리얼초코진주담아 7,500원

행복이가득한집

눈들재	아더맨	낭만뜰
7월 29주 소개(260쪽 참고)	9월 39주 소개(336쪽 참고)	11월 45주 소개(390쪽 참고)

🚩 한옥 카페

오성다원
한옥 숙박이 가능한 '오성한옥마을체험관'을 겸하고 있는 전통카페다. 카페 뒤쪽에 넓은 잔디 마당과 산으로 이어지는 산책로가 있어서 더운 날씨에 나무 그늘 아래로 산책하기 좋다.

Ⓐ 전라북도 완주군 소양면 오도길 73 ⓞ 10:00~20:00 ⓣ 063-243-1022 Ⓜ 핸드드립커피 5,000원, 오미자·레몬차·미숫가루 6,000원, 에이드 7,000원, 쌍화탕 8,000원, 쑥개떡8조각 3,000원

행원
1928년에 지어진 행원은 'ㄷ'자형 건물 안쪽에 작은 연못과 정원을 갖춘 일본식의 독특한 한옥 구조다. 1940년대에는 전주를 대표하는 요정이었고, 1980년대에는 국악공연을 보면서 식사할 수 있는 한정식집이었다가 현재는 전통차를 즐길 수 있는 한옥 카페로 운영하고 있다.

Ⓐ 전라북도 전주시 완산구 풍남문3길 12 ⓞ 10:00~22:00/매주 월요일 휴무 ⓣ 063-284-6566 Ⓜ 아메리카노 4,000원, 카페라테 5,000원, 오미자차 6,000원, 대추차 7,000원, 쌍화차 8,000원, 단호박팥빙수 9,000원

오성다원

행원

왕궁다원	수월담
5월 19주 소개(174쪽 참고)	8월 32주 소개(282쪽 참고)

캠핑하기 가장 좋은 계절이 왔다. 굳이 장비를 다 갖추지 않아도 좋다. 초록빛 나무 그늘 아래 텐트를 치고, 흐르는 계곡에 발을 담그면 세상 부러울 게 없다. 울창한 숲 사이로 불어오는 신선한 바람을 맞으며 즐기는 낮잠도 꿀맛이다. 어둠이 살짝 내려앉을 무렵 캠핑장의 풍경은 바쁜 일상도 까맣게 잊을 만큼 여유롭다. 찌는 듯한 한낮의 불볕더위가 무색하게 어둠이 내려앉으면 이내 선선해진다. 숲 속의 새벽 공기는 이루 말할 수 없이 청량하고 밤하늘 은하수가 손에 잡힐 듯 가까이 다가온다. 올여름에는 자연과 하나되는 캠핑의 낭만에 빠져 보자.

7월의 전라도

숲과 계곡으로
떠나자

7월 첫째 주

초록은 풍성해진다

27 week

SPOT 1

그 섬에는 비밀의 정원이 있다

쑥섬

주소(나로도연안여객선터미널) 전라남도 고흥군 봉래면 나로도항길 120-7 · **가는 법** 자동차, 여객선 이용 · **여객선 운행시간** 07:30~17:00(약 1시간 간격으로 운행) · **승선료** 1인 8,000원(입장료 포함) · **전화번호(나로도연안여객선터미널)** 061-640-4090 · **홈페이지** www.ssookseom.com

'쑥이 많아서 우리말로는 '쑥섬', 한자로는 쑥 '애(艾)'자를 써서 '애도'라 불린다. 몇백 년이 넘도록 외부에 잘 알려지지 않았는데, 2016년 세상 밖으로 존재를 드러냈다. 쑥섬지기로 불리는 김상현, 고채훈 씨 부부가 2000년부터 쑥섬에 정원을 가꾸기 시작해 2016년 일반인들에게 개방해 많은 사람의 발길이 이어지고 있다. 전라남도 제1호 민간 정원으로 지정된 쑥섬은 별정원, 달정원, 태양정원, 수국정원 등이 있는 국내에서 보기 드문 해상 꽃 정원이다.

쑥섬에 가려면 나로도연안여객선터미널에서 배를 타야 한다.

눈앞에 섬이 바로 보일 정도로 가까워 배로 5분 정도밖에 걸리지 않는다. 탑승료에는 쑥섬 탐방비와 쑥섬에 사는 어르신들을 위한 복지 기금이 포함되어 있다. 관광객들에게 아름답고 귀한 삶의 터전을 내어 주었으니 그 정도는 지불하는 게 당연하다. 쑥섬 선착장에 내려 100m 정도만 걸어가면 쑥섬 내 유일한 카페인 '갈매기카페'에 도착한다. 카페에서는 간단한 식사, 햄버거, 빙수, 음료 등을 판매하고 있다. 본격적으로 쑥섬 탐방을 시작하려면 갈매기카페 왼쪽 길로 올라가면 된다. 탐방로는 전체적으로 숲이 우거지고 나무 그늘이 많아서 여름에도 힘들지 않다. 탐방로에서 경관이 가장 아름다운 곳으로는 세 군데 정도를 뽑는다. 첫째는 남해 바다가 시원하게 내려다보이는 '환희의 언덕', 둘째는 갖가지 꽃을 만날 수 있는 '꽃정원', 셋째는 아름다운 해안 절벽과 낙조를 볼 수 있는 '신선대'다.

TIP
- 쑥섬 가는 여객선은 1시간에 한 번(매 시각 정시) 운행하지만 탑승객이 많은 시기에는 쉬지 않고 운행한다.
- 여객선은 규모가 작아서 1회 최대 12명이 탑승할 수 있다.
- 승선권을 구입할 때 주는 리플릿에는 1,000원짜리 쿠폰이 포함되어 있는데, 쑥섬 내에서 현금처럼 사용할 수 있다.
- 쑥섬에는 고양이가 많아 일명 '고양이 섬'이라 불리기도 한다. 현재 50여 마리의 고양이가 살고 있는데, 주민 30여 명보다 숫자가 많다.
- 쑥섬 내 공용 화장실은 갈매기카페에만 있기 때문에 쑥섬 탐방을 시작하기 전에 들렀다 가는 게 좋다.
- 갈매기카페의 햄버거와 과일빙수는 가성비가 높아서 인기가 많다.
- 탐방로 전체를 완주하는 데는 1시간 30분에서 2시간 정도가 걸린다.

주변 볼거리·먹거리

나로우주센터우주과학관 2009년 고흥 외나로도에 나로우주센터가 완공되면서 우리나라는 세계에서 13번째 우주센터 보유국이 되었다. 보안을 위해 나로우주센터에는 일반인이 방문할 수 없어 우주산업에 대한 정보 및 이해를 돕기 위해 나로우주센터에서 약 2km 떨어진 곳에 우주과학관을 열었다. 이곳에서는 우주에 대한 신비, 인공위성과 우주 탐사선에 대한 내용을 4D영상 등을 통해 이해하고 체험할 수 있다.

Ⓐ 전라남도 고흥군 봉래면 하반로 490 Ⓞ 10:00~17:30 Ⓣ 061-830-8700 Ⓒ 어른 3,000원, 청소년·어린이 1,500원, 미취학 아동·경로우대자 무료, 영상관 2,000원 Ⓗ www.kari.re.kr/narospacecenter

SPOT 2

영화 속 교도소를 만나다
익산교도소 세트장

주소 전라북도 익산시 성당면 함낭로 207 · **가는 법** 자동차 이용 · **운영시간** 10:00~17:00/매주 월요일 휴관, 영화·드라마 촬영 시 출입 통제 · **전화번호** 063-859-3836

커다란 철문과 차가운 쇠창살, 족히 4~5m가 넘어 보이는 회색 담장으로 세상과 철저히 분리된 공간. 희미한 빛줄기가 새어 드는 복도에 일렬로 늘어선 감방들. 우리가 보통 교도소를 생각할 때 가장 먼저 떠올리는 이미지다. 영화나 드라마에서 교도소가 나올 때마다 저기가 진짜 교도소일까 하고 궁금했다면 익산교도소세트장에 가 보자. 우리나라에서는 유일하게 촬영용으로 만들어진 교도소세트장으로, 2005년 개봉한 영화 〈홀리데이〉를 촬영하기 위해 지었다. 그 후 〈부러진 화살〉, 〈타짜〉, 〈해바라기〉 등의 영화와 〈아이리스〉, 〈태양을 삼켜라〉 등의 드라마를 이곳에서 촬영했으며, 그중에서도 영화 〈7번방의 선물〉을 이곳에서 촬영했다는 사실이 알려지면서 방문객이 늘어났다.

주변 볼거리·먹거리

함라산숭림사 함라에서 웅포 쪽으로 가다 얕은 언덕길을 넘어가면 숭림사를 만날 수 있다. 잘 자란 소나무들이 가득한 산이 사찰을 감싸고 있다. 작지만 깊은 정감과 차분한 분위기가 느껴지는 사찰이다. 보물 제825호인 보광전이 유명하다.

Ⓐ 전라북도 익산시 웅포면 백제로 495-57
☏ 063-862-6396

교도소는 죄를 짓지 않은 평범한 사람들에게는 쉽게 경험해 볼 수 없는 곳이라 그만큼 호기심도 크다. 1층과 2층으로 나뉜 교도소세트장은 계단을 이용해 모두 둘러볼 수 있다. 통로에는 '이동 중 잡담 금지', '보행 시 일렬로' 등의 엄중한 푯말이 서 있고, 감방 입구에는 이름표처럼 죄수들의 번호표가 붙어 있다. 실내를 구경하다 보면 어느새 세트장이라는 사실을 잊고 진짜 교도소에 있는 것 같아 기분이 오싹해지기도 한다. 무더운 여름, 교도소세트장을 둘러보며 서늘한 긴장감으로 더위를 날려 보는 것은 어떨까.

TIP
- 12시부터 13시까지는 점심시간으로, 출입이 제한된다.
- 안전사고의 위험 때문에 유모차와 휠체어는 출입할 수 없다.

SPOT 3

전북혁신도시의 신개념 카페
디오니카페&스토어

주소 전라북도 전주시 덕진구 원동로 16 · **가는 법** 자동차 이용 · **운영시간** 10:00~22:00 · **전화번호** 1599-6314 · **대표메뉴** 아메리카노 6,000원 · 쑥슈페너 · 아이스크림라테 · 크림모카 8,000원, 로제떡볶이 8,000원, 망고빙수 12,000원, 디오니피자 15,000원

전북혁신도시 근처에는 조금 색다른 카페가 있다. 차와 커피 등 음료를 마실 수 있는 카페와 와인, 맥주 등 주류를 판매하는 상점이 함께 있는 '디오니카페&스토어'가 그곳이다. 이곳은 주류 유통 전문 기업인 '호남주류상사'에서 운영하는 곳이다. 신록이 짙어가는 여름, 주차장에서 카페로 가는 길이 그림 속 한 장면처럼 아름답다. 건물의 디자인이 현대적이면서도 전통적인 느낌을 잘 녹여낸 듯하다.

건물의 입구에서 봤을 때 오른쪽이 '디오니카페'고 왼쪽이 주류를 판매하는 '디오니스토어'다. 디오니카페 실내는 주로 직선과 무채색을 활용한 디자인으로 모던하면서도 차분한 느낌이 든다. 조명을 켜지 않아도 될 만큼 실내가 밝을 정도로 채광에 신경을 썼다. 디오니스토어에서는 우리나라뿐만 아니라 전 세계에서 생산하는 거의 모든 종류의 와인을 만날 수 있다. 그 외에도 맥주, 소주 등 다양한 술이 있다. 말 그대로 술 백화점이다. 이곳에서는 술을 구입할 수 있지만 마실 수 있는 공간이 따로 없다. 간단한 시음 정도만 가능할 뿐이다. 술을 좋아하는 젊은 연인들 사이에서는 한 번쯤 방문해야 하는 곳으로 큰 인기를 끌고 있다.

주변 볼거리·먹거리

한국도로공사전주수목원 한국도로공사에서 운영하는 비영리 수목원이다. 고속도로를 건설하면서 훼손된 자연을 복구하기 위해 수목 및 잔디 등을 생산하는 표본장으로 시작했다. 1992년 일반인에게 개방하기 시작해 현재는 연간 20만 명 이상이 다녀간다. 암석원, 습지원, 장미원 등 12개의 주제원이 있다. 봄에는 튤립과 장미, 여름에는 수국과 배롱나무꽃, 가을에는 붉은 단풍, 겨울에는 흰 눈이 쌓인 설경까지 사계절 내내 볼거리가 많다.

ⓐ 전라북도 전주시 덕진구 번영로 462-45
ⓞ 동절기(9.16.~3.14.) 09:00~18:00, 하절기(3.15.~9.15.) 09:00~19:00 ⓣ 063-714-7200 ⓗ www.ex.co.kr/arboretum

TIP

- '디오니(Diony)'라는 브랜드는 그리스신화에 등장하는 술의 신 '디오니소스'에서 따온 말이다.
- 카페에는 영유아가 있는 가정을 위해 일회용 기저귀가 비치되어 있고, 여성 화장실에는 칸칸마다 세면대가 설치되어 있다.
- 디오니스토어에서 구입한 와인을 마시고 싶다면 와인잔을 함께 구입한 뒤 디오니카페에서 가볍게 한두 잔 정도 마실 수 있다.
- 디오니스토어에서는 술뿐만 아니라 우리나라에서 구하기 어려운 안주용 수입과자도 구입할 수 있다.

추천 코스 미국에는 나사, 우리나라에는 나로우주센터

1 COURSE 🚗 자동차 이용(약 7.2km)
▶ 나로우주센터우주과학관

2 COURSE 🚶 도보 3분(약 100m)
▶ 대동식당

3 COURSE
▶ 쑥섬

주소	전라남도 고흥군 봉래면 하반로 490
운영시간	10:00~17:30
입장료	어른 3,000원, 청소년·어린이 1,500원, 미취학 아동·경로우대자 무료, 영상관 2,000원
전화번호	061-830-8700
홈페이지	www.kari.re.kr/narospacecenter
가는 법	자동차 이용

2009년 고흥 외나로도에 나로우주센터가 완공되면서 우리나라는 세계에서 13번째 우주센터 보유국이 되었다. 보안을 위해 나로우주센터에는 일반인이 방문할 수 없어 우주산업에 대한 정보 및 이해를 돕기 위해 나로우주센터에서 약 2km 떨어진 곳에 우주과학관을 열었다. 이곳에서는 우주에 대한 신비, 인공위성과 우주 탐사선에 대한 내용을 4D영상 등을 통해 이해하고 체험할 수 있다.

주소	전라남도 고흥군 봉래면 나로도항길 105
운영시간	06:30~20:00
전화번호	061-833-6673
대표메뉴	찌개백반(2인 이상) 10,000원, 회냉밥 13,000원, 삼치소팀·갈치조림·병어조림(2인 이상) 15,000원

나로도연안여객선터미널에서 가까우며 갈치조림과 삼치조림이 맛있는 집으로 소문난 곳이다. 밑반찬이 전체적으로 깔끔하고 맛있다. 여러 TV 프로그램에 소개되면서 찾는 손님이 많아졌다. 모든 식재료는 국내산을 사용하여 더욱 신뢰와 믿음이 간다.

주소(나로도연안여객선터미널)	전라남도 고흥군 봉래면 나로도항길 120-7
여객선 운행시간	07:30~17:00(약 1시간 간격으로 운행)
승선료	1인 8,000원(입장료 포함)
전화번호	나로도연안여객선터미널 061-640-4090
홈페이지	www.ssookseom.com

7월 27주 소개(242쪽 참고)

7월 둘째 주
연꽃의 계절

28 week

SPOT 1
하얀 연꽃의 눈부신 자태
청운사 하소백련지

주소 전라북도 김제시 청하면 대청리 445 · 가는 법 자동차 이용 · 전화번호 063-543-1248

　산과 들을 화려하게 수놓았던 봄꽃이 물러가 잠시 서운했는데 탐스런 연꽃의 향연에 눈이 호사를 누린다. 연꽃은 대표적인 여름꽃으로, 전라도에서는 전주 덕진공원, 김제 청운사하소백련지, 무안 회산백련지 등이 유명하다. 그중 김제 청하산 아래 작은 사찰인 청운사를 품고 있는 하소백련지는 우리나라 최대의 백련 서식지로, 축구장 크기의 열 배가 넘는 면적 위에 오직 순백의 연꽃만 피어오른다.

　하소백련지는 '새우가 알을 품고 있는 모양의 백련 연못'이라는 뜻으로 붙여진 이름이다. 청운사가 백련으로 유명해진 것은 주지 도원스님 덕분이다. 젊은 사람들이 떠나고 활력이 사라진 지역 주민들을 위해 오랫동안 고민하다 농가 소득에 도움을 주고자 백련을 재배하기 시작한 것이다. 백련은 홍련에 비해 뿌리가 약해 번식이 까다롭지만 약재 등 식용으로도 많이 쓰인다는 장점이 있다. 주민들과 함께 영농조합을 만들어 연밭에서 나는 수익을 나누고 매년 7월 하소백련축제를 열어 지역 경제에 활력을 불어넣고 있다. 청운사 입구에 들어서면 멀리서도 느껴지는 연꽃 향기에 정신이 혼미해진다. 6월 말부터 꽃봉오리가 맺히기 시작하고 7월에 하얀 연꽃이 피어난다. 탁한 물속에서 어떻게 이런 청아하고 기품 있는 꽃이 피어나는지 경이롭기만 하다.

주변 볼거리·먹거리

능제저수지 만경에 위치한 김제평야의 중심 저수지로 김제의 저수지 중 가장 넓다. 단지 저수지로서의 역할뿐만 아니라 시민을 위한 휴식 공간으로 거듭나고 있다. 근린공원이 조성되고 수변 산책로를 정비하면서 가족, 연인들의 나들이 코스로 인기를 끌고 있다. 근린공원 건너편에는 수상 레포츠를 즐길 수 있다.

Ⓐ 전라북도 김제시 만경읍 능제1길

명천식당슈퍼
Ⓐ 전라북도 김제시 공덕면 청공로 680-1 ⓗ 11:00~20:00/매주 일요일 휴무 ⓣ 063-542-8486 ⓜ 제육볶음(2인 이상) 10,000원, 김치찌개 7,000원, 옻닭·백숙 45,000원
7월 28주 소개(253쪽 참고)

TIP
- 축제 기간에 사찰 입구에서 판매하는 연밥과 연잎국수를 먹어 보자.
- 아름다운 연꽃을 사진으로 담기 위해서는 한낮을 피하고 이른 아침이나 늦은 오후 시간에 가는 것이 좋다.
- 청운사하소백련지로 향하는 버스는 운행 횟수가 매우 적다. 따라서 자동차 여행을 추천한다.

SPOT 2
선사시대를 엿보다
화순고인돌 유적

주소 전라남도 화순군 도곡면 효산리 64 · 가는 법 자동차 이용 · 전화번호 061-379-3933

　우리나라의 대표적인 고인돌 유적지인 화순과 고창, 강화도는 세계적으로도 흔하지 않은 고인돌 군락지다. 그중에서도 화순고인돌유적은 계곡을 따라 약 5km에 걸쳐 고인돌이 분포되어 있어 면적으로만 보면 우리나라 최대 규모의 고인돌 유적지다. 비교적 최근인 1995년에 목포대학교의 한 교수에 의해 처음 발견되어 학계에 보고되었으며, 그 역사적 가치를 인정받아 2000년 12월 유네스코 세계유산 목록에 등재되었다.
　이곳의 고인돌은 매우 다양한 지형에 분포되어 있다. 농사를 짓는 논 한가운데 놓여 있기도 하고, 길가에 있거나 해발 100m 이상의 산기슭에 있기도 하다. 또한 다른 유적지에 비해 몇 가지

눈에 띄는 특징이 있다. 1~200톤이 넘는 대형 고인돌이 수십 기 있고 대부분 원형 그대로 보존되어 있으며, 고인돌의 제작 과정을 이해할 수 있는 채석장이 발견되어 역사적 가치가 높다는 것이다. 특히 무게가 280여 톤에 이르는 '핑매바위고인돌'은 세계에서 가장 큰 고인돌로 알려져 있다. 얼마나 많은 사람들의 노력으로 이곳의 수많은 고인돌이 만들어졌는지 새삼 궁금해진다.

주변 볼거리·먹거리

아더맨

ⓐ 전라남도 화순군 화순읍 연양1길 28 ⓞ 11:00~20:00 ⓟ 061-372-7939 ⓜ 아메리카노 5,000원, 카페라테 5,000원, 희재라테 6,500원, 유니농 소프트아이스크림 5,500원, 착즙오렌지주스 6,000원, 에이드 6,500원
9월 39주 소개(336쪽 참고)

TIP
- 고인돌의 분포 지역이 워낙 넓으므로 자동차 여행을 추천한다.

SPOT 3

정미소를 개조한 정원이 예쁜 카페
리즈리

주소 전라북도 군산시 대야면 서만자2길 6 · **가는 법** 대야공용버스터미널 → 도보 16분(약 1km) · **운영시간** 10:00~22:00 · **전화번호** 063-453-6661 · **대표메뉴** 아메리카노 6,500원, 카페라테 7,000원, 바닐라라테 7,500원, 평일 런치세트(2인) 49,000원, 해물토마토파스타 19,000원, 마르게리따피자 25,000원

아무에게도 알려주지 않고 나만 알고 싶은 카페, 가끔은 혼자 혹은 가까운 친구나 가족하고만 조용히 방문하고 싶은 카페, 그런 카페가 '리즈리'다. 옛날에는 '숨겨진 명소나 맛집'이라는 말이 통했지만 지금은 조금만 좋아도 SNS 등에 금방 소문이 나기 때문에 더 이상 그런 낭만은 없다.

리즈리는 옛날 정미소를 개조한 카페다. '리즈리(Rizerie)'라는 말 자체가 프랑스어로 '정미소'를 뜻한다. 의미를 몰랐을 때는 그냥 이름이 참 예쁘다고만 생각했다. 정미소를 개조한 카페답게 곳곳에 그 흔적이 남아 있다. 하지만 너무나 멋지고 아름답게 탈바꿈해서 입구에 들어서면서부터 감탄이 터져 나온다. 수국, 일본조팝나무, 은방울꽃, 샤스타데이지 등 다양한 꽃이 카페 주위를 둘러싸고 있다. 카페를 품고 있는 넓은 잔디밭은 카페를 더욱 돋보이게 한다. 마치 외국의 유명 레스토랑에 온 것처럼 이국적인 풍경이다. 실내는 전체적인 색감과 테이블 등의 분위기가 매우 앤티크하다. 이런 분위기는 약간 호불호가 있지만 전체적으로는 카페와 잘 어울리고 편안한 느낌이다.

주변 볼거리·먹거리

군산호수 둘레길 청암산이 품고 있는 군산호수의 수변산책로를 말한다. 청암산 일대에 수원지가 조성되면서 상수원 보호구역으로 지정되었고, 2008년 해제될 때까지 약 45년간 생태계가 고스란히 보존되었다. 군산호수 둘레길은 보존 가치가 높은 습지와 야생 동물의 중요한 서식지기 때문에 자연학습 장소로 제격이다. 둘레길 초입에는 갈대밭이 있어 가을이면 은빛 장관을 연출한다.

ⓐ 전라북도 군산시 옥산면 옥산리 681

TIP
- 카페는 A동과 B동으로 분리되어 있으며, 주문은 A동에서 하고 손님이 많으면 B동을 이용할 수 있다.
- 기찻길 옆에 위치한 카페라 가끔 기차 지나가는 소리가 들린다. 하지만 카페에서 기차 지나가는 모습을 볼 수는 없다.
- 음료 외에 평일에는 런치세트를 판매하며 주말과 저녁에는 파스타, 리조토, 피자 등의 식사가 가능하다.

추천 코스 청운사에서 백련을 보고 망해사에서 일몰을

1 COURSE
🚗 자동차 이용(약 5.8km)

▶ 청운사하소백련지

2 COURSE
🚗 자동차 이용(약 20.6km)

▶ 명천식당슈퍼

3 COURSE

▶ 망해사

주소 전라북도 김제시 청하면 청공로 185-80
전화번호 063-543-1248
가는 법 자동차 이용

7월 28주 소개(248쪽 참고)

주소 전라북도 김제시 공덕면 청공로 680-1
운영시간 11:00~20:00 / 매주 일요일 휴무
전화번호 063-542-8486
대표메뉴 제육볶음(2인 이상) 10,000원, 김치찌개 7,000원, 옻닭·백숙 45,000원

명천식당슈퍼는 슈퍼와 정육점을 겸한 식당이다. 너무 외진 곳에 있어서 일부러 찾아가지 않으면 음식점인지 모르고 지나치는 경우도 있다. 원래는 조그만 슈퍼였는데, 근처 공장과 논밭에서 일하던 일꾼들에게 간단한 식사를 제공하던 것이 소문나면서 식당을 겸하게 됐다. 주메뉴는 김치찌개와 제육볶음이다.

주소 전라북도 김제시 진봉면 심포10길 94
전화번호 063-543-3187

진봉산 고개 넘어 깎은 듯한 벼랑 위에 바다를 내려다보며 서 있어 '바다를 바라볼 수 있는 절'이라는 뜻의 '망해사(望海寺)'라고 불린다. 망해사는 오랜 역사에 비해서는 규모가 초라한 편이다. 절터가 넓지 못해서 낙서전, 법당, 종루 등이 거의 한 줄로 늘어서 있다. 새만금방조제가 완공되기 전에는 낙서전 앞에서 바라보는 서해 일몰이 유명했는데, 현재는 예전처럼 아름다운 일몰을 볼 수는 없다.

7월 셋째 주

여름밤의 불빛축제

29 week

SPOT 1

산속 여우빛
완주힐조타운

주소 전라북도 완주군 비봉면 천호로 235-38 · **가는 법** 자동차 이용 · **운영시간** 11:00~21:00 · **전화번호** 1899-5852 · **홈페이지** www.완주힐조타운.kr

완주힐조타운은 사계절 내내 야간불빛축제가 열리는 곳이다. '힐링과 조화의 공간'이라는 의미의 힐조타운은 온 가족이 즐길 수 있는 복합문화시설로, 해가 지고 서서히 어둠이 깔리기 시작하면 정원 가득 LED 장미가 불을 밝힌다. 연분홍빛, 초록빛, 노란빛으로 물든 7월의 밤이 더욱 아름답고 영롱하게 빛난다. 자연 속에 펼쳐진 화려한 불빛은 그 속을 거니는 사람들을 마치 동화 속 주인공처럼 만들어 준다. 생텍쥐페리의 소설 〈어린왕자〉를 테마로 한 산속 여우빛 축제에서 감성적인 여름밤의 추억을 만들어 보자.

주변 볼거리·먹거리

천호성지

Ⓐ 전라북도 완주군 비봉면 천호성지길 124 ⓞ 09:00~17:00
ⓣ 063-263-1004 ⓗ www.cheonhos.org
1월 3주 소개(42쪽 참고)

TIP
- 원뿔 모양의 인디언텐트에서 숙박도 가능하며, 허브정원과 카페, 각종 체험장과 공연장 등이 조성되어 있어 아이부터 어른까지 다양하게 즐길 수 있다.

SPOT 2
솔숲과 넓은 바위
신기계곡

주소 전라북도 고창군 고수면 문수로 213 · 가는 법 자동차 이용

고창에 해수욕장만 있을 거라고 생각했다면 오산이다. 고창에도 도솔계곡, 신기계곡, 은사계곡 등 시원한 물길이 흐르는 계곡이 여러 곳 있다. 그중에서도 천년고찰 문수사 앞을 흐르는 신기계곡은 주변 환경이 수려하고 소나무숲과 넓은 바위가 어우러진 명품 계곡이다. 신기마을 뒤쪽 문수산 자락에서 흘러내리는 물길이 문수사 앞을 지나 이곳에 모여 시원한 계곡을 이루고 있다. 소나무 그늘과 깨끗한 물이 환상적인 조합을 이룬 이곳은 최적의 피서지다. 계곡물에 발만 담가도 차가운 기운이 온몸을 파고든다. 계곡 바닥의 모래와 자갈을 밟는 느낌이 경쾌하고, 물이 맑아 피라미들의 움직임도 환히 들여다보인다. 뱀사골계곡

이나 구천동계곡처럼 큰 계곡에서는 느낄 수 없는 묘미다. 비교적 산이 깊고 많이 알려지지 않은 곳이라 한여름에도 사람들이 많지 않으니 아직 피서지를 정하지 못했다면 서둘러 떠나자.

주변 볼거리·먹거리

문수사
Ⓐ 전라북도 고창군 고수면 칠성길 135
Ⓣ 063-562-0502
11월 45주 소개(384쪽 참고)

TIP
- 수심은 얕지만 바위가 미끄러워 넘어질 위험이 있으니 주의해야 한다.

SPOT 3

종남산 아래 펼쳐진
핑크빛 러브레터

송광사 연꽃

주소 전라북도 완주군 소양면 대흥리 570-13 · 가는 법 자동차 이용 · 전화번호 063-243-8091

　전라도의 '송광사'하면 대부분 순천의 송광사를 떠올리지만 완주의 송광사도 꽤 유명한 사찰이다. 백두대간이 남서로 뻗어가다 멈춘 종남산 아래 널찍한 대지 위에 터를 잡은 송광사는 이른바 '평지 사찰'이다. 평지라는 지형적 특징 때문에 가람배치가 일직선상이다. 사찰 자체도 문화적, 역사적으로 볼거리가 많지만 7월 초순에 이곳을 방문하는 이유는 대부분 사찰 옆 연꽃 군락지를 보기 위해서다. 몇 년 전부터 송광사 연꽃 군락지가 전라북도 최고의 연꽃 명소로 자리 잡았다. 오랜 전통의 연꽃 명소인 덕진공원이 있지만 최근에는 이곳을 찾는 사람이 더 많아졌다.
　연꽃은 참으로 신비한 꽃이다. 어둡고 탁한 물속에서 어쩜 이리도 색감이 곱고 깨끗한 꽃이 피어나는지 신기하기만 하다. 초록 쟁반 같은 연 잎 위에 홍련이 피어난 모습이 마치 연못 전체에 전등을 켜 놓은 것처럼 환하다. 경건한 사찰과 달리 연꽃 군락지에는 사람들의 발길이 끊이지 않는다. 연꽃을 카메라에 담는 관광객들의 얼굴에 즐거운 미소가 번진다. '연꽃을 잡고 미소를 짓는다'라는 '염화미소(拈華微笑)'가 혹시 저런 미소는 아니었을까?

주변 볼거리·먹거리

위봉폭포

Ⓐ 전라북도 완주군 동상면 수만리 산 35-4

8월 34주 소개(290쪽 참고)

TIP

- 연꽃 군락지는 송광사 입구를 바라보고 왼쪽에 위치하고 있으며, 연못 앞에 별도의 주차장이 있다.
- 연꽃이 피는 시기에는 많은 사람이 방문하기 때문에 좋은 사진을 찍으려면 오전 9시 전에 방문하는 것이 좋다.
- '염화미소(拈華微笑)'는 불교의 대표적인 화두 가운데 하나로 그 속 뜻은 '말로 통하지 아니하고 마음에서 마음으로 전하는 일'이라는 의미다. 비슷한 말로 '염화시중(拈華示衆)'이 있다.

SPOT 4
전통적이면서 현대적인 카페
눈들재

주소 전라북도 익산시 선화로65길 34-8 · **가는 법** 익산역 → 익산역 정류장에서 버스 60, 61번 승차 → 쌍용A후문(자이아파트 방면) 정류장 하차 → 도보 13분(약 850m) · **운영시간** 10:00~23:00 · **전화번호** 010-6666-4574 · **대표메뉴** 아메리카노 4,500원, 카페라테 5,000원, 흑임자크림라테 6,000원, 다온(에이드) 6,000원, 쌍화탕 7,500원

풍경이 좋은 카페를 일명 '뷰 맛집'이라 부른다. 이 말에는 커피 한 잔을 마셔도 맛과 함께 주변 풍경도 중요시한다는 의미가 담겨 있다. 보통 뷰 맛집이라고 하면 바다나 호수가 보이는 카페, 시내 전경이 내려다보이는 카페를 말하지만 익산 눈들재는 카페 자체가 뷰 맛집인 곳이다. 주변 풍경은 특별히 볼 게 없지만 건물의 외관과 실내가 예뻐서 입소문이 난 카페다.

눈들재는 독특한 인테리어가 돋보인다. 현대적이면서도 전통적인 아름다움이 공존하는 카페다. 현대적인 디자인에 한국적인 요소를 접목했는데, 왠지 어울릴 것 같지 않으면서도 참 조화롭게 느껴진다. 출입문은 전통 창호 디자인을 활용했고, 실내의 전체적인 색감은 밝은 베이지색으로 편안하고 차분한 느낌을 준다. 강하지 않고 은은한 조명은 실내 분위기를 더욱 돋보이게 한다. 카페 옆에는 넓은 잔디 마당이 있고, 그 주위로 테이블과 의자가 놓여 있다. 아이들이 뛰어놀기도 하고, 반려견과 함께 방문해서 이곳에 앉아 차를 마시는 반려인들도 눈에 띈다.

TIP
- 카페 실내로 들어가지 않는다면 카페 옆 잔디 마당은 반려견 동반 가능하다.
- 실내에서 사람들의 대화 소리가 잘 흡수되지 않고 약간 울리는 느낌이 있어서 민감한 사람은 조금 거슬릴 수 있다.

주변 볼거리·먹거리

달빛소리수목원

Ⓐ 전라북도 익산시 춘포면 천서길 150 Ⓞ 11:30~19:00/매주 월요일 휴무 ⓣ 063-834-9265 Ⓜ 아메리카노 6,000원, 카페라떼·카푸치노 7,000원, 레몬에이드·자몽에이드 7,000원, 녹차·국화차 6,000원 ⓒ 어른 3,000원, 어린이 2,000원(카페 음료 주문 시 입장료 무료) 4월 16주 소개(144쪽 참고)

추천 코스 고즈넉한 사찰 옆 은은하게 퍼지는 연꽃 향기

1 COURSE 🚗 자동차 이용(약 13km)
▶ 송광사 연꽃

2 COURSE 🚗 자동차 이용(약 17.5km)
▶ 본앤하이리

3 COURSE
▶ 완주힐조타운

주소	전라북도 완주군 소양면 대흥리 570-13
전화번호	063-243-8091
가는 법	자동차 이용

7월 29주 소개(258쪽 참고)

주소	전라북도 완주군 용진읍 하이 1길 60
운영시간	월~목요일 10:00~20:00, 금~일요일 10:00~21:00
전화번호	063 246-0243
대표메뉴	브런치세트 15,500원, 샌드위치 8,500원, 샐러드 9,500원, 아메리카노 5,000원, 카페라테 5,500원, 생과일주스·에이드·스무디 6,000원, 단호박식혜 4,500원, 유자차·레몬티·자몽차 5,000원

5월 22주 소개(196쪽 참고)

주소	전라북도 완주군 비봉면 천호로 235-38
운영시간	11:00~21:00
전화번호	1899-5852
홈페이지	www.완주힐조타운.kr

7월 29주 소개(254쪽 참고)

7월 넷째 주
휴가는 역시 전라도

30 week

SPOT 1
구름과 해와 바위
운일암반일암 계곡

주소 전라북도 진안군 주천면 동상주천로 1926 · 가는 법 자동차 이용

　울창한 숲과 절벽으로 둘러싸인 운일암반일암계곡은 독특한 이름만큼이나 절묘한 협곡의 풍광이 남다르다. 운장산 명덕봉과 명도봉 사이에 흐르는 약 5km의 계곡으로, 1970~80년 전만 해도 깎아지른 절벽에 인적이 거의 없는 오지였다. 운일암반일암이라는 이름의 유래에 대해서는 여러 이야기가 있지만, 깊은 계곡 바위만 있는 곳에 오가는 것은 구름과 해뿐이라 '운일암(雲日岩)', 햇빛이 하루에 반나절밖에 들지 않아 '반일암(半日巖)'이라 불렸다는 말이 가장 설득력 있다. 용소바위, 대불바위 등 계곡을 따라 겹겹이 자리 잡은 기암괴석이 시선을 압도하고, 운장산 중턱에서부터 솟구치는 시원한 물줄기가 골짜기를 휘감아

흐른다. 곳곳에 펼쳐지는 작은 폭포는 운일암반일암의 풍치를 더해 준다.

운일암반일암계곡이 관광지로서의 면모를 갖춘 것은 1990년대 초반이다. 진안군에서 많은 예산을 들여 화장실, 주차장 등의 편의시설을 설치하고 야영장, 체육시설 등을 정비하였다. 이곳의 계곡은 물이 깊지 않고 깨끗하며 수온이 높은 편이라 물놀이하기 적당하다는 장점이 있다. 또한 골짜기가 깊어 그늘이 많고 계곡을 따라 돗자리를 펴기에 좋은 자리들이 즐비하다. 잘 정비된 계곡답게 물놀이 사고에 대비해 구명환, 로프 등이 곳곳에 설치되어 있으며, 여름 성수기에는 계곡 근처에 임시파출소를 운영하여 경찰관이 상시 근무하므로 더욱 안전하게 즐길 수 있다.

주변 볼거리·먹거리

용담호 진안의 5개 면(面)을 수몰시켜 만든 거대한 담수호로, 전주권역에 생활용수를 공급할 목적으로 만들어졌다. 호수 주변 경관이 뛰어나고 일주도로가 연결되어 드라이브 코스로도 인기가 높다.

ⓐ 전라북도 진안군 안천면 안용로 747 ⓣ 용담댐물문화관 063-430-4263

TIP
- 야영장은 무료이며, 예약 없이 선착순으로 이용할 수 있다. 야영장이 아닌 계곡 근처에도 텐트를 칠 수 있으며 간단한 취사도 가능하다.
- 식수대, 화장실, 샤워시설은 대부분 주차장과 야영장 근처에 있다.

SPOT 2

지붕 없는 미술관

예술의 섬 장도

주소 전라남도 여수시 예울마루로 83-67 · 가는 법 여천시외버스정류장 → 여천시외버스터미널 건너 정류장에서 버스 1000번 승차 → 웅천해변공원 정류장 하차 → 도보서 21분(약 1.4km) · 운영시간 하절기 06:00~22:00, 동절기 07:00~21:00 · 전화번호 1544-7669 · 홈페이지 www.yeulmaru.org

여수 시청 앞 바다에 표주박처럼 떠 있는 작은 섬 '장도'는 지붕 없는 미술관이다. GS칼텍스가 사회 공헌 프로젝트로 장도를 예술의 섬으로 조성해 시민들에게 무료로 개방하고 있다. 주민들은 장도를 '진섬'이라 부른다. 그래서 육지와 섬을 잇는 길을 '진섬다리'라고 한다. 장도에 들어가려면 진섬다리를 걸어서 건너야 한다. 하지만 진섬다리는 하루에 두 번 물에 잠긴다. 누구에게나 활짝 열려 있지만 자연이 정한 시간에 맞춰야만 들어갈 수 있는 것이다. 여행자는 조금 불편하지만 그 덕분에 장도는 여전히 섬으로 남을 수 있었다.

'지붕 없는 미술관'이라는 별칭에 걸맞게 장도 곳곳에는 다양

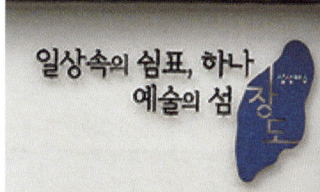

한 예술 작품이 설치되어 있다. 잘 정비된 길을 따라 걷기만 해도 웬만한 유명 미술관을 관람하고 나온 기분이 든다. 장도에서는 '산책'이라기보다는 '작품 감상'이라는 말이 더 어울린다. 장도 관람로는 세 개의 코스로 나누어져 있지만 워낙 작은 섬이라 큰 의미가 없다. 여유롭게 걷다 보면 결국 모든 코스를 다 지나게 된다. 전망대로 가는 길의 약간의 경사를 제외하고는 대부분의 구간이 완만한 경사를 이루고 있어 노약자도 어려움 없이 관람할 수 있다. 관람로를 걷다가 잠시 휴식이 필요하면 '장도전시관'을 방문하는 것도 좋다. 2~3개월에 한 번씩 기획 전시를 하고 있는데, 지역 작가의 작품뿐만 아니라 꽤 유명한 작가의 수준 높은 작품을 전시하기도 한다.

주변 볼거리·먹거리

디오션리조트
2008년 개장한 종합 휴양 시설로 콘도, 컨벤션, 워터파크 등의 시설을 갖추고 있다. 워터파크는 국내에서는 유일하게 푸른 남해를 보며 물놀이를 즐길 수 있는 시설로 알려졌다. 실내에 인공파도장, 유수풀, 스파 등이 있고, 실외에는 슬라이드, 캐논볼, 인피니티풀을 운영 중이다.

Ⓐ 전라남도 여수시 소호로 295 Ⓣ 1588-0377 Ⓔ www.theoceanresort.co.kr Ⓔ 워터파크 개장 시기 및 입장료는 홈페이지 참조

TIP
- 진섬다리를 건너 장도에 들어가고 나올 때는 물때를 잘 맞춰야 한다. 진섬다리 통제 시간은 예술마루 홈페이지에서 확인할 수 있다.
- 진섬다리 입구 안내소에서 제공하는 장도 안내 지도를 보면 좀 더 쉽게 섬 전체를 관람할 수 있다.
- 장도전시관은 전시 내용에 따라 무료 관람 또는 유료 관람(1인당 1,000원)인 경우가 있다.

SPOT 3

카페를 품은 수목원
아담원

주소 전라북도 남원시 이백면 목가길 193 · **가는 법** 자동차 이용 · **운영시간** 평일 10:00~18:00/매주 월~화요일 휴무 · **입장료** 어른, 청소년(14세 이상) 10,000원, 어린이(13세 이하) 5,000원, 36개월 이하 무료 · **전화번호** 063-635-8342 · **대표메뉴** 아메리카노 6,500원, 카페라테 7,000원, 자몽에이드 5,000원, 소프트아이스크림 5,000원, 마르게리따피자 17,500원, 잠봉뵈르샌드위치 13,000원

수목원과 카페가 조화롭게 어우러진 아담원은 본래 나무를 키우던 조경 농원이었다. 조경 전문 기업에서 10여 년간 나무 한 그루, 화초 한 포기까지 엄선하여 심고 가꿔오다 지난 2018년 수목원으로 개방하며 카페를 함께 열었다. 지리산 자락의 비경을 감상할 수 있는 힐링 명소로 소문이 나면서 남원을 넘어 전국에서 많은 관광객이 방문하고 있다.

수목원을 따라 10여 개의 호젓한 산책로가 있고, 주변 풍경과 조화롭게 자리 잡은 단층 건물의 카페는 아담원의 명물이다. 가족 단위 방문객이 많아서 카페 두 건물 중 한 곳은 노키즈존으로 운영한다. 노키즈존 카페는 한 쪽 벽면에 책꽂이를 만들어 책으로 가득 채웠다. 카페에 앉으면 넓은 창문 너머로 지리산 자락의 풍경과 넓은 잔디 광장, 작은 호수가 한눈에 들어온다. 잔디 광장에서는 아이들이 맘껏 뛰어놀 수 있다. 계절 따라 피고 지는 수백 종의 화초와 억새, 풍경과 자연스레 어우러진 연못 '죽연지', 잔디 광장에 퍼지는 아이들의 미소와 웃음소리, 그저 바라보고만 있어도 시간 가는 줄 모르고 마음이 편안해진다. 이는 카페를 품은 수목원에서만 느낄 수 있는 힐링이다.

주변 볼거리·먹거리

지리산허브밸리 국내 최대 철쭉 군락지인 지리산 바래봉 자락(해발 600m)에 자리 잡고 있다. 이곳은 2005년 정부로부터 지리산 웰빙 허브산업특구로 지정받아서 남원시는 약 15년간 세계 최대의 허브테마 관광지로 조성해왔다. 지리산 허브밸리는 지리산의 자연속에서 허브의 모든 것을 즐길 수 있는 힐링 천국이다.

ⓐ 전라북도 남원시 운봉읍 바래봉길 214 ⓞ 하절기(3~10월) 09:00~18:00, 동절기(11~2월) 09:00~17:00 ⓣ 070-7764-0130 ⓒ 어른 3,000원, 청소년(만 13세 이상)·군인 2,000원, 어린이(만 6세 이상)·어르신(만 65세 이상) 1,500원 ⓗ www.jirisanherbvalley.com

TIP
- '아담(我談)'은 '나와 나누는 대화'라는 뜻이다.
- 입장료에는 카페에서 1인당 기본 음료 한 잔을 마실 수 있는 비용이 포함되어 있다.
- 음료 외에 피자와 샌드위치를 판매하고 있어 간단한 식사도 가능하다.
- 카페는 두 건물로 나뉘어 있고, 책장이 있는 카페는 '노키즈존'으로 운영하고 있으므로 어린아이와 함께 입장할 수 없다.
- 주말 오후에는 방문객이 많기 때문에 주말보다는 주중, 주말 오후보다는 오전에 방문하는 것이 좋다.

추천 코스 싱싱한 해산물 먹고 문화 예술도 즐기고

1 COURSE
참조은신협 정류장까지 도보 11분(약 650m) ▶ 버스 83번 승차 ▶ 웅천지웰1차아파트 정문 정류장 하차 ▶ 도보 20분(약 1.3km)

▶ **여수수산물특화시장**

2 COURSE
웅천지웰1차아파트 정문 정류장까지 도보 20분(약 1.3km) → 버스 82, 83번 승차 → 신기동새마을금고 정류장에서 버스 90번 환승 → 섬달천선착장 정류장 하차 → 도보 3분(약 230m)

▶ **예술의 섬 장도**

3 COURSE

▶ **달,커피**

주소	전라남도 여수시 남산로 60-31
운영시간	09:00~18:00
전화번호	061-643-9944
가는 법	여수엑스포역 → 여수엑스포역-L 정류장 2 승차 → 중앙시장여객선터미널 정류장 하차 → 도보 10분(약 620m)

여수 앞바다에서 갓 잡은 생선, 낙지, 소라, 조개 등의 해산물을 수족관에 담아 판매하는 특화시장으로 100여 개가 넘는 상점이 성업 중이다. 이 수산물 시장에서 구입한 해산물은 2층 식당에서 자릿값만 내고 즉석 해서 요리해서 먹을 수 있다. 저렴한 비용으로 비싼 해산물을 먹을 수 있어서 인기가 높다.

주소	전라남도 여수시 예울마루로 83-67
운영시간	하절기 06:00~22:00, 동절기 07:00~21:00
전화번호	1544-7669
홈페이지	www.yeulmaru.org
가는 법	웅천지웰1차아파트 정문 정류장까지 도보 20분(약 1.3km) → 버스 82, 83번 승차 → 신기동새마을금고 정류장에서 버스 90번 환승 → 섬달천선착장 정류장 하차 → 도보 3분(약 230m)

7월 30주 소개(264쪽 참고)

주소	전라남도 여수시 소라면 섬달천길 114-1
운영시간	11:00~20:00
전화번호	0507-1311-2793
대표메뉴	블루오션 문 에이드 6,500원, 씨틀라워 그루즈 에이드 7,000원, 커피 섬달천 4,500원, 달 카페라테 5,000원

5월 18주 소개(166쪽 참고)

SPECIAL

더위를 날리자!
전라북도의 명품 계곡

본격적인 휴가철이 시작되면 더위를 피하기에 계곡만큼 좋은 곳이 없다. 암반을 타고 굽이쳐 흐르는 계곡물과 울창한 숲은 땀을 식히고 심신의 피로를 풀기에 최적의 장소다. 전라북도의 계곡은 깊은 산세만큼이나 수려한 풍광을 보여주는 곳이 많다. 때론 사람의 발길이 잘 닿지 않아 자연 그대로의 풍경을 간직한 곳도 만날 수 있다. 대부분 수량이 풍부하고 발만 담가도 온몸이 시릴 정도로 물이 차갑다. 바닥까지 투명하게 비치는 계곡물은 한 모금 떠 마셔도 될 만큼 청정하다. 7월에는 전라북도의 계곡에서 더위를 날리고 지친 몸과 마음을 충전해 보자.

운주계곡
기암절벽을 이룬 대둔산과 산세가 수려한 천등산의 물줄기가 모여 이루어진 계곡이다. 구슬처럼 물이 맑고 골이 깊으며 계곡이 넓은 것이 특징이다. 휴가철에는 계속 상류부터 하류까지 수킬로미터에 이르는 구간에서 물놀이를 즐기는 피서객들로 진풍경이 펼쳐진다.

Ⓐ 전라북도 완주군 운주면 금고당로 378-23

은천계곡

구천동계곡

달궁계곡

은천계곡
완주의 대아수목원 근처에 위치한 계곡으로 다른 계곡에 비해 수심이 낮고 물이 깨끗해 어린아이들이 물놀이 하기에 적당하다. 또한 주변에 산장이나 음식점 같은 상업시설이 많지 않아 조용하게 휴식을 취하기 좋은 계곡이다.

Ⓐ 전라북도 완주군 동상면 대아수목로 279

달궁계곡
지리산 서쪽 아래 달궁마을에서 반선을 거쳐 내령에 이르는 계곡이다. 전체적으로 수량이 풍부하고 경사가 완만하며, 일부 구간은 하늘이 보이지 않을 정도로 울창한 원시림이 펼쳐져 있다. 달궁계곡을 끼고 있는 달궁자동차야영장은 여름철에 캠핑족들에게 인기가 높다.

Ⓐ 전라북도 남원시 산내면 지리산로 365

신기계곡
7월 29주 소개(256쪽 참고)

운일암반일암계곡
7월 30주 소개(262쪽 참고)

뱀사골계곡
8월 31주 소개(277쪽 참고)

구천동계곡
8월 32주 소개(278쪽 참고)

금산사계곡
금산사 매표소에서 사찰 입구로 가다 보면 왼쪽에 있는 계곡으로 입장료를 지불해야 들어갈 수 있다. 모악산에서 내려오는 물줄기가 모여 깨끗한 계곡과 경쾌한 폭포수를 이룬다. 주변에 숲과 산책로가 잘 정비되어 있고 그늘이 많아 가족 단위 여행객들에게 인기가 많은 곳이다.

Ⓐ 전라북도 김제시 금산면 모악로 494 Ⓒ 어른 3,000원, 청소년 2,000원, 어린이 1,000원

맛깔스러운 음식, 가슴이 탁 트이는 둘레길, 굽이치는 계곡, 찬란한 문화유적, 신비로운 숲과 아름다운 자연휴양림까지. 8월에는 전라도의 자연을 만끽해 보자. 전라도로 떠나는 여름휴가는 3박 4일 정도의 넉넉한 일정이 좋다. 이 정도 일정이라면 굳이 어디로 가야 할지 고민하지 않아도 된다. 전라북도에서는 비빔밥과 콩나물국밥을 먹고, 지리산둘레길을 걷거나 청정 계곡에 발을 담가 더위를 날리자. 전라남도의 유서 깊은 문화유적을 감상하고, 울창한 숲길을 걸으며 사색에 빠지거나 풍광이 뛰어난 자연휴양림에서 하루쯤 머물러도 좋다. 여름휴가, 이보다 더 좋을 수는 없다.

8월의 전라도

자연이 건네는
상쾌한 위로

8월 첫째 주

자연을 닮는다

31 week

SPOT 1

지리산 10경 중 하나

피아골계곡

주소 전라남도 구례군 토지면 원기양지길 26 · 가는 법 자동차 이용

　피아골계곡은 지리산 노고단과 반야봉 사이의 약 20km에 이르는 긴 계곡이다. 반야봉 중턱에서 발원한 물줄기가 임걸령과 직전마을을 거쳐 연곡사 앞을 지나 섬진강과 만난다. 물이 맑고 수량이 풍부해 곳곳에 폭포와 소(沼)를 이루고 있다. 녹음이 우거져 그늘이 많은 계곡에는 너른 바위들이 있어 피서지로 안성맞춤이다. 장쾌하게 흐르는 계곡에서 물놀이를 하다 보면 찌는 듯한 더위도 어느새 멀리 달아난다. 피아골계곡 초입에는 캠핑과 물놀이뿐만 아니라 족구, 배드민턴 등 다양한 레저를 즐길 수 있는 오토캠핑장이 위치해 있어 더욱 좋다.

사실 피아골은 여름보다 가을에 더 인기 있다. 지리산의 가을을 대표하는 피아골 단풍은 지리산 10경 중 하나로 꼽힌다. 계곡 입구부터 삼홍소(三紅沼)에 이르는 코스가 특히 아름답다. 하지만 피아골은 아픈 역사를 간직한 계곡이기도 하다. 조선시대에는 의병들의 항전으로, 6·25 전쟁 전후로는 빨치산의 저항으로 수많은 사람들이 숨졌던 골짜기다. '피아골 단풍이 그리도 핏빛으로 고운 건 그 옛날 골짜기에서 수없이 죽어 간 사람들의 원혼이 피어난 것'이라고 했던 조정래 선생의 글귀가 새삼 떠오른다.

주변 볼거리·먹거리

연곡사 규모는 작지만 수많은 고승을 배출한 유서 깊은 사찰이다. 임진왜란 때 의병의 근거지가 되어 이후 사찰이 소각되었고, 6·25 전쟁 때도 수난을 겪었다. 그래도 현재까지 국보 2점과 보물 4점 등의 귀중한 유적이 남아 있다.

Ⓐ 전라남도 구례군 토지면 피아골로 774 ⓣ 061-782-7412

TIP
- 계곡이 깊고 물살이 센 곳이므로 물놀이 할 때 안전에 주의하자.
- 가을 단풍철에는 차량 통행에 제한이 있으니 미리 알아보고 가도록 하자.
- 오토캠핑장을 이용하려면 인터넷을 통해 미리 예약해야 한다.

SPOT 2
구름도 누워 가는 곳
와운마을 천년송

주소 전라북도 남원시 산내면 와운길 267 · **가는 법** 뱀사골탐방안내소 입구에서 도보 41분(2.7km) / 음식점 예약 시 자동차 출입 가능

 수많은 골짜기와 능선이 연결된 지리산둘레길은 여름날의 트레킹 코스로 안성맞춤이다. 특히 뱀사골야영장에서 와운마을까지 이어진 약 3km의 '와운옛길'은 시원한 계곡물 소리를 들으며 걸을 수 있는 최적의 코스다. 와운옛길의 끝에는 천년송으로 유명한 와운마을이 있다. 해발 약 800m에 위치한 이곳은 구름이 누워 갈 정도로 깊은 산중에 있다고 하여 '와운(臥雲)'이라는 이름이 붙었다. 지금은 그나마 차 한 대가 겨우 다닐 정도의 외길이 연결되어 바깥세상과 교류가 있지만 그 전에는 이런 곳에 어떻게 사람이 살 수 있을까 싶을 정도로 오지였다고 한다. 10여 가구의 마을 주민들은 주로 숙박시설이나 음식점을 운영하여 생계를 유지하고 있다. 지리산에서 직접 채취한 나물로 차린 건

강한 밥상이 입소문을 타면서 예약이 늘고 있다고 한다.

사실 와운마을이 세상에 알려지게 된 것은 뒷동산에서 마을을 굽어보고 있는 천년송 덕분이다. 천년송이 없었다면 와운마을은 어쩌면 흔한 산골마을에 그쳤을지도 모른다. 마을의 가장 높은 언덕 위에 자리 잡고 있는 천년송의 실제 수령은 500년 정도지만 언제부턴가 천년송으로 불리기 시작했다. 천연기념물 제424호로 지정된 천년송은 일명 '할머니나무'로 불리기도 하는데, 그 아래 서면 어릴 적 할머니 품처럼 포근한 느낌이 들기 때문이다. 천년송에서 20m 정도 위로 올라가면 '할아버지나무'가 있다. 할머니나무인 천년송보다는 작지만 곧게 뻗은 줄기와 가지가 넉넉한 그늘을 만들어 준다. 나무 아래 놓인 벤치에 앉아 멀리 바라다보면 수많은 봉우리가 첩첩이 겹쳐진 수묵화 같은 풍광이 눈을 즐겁게 한다.

주변 볼거리·먹거리

통나무산장

ⓐ 전라북도 남원시 산내면 와운길 250
ⓞ 08:00~21:00 ⓣ 063-626-3791 ⓜ 토종닭백숙 60,000원, 묵은지닭도리탕 70,000원, 산채비빔밥 10,000원
8월 31주 소개(277쪽 참고)

> TIP
> • 비가 내리면 트레킹 코스가 매우 미끄러우니 각별히 주의하자.
> • 와운마을에 있는 음식점에서 식사를 하려면 미리 예약하는 것이 좋다.

SPOT 3

산책하기 좋은 갤러리 카페
공감선유

주소 전라북도 군산시 옥구읍 수왕새터길 53 · 가는 법 자동차 이용 · 운영시간 10:00~18:00 · 문화이용료(음료 제공) 어른 10,000원, 청소년(만 18세 미만) 8,000원 · 전화번호 063-468-5500

자동차로 군산 시내를 벗어나 논밭을 한참 달려야 만날 수 있는 '공감선유'. 작은 시골마을에 멋진 갤러리 카페가 있다는 소문을 듣고 온 사람들은 대부분 입구를 보고 실망한다. 하지만 문을 열고 들어가면 상상도 못했던 엄청난 공간이 기다리고 있다는 것을 이때는 미처 알지 못한다. 공감선유는 무엇을 상상하든 그 이상이다. 사실 카페는 여느 다른 카페와 크게 다르지 않다. 무거운 색감에 군더더기 없이 단순한 인테리어라는 것 말고는 특별할 게 없다.

공감선유의 진면목은 자연의 지형을 그대로 활용해 노출 콘크리트 기법으로 지은 세 동의 갤러리와 넓은 잔디광장에서 느껴진다. 잔디광장 중간쯤에서 대나무숲으로 올라가는 계단을 따라가면 자연스럽게 갤러리 전체를 둘러볼 수 있다. 산책길을 따라 쉴 수 있는 벤치와 갤러리가 순서대로 나온다. 갤러리에서는 건축물과 잘 어울리는 독특한 현대 미술 작품들이 전시되고 있다. 공감선유는 자연과 더불어 예술과 휴식을 동시에 즐길 수 있는 최적의 장소다.

주변 볼거리·먹거리

군산호수 둘레길
Ⓐ 전라북도 군산시 옥산면 옥산리 681

7월 28주 소개(252쪽 참고)

TIP
- 입장료 대신 문화 이용료를 받고 있으며, 문화 이용료에는 카페에서 1인당 기본 음료 한 잔을 마실 수 있는 비용이 포함되어 있다.
- 공간이 넓고 경사가 많아 안전을 위해 노키즈존으로 운영하고 있어서 만 10세 미만은 입장할 수 없다.
- 잔디 광장 중간에 가족 또는 연인이 사진 찍기 좋은 벤치가 있다.
- 카페보다는 갤러리의 성격이 강해서 마감 시간이 조금 빠른 편이다.

추천 코스 천년송 구경하고 건강한 식사 한 끼

1 COURSE 와운마을 천년송

도보 3분(약 180m)

2 COURSE 통나무산장

도보 41분(약 2.7km)

3 COURSE 뱀사골계곡

주소 전라북도 남원시 산내면 와운길 267
가는 법 뱀사골탐방안내소 입구 → 도보 41분(약 2.7km) / 음식점 예약 시 자동차 출입 가능

8월 31주 소개(274쪽 참고)

주소 전라북도 남원시 산내면 와운길 250
운영시간 08:00~21:00
전화번호 063-626-3791
대표메뉴 토종닭백숙 60,000원, 묵은지닭도리탕 70,000원, 산채비빔밥 10,000원

지리산 와운마을에는 10여 가구의 주민들이 살고 있으며 대부분 식당이나 민박을 운영하고 있다. 그중 대표적인 식당이 통나무산장이다. 직접 기른 닭으로 요리한 닭백숙과 지리산에서 직접 키우거나 채취한 재료로 만든 산나물 반찬은 자연의 향이 그대로 느껴진다. 산장 옆에는 계곡이 흘러 식사 후 시원한 물놀이도 할 수 있다.

주소 전라북도 남원시 산내면 와운길 10
전화번호 지리산국립공원뱀사골분소 063-630-8950

지리산 북쪽 기슭, 반야봉에서 반선 일대를 흐르는 길이 10km가 넘는 웅장한 계곡으로, 지리산의 여러 계곡 중 가장 아름다운 골짜기로 꼽힌다. 계곡이 뱀처럼 구불구불하다고 해서 뱀사골이라 불린다고 하지만 확실하진 않다. 전 구간에 걸쳐 기암절벽과 울창한 숲이 조성되어 있으며, 수량이 풍부하여 여름 피서지로도 인기가 높다. 또한 울긋불긋 단풍이 계곡을 따라 수놓는 가을에는 지리산 최고의 산행 명소가 된다.

8월 둘째 주

이 여름도 견딜 만하다

32 week

SPOT 1

33경을 찾아서

구천동계곡

주소 전라북도 무주군 설천면 백련사길 21 · **가는 법** 구천동버스터미널 → 도보 11분 (약 720m) · **전화번호** 덕유산국립공원 삼공탐방지원센터 063-322-3173

    삼국시대 당시 신라와 백제의 경계가 되었던 나제통문에서 덕유산 기슭에 위치한 백련사까지 약 28km에 이르는 구간을 구천동계곡이라 부른다. 요즘은 무주 하면 무주리조트를 많이 떠올리지만 예전에 무주를 대표하던 명소는 단연 구천동계곡이었다. 구천동계곡은 덕유산에서 발원한 물길이 기암괴석에 부딪히고 어느 곳에서는 폭포가 되어 33개의 절경을 만들어 낸다. 33경 중 일부는 차를 타고도 볼 수 있지만, 제15경인 '월하탄(月下灘)'부터는 산길을 걸어야만 만날 수 있다. 선녀가 달빛 아래 춤을 추며 내려오는 것 같다 하여 월하탄이라 이름 붙인 이곳은 비교적 큰 폭포가 여러 갈래의 물줄기로 기암을 타고 쏟아져 내

린다. 청아한 물소리와 기암의 아름다움이 조화를 이루는 곳이다. 월하탄을 지나 산길을 올라가면 제16경 '인월담'과 제19경 '비파담'이 기다리고 있다. 인월담은 탁 트인 하늘과 폭포수의 절묘한 조화로 구천동계곡의 3대 명소로 꼽힌다. 비파담은 넓은 암반 위로 흐르는 물줄기가 여러 개의 작은 폭포를 이루는 곳으로, 선녀들이 내려와 목욕을 한 후 바위에 앉아 비파를 뜯고 놀았다 하여 붙은 이름이다. 이름에 걸맞게 물놀이를 즐기고 휴식을 취하기에 좋은 장소다. 계곡의 끝에는 제32경인 백련사가 자리 잡고 있고, 조금 더 오르면 마지막 제33경인 덕유산 정상 향적봉을 만날 수 있다. 구천동계곡은 특별히 이름 붙여지지 않은 곳도 다시 돌아볼 만큼 아름답다. 시원한 계곡물에 발을 담그고 구석구석의 절경에 취해 보자.

주변 볼거리·먹거리

무주덕유산리조트
덕유산국립공원 안에 위치한 사계절 종합 휴양지로, 오스트리아풍의 특급호텔, 가족호텔 및 대규모 스키장이 있다. 그 밖에 물놀이장, 휘트니스센터, 골프장 등이 있고 설천봉까지 올라갈 수 있는 관광곤돌라가 있다.

Ⓐ 전라북도 무주군 설천면 만선로 185 Ⓒ 시설별로 다름 ⓣ 063-322-9000 Ⓗ www.mdysresort.com

TIP
- 구간에 따라 입장제한구역이 있으니 주의하자.
- 야영장 외에는 계곡 내 취사 및 캠핑이 금지되어 있다.

SPOT 2

기암괴석 사이로
폭포수가 쏟아진다

수락폭포

주소 전라남도 구례군 산동면 수락길 75 · 가는 법 자동차 이용 · 기타 성수기 주차 요금 5,000원

　전라도에 많은 계곡이 있지만 '수락폭포'는 전라도의 명품 계곡 중 하나다. 구례 10경 중 하나로 불리며 15m 높이에서 기암괴석 사이로 떨어지는 폭포수는 은빛 가루가 쏟아지는 듯 아름다운 풍경이다. 수락폭포는 많은 양의 산소 음이온을 방출하며, 떨어지는 물을 맞으면 근육통, 신경통 완화에 좋다고 소문이 났다. 그래서 '물맞이 폭포'라 부르기도 한다. 인근 주민들이 모내기, 김매기 등 힘든 농사를 마친 후 허리 통증과 신경통을 다스리기 위해 즐겨 찾는 곳이기도 했다. 특히 여름에는 폭포수를 맞기 위해 이곳을 찾는 사람이 많다. 실제 한 연구소에서 조사한 결과 다른 곳에 비해 훨씬 더 많은 산소 음이온을 배출하는 것으

로 나타났다. 산소 음이온은 면역력 증진, 혈액 정화 등에도 효과가 있어 '공기의 비타민'이라 불리기도 한다.

폭포 아래에는 어른 10명 정도가 설 수 있는 넓은 암반이 있다. 또한 소나무, 단풍나무 등으로 주변 숲이 우거지고 가뭄에도 수량이 풍부해 경관이 뛰어나다. 수심이 깊지 않고 안전해 여름철 물놀이에도 안성맞춤이다. 폭포 바로 아래까지 길이 잘 닦여 있고, 주차장이 가까워 찾아가는 데도 어려움이 없다.

주변 볼거리·먹거리

지리산구례수목원
Ⓐ 전라남도 구례군 산동면 탑동1길 125
Ⓗ 09:00~18:00
Ⓣ 061-783-0599 Ⓒ 어른 2,000원, 청소년 1,500, 어린이 1,000원
6월 26주 소개(230쪽 참고)

TIP
- 수락폭포 바로 아래까지 차량이 진입할 수 있지만 여름 성수기에는 통제하기 때문에 약 200m 아래쪽 유료 주차장에 주차 후 5분 정도 걸어가야 한다(음식점, 펜션 등을 예약했다면 차량 진입 가능하다).
- 수락폭포에서 50m 정도 아래로 내려가면 어린아이들이 좀 더 안전하게 물놀이를 할 수 있는 공간이 따로 있다.
- 수락폭포 입구에 남녀 탈의실이 있지만 별도로 샤워할 수 있는 시설은 없다.

SPOT 3

금평저수지 옆 고즈넉한
한옥 카페

수월담

주소 전라북도 김제시 금산면 모악7길 118 · **가는 법** 자동차 이용 · **운영시간** 10:00~21:00 · **전화번호** 010-3190-3412 · **대표메뉴** 오미자차 · 매실차 · 아메리카노 4,000원 · 카페라테 · 에이드 5,000원 · 쌍화탕 · 대추탕 · 생강차 6,000원

최근 들어 현대식 건축에 고급스러운 인테리어와 세련된 분위기로 인기를 끌고 있는 카페들이 늘어나고 있다. 하지만 전통 한옥 카페에서만 느낄 수 있는 여유롭고 멋스러운 감성은 따라올 수 없다. 금평저수지 옆 카페 '수월담'은 이런 감성이 가득 느껴지는 한옥 카페다. 금평저수지 북서쪽 끝자락에 보석처럼 깊숙이 숨어 있다.

수월담에는 세 채의 한옥이 'ㄷ'자형으로 배치되어 있다. 입구에서 봤을 때 왼쪽은 사택이고, 오른쪽은 카페며, 가운데 한옥은 수월담 안주인께서 운영하는 '홍소리풍류관'이다. 홍소리풍류관은 음향 시설이 갖춰진 국악 전수관이자 공연장으로 활용하는 복합문화공간이다. 시기를 잘 맞춰 가면 카페에서 차를 마시고 국악 공연도 볼 수 있다.

주변 볼거리 · 먹거리

금평저수지 둘레길
Ⓐ 전라북도 김제시 금산면 청도리 481

4월 15주 소개(134쪽 참고)

카페 실내는 그리 넓은 편은 아니지만 독특한 소품과 인테리어로 특별한 매력이 있다. 특히 한 쪽 벽면을 가득 채운 4,000여 장의 LP와 색소폰이 시선을 끈다. 가끔 사장님이 직접 연주를 할 때도 있다. 카페에서 가장 인기 있는 메뉴는 쌍화탕이다. 쌍화탕이 맛있는 카페로 소문이 나면서 일부러 쌍화탕을 마시러 찾는 손님들도 있다. 수월담의 백미는 금평저수지가 내려다보이는 '수월정'이다. 차 한 잔을 들고 수월정에 올라 주변을 바라보면 선물 같은 풍광을 즐길 수 있다.

TIP
- 한옥 카페라고 전통차만 있는 것은 아니고 커피, 스무디 등 다양한 음료를 판매하고 있다.
- 전체적으로 음료 가격이 저렴한 편이라 외부 방문객뿐만 아니라 동네 주민들도 자주 찾는다.

추천 코스 태권도 종주국의 자부심을 느끼다

1 COURSE 🚗 자동차 이용(약 17.8km)
▶ 구천동계곡

2 COURSE 🚗 자동차 이용(약 25.6km)
▶ 반햇소

3 COURSE
▶ 태권도원

주소	전라북도 무주군 설천면 백련사길 21
전화번호	덕유산국립공원 삼공탐방지원센터 063-322-3173
가는 법	자동차 이용

8월 32주 소개(278쪽 참고)

주소	전라북도 무주군 무주읍 적상산로 3
운영시간	11:00~21:00(14:30~17:00 브레이크 타임)/매주 월요일 휴무
전화번호	063-324-9282
대표메뉴	된장찌개 6,000원, 한우탕·한우곰탕 8,000원, 불고기비빔밥 9,000원, 차림상 비용 대인(중학생 이상) 3,000원, 소인 1,000원

1월 1주 소개(34쪽 참고)

주소	전라북도 무주군 설천면 무설로 1482
운영시간	3~10월 10:00~18:00(화~금요일), 10:00~19:00(주말·공휴일), 11~2월 10:00~17:00(화~금요일), 10:00~18:00(주말·공휴일)/매주 월요일 휴관
입장료	어른 4,000원, 청소년(만 13~18세) 3,500원, 어린이(만 6~12세) 3,000원(시설별 체험료 별도)
전화번호	063-320-0114
홈페이지	www.tpf.or.kr/t1

10월 41주 소개(350쪽 참고)

8월 셋째 주

계 절 이 주 는 선 물

33 week

SPOT 1

배롱나무꽃이 아름다운 정원

명옥헌원림

주소 전라남도 담양군 고서면 후산길 103 · **가는 법** 자동차 이용, 명옥헌원림 주차장에서 도보 8분(약 560m) · **전화번호** 061-380-3752

　　조선시대 민간 정원의 백미로 손꼽히는 명옥헌원림은 더위가 절정에 이를 무렵 가장 붉게 타오른다. 연못 주변에 있는 20여 그루의 배롱나무가 토해 내는 붉은 빛깔은 한여름 열기보다 더 뜨겁다. 명옥헌은 조선 인조 때 문신인 오희도가 벼슬에 오르기 전 자연을 벗 삼아 글을 읽고 지내던 곳에 그의 아들이 지은 정자다. 정자 앞뒤에 네모난 연못을 만든 후 주위에 꽃나무를 심어 정원으로 꾸몄다. 연못이 원형이 아니라 사각 형태인 이유는 당시에는 이 세상이 네모난 모양일 것이라 생각했기 때문이라고 한다. 정자 뒤쪽의 계곡에서 흘러내리는 물이 모여 위쪽 연못을 채우고 그 물이 넘쳐 아래쪽 연못으로 흘러가도록 설계한 점에서 자연을 거스르지 않고 조화를 이루어 낸 선조들의 지혜가 느껴진다. 명옥헌이라는 이름은 아래쪽 연못으로 떨어지는 물소리가 구슬이 서로 부딪히는 소리처럼 아름답다고 하여 붙은 것이다.

명옥헌을 둘러싸고 있는 소나무숲과 배롱나무는 명승으로 이름나 있다. 한여름 정자에 누워 땀을 식히며 연못을 바라보고 있자면 이보다 더 좋은 피서가 없다는 생각이 든다. 산 위에서 불어오는 바람에 몸이 서늘해지고 연못에 비친 초록에 눈이 맑아진다. 명옥헌, 소쇄원처럼 유독 담양에 유명한 정자가 많은 이유는 아마도 선비들이 이곳의 자연에 반해 은거하기 좋은 곳으로 여겼기 때문인지도 모른다. 무더운 여름부터 초가을까지 붉은 빛깔로 피고 지는 배롱나무꽃에 파묻혀 고즈넉한 시간을 보내보자.

주변 볼거리·먹거리

창평슬로시티

Ⓐ 전라남도 담양군 창평면 돌담길 8 ⓣ 061-383-3807

8월 35주 소개(298쪽 참고)

소쇄원

Ⓐ 전라남도 담양군 가사문학면 소쇄원길 17 Ⓗ 3·4·9·10월 09:00~18:00, 5~8월 09:00~19:00, 11~2월 09:00~17:00 ⓒ 어른 2,000원, 청소년 1,000원, 어린이 700원 ⓣ 061-381-0115 Ⓗ www.soswaewon.co.kr

5월 22주 소개(197쪽 참고)

TIP
- 명옥헌원림이 가장 아름다운 시기는 배롱나무꽃이 피기 시작하는 8월 중순부터 9월 말까지다. 이 시기에는 방문객이 많아 차량이 명옥헌원림까지 들어갈 수 없으므로 마을 입구 공영주차장에 주차하고 걸어가자.

SPOT 2

휴식과 체험을 동시에
고산자연 휴양림

주소 전라북도 완주군 고산면 고산휴양림로 246 · 가는 법 자동차 이용 · 운영시간 09:00~18:00 · 입장료 어른 2,000원, 청소년·군인 1,500원, 어린이 1,000원(숙박시설 이용 시 무료) · 전화번호 063-263-8680 · etc. 부대시설 이용 및 체험료 별도

완주 고산면의 안수산 자락에 위치한 고산자연휴양림은 전북의 대표적인 휴양시설이다. 울창한 숲과 기암절벽이 어우러진 깨끗한 계곡을 품고 있으며 낙엽송, 잣나무 등 다양한 수목이 빽빽하게 들어서 있다. 천연림에서 뿜어져 나오는 피톤치드 덕분에 삼림욕을 즐기기에도 최적의 장소다. 봄에는 철쭉과 벚꽃, 야생화가 만발하고, 가을에는 산을 뒤덮은 붉은 단풍이 절경이며, 겨울에는 빼어난 설경이 장관이다. 휴양림 내에는 숲속의집, 산림휴양관, 카라반, 웰빙정자 등 여러 가지 숙박시설과 휴식공간이 있다. 1km에 이르는 계곡은 숲이 울창하고 그늘이 많아 돗자리를 깔고 휴식을 즐기기 좋다. 휴양림을 중심으로 네 개의 등산

주변 볼거리·먹거리

고산문화공원무궁화테마식물원 180여 종의 무궁화를 보유하고 있으며, 매년 7월 '나라꽃무궁화전국축제'가 열린다. 무궁화그리기대회, 해설사와 함께하는 무궁화투어 등 다양한 체험 프로그램이 운영된다.

Ⓐ 전라북도 완주군 고산면 오산리 산43-1
Ⓞ 09:00~18:00, 금~일요일 11:00~21:00
Ⓒ 어른 2,000원, 청소년·군인 1,500원, 어린이 1,000원 / 고산자연휴양림 숙박 시 무료 입장 Ⓣ 063-290-2761

코스가 있는데, 코스별로 난이도가 달라 체력에 맞게 선택해 등산할 수 있다. 또한 지형지물을 이용한 레포츠시설인 '에코어드벤처', 직접 서바이벌 게임을 즐길 수 있는 '밀리터리파크', 180여 종의 무궁화를 볼 수 있는 '무궁화테마식물원' 등의 공간이 마련되어 있어 다양하게 체험할 수 있다.

TIP
- 숙박시설은 인터넷을 통해 예약할 수 있으며, 인터넷 예약은 매월 1일 오전 9시에 시작된다. 금세 마감될 수 있으니 서두르자.
- 성수기에는 방문객이 무척 많기 때문에 계곡 옆에 자리를 잡으려면 이른 시간에 입장해야 한다.

SPOT 3

유럽풍의 미술관과
온실이 있는 카페
베르자르당

주소 전라북도 순창군 순창읍 순창로 102-2 · **가는 법** 순창공용버스정류장 → 순창공용버스 정류장에서 농어촌버스 순창-풍산행 승차 → 의료원 정류장 하차 → 도보 5분(약 300m) · **운영시간** 10:00~22:00 · **전화번호** 010-7170-5305 · **대표메뉴** 아메리카노 7,000원, 카페라테·초코라테 8,000원, 딸기라테·에이드·주스 8,000원, 카스테라 크로와상 4,700원, 우리밀 호두 건포도 깜빠뉴 3,000원, 우리밀 밤식빵 4,500원, 딸기케이크 7,900원

주변 볼거리·먹거리

옥천골한정식

ⓐ 전라북도 순창군 순창읍 경천1로 78 ⓞ 월~금요일 12:00~20:00, 토~일요일 12:00~19:00 ⓣ 063-653-1008 ⓜ 소불고기한정식 15,000원, 한정식+조기탕(4인) 70,000원
5월 21주 소개(191쪽 참고)

미술관 카페와 온실 카페는 새로운 카페 트렌드 중 하나다. 분위기 좋은 카페에서 차만 마시는 게 아니라 문화를 즐기고, 청량한 신록을 함께 느낄 수 있기 때문이다. 그런데 미술관과 온실이 함께 있는 카페라면 어떨까? 그런 카페라면 누구나 한 번쯤 방문하고 싶은 욕망이 생길 것이다. 상상만 했던 그런 카페가 순창의 '베르자르당'이다.

카페의 입구가 마치 유럽의 대저택에 들어가는 느낌이다. 입구를 지나 오솔길을 따라 들어가면 오른쪽으로 넓은 잔디마당이 펼쳐지고 그 뒤로 미술관과 분수, 그리고 유리온실이 배치되어 있다. 미술관은 오래된 예식장을 리모델링해 만들었다. 예식장 자체가 이국적인 느낌이라 리모델링한 미술관도 그 느낌을 그대로 이어받았다. 미술관에는 지역의 젊은 작가뿐만 아니라 유명 작가의 작품이 전시되기도 한다. 또한 주문한 차를 마시며 여유롭고 품격있게 작품 감상을 할 수 있는 테이블이 곳곳에 놓여 있다. 진정으로 문화를 즐길 수 있는 미술관이다. 음료 주문대는 분수대 옆 유리온실 안에 있다. 이곳에는 여러 가지 식물이 자라고 있지만 시선을 끄는 것은 단연 대형 야자수다. 이 지역에서는 좀처럼 보기 힘든 야자수라 이국적인 느낌을 준다.

TIP
- 베르자르당(Verre Jardin)은 프랑스어로 '유리정원'이라는 뜻이다.
- 베르자르당에서는 음료 외에 다양한 종류의 빵을 판매하고 있다.
- 날씨가 좋은 날에는 유리온실이나 미술관보다는 잔디마당의 야외 테이블에서 차를 마시는 것을 추천한다.
- 매일 오후 8시 이후에는 모든 빵 종류를 50% 할인 판매한다.

추천 코스 BTS 힐링 성지를 찾아서

1 COURSE
🚗 자동차 이용(약 5.2km)
▶ 창포마을

2 COURSE
🚗 자동차 이용(약 4.4km)
▶ 태화루

3 COURSE
▶ 고산자연휴양림

주소 전라북도 완주군 고산면 대아저수로 385
전화번호 063-261-7373
홈페이지 www.changpovil.com
가는 법 자동차 이용

자생해오던 창포를 집단으로 재배하는 창포마을은 푸른 창포의 물결을 만날 수 있는 곳이다. 대아호를 끼고 있는 1급수 하천에 수달을 비롯한 각종 어류가 서식하고 있으며, 오염되지 않은 자연환경이 고스란히 남아 있는 마을이다. 2006년 창단한 국내 최고령 공연단 '다듬이 할머니 공연단'이 유명세를 치르기도 했으며, 2019년에는 마을 앞 하천 일대에서 BTS가 화보 촬영을 하면서 'BTS 힐링 성지'로 불리기도 한다.

주소 전라북도 완주군 고산면 고산로 118
운영시간 11:00~19:30
전화번호 063-262-4012
대표메뉴 짜장 4,000원, 간짜장·짬뽕·우동·볶음밥 6,000원, 잡채밥 7,000원

고산 새마을금고 근처에 위치한 중식당 태화루는 어디에도 소개된 적이 없지만 충분히 맛집이라고 부를 수 있을 정도로 짜장면 가격이 저렴하고 맛있다. 양파, 양배추, 감자 등을 큼지막하게 썰어 춘장과 함께 볶은 소스가 일품이다. 기본 반찬으로 내놓는 김치는 김장철에 직접 담근 김치라 더욱 맛있다.

주소 전라북도 완주군 고산면 고산휴양림로 246
운영시간 09:00~18:00
입장료 어른 2,000원, 청소년·군인 1,500원, 어린이 1,000원(숙박시설 이용 시 **무료**)
전화번호 063-263-8680
홈페이지 www.foresttrip.go.kr/indvz
etc. 부대시설 이용 및 체험료 별도

8월 33주 소개(286쪽 참고)

8월 넷째 주

여름을 이기자

34 week

SPOT 1
장쾌한 물줄기
위봉폭포

주소 전라북도 완주군 동상면 수만리 산 35-4 · 가는 법 자동차 이용

　높이 524m의 위봉산이 품고 있는 위봉폭포는 예로부터 완산 8경 중 하나로 꼽힐 정도로 물줄기가 장쾌하고 풍광이 뛰어나다. 깎아지른 절벽을 형성하는 기암괴석과 울창한 숲에 둘러싸인 위봉폭포는 상단 40m, 하단 20m로 이루어진 2단 폭포다. 위봉산성이 있는 고개를 넘어 위봉터널을 지나자마자 오른쪽으로 보이는데, 도로에서 보면 위봉폭포의 위쪽 물줄기만 보인다. 물줄기가 떨어지는 하단의 폭포를 제대로 감상하려면 도로 옆 나무계단을 따라 약 50m 정도를 걸어 내려가야 한다. 바닥으로 떨어지는 위봉폭포의 물줄기는 마치 태곳적부터 간직해 온 풍경 같다. 바위를 타고 끝없이 흘러내리는 물줄기가 진주를 꿰어 만

든 주렴처럼 아름답다. 폭염이 계속되는 날에는 폭포 옆 바위에 앉아 시원한 물소리만 듣고 있어도 더위가 날아가는 기분이다.

2016년 1월, 위봉폭포는 국가산림문화자산으로 지정되었다. 산림청은 2015년부터 보존 가치가 뛰어난 산림자산을 별도로 지정하여 관리해 오고 있는데, 위봉폭포 역시 그 가치를 인정받은 것이다. 주기적인 관리와 보호를 통해 위봉폭포의 신비한 분위기와 풍경이 훼손되지 않고 오래도록 간직되기를 기대한다.

TIP
- 위봉폭포를 제대로 감상하려면 계단을 따라 내려가면서 여러 각도에서 보자.
- 폭포의 물줄기를 촬영하고 싶다면 이른 새벽이 좋으며 삼각대를 꼭 준비하자.

주변 볼거리·먹거리

위봉사 백제 무왕 5년에 창건했다고 전해지며, 신라 말 최용각 공(公)이 봉황새의 자취를 보고 찾아왔다고 하여 위봉사라 불렸다고 한다. 현재는 조계종 비구니의 수련장으로 알려져 있다.

Ⓐ 전라북도 완주군 소양면 위봉길 53 Ⓣ 063-243-7657

소울갤러리 은퇴한 부부가 운영하는 갤러리 카페로 2층 건물에 넓은 잔디마당을 품고 있다. 실내와 잔디마당에 많은 그림과 조각상이 전시되어 있는데, 사장님 부부가 직접 그리고 만든 작품이라고 한다. 잔디마당에서는 야외 결혼식도 가능하다.

Ⓐ 전라북도 완주군 동상면 수만길 5-6 Ⓞ 11:00~18:00/매주 화요일 휴무 Ⓣ 063-241-3466 Ⓜ 아메리카노 5,000원, 오미자차 유자차 6,000원, 오디라테스무디 8,000원

SPOT 2

국민 가족 휴양지

방화동 자연휴양림

주소 전라북도 장수군 번암면 방화동로 778 · **가는 법** 자동차 이용 · **운영시간** 08:00~22:00 · **입장료** 어른 2,000원, 청소년·군인 1,500원, 어린이 1,000원 · **전화번호** 063-350-2475 · **홈페이지** banghwadong.foresttrip.go.kr

  장수는 높은 산이 많고 지형적으로 해발 500m가 넘는 고지대에 위치하고 있어 여름에도 다른 지역에 비해 기온이 낮은 편이다. 그래서 장안산 아래 방화동계곡을 품은 '방화동자연휴양림'이 국민 가족 휴양지로 최고의 인기를 누리고 있다. 방화동계곡은 장안산에서 흘러내린 물줄기가 완만한 'S'자를 그리며 흐르고, 울창한 생태숲과 기암괴석이 수려한 절경을 자랑한다. 계곡을 따라 오토캠핑장, 야영장, 물놀이장, 숙박 및 체육 시설 등이 갖춰져 있어 가족단위 휴양지로서는 손색이 없다.

  오토캠핑장과 야영장은 전기시설과 수도시설이 잘 갖춰져 있고, 캠핑장 안쪽에 잔디밭이 있어 아이들이 뛰어놀기에도 안전

해 캠핑족들 사이에 전국 최고의 캠핑장으로 꼽히기도 한다. 혹여 캠핑 장비를 갖추지 못한 가족도 산림휴양관과 숲속의 집이 있어서 미리 예약하면 시원한 계곡과 숲에서 쉬어 갈 수 있다. 숙소를 예약하지 못했다면 당일치기 휴양도 괜찮다. 계곡물이 맑고 시원해 계곡 옆 적당한 나무 그늘 아래에 자리를 펴고 앉으면 물놀이 장소로 제격이다. 간단히 먹을 수 있는 음식까지 미리 준비해 산나면 이보다 더 좋은 단기 체류형 여름 휴양지가 없다.

TIP
- 방화동계곡은 바위가 많고 물살이 세기 때문에 물놀이 할 때 특별히 조심해야 한다.
- 계곡물이 차가워 오래 물놀이 할 경우 저체온 증상이 나타날 수 있으므로 큰 수건이나 담요를 준비하는 것이 좋다.
- 캠핑장이 아닌 곳에서는 불을 이용한 취사 행위를 금지하고 있으니 주의해야 한다.

주변 볼거리·먹거리

논개사당(의암사)

Ⓐ 전라북도 장수군 장수읍 논개사당길 41 Ⓞ 하절기(3~10월) 09:00~18:00, 동절기(11월~2월) 09:00~17:00 Ⓣ 063-351-4837
8월 34주 소개(295쪽 참고)

SPOT 3

혼자만 알고 싶은 바다 뷰 카페

카페909

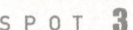

주소 전라북도 부안군 변산면 변산해변로 277 · **가는 법** 자동차 이용 · **운영시간** 10:00~20:00 · **전화번호** 010-4657-110 · **대표메뉴** 아메리카노 6,000원, 카페라테 · 초코라테 6,500원, 오미자차 · 매실차 6,500원, 에이드 7,000원, 스무디 8,000원

일반적으로 사람들이 생각하는 이상적인 카페는 몇 가지 조건이 있다. 첫째는 통유리창 너머로 시원하게 바다가 보이는 보이고, 둘째는 실내 곳곳에 초록색 식물이 가득하고, 마지막으로 넓은 야외 정원이 있어서 가볍게 산책이 가능한 곳이다. 거기에 음료까지 맛있다면 금상첨화다. 부안에서 만난 '카페909'는 많은 사람이 꿈꾸는 그런 이상적인 카페다.

부안에서 해안 풍경이 가장 아름답다는 변산해안도로의 중간 지점에 자리 잡고 있어서 멋진 전망은 의심의 여지가 없다. 실내에 들어서면 아기자기한 분위기와 곳곳에 놓인 싱그러운 화분이 눈에 들어온다. 창가에 자리를 잡고 앉으면 창문이 액자가 되어 그 안으로 아름다운 서해바다와 넓은 야외 정원이 펼쳐진다. 여유가 있는 날에는 야외 정원에 앉아 아무 생각 없이 몇 시간이고 '멍때리기'를 하고 싶은 곳이다. 너무 유명해져서 많은 사람이 찾는 곳이 아닌 혼자만 알고 싶은 욕심나는 카페다.

TIP
- 날씨가 좋은 날에는 실내보다는 야외 정원을 추천한다.
- 야외 정원 옆에 바다로 내려갈 수 있는 샛길이 있다.
- 해 질 무렵에 방문하면 카페 안에서 변산 앞바다의 아름다운 일몰을 볼 수 있다.
- 카페 1층보다는 2층에서 바라보는 전망이 훨씬 더 좋다.
- 야외 정원 멀리까지 나가면 주문 진동벨이 울리지 않을 수도 있다.

주변 볼거리 · 먹거리

변산해안도로 일반적으로 해안도로는 동해안이나 서해안 중에서도 영광에서나 볼 수 있다고 생각하지만 부안 변산에도 짧지만 드라이브를 하며 멋진 해안 풍경을 만끽할 수 있는 도로가 있다. 성천항 입구에서 수성당까지 약 6km 구간으로 전라북도에서는 유일하게 바다를 보며 달릴 수 있는 구간이다.

Ⓐ **시작점(성천항 입구)** 전북 부안군 변산면 마포리 764-12, **종착점(수성당)** 전라북도 부안군 변산면 격포리 114-7

추천 코스 명품 한우 먹고 시원한 계곡 물놀이까지

1 COURSE 🚗 자동차 이용(약 0.7km)
▶ 논개사당(의암사)

2 COURSE 🚗 자동차 이용(약 12.8km)
▶ 장수한우명품관

3 COURSE
▶ 방화동자연휴양림

주소	전라북도 장수군 장수읍 논개사당길 41
운영시간	하절기 09:00~18:00 동절기 09:00~17:00
전화번호	063-351-4837
가는 법	자동차 이용

논개는 전북 장수에서 서당 훈장의 딸로 태어났지만 어려서 아버지를 여읜 후 고생 끝에 최경희 현감의 소실이 되었다. 임진왜란이 일어나자 최 현감은 경상우도 병마절도사가 되어 진주성으로 부임하지만 얼마 후 진주성이 함락되면서 님김에 투신하였다. 논개는 국치의 설욕과 최 장군의 원수를 갚기 위해 승전잔치에 기생으로 가장하여 적장을 안고 강물에 몸을 던졌다. 이후 조정에서 그녀에게 '의암'이라는 시호를 내렸고, 고향인 장수에 논개의 넋을 기리고 추모하기 위해 사당을 지어 '의암사'라 명하였다.

주소	주소 전라북도 장수군 장수읍 군청길 19
운영시간	11:00~21:00
전화번호	063-352-8088
대표메뉴	육회비빔밥 · 떡갈비탕 10,000원, 큰갈비곰탕 13,000원, 전복갈비곰탕 18,000원

해발 650m 이상의 초원에서 자란 장수 한우를 맛볼 수 있는 곳이다. 장수 한우는 지방이 적고 육질이 부드러운 것이 특징이다. 다양한 등급별로 질 좋은 한우가 준비되어 있다. 농림축산식품부가 인증하는 '안심식당'으로 위생 관리가 잘 지켜지고 있는 식당이다.

주소	전라북도 장수군 번암면 방화동로 778
운영시간	08:00~22:00
입장료	어른 2,000원, 청소년·군인 1,500원, 어린이 1,000원(숙박시설 이용 시 무료)
전화번호	063-350-2475
홈페이지	banghwadong.foresttrip.go.kr

장안산 자락에 위치한 방화동자연휴양림은 깨끗하고 넓은 계곡과 수려한 자연경관이 매력적인 곳이다. 해발 500m 이상의 고지대에 위치해 한여름에도 기온이 낮아 시원하다. 계곡을 따라 기암절벽과 폭포가 펼쳐지고, 다양한 수목으로 이루어진 숲과 삼림욕장이 조성되어 있다. 산림문화휴양관, 숲속의집 등의 숙박시설과 오토캠핑장 등이 갖춰져 있어 캠핑을 즐기는 사람들에게도 매우 인기 있는 곳이다.

8월 다섯째 주

선선한 바람 불어오면

35 week

SPOT 1

우리나라에서 두 번째로 긴

두륜산 케이블카

주소 전라남도 해남군 삼산면 대흥사길 88-45 · **가는 법** 자동차 이용 · **운영시간** 하절기 09:00~18:00, 동절기 09:00~17:00 · **탑승료(왕복)** 대인(중학생 이상) 11,000원, 소인(36개월 이상~초등학생) 8,000원 · **전화번호** 061-534-8992 · **홈페이지** www.haenamcablecar.com

두륜산은 우리나라 육지의 가장 남쪽에 있는 산이다. 그리 높은 산은 아니지만 사찰과 유적지가 많고 경치가 아름답다. 산행 코스도 비교적 험하지 않아 일반인도 2~3시간 정도면 걸어서 정상에 오를 수 있다. 정상에 서면 남해안의 다도해가 한눈에 들어오고, 산 아래 작은 마을이 손에 잡힐 듯 가깝게 내려다보인다. 날씨가 맑은 날에는 광주의 무등산이 보이고, 멀리는 제주도의 한라산까지도 내다볼 수 있다고 한다. 두륜산 정상에서만 볼 수 있는 이런 멋진 풍경을 시간이 없거나 혹은 등산에 자신이 없다고 미리 포기할 필요는 없다. 두륜산케이블카를 타면 금세 정상

에 오를 수 있기 때문이다.

　두륜산케이블카는 전체 길이가 1,600m로, 통영의 한려수도조망케이블카(1,975m) 다음으로 긴 거리를 오가는 케이블카다. 케이블카의 상부 역사에 도착한 후 산책로를 따라 20분 정도를 더 올라가면 고계봉 정상에 다다른다. 산책로는 286개의 나무 계단으로 이루어져 있는데, 아래쪽에서 보면 꽤 멀어 보이지만 경사가 완만하고 군데군데 쉼터와 전망대가 있어서 힘들거나 지루하지 않다. 고계봉 정상에 오르면 사방으로 확 트인 풍경에 감탄이 절로 나온다. 그림 같은 풍경이 선사하는 감동을 꼭 한번 느껴 보자.

주변 볼거리·먹거리

대흥사

Ⓐ 전라남도 해남군 삼산면 대흥사길 400 Ⓒ 09:00~18:00 Ⓒ 어른 4,000원, 청소년(중·고생) 2,000원, 어린이(초등학생) 1,500원 Ⓣ 061-534-5502 Ⓗ www.daeheungsa.co.kr
8월 35주 소개(303쪽 참고)

TIP
- 바람이 심하게 불거나 기상 상황이 좋지 않을 경우 운행을 중단할 수 있다.
- 탑승권은 왕복 기준으로 발매되며, 하행 시 탑승권을 확인하므로 신경 써서 보관하자.
- 정상에 오르면 바람에 모자나 소지품이 날아가지 않도록 주의하자.

SPOT 2

느림의 미학
창평슬로시티

주소 전라남도 담양군 창평면 돌담길 8 · 가는 법 자동차 이용 · 전화번호 061-383-3807

　골목골목 이어지는 정겨운 돌담길, 양반집의 기품이 느껴지는 전통한옥, 능소화가 곱게 핀 담장. 창평슬로시티에서 흔히 볼 수 있는 풍경이다. 창평은 2007년에 신안 증도, 완도 청산도와 함께 아시아 최초로 슬로시티에 지정되었다. 슬로시티란 '유유자적한 도시, 풍요로운 마을'이라는 의미의 이탈리아어인 치타슬로(cittaslow)의 영어식 표현이다. 창평은 월봉산에서 흘러내려오는 세 갈래의 물길이 만나 '삼지내마을'이라 불리기도 한다. 고려 때부터 형성된 마을로, 조선시대에는 2,400여 가구가 넘는 큰 마을이었으나 항일운동 등의 기세를 누르려는 의도로 조선총독부가 창평군을 담양군의 창평면으로 편입시켰다고 한다.

창평은 주로 고씨가 집성촌을 이루어 온 마을이다. 고정주고택, 고재선가옥, 고광표가옥 등이 전통가옥의 위용을 보여 주고 있다. 다른 주택 역시 대부분 부유한 양반집 가옥이다. 이곳은 겨울에도 쌀엿과 한과를 만들어 먹을 정도로 풍요로운 곡창지대였다. 골목길을 걷다 보면 쌀엿을 판매하는 곳을 쉽게 만날 수 있다. 슬로시티답게 돌담길을 따라 느린 걸음으로 둘러봐도 1~2시간이면 충분하고, 자전거를 타고 둘러보기에도 적당하다. 잠시 더위를 식히고 싶다면 면사무소 근처 느티나무 그늘에서 쉬어 가도 좋다.

주변 볼거리·먹거리

명옥헌원림
Ⓐ 전라남도 담양군 고서면 후산길 103
☎ 061-380-3752

8월 33주 소개(284쪽 참고)

TIP
- 창평슬로시티는 주민이 살고 있는 마을이므로 관람할 때 예의를 지키자.
- 슬로시티방문자센터에서 코스나 동선, 체험 프로그램 등의 정보를 얻고 가는 것이 좋다.

SPOT 3

소설 〈태백산맥〉의 배경이 된 곳
보성여관

주소 전라남도 보성군 벌교읍 태백산맥길 19 · 가는 법 벌교역 → 도보 5분(약 350m) · 운영시간 10:00~17:00/매주 월요일 휴무 · 입장료 관람 : 어른 1,000원, 청소년 800원, 어린이 500원/관람+음료 : 어른 4,000원, 청소년 3,800원, 어린이 3,500원 · 전화번호 061-858-7628 · 대표메뉴 아메리카노 · 녹차 · 홍차 · 국화차 4,000원 · 홈페이지 www.boseonginn.org

벌교읍은 조정래 작가의 대하소설 〈태백산맥〉의 주 무대가 되었던 곳이다. 소설에 등장한 '자애병원', '현부자집', '철다리', '홍교' 등의 장소를 하나씩 찾아가는 여행의 재미가 있다. 하지만 벌교 여행의 백미는 역시 '보성여관'이다. 1935년에 지은 일본식 2층 목조건물인 보성여관은 소설에서 반란군 토벌대장과 대원들이 머물렀던 '남도여관'으로 등장한 곳이다. 당시에는 5성급 호텔에 버금갈 정도로 고급 숙소였다. 한때 살림집과 상가로 쓰였지만 건축사적 가치를 인정받아 등록문화재로 지정되었다.

이후 문화재청이 매입하여 보수와 복원을 거쳐 지금의 모습을 갖추었다.

보성여관은 드물게 남아있는 한옥과 일본식이 혼합된 독특한 건축물이다. 건물 가운데 마당을 둔 'ㅁ'자형 배치와 일본식 기와를 사용한 우진각지붕을 하고 있다. 현재 1층은 카페, 전시실, 소극장 등으로 운영하고, 2층 다다미방은 문화체험공간으로 쓰인다. 별도의 숙박동이 있다. 카페와 전시실 곳곳에는 정겨운 옛날 소품과 사진들이 전시되어 있다. 다다미방에 올라가 가만히 앉아 있으면 근대 역사 속으로 빨려 들어간 듯한 묘한 착각이 든다. 보성여관을 구경하다 보면 소설과 영화 속 장면들이 하나씩 머릿속에 그려진다.

주변 볼거리·먹거리

월곡영화골벽화마을
월곡영화골벽화마을은 낙후된 시골 마을에 새 생명을 불어 넣기 위해 시작되었다. 소설, 영화, 드라마 등의 배경이 되었던 벌교의 오래된 골목길에 영화, 애니메이션 등을 주제로 다양한 벽화가 그려졌다. 때론 사진처럼 사실적이기도 하고 때론 만화처럼 단순한 그림도 있다. 마을 골목길을 따라 끝없이 이어지는 벽화를 보는 재미가 쏠쏠하다.

Ⓐ 전라남도 보성군 벌교읍 월곡길 32

TIP
- 대관 및 숙박 예약은 홈페이지를 통해 할 수 있다.
- 우진각지붕은 지붕면이 정면에서 보면 사다리꼴, 측면에서 보면 삼각형으로 되어 있는 형태로 '팔작지붕', '맞배지붕'과 함께 한옥 지붕의 대표적인 형태 중 하나다.
- 보성여관은 tvN 예능 프로그램 〈알쓸신잡〉 순천 편에서 출연자들이 모여 이야기를 나누었던 곳으로 큰 관심을 받기도 했다.
- 전용 주차장이 없고 주변 무료 주차장을 이용할 수 있다.

SPOT 4

동화 속 그림 같은 카페
리보키

주소 전라북도 완주군 구이면 신뱅이길 60-7 · **가는 법** 자동차 이용 · **운영시간** 11:30~22:00 · **전화번호** 063-228-8826 · **대표메뉴** 아메리카노 5,000원 · 초코라테 · 카페라테 5,500원 · 카페모카 6,000원 · 아포카토 8,000원

꼬불꼬불 시골 동네의 작은 도로를 한참 올라가야 '리보키' 카페를 만날 수 있다. 이렇게 깊은 산속 마을에 멋진 카페가 있다는 것이 약간 신기하다. 리보키는 입구부터 감성적이다. 마치 문을 열고 동화 속으로 들어가는 느낌이다. 잔디 마당이 그리 넓지 않지만 아이들이 뛰어놀 수 있는 공간과 어른들이 쉴 수 있는 공간이 적절히 잘 배치되어 있다. 리보키에 가족단위 방문객이 많은 이유다.

리보키에는 다양한 공간이 있다. 잔디마당에 있는 두 대의 카라반은 단순 전시용이 아니라 실제로 이용할 수 있는 휴식 공간이다. 현장에서 예약제로 운영하며 최대 2시간까지 이용할 수 있다. 아이들이 있는 가족들에게 인기가 높다. 카페 건물은 본관과 별관으로 이루어져 있는데, 본관에는 주문대가 있고, 안쪽으로 다락방이 있다. 다락방은 예약 없이 순서대로 이용할 수 있지만 아이들이 이용하기에는 부적합하다. 별관은 2층 건물로 어디에 앉더라고 시원한 바깥 풍경을 감상할 수 있다. 특히 2층에서는 잔디마당이 한눈에 시원하게 내려다보인다.

주변 볼거리·먹거리

전북도립미술관

Ⓐ 전라북도 완주군 구이면 모악산길 111-6 ⓗ 10:00~18:00/매주 월요일 휴관 ☏ 063-290-6888
ⓗ www.jma.go.kr
1월 1주 소개(35쪽 참고)

TIP
- '리보키(LEEBOKI)'라는 이름은 카페 사장님의 할머니 성함인 '이복희'에서 따온 것이다.
- 카라반은 현장에서 예약제로 운영하며, 별도의 이용료는 없고 이용 시 1인 1잔 주문을 원칙으로 하고 있다.
- 다락방은 예약 없이 이용할 수 있으며, 계단 경사가 심해 아이들은 이용할 수 없다.
- 음료를 주문하면 음료 한 잔당 마늘빵 두 조각을 제공한다.
- 주말 오후에는 방문객이 많기 때문에 주말보다는 주중, 주말 오후보다는 오전에 방문하는 것이 좋다.

추천 코스 두륜산 정상에서 다도해를 한눈에

1 COURSE 🚗 자동차 이용(약 2.3km)
▶ 두륜산케이블카

2 COURSE 🚗 자동차 이용(약 3.2km)
▶ 달동네보리밥집

3 COURSE
▶ 대흥사

1 두륜산케이블카

주소	전라남도 해남군 삼산면 대흥사길 88-45
운영시간	하절기 09:00~18:00, 동절기 09:00~17:00
이용료	대인(중학생 이상) 11,000원, 소인(36개월 이상~초등학생) 8,000원
전화번호	061-534-8992
홈페이지	www.haenamcablecar.com
가는법	자동차 이용

8월 35주 소개(296쪽 참고)

2 달동네보리밥집

주소	전라남도 해남군 삼산면 고산로 656
운영시간	09:00~20:30
전화번호	061-532-3667
대표메뉴	보리밥쌈밥 9,000원, 버섯전골 12,000원, 도토리묵 10,000원, 묵은지생삼겹 12,000원

보리밥은 한때 배고픔과 가난함의 상징이었지만 이제는 건강식으로 주목받고 있다. 해남읍에서 대흥사로 가는 길에 감탄사가 절로 나오는 보리밥집이 있다. 달동네보리밥집의 대표 메뉴인 '보리밥쌈밥'은 갖가지 반찬을 넣어 비벼 먹을 수 있는 보리밥과 함께 쌈 채소, 석쇠에 구운 제육볶음이 나온다. 흔히 먹는 보리비빔밥과는 차원이 다른 풍미를 느낄 수 있다.

3 대흥사

주소	전라남도 해남군 삼산면 대흥사길 400
운영시간	09:00~18:00
입장료	어른 4,000원, 청소년(중고생) 2,000원, 어린이(초등학생) 1,500원
전화번호	061-534-5502
홈페이지	www.daeheungsa.co.kr

두륜산의 절경을 병풍 삼아 앉아 있는 대흥사는 여러 고승에 의해 중건되어 현재의 대도량이 되었다. 사찰로 들어가는 길의 울창한 숲과 계곡이 아름답기로 유명하며, 고승들의 부도가 자랑거리다. 경내 현판 중에 추사 김정희와 원교 이광사가 직접 쓴 것이 여럿 있다. 제주도 귀향길에서 돌아가던 추사 김정희가 대흥사에 들러 한때 자신의 마음에 들지 않았다는 이유로 내리게 했던 원교 이광사의 현판을 다시 걸게 한 일화가 두고두고 전해지고 있다.

SPECIAL

한여름의 힐링 캠프!
전라도의 자연휴양림

무더운 여름은 쉼표다. 불볕더위로 몸과 마음이 지칠 때 진정한 휴식이 필요한 시기다. 기력을 보충하는 데 보양식도 좋지만 때로는 피톤치드 가득한 숲길을 걷는 산책만큼 상쾌한 것도 없다. 도심의 이글거리는 태양을 피해 떠나는 여행은 역시 휴양림이 제일이다. 전라도는 우리나라 최고의 명산인 지리산을 품고 서해와 남해에 둘러싸인 천혜의 자연환경 덕분에 빼어난 자연휴양림이 여럿 있다. 8월에는 전라도의 자연휴양림으로 힐링 캠프를 떠나보자.

팔영산자연휴양림
다도해의 중심인 고흥에 위치한 팔영산은 여덟 개의 봉우가 있는데, 주말에는 하루 평균 3,000명 이상이 찾는 명산이다. 팔영산의 동쪽 계곡에 팔영산자연휴양림이 위치하고 있다. 규모는 작지만 천혜의 숲이 있고, 산림문화휴양관, 숲속의집 등의 숙박시설과 야영장, 물놀이장 등을 갖추고 있다.
Ⓐ 전라남도 고흥군 영남면 팔영로 1347-418 Ⓣ 061-830-6990

성수산자연휴양림
성수산은 조선의 건국신화가 얽혀 있는 곳으로, 태조 이성계가 조선을 세우기 전 무학대사의 권고로 백일기도를 드렸다는 사찰이 있는 곳이다. 예전에는 사람들이 드나들기 어려울 만큼 깊은 골짜기였던 이곳에 휴양림이 조성되었다. 수천 그루의 편백나무가 빽빽한 숲을 이루고 있으며 계곡이 깨끗하게 잘 정비되어 인기가 높다.
Ⓐ 전라북도 임실군 성수면 성수산길 374 Ⓒ 어른 2,000원, 청소년·어린이 1,000원

백아산자연휴양림

깎아지른 듯한 절벽과 기암괴석이 절경을 이루는 백아산은 무등산 산줄기에서 벗어나 홀로 솟아 있으며, 지리산과 무등산, 월출산을 조망할 수 있을 만큼 시야가 트여 있다. 백아산의 남쪽 기슭에 자리 잡고 있는 백아산자연휴양림은 주변 휴양림 중에서도 특히 관리가 잘되어 있는 곳으로 알려져 있다. 휴양림에서 차로 20분 거리에 금호화순리조트가 있으니 연계하여 방문해도 좋다.

ⓐ 전라남도 화순군 백아면 수양로 353 ⓞ 09:00~18:00
ⓣ 061-379-3737 ⓒ 어른 1,000원, 청소년(군인) 600원, 어린이 400원

주작산자연휴양림

주작산은 강진 8경 중 하나로 빼어난 풍경을 자랑하고 있다. 해발 약 438m의 비교적 낮은 산이지만 곳곳에 바위와 초원이 있어 수려한 능선이 많다. 주작산 정상에 오르면 다도해가 한눈에 내려다보인다. 주작산자연휴양림은 한옥 펜션과 12동의 숲속의집을 갖추고 있다. 특히 숲속의집 내부는 편백나무로 마감하여 인기가 높다. 휴양림 안에는 '천황사'라는 작은 사찰이 있는데, 대웅전과 연못, 돌탑이 어우러진 풍경이 한 폭의 그림 같다.

ⓐ 전라남도 강진군 신전면 주작산길 398 ⓣ 061-430-3306

제암산자연휴양림

제암산은 장흥과 보성의 경계에 있는 산으로 맑은 날에는 무등산과 청정 남해의 득량만까지 눈앞에 펼쳐진다. 제암산자연휴양림은 숙박시설과 야영장을 갖춘 대규모 휴양림이다. 계곡의 수량이 풍부하고 물이 차가워 피서지로 인기가 높다. 특히 640m를 왕복하는 짚라인은 청소년뿐만 아니라 어른들에게도 각광받고 있다. 마치 새가 되어 저수지 위를 나는 것 같은 짜릿한 경험을 할 수 있다.

ⓐ 전라남도 보성군 웅치면 대산길 330 ⓣ 061-852-4434
ⓒ 어른 1,000원, 청소년(군인) 600원, 어린이 400원

순천자연휴양림

순천자연휴양림은 원래 생태숲 조성 사업지로 선정되어 생태 군락을 연구하고 보존하기 위해 조성됐다. 오랜 기간에 걸쳐 안정된 숲으로 복구함에 따라 이곳을 생태 학습장이자 휴식의 공간으로 개장했다. 계곡을 따라 야영장이 있고, 생태숲, 유아체험숲, 친환경목재놀이터, 숲속의집 등의 시설이 갖춰져 있다.

ⓐ 전라남도 순천시 서면 청소년수련원길 170 ⓣ 061-749-8948

고산자연휴양림
8월 33주 소개(286쪽 참고)

방화동자연휴양림
8월 34주 소개(292쪽 참고)

무더운 폭염이 물러가고 선선한 초가을 바람이 불어오는 9월은 산책하기 좋은 달이다. 또한 추석이 있어 결실과 풍요의 계절이 시작되는 달이기도 하다. 전라도의 산과 들에는 어느새 가을의 전령들이 하나둘 존재를 드러내며 화사한 자태로 우리를 유혹한다. 알록달록 수를 놓은 듯 단아한 코스모스, 이룰 수 없는 애절한 사랑이 붉게 피어난 꽃무릇, 하얀 소금을 뿌려 놓은 듯 화사한 메밀꽃까지. 목적지를 따로 정하지 않고 기분 내키는 대로 떠나도 9월은 마음이 여유롭다.

9월의 전라도

풍요의 계절

9월 첫째 주

초저녁 달빛이 교교하다

36 week

SPOT 1

2,200년 전통을 지닌 마을

구림마을

주소 전라남도 영암군 군서면 서호정길 5 · **가는 법** 자동차 이용 · **전화번호** 061-470-2656

　전라도의 명산 월출산을 병풍 삼아 서쪽 자락에 위치한 구림마을은 삼한시대부터 무려 2,200년의 오랜 역사를 이어 온 전통 마을이다. 유서 깊은 전통만큼이나 걸출한 인물을 많이 배출한 곳이기도 하다. 일본에 한문과 백제문화를 전파한 왕인박사, 통일신라 말 풍수지리의 대가 도선국사, 고려 건국의 일등 공신인 최지몽 등이 바로 구림마을 출신이다. 또한 조선 중기의 명필 한석봉도 이곳에서 어린 시절을 보냈다.

　구림마을의 중심에는 '회사정'이라는 웅장한 정자가 있고, 물길을 따라 70여 채의 전통한옥이 자리를 잡고 있다. 골목골목 돌담길이 이어지며 곳곳에 오래된 고목나무가 마치 수호신처럼 마을을 지키고 있다. 마을 안쪽으로 들어가면 낭주 최 씨 구림종 중과 옛날 선비들이 글을 읽던 죽정서원이 위치하고 있어 고즈넉한 한옥의 아름다움을 만끽할 수 있다.

TIP
- 숙박을 계획 중이라면 근처의 구림한옥체험관에서 하루쯤 머무는 것도 좋다.
- 마을이 생각보다 넓으므로 다 둘러보려면 넉넉히 한나절 이상 소요된다. 마을 입구의 영암도기박물관, 영암군립하정웅미술관도 들러 보자.

주변 볼거리·먹거리

영암도기박물관 이화여자대학교 박물관에서 1986년, 1996년 두 차례에 걸쳐 영암 구림리 요지를 발굴한 것을 계기로 영암군에서 폐교를 매입하여 1999년 영암도기문화센터로 개관했다. 이후 공립 박물관으로 승격하여 오늘에 이르고 있다.

ⓐ 전라남도 영암군 군서면 서호정길 5 ⓞ 09:00~18:00 ⓣ 061-470-6851 ⓗ www.yeongam.go.kr/home/dogi

영암군립하정웅미술관 재일교포 미술평론가인 하정웅 씨가 평생 동안 수집한 미술 작품 3천여 점을 기증한 것을 계기로 2010년에 설립된 미술관이다. 다양한 작가의 작품을 만나 볼 수 있다.

ⓐ 전라남도 영암군 군서면 구림로 96 ⓞ 10:00~18:00 ⓣ 061-470-6841 ⓗ www.yeongam.go.kr/home/haart

왕인박사유적지 왕인박사를 새롭게 조명하면서 그의 자취를 복원하여 구림마을 동쪽 기슭에 건립한 유적지다. 박사가 탄생한 성기동과 그가 마셨다고 전해지는 성천이 있는데, 이 물을 마시면 왕인과 같은 훌륭한 사람을 낳는다는 전설이 전해진다.

ⓐ 전라남도 영암군 군서면 왕인로 440 ⓣ 061-470-6643 ⓗ www.yeongam.go.kr/home/historicalsite

SPOT 2
안전을 배우자
전라북도119 안전체험관

주소 전라북도 임실군 임실읍 이도리 947-2 · **가는 법** 임실공용터미널 → 택시 이동 (약 1.7km) · 운영시간 10:00~17:00/매주 월요일 휴관 · **입장료** 재난종합체험동·어린이안전마을·전문응급처치 2,000원, 위기탈출체험동 4,000원, 물놀이안전체험장 8,000원 · **전화번호** 063-290-5676 · **홈페이지** safe119.sobang.kr

안전은 아무리 강조해도 지나치지 않다는 말이 있다. 세월호 침몰 같은 대형 사고를 겪으면서 안전에 대한 인식은 높아졌지만 여전히 우리 생활 전반에는 안전을 위협하는 요소들이 많다. 임실에 위치한 전국 최대 규모의 재난종합체험관인 전라북도119안전체험관에 가면 우리가 일상생활에서 흔히 맞닥뜨릴 수 있는 위험한 상황을 극복하기 위한 방법을 배울 수 있다. 교통사고, 물놀이사고, 화재 등 여러 가지 재난 상황에서 전문 교관의 지시에 따라 임무를 완수해 나가는 신개념 안전체험 놀이공간이다.

아이부터 어른까지 온 가족이 함께 참여할 수 있는 종합체험동에서는 화재 진압 및 대피 요령, 심폐소생술 실습 등 유용한 체험이 가능하고, 유아 전용 재난체험시설인 어린이안전마을은

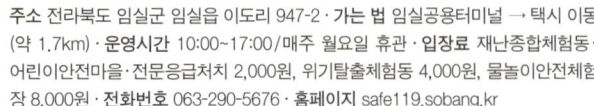

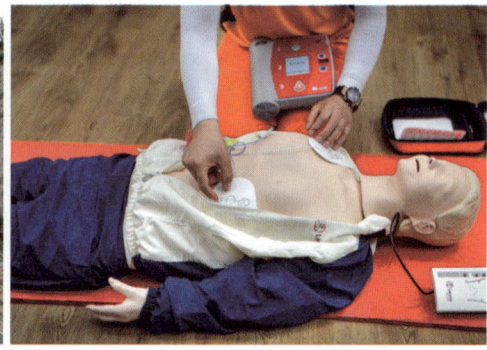

꼬꼬마119, 징검다리건너기 등 아이들의 눈높이에 맞는 체험으로 인기가 높다. 또한 초등학교 4학년 이상만 참여 가능한 위기탈출체험동에서는 실제 상황을 방불케 하는 재난 현장에서 다양한 피난기구를 활용해 건물을 탈출하고 임무를 완수하는 짜릿한 경험을 통해 자신의 생명을 지키는 법을 배울 수 있다. 여름철에는 물놀이안전체험장을 운영하여 안전체험 후 물놀이를 즐길 수도 있다. 모든 체험관에는 경력 10년 이상의 119 안전요원이 교관으로 참여하기 때문에 더욱 안전하다. 그 어느 때보다 안전이 강조되는 요즘, 전라북도119안전체험관에서 안전과 재미 두 마리 토끼를 잡아 보자.

주변 볼거리·먹거리

초원식당 임실은 인구 3만 명이 안 되는 조그만 소도읍이지만 내로라하는 맛집이 여럿 있다. 한우 전문점으로 유명한 초원식당도 그중 하나다. 초원식당은 저렴하고 믿을 수 있는 한우를 먹을 수 있는 곳이다. 특히 육회는 그날 도축한 소고기만을 내놓기 때문에 신선하다. 주말에는 도축을 하지 않아 육회를 맛볼 수 없다.

Ⓐ 전라북도 임실군 임실읍 운수로 26 Ⓞ 08:00~24:00 Ⓣ 063-642-2075 Ⓜ 육회비빔밥 8,000원, 소머리국밥 9,000원, 등심 18,000원, 꽃등심 20,000원, 육회 40,000원

TIP
- 체험은 최소 하루 전에 온라인으로 예약해야 한다. 단, 인원 미달 시에는 현장 예매도 가능하다.
- 구두를 신거나 치마, 레이스가 달린 옷을 입은 경우 안전사고의 우려가 있어 체험에 참여할 수 없다.
- 여름철에는 체험 후 갈아입을 여벌을 준비하는 것이 좋다.

SPOT 3

바닷가 비탈길에
붉노랑상사화 가득

변산마실길 2코스

주소 전라북도 부안군 변산면 운산리 618 · 가는 법 자동차 이용

부안군이 특색 있는 테마 길로 조성한 변산마실길 2코스는 한때 군부대 초소와 시설물이 있던 곳이다. 마실길 입구에는 다 철거하지 못한 방공호와 철조망 등의 일부 흔적이 남아 있다. 가리비 껍데기에 소원을 적어 걸어둔 철조망이 인상적이다. 철조망 옆 오솔길을 따라 5분 정도만 걸어가면 시야가 확 트이는 곳에서 붉노랑상사화를 만날 수 있다. 붉노랑상사화는 주로 전라도 지역에만 자생하는데, 분포 지역이 넓지 않아 멸종 위기 식물로 분류하기도 한다.

이 귀한 꽃이 변산마실길 2코스에 흐드러지게 피어 있다. 변산 앞바다가 시원하게 내려다보이는 비탈길을 가득 채운 붉노랑상사화의 물결은 감동 그 자체다. 해 질 무렵에는 아름다운 서해 낙조와 어우러져 더욱 아름다운 풍광을 보여준다. 붉노랑상사화는 잎이 있을 때는 꽃이 없고, 꽃이 있을 때는 잎이 없어 서로를 그리워한다는 애절한 사연을 담고 있다. 이파리 하나 걸치지 않은 가녀린 꽃대 위에 수줍은 듯 피어난 꽃 한 송이가 가슴을 콩닥콩닥 뛰게 한다. 바람이 불어 흔들거리기라도 하면 애처롭기 그지없다.

주변 볼거리·먹거리

변산명인바지락죽
Ⓐ 전라북도 부안군 변산면 변산해변로 794 ⓞ 08:30~18:40 ⓣ 063-584-7171 Ⓜ 인삼바지락죽 11,000원, 바지락회비빔밥 12,000원, 바지락전 14,000원, 바지락회무침(中) 33,000원
12월 51주 소개(432쪽 참고)

TIP
- 전용 주차장이 없으므로 송포항 입구 부두에 주차하면 된다.
- 붉노랑상사화는 꽃대가 쉽게 부러지기 때문에 사진을 찍을 때 꽃대가 상하지 않도록 주의해야 한다.
- 변산마실길 2코스는 좁은 오솔길과 비탈길이 많기 때문에 편한 신발을 신고 가는 것이 좋다.

SPOT 4
순수 국산 콩으로 만든 두부
맛동순두부

주소 전라북도 익산시 금마면 미륵사지로 397 · **가는 법** 자동차 이용 · **운영시간** 10:30~20:00/월~금요일 15:00~16:00 브레이크 타임 · **대표메뉴** 순두부백반 8,000원, 두부김치 17,000원, 생두부 5,000원 · **전화번호** 063-835-8919

전라북도에서 순두부로 유명한 맛집은 대부분 완주 소양면의 화심마을에 위치해 있지만, 익산 미륵사지 앞에도 순두부로 자부심이 높은 맛집이 있다. 100% 국내산 콩만을 사용하여 두부를 만드는 집으로 널리 알려진 맛동순두부다. 혹시 '미륵산순두부'를 알고 있다면 맛동순두부라는 생소한 이름이 의아할 수도 있는데, 최근에 미륵산순두부가 맛동순두부로 상호를 변경한 것이다. 맛동순두부에서 가장 인기 있는 메뉴는 역시 순두부백반이다. 순두부백반은 매운 맛과 순한 맛이 있으니 입맛에 맞게 주문하자.

이 집의 순두부찌개는 들깨가루가 많이 들어가 고소한 것이 특징이다. 반찬으로는 배추와 상추겉절이, 깍두기, 동치미 등이 나오는데, 배추와 상추는 숨을 거의 죽이지 않고 양념으로만 버무려 맛이 담백하다. 동치미는 먹기 좋게 익었고, 깍두기는 달달하면서도 아삭아삭하게 씹힌다. 특이하게 인절미도 한 접시 나오는데, 이 역시 고소하고 쫄깃쫄깃하다.

맛동순두부의 가장 큰 장점은 100% 순수 국내산 콩만을 사용하여 두부와 순두부를 만든다는 것이다. 직접 구매했다는 구매확인서와 콩의 원산지증명서가 있을 뿐만 아니라 판매자의 사진까지 찍어 둔다고 한다. 음식점 옆에서는 별도로 두부공장을 운영하고 있는데, 허락을 받으면 두부 만드는 과정을 구경할 수도 있다.

주변 볼거리·먹거리

국립익산박물관(미륵사지석탑)

Ⓐ 전라북도 익산시 금마면 미륵사지로 362 Ⓞ 09:00~18:00(국립익산박물관)/매주 월요일 휴관 Ⓣ 063-830-0900 Ⓗ iksan.museum.go.kr Ⓔ 미륵사지석탑은 야외에 위치하고 있어 관람시간 제한 없음.
4월 14주 소개(129쪽 참고)

TIP
• 식사 외에 별미로 생두부를 먹어 보자. 겉절이와 함께 먹으면 그 맛이 일품이다.

추천 코스 임실로 떠나는 체험 여행

1 COURSE 🚗 자동차 이용(약 4km)
임실치즈테마파크

2 COURSE 🚗 자동차 이용(약 1.5km)
초원식당

3 COURSE
전라북도119안전체험관

주소	전라북도 임실군 성수면 도인2길 50
운영시간	09:00~18:00 / 매주 월요일 휴관
입장료	무료(각 시설별 체험료 별도)
전화번호	063-643-9540
홈페이지	www.cheesepark.kr
가는 법	자동차 이용

치즈를 테마로 꾸민 체험형 관광지로 유럽풍의 아름다운 경치를 만날 수 있다. 치즈 체험관, 치즈 박물관, 서바이벌 게임장, 화덕쿡 레스토랑 등이 있으며, 야외에는 음악 분수, 플레이랜드, 유가축장 등이 있다. 치즈 체험관에서는 피자 만들기, 유럽 정통 요리 만들기 등 다채로운 체험을 할 수 있고, 직접 만든 피자를 맛볼 수도 있다.

주소	주소 전라북도 임실군 임실읍 운수로 26
운영시간	08:00~24:00
전화번호	063-642-2075
대표메뉴	육회비빔밥 8,000원, 소머리국밥 9,000원, 등심 18,000원, 꽃등심 20,000원, 육회 40,000원

임실은 인구 3만 명이 안 되는 조그만 소도읍이지만 내로라하는 맛집이 여럿 있다. 한우 전문점으로 유명한 초원식당도 그중 하나다. 초원식당은 저렴하고 믿을 수 있는 한우를 먹을 수 있는 곳이다. 특히 육회는 그날 도축한 소고기만을 내놓기 때문에 신선하다. 주말에는 도축을 하지 않아 육회를 맛볼 수 없다.

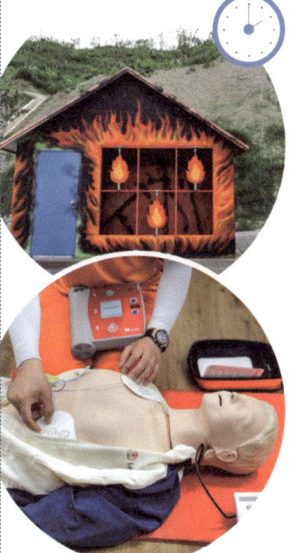

주소	전라북도 임실군 임실읍 이도리 947-2
운영시간	10:00~17:00 / 매주 월요일 휴관
입장료	재난종합체험동·어린이안전마을·전문응급처치 2,000원, 위기탈출체험동 4,000원, 물놀이안전체험장 8,000원
전화번호	063-290-5676
홈페이지	safe119.sobang.kr

9월 36주 소개(310쪽 참고)

9월 둘째 주

어 느 새 가 을

37 week

SPOT 1

코스모스 한들한들

원구만마을 코스모스 십 리 길

주소 전라북도 완주군 봉동읍 구미리 6-2 · 가는 법 자동차 이용

　작열하던 태양이 힘을 잃고 이제는 아침저녁으로 초가을 정취가 묻어난다. 이 무렵에는 가을꽃의 대표주자 코스모스가 참 예쁘게 느껴진다. 어릴 적 초등학교 운동회를 할 때 즈음에는 어김없이 코스모스가 피었다. 4~50대 중년들에게는 코스모스가 알록달록 핀 신작로를 따라 등하교 하던 기억이 잊지 못할 추억으로 남아 있다. 그 추억을 다시 한 번 느끼고 싶다면 완주 봉동의 만경강변으로 가 보길 추천한다.
　만경강 제방 길을 따라 봉동교에서 원구만마을까지 약 4km 구간에 눈부시게 아름다운 코스모스가 넘실거린다. 바람이 불 때마다 가냘픈 꽃대가 한없이 흔들거리지만 쉽게 꺾이지는 않는다. 이맘때 코스모스보다 마음을 더 설레게 하는 꽃이 또 있을까? 한층 더 높아진 파란 하늘, 잔잔히 흐르는 만경강, 그리고 해질 녘 노을에 물들어가는 코스모스를 보면 누구든 금세 사랑에 빠질 것 같다.

TIP
- 전용 주차장은 없고, 봉동교 아래에 30여 대 정도 주차 가능하다.
- 전체 구간을 다 걷기에는 무리가 있고, 1km 정도만 걸어도 충분히 아름다움을 즐길 수 있다.

주변 볼거리·먹거리

전주동물원 1978년 개원한 전주동물원은 지방에서 처음 생긴 동물원이다. 호랑이와 사자는 물론 희귀동물인 반달가슴곰 등 610여 마리의 동물이 살고 있다. 계절마다 다양한 꽃이 피어 사계절 아름다운 풍경을 만날 수 있다. 좁은 우리에 갇혀 살던 동물들이 최대한 자연 서식지에 가까운 환경에서 생활할 수 있도록 전주시는 2014년부터 생태동물원 사업을 추진해왔다.

ⓐ 전라북도 전주시 덕진구 소리로 68 ⓞ 하절기(3~10월) 09:00~19:00, 동절기(11~2월) 09:00~18:00 ⓣ 063-281-6759 ⓒ 어른(19세 이상 65세 미만) 3,000원, 청소년(13세 이상 19세 미만)·군인 2,000원, 어린이(5세 이상 13세 미만) 1,400원, 65세 이상 5세 미만 무료 ⓗ zoo.jeonju.go.kr

SPOT 2
보랏빛 다리, 보랏빛 섬을 만나다
퍼플섬

주소 전라남도 신안군 안좌면 소곡리 780-4(퍼플섬 입구 주차장) · **가는 법** 자동차 이용 · **운영시간** 09:00~18:00 · **입장료** 어른 5,000원, 청소년 · 군인 3,000원, 어린이 1,000원 · **전화번호** 061-262-3003 · **홈페이지** www.반월박지도.com

　수많은 섬으로 이루어져 '1004의 섬'이라 불리는 전남 신안에 독특한 섬이 있다. 온통 보라색으로 채색된 두 개의 섬 '반월도'와 '박지도'를 일컫는 '퍼플섬(Purple Island)'이 그곳이다. 퍼플섬을 실제로 가보지 않고는 믿을 수 없을 정도로 육지와 잇는 다리, 건물의 지붕과 창들, 청소 차량, 안내판, 심지어 쓰레기통까지, 눈에 보이는 모든 것이 보라색이다. 퍼플섬의 시작은 박지도에 살던 할머니의 소원에서 시작됐다. "죽기 전에 두 발로 걸어서 육지에 나가고 싶다"라는 할머니의 염원에 따라 신안군에서는 박지도와 육지를 연결하는 목조교를 놓았다. 목조교 완공 후 좀 더 특색 있는 섬을 만들고자 고민하다 섬에 자생하는 보라색

주변 볼거리·먹거리

동백파마머리벽화

Ⓐ 전라남도 신안군 암태면 기동리 677-1 Ⓒ 관광지가 아니라 별도의 주차장이 없고 차가 많이 다니는 삼거리라 위험할 수 있으니 사진 촬영 시 주의해야 한다.

9월 37주 소개(321쪽 참고)

왕도라지 꽃을 보고 영감을 얻었다. 2018년부터 본격적으로 주민들과 함께 다리는 물론 건물의 지붕 등을 보라색으로 바꾸기 시작해 지금에 이르렀다.

국내 어느 지역에서도 시도해 본 적 없는 무도한 도전이었지만 사람들의 입소문을 타고 관광객이 퍼플섬으로 몰려들기 시작했다. 이제는 우리나라를 넘어 아시아는 물론 세계적인 여행지로 주목받고 있다. 2020년 '한국 관광 100선', '휴가철 가장 가고 싶은 33섬', '한국 관광의 별' 등에 선정되었고, 2021년에는 홍콩 여행잡지 〈유 매거진〉, CNN, 폭스뉴스, 독일 최대 위성 TV 등에 소개되기도 했다. 또한 유엔세계관광기구로부터 '세계 최우수 관광마을'에 선정되어 명실공히 세계적인 관광 명소로 도약하고 있다.

TIP
- 퍼플섬에 들어가는 방법은 두 가지 코스가 있는데, '안좌면-반월도-박지도' 코스를 추천한다.
- 보라색 의류(옷, 모자, 스카프, 신발, 양말 등), 소품(안경, 지갑, 가방, 우산 등), 보라색 염색 및 가발 등을 한 사람과 주민등록상 이름이 '보라'인 사람은 무료로 입장할 수 있다(보라색에 대한 판단 기준은 매표소 직원의 재량).
- 전체 구간을 걸어서 돌아봐야 하기 때문에 편한 신발을 신고 가는 것이 좋다.
- 전체 구간은 약 7.6km로 여유롭게 걸어도 3시간이면 충분하다.
- 날씨가 안 좋고 바람이 많이 불 때는 안전을 위해 입장을 제한할 수도 있다.
- 반월도에 시원한 음료, 스무디, 아이스크림 등을 판매하는 카페가 있다.

SPOT 3

광주호를 품은 정통 이탈리안 레스토랑

카페퀸즈

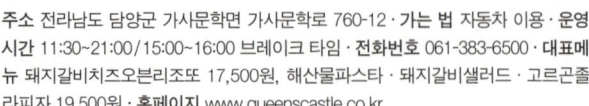

주소 전라남도 담양군 가사문학면 가사문학로 760-12 · 가는 법 자동차 이용 · 운영시간 11:30~21:00/15:00~16:00 브레이크 타임 · 전화번호 061-383-6500 · 대표메뉴 돼지갈비치즈오븐리조또 17,500원 · 해산물파스타 · 돼지갈비샐러드 · 고르곤졸라피자 19,500원 · 홈페이지 www.queenscastle.co.kr

결혼기념일이나 부모님 생신 등의 가족 행사, 연인과의 특별한 기념일에 전망이 뛰어나고 맛도 좋은 양식당을 찾는다면 '카페퀸즈'가 제격이다. 이곳은 양식당만 있는 게 아니라 스파, 글램핑, 한식당, 노천카페 등 '퀸즈캐슬'이라는 종합휴양지에 속한 음식점이다. 광주호를 품고 있지만 행정구역은 담양에 속한다.

카페퀸즈는 '이탈리안 정통 셰프의 요리'라는 수식어에 걸맞게 음식 맛이 일품이다. 특히 식전에 나오는 수프는 다른 양식당에서는 맛보지 못한 풍미를 느낄 수 있다. 뿐만 아니라 파스타, 스테이크, 피자 등 어느 것 하나도 맛이 빠지지 않는다. 음식 못지않게 감동적인 것은 식탁에 앉아서 창문 너머로 바라본 광주호의 풍경으로 잔잔하게 반짝이는 은빛 물결이 눈부시게 아름답다. 해 질 녘에는 호수 뒤쪽 하늘이 천천히 붉게 물들어 가고, 노천카페의 조명이 하나둘 불을 밝히며 환상적인 풍경을 연출한다.

주변 볼거리·먹거리

광주호호수생태원
ⓐ 광주광역시 북구 충효동 905
ⓞ 09:00~18:00
ⓣ 062-613-7891
5월 22주 소개(192쪽 참고)

TIP
- 광주호 전망을 보려면 꼭 창측 자리로 미리 예약해야 한다.
- 식사 후 노천카페를 둘러보면 훨씬 더 아름다운 풍광을 볼 수 있다.

추천 코스 세계 최우수 관광마을을 찾아서

1 COURSE 🚗 자동차 이용(약 29.7km) ▶ 도선장횟집

2 COURSE 🚗 자동차 이용(약 15.8km) ▶ 동백파마머리벽화

3 COURSE ▶ 퍼플섬

주소	전라남도 신안군 압해읍 천사로 11
운영시간	10:00~20:00
전화번호	061-271-0826
대표메뉴	낙지초무침 싯가
가는 법	자동차 이용

압해대교가 놓이기 전에는 목포에서 압해도에 갈 때 배를 타고 드나들던 도선장이 있던 곳이다. 그래서 상호가 '도선장횟집'이다. 사장님이 혼자 운영하는 1인 식당이라 음식이 늦게 나오는 편이다. 횟집이지만 대표 메뉴는 '낙지초무침'이다. 처음에는 초무침으로 먹다가 나중에는 야채를 넣고 비빔밥으로 먹는데, 야들야들한 낙지의 특별한 맛을 느낄 수 있다.

주소	전라남도 신안군 암태면 기동리 677-1
etc.	관광지가 아니라 별도의 주차장이 없고 차가 많이 다니는 삼기리라 위험할 수 있으니 사진 촬영 시 주의해야 한다.

SNS를 통해 전국적인 사진 명소로 떠오른 암태도의 벽화다. 일명 '동백파마머리'라고 불리는 벽화는 담장 안쪽에 살고 있는 노부부의 얼굴을 그린 것이다. 벽화가 인기를 끈 이유는 얼굴의 머리 모양을 담장 안쪽에 있는 동백나무로 표현한 아이디어 때문이다. 사진을 찍을 때 자연스럽게 보일 수 있도록 동백이 피지 않는 시기에는 동백나무에 동백꽃 조화를 달아 놓는다.

주소	전라남도 신안군 안좌면 소곡리 780-4(퍼플섬 입구 주차장)
운영시간	09:00~18:00
입장료	어른 5,000원, 청소년·군인 3,000원, 어린이 1,000원
전화번호	061-262-3003
홈페이지	www.반월박지도.com
etc.	보라색 의류(옷, 모자, 스카프, 신발, 양말 등), 소품(안경, 지갑, 가방, 우산 등), 보라색 염색 및 가발 등을 한 사람과 주민등록상 이름이 '보라'인 사람은 무료로 입장 가능

9월 37주 소개(318쪽 참고)

9월 셋째 주

산사는 붉게 물든다

38 week

SPOT 1

이루어질 수 없는 사랑이 피어나다

불갑사

주소 전라남도 영광군 불갑면 불갑사로 450 · 가는 법 자동차 이용 · 전화번호 061-352-8097

9월, 얼굴에 닿는 바람이 선선하게 느껴지기 시작할 때 불갑사의 가을은 빨갛게 타오른다. 세련된 연꽃 문양이 돋보이는 대웅전, 700년이 넘은 참식나무도 눈길을 끌지만 이 무렵 불갑사에서 우리의 시선을 빼앗는 것은 단연 꽃무릇이다. 보통 고창의 선운사, 영광의 불갑사, 함평의 용천사를 우리나라 3대 꽃무릇 군락지로 꼽는데, 그중에서도 불갑사 꽃무릇이 으뜸이다. 불갑사 주차장 입구부터 얼굴을 내민 꽃무릇은 일주문을 지나면 지천으로 피어 있다. '피었다'는 표현보다는 '흐드러졌다'는 말이 더 어울릴 정도다. 산사 구석까지 밀려든 붉은 물결에 잠시 꽃멀미가 느껴진다. 불갑사를 뒤덮은 꽃길은 계곡의 산책로를 따라 불갑사 저수지까지 이어진다. 비탈길에 핀 꽃무릇이 반짝이는 저수지 물빛과 어우러져 눈부시다. 이파리 하나 없이 가늘고 여린 꽃대가 어떻게 이런 탐스러운 꽃송이를 피워 내는지 신비롭기만 하다.

 꽃무릇의 꽃말은 '이루어질 수 없는 사랑'이다. 꽃과 잎이 피는 시기가 달라 서로 그리워하면서도 만나지 못한다 하여 이런 꽃말이 붙었는데, 여기에는 슬픈 전설이 담겨 있다. 절에 불공을 드리러 온 아리따운 처녀를 짝사랑한 젊은 스님이 상사병에 걸려 시름시름 앓다가 피를 토하고 죽었는데, 그 무덤가에 붉은 꽃이 피었다는 것이다. 이 전설을 믿는 사람은 없겠지만 유난히 붉은 꽃무릇을 보면 애절한 사랑의 한이 꽃으로 피어난 건 아닌가 하는 생각이 든다.

주변 볼거리·먹거리

불갑저수지수변공원 저수지 주변을 따라 공원과 산책로, 인공폭포 등을 조성하여 여행자에게 쉼터와 생동감 있는 볼거리를 제공하는 곳이다. 저수지를 한눈에 내려다볼 수 있는 전망대가 특히 인기 있다.

ⓐ 전라남도 영광군 불갑면 방마로 151 ⓣ 061-352-8097

TIP
- 불갑사꽃무릇축제가 9월 중순경에 열리는데, 이 시기에는 불갑사로 향하는 도로가 매우 혼잡하므로 아침 일찍 도착하는 것이 좋다.
- 불갑사에서 꽃무릇이 가장 아름다운 곳은 일주문 근처와 불갑사 저수지 주변이다.

SPOT 2

징게맹갱외에밋들
아리랑 문학마을

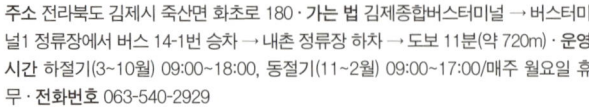

주소 전라북도 김제시 죽산면 화초로 180 · **가는 법** 김제종합버스터미널 → 버스터미널1 정류장에서 버스 14-1번 승차 → 내촌 정류장 하차 → 도보 11분(약 720m) · **운영시간** 하절기(3~10월) 09:00~18:00, 동절기(11~2월) 09:00~17:00/매주 월요일 휴무 · **전화번호** 063-540-2929

    소설 〈아리랑〉은 조정래 작가가 1990년부터 한국일보에 연재한 내용을 1995년 광복 50주년에 맞추어 전체 12권의 책으로 출간한 것이다. 소설은 전북 김제와 만경평야를 배경으로 일제강점기 약 35년간 민초들이 겪은 고난과 투쟁의 삶을 그려 냈다. 400만 부 이상의 누적 판매부수와 우리나라 대하소설로는 처음으로 유럽에서 완간되었다는 사실이 말해 주듯 〈아리랑〉은 우리에게 소설 그 이상의 의미가 있다.

    김제에는 소설 〈아리랑〉을 눈으로 보고 체험할 수 있는 곳들이 있다. 하나는 벽골제 근처의 조정래아리랑문학관이고 또 하나는 비교적 최근에 개관한 아리랑문학마을이다. 소설 〈아리

랑〉의 시작인 '징게맹갱외에밋들(김제만경평야의 전라도 사투리)'의 죽산면에 소설 속 내용을 그대로 꺼내어 펼쳐 놓았다. 중앙의 홍보관에는 소설 속 등장인물 관계도와 독립을 위해 싸웠던 민초들의 삶을 표현해 놓았다. 홍보관 오른쪽 근대수탈기관 거리에는 주민들을 감시하던 주재소, 면사무소, 우체국 그리고 양곡 수탈의 상징인 정미소를 재현해 두었다. 비록 재현한 공간이지만 마음 한구석이 아려 온다. 홍보관 왼쪽에는 일본의 수탈을 견디다 못해 고향을 버리고 떠나야 했던 이민자들의 가옥과 1900년대의 하얼빈역을 60% 정도로 축소·복원한 건물이 있다. 건물 안에는 독립투사들의 초상화가 걸려 있고, 밖으로 나가면 하얼빈역에서 안중근 의사가 이토 히로부미를 저격했던 역사적인 장면을 조형물로 만나 볼 수 있다. 아리랑문학마을을 방문하기 전 소설 〈아리랑〉을 읽고 간다면 더욱 좋겠지만, 그러지 못하더라도 이곳에서 소설의 내용을 이해하고 우리의 아픈 역사를 되새겨 보는 것은 어떨까.

주변 볼거리·먹거리

벽골제

Ⓐ 전라북도 김제시 부량면 벽골제로 442 Ⓞ 동절기(11~2월) 09:00~17:00, 하절기(3~10월) 09:00~18:00/매주 월요일 휴무 Ⓒ 어른 3,000원, 청소년·군인 2,000원, 어린이 1,000원 Ⓣ 063-540-4094
11월 46주 소개(397쪽 참고)

조정래아리랑문학관

Ⓐ 전라북도 김제시 부량면 용성1길 24 Ⓞ 09:00~18:00/매주 일요일 휴관 Ⓣ 063-540-3934
11월 46주 소개(397쪽 참고)

TIP
- 좀 더 깊이 있게 둘러보고 싶다면 문화해설사의 안내를 요청하자.
- 홍보관 안에서 일제강점기 때의 의상을 무료로 빌려 입을 수 있으며, 홍보관 앞 광장에서는 투호, 굴렁쇠 굴리기, 옥사체험 등을 할 수 있다.
- 근대수탈기관에 있는 면사무소에서는 무료로 탁본체험을 할 수 있다.

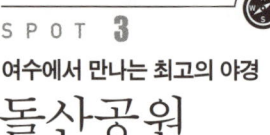

SPOT 3
여수에서 만나는 최고의 야경
돌산공원

주소 전라남도 여수시 돌산읍 우두리 산355-1 · 가는 법 자동차 이용

왜 여수 밤바다였을까. 밤바다의 낭만을 따지자면 부산이나 강릉이 더 아름다울 수도 있는데 왜 버스커버스커는 여수 밤바다를 노래했을까? 그 의문은 어둠이 내린 밤 돌산공원에 오르면 풀린다. 돌산공원은 돌산대교와 장군도, 그리고 낭만포차 거리가 한눈에 내려다보이는 여수 최고의 야경 명소다. 공원 주위로 산책로가 조성되어 시원한 바닷바람을 맞으며 시가지를 훤히 굽어볼 수 있다. 그야말로 여수가 왜 밤의 낭만 도시인지 이해하게 해 준다.

돌산대교는 여수 시내와 돌산도를 잇는 길이 450m의 다리로 여수를 상징하는 관광명소 중 하나다. 특히 밤이 되면 50여 가지

색상의 옷을 갈아입으며 주변 여수항과 어우러져 환상적인 야간 경관을 뽐낸다. 15,000여 명이 살고 있던 돌산도가 돌산대교로 육지와 연결되면서 주민들의 삶의 질이 획기적으로 개선되었다. 돌산 갓김치는 전국적인 명성을 얻었고, 무슬목해수욕장, 향일암 등이 여수 관광의 필수 코스로 자리매김했다.

TIP
- 돌산공원 전용 주차장이 있어 공원 바로 아래까지 자동차로 이동할 수 있다.
- 흔들림 없는 선명한 야경을 찍으려면 삼각대를 필수로 준비해야 한다.

주변 볼거리·먹거리

여수해양케이블카 여수의 섬과 바다를 통과하는 해상케이블카다. 바람을 가르는 짜릿한 스릴감을 온몸으로 느끼고, 아름다운 여수 앞바다의 풍광을 감상할 수 있다. 일반 캐빈 35대와 크리스탈 캐빈 15대를 운영 중이다.

Ⓐ 전라남도 여수시 돌산읍 돌산로 3600-1 Ⓞ 10:00~20:00 Ⓣ 061-664-7301 Ⓒ 일반 캐빈(왕복/8인승) 대인 15,000원, 소인 11,000원, 크리스탈 캐빈(왕복/6인승) 대인 22,000원, 소인 17,000원 Ⓗ www.yeosucablecar.com Ⓔ 예약이 없으며 현장 당일 발권만 가능

낭만포차 거리 여수 밤바다와 연계해 지역 경제를 살리기 위해 조성한 특화거리다. 여수 지역에서 나오는 다양한 해산물 요리를 즐기며 돌산대교와 여수 앞바다의 야경을 감상할 수 있다. 한국관광공사의 '야경관광 100선'에 선정되기도 했다.

Ⓐ 전라남도 여수시 하멜로 102 Ⓞ 18:00~01:00

SPOT 4

낮보다 밤이 아름다운 카페
비비낙안

주소 전라북도 완주군 삼례읍 비비정길 26 · 가는 법 자동차 이용 · 운영시간 10:00~21:00 · 전화번호 063-291-8608 · 대표메뉴 아메리카노 4,000원, 유기농토마토주스 5,000원, 감잎차 5,000원, 오디효소 6,000원, 유기농딸기스무디 6,500원

비비낙안 카페는 비비정으로 내려가는 초입에 위치하고 있다. '비비낙안(飛飛落雁)'은 예로부터 전해오는 전주팔경(全州八景) 중 하나로 '한내(지금의 만경강) 백사장에 내려앉은 기러기 떼를 비비정에서 바라본 모습'이라는 뜻이다. 비비정은 1573년에 건립된 정자로 풍광이 좋아 옛 선비들이 이곳에 올라 시를 짓고 풍류를 즐겼다고 전해진다. 이렇게 아름다운 곳에 위치하고 있어서 카페 이름을 비비낙안이라 지었다.

비비낙안이 위치한 곳은 예전에 생활용수를 공급하는 정수장으로 쓰였던 곳이다. 그래서 일부 흔적이 아직 남아 있다. 특히 정수탑의 원형을 그대로 살린 전망대가 있는데, 전망대에서 내려다보면 삼례천은 물론 전주 시가지와 멀리 호남평야가 시야에 들어온다. 날씨가 좋은 날에는 만경강 철교 너머로 떨어지는 멋진 낙조를 볼 수 있다. 해가 지고 나면 카페의 밤 풍경이 더욱 아름다워 낮에는 볼 수 없는 또 다른 매력을 느낄 수 있다.

주변 볼거리·먹거리

비비정 농가레스토랑 비비낙안 잔디마당에서 계단을 따라 3~4분 정도 내려가면 만날 수 있다. 비비정마을 부녀회에서 운영하며, 요리사는 70세 이상의 어머니들이다. 2009년 비비정마을이 신문화조성사업지로 선정되었고, 농가 소득을 위해 어머니들이 가장 잘할 수 있는 요리를 선택해 농가레스토랑을 개업했다.

Ⓐ 전라북도 완주군 삼례읍 비비정길 26 Ⓞ 화~금요일 11:30~16:30, 토~일요일 11:30~19:30/매주 월요일 휴무 Ⓣ 063-291-8609 Ⓜ 불고기주물럭세트(11찬, 공깃밥) 13,000원, 홍어탕세트(11찬, 공깃밥) 15,000원, 버섯전골세트(11찬, 공깃밥) 13,000원

TIP

- 비비낙안은 야경이 아름답기 때문에 해 질 무렵에 방문하면 더욱 좋다.
- 날씨가 좋은 날에는 실내보다는 야외 테이블을 추천한다.
- 2019년 BTS가 비비낙안에서 화보 촬영을 한 후 'BTS 힐링 성지'로 각광받고 있다.

추천 코스 꽃무릇의 슬픈 전설을 따라

1 COURSE 법성토우 — 자동차 이용(약 24km) — **2 COURSE** 불갑사 — 자동차 이용(약 16.8km) — **3 COURSE** 용천사

주소 전라남도 영광군 법성면 법성포로3길 26-9
운영시간 08:00~21:00
전화번호 061-356-8424
대표메뉴 돌솥굴비 10,000원, 녹차보리굴비 15,000원, 돌솥굴비정식(2인) 50,000원
가는 법 자동차 이용

1월 4주 소개(52쪽 참고)

주소 전라남도 영광군 불갑면 불갑사로 450
전화번호 061-352-8097

9월 38주 소개(322쪽 참고)

주소 전라남도 함평군 해보면 용천사길 209
전화번호 061-322-1822

9월 39주 소개(334쪽 참고)

329

9월 넷째 주
초가을의 문턱을 넘어

39 week

SPOT 1
메밀꽃 필 무렵
학원농장

주소 전라북도 고창군 공음면 학원농장길 158-6 · **가는 법** 자동차 이용 · **전화번호** 063-563-9897 · **홈페이지** www.borinara.co.kr

고창의 가을은 하얗다. 봄에는 청보리, 여름에는 해바라기로 넘실대던 고창 학원농장에 가을이 오면 때아닌 눈꽃이 새하얗게 피어난다. 다름 아닌 메밀꽃이다. 선선한 바람에 메밀꽃 소식이 전해질 즈음이면 어김없이 이효석의 단편소설〈메밀꽃 필 무렵〉이 생각난다. 소설의 배경은 비록 강원도 평창의 봉평이지만 고창 학원농장의 풍경도 그에 못지않게 아름답다. 봉평의 메밀꽃밭이 아기자기하고 서정적이라면 학원농장의 메밀꽃밭은 광활하고 장쾌하다. 하늘과 맞닿은 드넓은 구릉이 왕소금이라도 뿌려 놓은 듯 메밀꽃으로 하얗게 뒤덮인다. 멀리서 보면 하얀 싸락눈처럼 보이고, 가까이서 보면 마치 강냉이튀밥처럼 앙증

맞다. 메밀꽃이 절정을 이루는 9월 중순이 되면 이곳에서 메밀꽃축제가 열린다. 허리까지 자란 메밀대가 바람에 흔들려 하얀 물결을 이루면 구름을 딛고 거니는 듯한 황홀경에 빠진다.

주변 볼거리·먹거리

무장읍성
Ⓐ 전라북도 고창군 무장면 성내리 149-1 ☏ 063-560-8047

5월 19주 소개(170쪽 참고)

SPOT **2**

정약용의 자취를 찾아서
다산초당

주소 전라남도 강진군 도암면 다산초당길 68-35 · 가는 법 자동차 이용 · 전화번호 061-430-3911

　만덕산 기슭, 강진만이 한눈에 내려다보이는 곳에 다산초당이 있다. 조선 후기 실학의 대가로 〈목민심서〉, 〈흠흠심서〉 등을 저술한 다산 정약용에 대해 한 번도 들어 보지 못한 이는 아마 없을 것이다. 정약용은 1801년에 정통학문이 아닌 사학(邪學)에 물들었다는 죄명으로 유배생활을 시작했는데, 18년간의 긴 유배생활 중 10년을 보낸 곳이 바로 다산초당이다. 이곳에서 그는 제자들과 함께 학업에 몰두하며 수많은 저서를 집필하였고, '다산학'이라 일컫는 학문적 성과를 집대성하였다.

　다산기념관 뒤쪽, 도로가 끝나는 곳부터 걸어서 약 20분 거리에 다산초당이 있다. 소나무숲이 우거져 대낮에도 그늘이 짙고 서늘하며, 한여름 매미 울음소리마저 잦아드는 곳이다. 실개천

을 끼고 가파른 언덕을 따라 오르면 환하게 하늘이 열리는 곳에 다산초당이 단아한 모습을 드러낸다. 원래 초가였던 다산초당이 붕괴해 1957년에 기와집으로 복원한 것으로, 새로 지어졌지만 오랜 세월의 여유로움이 그대로 담겨 있다. 뒤쪽 바위에는 정약용이 새긴 '정석(丁石)'이라는 글자가 선명하고, 오른쪽에는 손수 돌을 쌓고 물을 끌어와 만든 네모난 연못이 있다. 다산초당을 가로질러 숲길을 따라 50m 정도를 더 가면 천일각이 있는데, 여기서 바라보는 강진만의 풍광 역시 시원하다.

주변 볼거리·먹거리

다산박물관 실학을 집대성하고 수많은 저서를 편찬한 다산 정약용의 삶과 업적을 기리기 위해 다산초당 초입에 개관한 박물관이다. 정약용의 친필, 제자들의 유물 등이 전시되어 있다.

ⓐ 전라남도 강진군 도암면 다산로 766-20 ⓗ 09:00~18:00 ⓣ 061-430-3916 ⓒ 어른 2,000원, 청소년·군인 1,000원, 어린이 500원 ⓗ dasan.gangjin.go.kr

TIP
- 다산기념관에서 다산초당까지 오르는 길은 짧지만 가파른 산길이라 구두는 불편할 수 있다.
- 다산초당에서 천일각 옆 숲길을 따라 만덕산을 넘으면 백련사로 이어진다. 30분 정도 소요되는 가벼운 산책 코스이므로 꼭 가 보길 추천한다.

SPOT 3
산사 구석까지 밀려든
붉은 꽃 물결
용천사

주소 전라남도 함평군 해보면 용천사길 209 · 가는 법 자동차 이용 · 전화번호 061-322-1822

전남 함평의 작은 절집, 용천사. 아무도 관심 갖지 않는 이곳에 9월 말이 되면 사람들이 몰려든다. 산사 구석까지 지천으로 편 꽃무릇 때문이다. '우리나라 3대 꽃무릇 명소'라는 말이 괜히 나온 말은 아닌 듯하다. 사찰을 중심으로 주변에 펼쳐진 꽃무릇 군락지는 축구장 약 140배에 이르며, 국내 최대의 자생 군락지를 이루고 있다. 사찰에 도착하기 전 고갯길부터 꽃무릇이 화사하게 피어 손님을 맞이한다.

용천사 입구 광암저수지 주변은 꽃무릇 사진 찍기에 가장 좋은 곳이다. 흐드러지게 편 꽃무릇, 더없이 파란 하늘과 구름이 저수지에 내려앉아 아름다운 풍경을 연출한다. 저수지를 지나 길을 따라 올라가면 나지막한 돌담 아래 살며시 얼굴을 내민 꽃

무릇이 정겹다. 돌담 너머 숲 자락에는 붉은 물감을 확 뿌려 놓은 듯 꽃무릇이 지천으로 깔려있다. 꽃무릇은 사찰 뒤편 등산로에 이르러 절정을 이룬다. 용천사와 불갑사를 하나의 능선으로 잇는 약 4km의 등산로는 꽃무릇을 제대로 즐길 수 있는 코스다. 다 걷기 어렵다면 흔들거리는 구름다리와 나무의자가 있는 쉼터까지만 산책해도 산사에 핀 꽃무릇의 아름다움을 만끽하는 데 부족함이 없다.

TIP
- '용천사'라는 명칭은 대웅전 아래에 있는 '용천(龍泉)'이라는 샘에서 유래했다. 이 샘은 용이 살다가 승천했다는 전설이 내려온다.
- 꽃무릇은 꽃대가 쉽게 부러질 수 있으므로 사진 찍을 때 꽃대가 상하지 않게 주의해야 한다.
- 꽃무릇이 피는 시기에는 교통이 매우 혼잡하므로 평일에 방문하거나 휴일에는 오전 9시 이전에 방문해야 불편하지 않다.

주변 볼거리·먹거리

불갑사
Ⓐ 전라남도 영광군 불갑면 불갑사로 450 ⓣ 061-352-8097
9월 38주 소개(322쪽 참고)

SPOT 4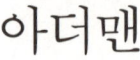

기찻길 옆 감성 카페
아더맨

주소 전라남도 화순군 화순읍 연양1길 28 · **가는 법** 자동차 이용 · **운영시간** 11:00~20:00 · **전화번호** 061-372-7585 · **대표메뉴** 아메리카노 5,000원, 카페라테 5,000원, 흑임자라테 6,500원, 유니농소프트아이스크림 5,500원, 착즙오렌지주스 6,000원, 에이드 6,500원

주변 볼거리·먹거리

불타는용궁짬뽕
ⓐ 전라남도 화순군 화순읍 칠충로 11 ⓗ 10:30~20:00 ⓣ 061-371-1122 ⓜ 용궁싸상면(2인 이상) 8,000원, 용궁짬뽕(2인 이상) 9,000원, 탕수육(소) 15,000원
5월 20주 소개(183쪽 참고)

TIP
- 카페 옆으로 기차가 지나가는 시각은 하루 5회(11:05, 11:25, 14:15, 19:20, 20:00)지만 실제로 지나가는 시각은 조금씩 달라질 수 있다.
- 음료 외에 디저트로 다양한 빵 종류를 판매하고 있다.
- 실외는 반려견 동반 가능하지만 실내는 불가능하다.

전남 화순읍의 변두리에 위치한 카페라 대부분 큰 기대 없이 가지만, 실제로 보고 첫눈에 반하는 방문객이 많다. 멀리서 보면 얼핏 창고 같아서 실망했다가 카페에 도착하면 너무 예쁘고 감성적인 느낌에 실망이 설렘으로 바뀐다. 주차를 하고 카페로 가는 짧은 길이 참으로 정겹다. 무심한 듯 피어난 작은 꽃들, 담장 옆에 무질서하게 자란 풀들도 여유롭게 느껴진다. 이렇게 좋은 위치에 욕심내지 않고 복층이 아닌 심플한 단층으로 건물을 지은 건 신의 한 수다. 건물과 주변 풍경이 잘 어우러져 곳곳이 포토존이다.

문을 열고 실내에 들어가면 한 번 더 감탄한다. 실내를 관통하는 밝은 살구색이 참 포근하고 산뜻하다. 많이 꾸미지 않았지만 세련되고 고급스러운 느낌이다. 사람으로 치자면 청바지에 흰 티셔츠만 입었을 뿐인데 외모가 빛나는 느낌이랄까. 입구에서 정면으로 보이는 세 개의 창문이 그야말로 걸작이다. 창문이 아니라 액자를 걸어 놓은 듯하다. 창밖 풍경은 작품이 되고, 창틀은 그대로 액자가 되었다. 이 카페의 설계자는 저 풍경을 의도한 것일까? 정말 의도한 것이라면 그 탁월한 감각에 경의를 표하고 싶다.

추천 코스 만덕산을 넘으며 다산을 생각하다

1 COURSE
🚌 강진버스여객터미널 농어촌버스 90-2번 승차 ▶ 다산초당 정류장 하차 ▶ 🚶 도보 17분(약 1.1km)

▶ 장터국밥

2 COURSE
🚶 도보 17분(약 1.1km)

▶ 다산초당

3 COURSE

▶ 백련사

주소	전라남도 강진군 강진읍 영랑로3길 35-1
운영시간	07:00~21:00
전화번호	061-434-9463
대표메뉴	콩나물국밥 7,000원, 순대국밥 8,000원, 소머리국밥 9,000원
가는 법	강진버스여객터미널 → 도보 9분(약 540m)

강진 재래시장에서 한 끼 식사를 하고 싶다면 장터국밥을 추천한다. 허름한 외관에서 알 수 있듯이 오랫동안 시장 모퉁이에서 국밥을 팔던 곳이다. 장터국밥의 국밥은 밥과 국이 따로 나오는 일명 '따로국밥'이다. 장터국밥의 대표 메뉴는 소머리국밥이다. 사골을 우린 진한 국물에 머리고기, 내장, 콩나물 등이 들어가는데, 국물 맛이 개운하고 깔끔하기로 소문났다.

주소	전라남도 강진군 도암면 다산초당길 68-35
전화번호	061-430-3911

9월 39주 소개(332쪽 참고)

주소	전라남도 강진군 도암면 백련사길 145
전화번호	061-432-0837
홈페이지	www.baekryunsa.net

다산초당과 함께 만덕산 아래에 자리 잡고 있다. 다산초당 뒤쪽의 숲길을 따라 30분 정도 걸으면 백련사에 다다른다. 신라 때 세워진 사찰로, 한때 전남의 중심 사찰이었지만 고려 말 왜구의 침입으로 피해를 입어 규모가 많이 축소되었다. 사찰 입구의 동백나무 숲이 유명하며, 정약용이 유배 시절 숲길을 오가며 백련사에 있는 혜장선사와 자주 만나 학문을 논했다는 일화도 전해진다.

9월의 대숲여행
초록빛 가득한 담양을 걷다

담양 하면 대나무숲이 가장 먼저 떠오른다. 전라도의 작은 지역이 우리나라 대나무 면적의 30% 이상을 차지하고 있다고 하니 가히 '대나무의 도시'라 할 만하다. 대숲에 스치는 바람은 소리부터 남다르고 그 안에서는 시간도 천천히 흐른다. 초록빛으로 가득한 담양은 무더위에 지쳤던 우리를 토닥이며 휴식과 위로를 건넨다. 9월, 담양의 울창한 대숲을 거닐며 소박한 정자에서 여유로움을 느껴 보자.

🚩 **2박 3일** 코스 한눈에 보기

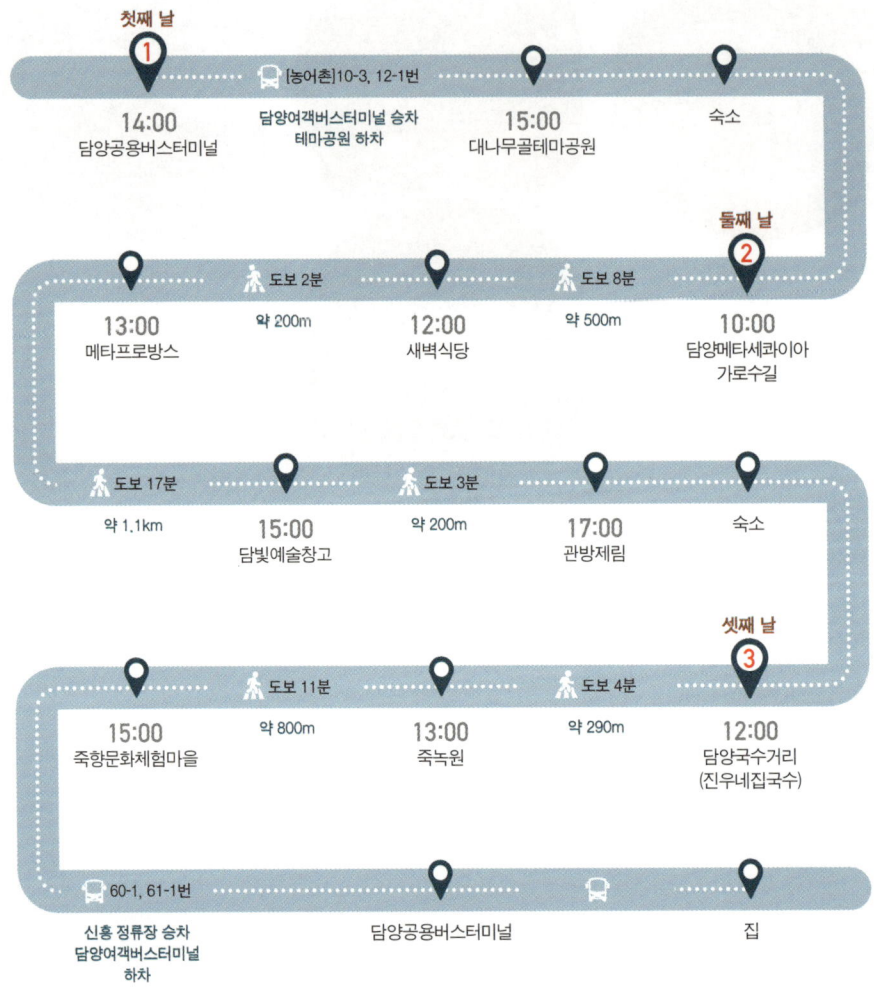

◀ 담양메타세콰이아가로수길
Ⓐ 전라남도 담양군 담양읍 메타세쿼이아로 25 ⓞ 하절기(5~8월) 09:00~19:00, 동절기(9~4월) 09:00~18:00 ⓣ 061-380-3149 ⓒ 어른 2,000원, 청소년 1,000원, 어린이 700원
12월 51주 소개(433쪽 참고)

◀ 관방제림 죽녹원에서 영산강 너머로 시선을 돌리면 3~400년간 묵묵히 한 자리를 지키며 숲을 이룬 관방제림을 볼 수 있다. 세월이 지날수록 더욱 아름다워지는 숲이다.

Ⓐ 전라남도 담양군 담양읍 관방제림길

▶ 죽녹원 2003년에 조성된 죽녹원은 축구장 40배가 넘는 면적의 대나무숲으로 2.4km에 달하는 숲길 산책로가 있다. 숲에서 뿜어져 나오는 음이온과 맑은 산소로 죽림욕을 즐길 수 있다.

Ⓐ 전라남도 담양군 담양읍 죽녹원로 119 ⓞ 동절기(11~2월) 09:00~18:00, 하절기(3~10월) 09:00~19:00 ⓣ 061-380-2680 ⓒ 어른 3,000원, 청소년·군인 1,500원, 초등학생 1,000원 ⓗ www.juknokwon.go.kr ⓔ 죽녹원 입장권으로 죽향문화체험마을까지 다 둘러볼 수 있다.

▲ 진우네집국수 죽제품 시장이 성황을 이루던 시기에 생겨난 국숫집이 담양의 명물이 되었다. 둑길을 따라 많은 국숫집이 성업 중이다. 둑길 평상에 앉아 탁 트인 영산강을 바라보며 먹는 국수 맛이 일품이다.

Ⓐ 전라남도 담양군 담양읍 객사3길 32 ⓞ 09:00~20:00 ⓣ 061-381-5374 ⓜ 멸치국물국수·비빔국수 5,000원, 삶은 달걀(2개) 1,000원

▲ 죽향문화체험마을 2009년에 개관한 죽향문화체험마을은 죽녹원 뒤쪽에 위치하고 있다. 담양의 대표적인 정자인 소쇄원, 명옥헌, 면앙정, 식영정 등을 그대로 재현해 놓았다. 또한 가사문학의 대가인 송순, 정철의 작품을 감상할 수 있는 시비공원도 있다.

Ⓐ 전라남도 담양군 담양읍 죽향문화로 378 ⓞ 동절기(11~2월) 09:00~18:00, 하절기(3~10월) 09:00~19:00 ⓣ 061-380-2680 ⓒ 어른 3,000원, 청소년·군인 1,500원, 초등학생 1,000원 ⓗ www.juknokwon.go.kr ⓔ 죽향문화체험마을 입장권으로 죽녹원까지 다 둘러볼 수 있다.

전라도의 가을은 넉넉하고 풍성하다. 한 해 동안 일을 마친 들녘이 잠시 숨을 고르고 있고, 바다에 떠 있는 섬들이 여행자를 매료할 것이다. 산과 계곡의 나무들은 제 옷을 치장에 분주하다. 나무들에게 가장 바쁘고 화려한 시기가 멀지 않았다. 아직 물들이지 못한 속살이 군데군데 남아 있지만, 시간이 흐르고 계절이 바뀌는 것만큼 정직한 일도 없다. 어느덧 10월, 전라도에도 이제 가을 냄새가 짙어지고 있다.

10월의 전라도

―――――

어느덧 짙어진
가을 냄새

10월 첫째 주

가을에 떠나는 기차여행

40 week

SPOT 1

응답하라 7080

득량역 추억의거리

주소 전라남도 보성군 득량면 역전길 28 · **가는 법** 보성버스터미널 → 보성버스터미널 정류장 농어촌버스 대보등11, 득량61번 승차 → 득량역 정류장 하차 → 도보 1분 (약 50m) · **전화번호** 1544-7788

"이번에 내리실 역은 득량, 득량역 추억의거리입니다"
전남 보성의 한적한 시골에 자리한 작은 간이역이 추억의 명소로 떠오르고 있다. 기차가 하루에 서너 차례밖에 서지 않는 득량역이 바로 그 주인공이다. 2015년 코레일에서 득량역 주변에 추억의거리를 조성하고 우리나라 최초로 '관광기부역'으로 선정하였다. 관광기부역이란 이곳에서 나오는 관광 수익금을 어려운 이웃을 위해 쓰는 것으로, 무척 뜻깊은 사업이다.

'득량(得糧)'이라는 지명은 임진왜란 당시 이순신 장군이 왜군과 대치하던 중에 떨어진 군량미를 이곳에서 조달해 왜군을 물리쳤다고 하여 얻을 '득(得)', 곡식 '량(糧)' 자를 쓴 것이다. 그래

서 득량역 주변에는 이순신 장군과 관련된 벽화가 있다. 또한 1970~80년대를 추억할 수 있는 다양한 체험공간이 가득하다. 노른자 둥둥 띄운 쌍화차가 어울리는 다방, 능숙한 가위질과 바리캉 몇 번으로 금세 단정한 머리가 완성되던 이발소, 엄마 몰래 놀러 갔다 눈물 쏙 빠지게 혼쭐났던 오락실과 만화방, 책상에 선을 그어 넘어오지 말라고 짝꿍과 다투던 국민학교 교실 등 이제는 대부분 사라진 추억의 장소다. 초등학교가 아니라 국민학교를 다녔던 이들에게는 당시의 추억이 몽글몽글 피어오른다. 추억의거리를 지나 득량역으로 가면 손으로 쓴 열차시간표와 역사 안에 놓인 풍금이 눈길을 사로잡는다. 기차가 들어오지 않는 철길 위를 천천히 거닐며 오래된 추억을 되새겨 보자.

주변 볼거리·먹거리

강골마을 오봉산 자락에 위치한 청정 마을로 자연경관이 아름답다. 마을 가운데에 큰 연못이 있고, 연못 주변의 황토색 담장길을 따라 100년이 넘은 문화재급 전통 가옥이 여러 채 보존되어 있다.

Ⓐ 전라남도 보성군 득량면 강골길 45-1 ⓣ 061-853-2885 ⓗ gg.invil.org

TIP
• 옛날 교복이나 교련복을 빌려 입으면 이곳을 더욱 완벽하게 즐길 수 있다.

SPOT 2
푸른 하늘과 땅이 하나되는 곳
상하농원

주소 전라북도 고창군 상하면 상하농원길 11-23 · 가는 법 자동차 이용 · 운영시간 09:30~21:00 · 입장료 대인 8,000원, 소인 5,000원 · 전화번호 1522-3698 · 홈페이지 www.sanghafarm.co.kr

　언제부턴가 우리 입에 오르내리던 '웰빙'과 '힐링'이라는 단어는 이제 건강한 삶의 척도를 나타내는 말이 되었다. 웰빙을 고려해 맛보다 건강을 생각한 식단을 짜고, 힐링을 위해 몸과 마음의 충분한 휴식을 취한다. 고창 상하농원에 가면 웰빙과 힐링을 제대로 만끽할 수 있디. 2016년 4월에 정식 개장한 이곳은 매일유업에서 운영하는 농장으로, 그 규모가 축구장의 약 14배 크기인 10만㎡에 이른다. '짓다', '놀다', '먹다'를 모토로 내걸고 자연과 동물, 사람이 교감할 수 있는 체험형 농촌 테마파크를 조성한 것이다. 동물농장과 유기농목장에서는 송아지와 양에게 건초나 우유를 먹이고, 자유롭게 돌아다니는 새끼 동물들에게 다가가

인사를 건넬 수도 있다. 체험교실에서는 직접 소시지를 만들고 손수 우유빵을 구워 볼 수 있다.

한편 이곳의 농원식당에서 로컬푸드의 참맛을 느껴 보는 것도 좋다. 대부분 농장에서 직접 재배하거나 고창에서 생산한 농산물을 사용한 음식이므로 신선하고 믿을 만하다. 특히 셀프 테이블에서 원하는 만큼 가져다 먹을 수 있는 배추, 상추, 장아찌, 젓갈 등은 더없이 신선하고 맛도 일품이다.

TIP
- 반려견과 함께 입장할 수 있어 반려인들에게 인기가 높다.
- 계절별로 다양한 체험 프로그램을 진행하기 때문에 홈페이지에서 미리 확인한 후 예약하고 갈 것을 추천한다.

주변 볼거리·먹거리

구시포해수욕장 울창한 소나무숲과 곱고 단단한 백사장, 1.7km에 이르는 해안선이 장관이다. 환상적인 일몰을 마주하기 위해 특히 사진가들이 많이 찾는다.

Ⓐ 전라북도 고창군 상하면 진암구시포로 545

선운사 도솔산 북쪽 기슭에 자리 잡고 있는 선운사는 오랜 역사와 빼어난 자연경관, 귀중한 불교 문화재들을 지니고 있다. 사시사철 참배객과 관광객의 발길이 끊이지 않는 곳이다.

Ⓐ 전라북도 고창군 아산면 선운사로 250
ⓞ 05:00~20:00 ⓣ 063-561-1422 ⓒ 어른 4,000원, 청소년 3,000원, 어린이 1,000원
ⓗ www.seonunsa.org Ⓔ 주차 2,000원

SPOT 3

우리나라에서 가장 긴
해상케이블카

목포
해상케이블카

주소 전라남도 목포시 해양대학로 240 · 가는 법 목포역 → 차없는거리 정류장에서 버스 6, 13, 130번 승차 → 서부초등학교 정류장 하차 → 도보 9분(약 550m) · 운영시간 평일 10:00~20:00, 주말 09:00~21:00 · 탑승료 일반 캐빈(왕복) 대인 22,000원, 소인 16,000원, 크리스탈 캐빈(왕복) 대인 27,000원, 소인 21,000원 · 전화번호 061-244-2600 · 홈페이지 www.mmcablecar.com · etc. 주차장 1시간 1,000원(해상케이블카 이용 시 3시간 무료)

　　목포해상케이블카는 도심과 바다, 섬을 넘나드는 우리나라 최장, 최고 높이를 자랑하는 케이블카다. 북항승강장에서 유달산승강장을 지나 고하도승강장까지 총 길이가 무려 3.23km에 이르며, 왕복 시간만 40분 정도 걸린다. 문화체육관광부와 한국관광공사가 주관하는 '한국관광 100선'에 2년 연속 선정되기도 했다. 목포해상케이블카에 오르면 목포의 옛 도심 지역, 북항, 유달산은 물론 고하도와 목포 앞바다의 아름다운 풍경을 한눈에 조망할 수 있다.

목포해상케이블카는 일반 캐빈과 크리스탈 캐빈이 있다. 크리스탈 캐빈은 바닥이 투명하게 내려다보여 바다 위를 지날 때 진가를 발휘한다. 발아래로 아득한 바다가 펼쳐져 짜릿한 스릴을 느낄 수 있다. 특히 유달산을 지나 고하도로 향할 때는 새가 되어 바다 위를 나는 느낌이 든다. 하지만 케이블카를 그냥 탑승만 하면 제대로 즐긴 것이 아니다. 시간적 여유가 있다면 유달산승강장에 잠시 내려 주변을 둘러보고, 종점인 고하도승강장에서는 산책로를 걷는 게 좋다. 산책로 끝부분에는 이순신 장군의 판옥선을 연상케하는 고하도전망대가 있고, 전망대를 지나 바다로 내려가면 바다 위를 걸을 수 있는 해상데크가 있다. 이 모든 코스를 즐기고 나면 목포해상케이블카 자체가 하나의 패키지 여행 같은 풍성한 느낌이 든다.

TIP
- 크리스탈 캐빈이 일반 캐빈에 비해 탑승료가 조금 비싸지만 짜릿함을 좋아한다면 타보길 추천한다.
- 목포해상케이블카는 '북항승강장-유달산승강장-고하도승강장' 코스와 '고하도승강장-유달산승강장-북항승강장' 코스가 있는데, 일반적으로 북항승강장에서 탑승하는 사람이 많기 때문에 휴일에는 대기 시간이 길 수 있다.
- 케이블카 탑승 시간과 산책로 및 전망대 방문 시간 등을 고려한다면 3시간 이상 여유롭게 계획을 세우고 가는 것이 좋다.
- 날씨가 안 좋고 바람이 많이 불 때는 안전을 위해 운행하지 않을 수 있으니 미리 확인할 필요가 있다.

주변 볼거리·먹거리

고하도전망대 고하도는 이순신 장군이 임진왜란 때 명량대첩에서 승리한 후 전열을 가다듬었던 곳이다. 이곳에 13척의 판옥선 모형을 격자형으로 쌓아올려 전망대를 만들었다. 고하도의 아름다운 바다 풍경을 감상할 수 있는 명소로 많은 관광객이 찾는다. 1층은 카페, 2~5층은 임진왜란과 이순신에 대한 전시 자료, 목포의 관광지 소개, 전망대 등의 시설로 활용하고 있다.

ⓐ 전라남도 목포시 고하도안길 234

고하도해상데크 총 길이가 1,080m에 이르며 전체 구간이 바다 위에 위치하고 있다. 고하도의 해안 절경인 해식애와 목포 해안을 동시에 조망할 수 있다. 시원하게 펼쳐진 푸른 바다, 높이 228m의 유달산, 다도해의 관문 목포항, 그리고 노을이 아름다운 명소인 목포대교를 눈앞에서 볼 수 있다.

ⓐ 전라남도 목포시 달동 산 188-1

SPOT 4
무등산 아래 전망 좋은 카페
커뷰

주소 광주광역시 동구 지호로 161-7 · **가는 법** 광주역 정류장에서 지선버스 두암81번 승차 → 지산유원지 정류장 하차 → 도보 1분(약 60m) · **운영시간** 11:00~22:00 · **전화번호** 062-223-5947 · **대표메뉴** 아메리카노 5,800원, 카페라테 6,500원, 무등산구름커피·소프트아이스크림 7,000원, 바나나구름커피 8,000원, 딸기라테·에이드 스무디·과일차 9,000원

무등산은 광주의 대표적인 산으로 높이가 1,187m에 이르며 산세가 웅대하다. 주상절리인 서석대와 입석대는 절경이 빼어나 이를 보기 위해 많은 등산객이 찾는 곳이다. 초여름에는 초록으로 우거진 숲이 매력적이고 늦가을에는 단풍과 억새가 눈부신 장관을 이룬다.

'커뷰'은 광주 도심에서 멀지 않은 무등산 초입에 자리 잡고 있다. 시내에서 차를 타고 20분 정도만 나가면 한적하고 분위기 좋은 카페를 만날 수 있어서 무척 인기가 높다. 커뷰의 가장 큰 장점은 카페 안에서도, 카페 밖에서도 편안하게 앉아 무등산 자락을 볼 수 있다는 것이다. 실내에는 삼면이 낮은 벽으로 둘러싸인 개인 공간이 여러 곳 있어서 운이 좋으면 다른 사람 의식하지 않고 편안하게 쉴 수 있다. 하지만 경쟁이 치열해서 자리 잡기가 쉽지 않다. 꼭 실내만 고집할 필요는 없다. 테라스가 잘 꾸며져 있어서 확 트인 공간을 선호한다면 실외에서도 충분히 초가을의 낭만을 즐길 수 있다.

주변 볼거리·먹거리

양림동 펭귄마을
Ⓐ 광주광역시 남구 백서로 94

10월 42주 소개(362쪽 참고)

TIP
- 1층은 커피 생산 시설로 일반인의 출입을 제한하고, 2층은 카페로 운영하고 있다.
- 카페 내의 개인 공간은 예약이 불가능하며, 주말에는 다른 손님을 위해 2시간 이용 제한이 있다.
- 카페 규모에 비해 전용 주차장이 작은 편이라 갓길에 주차하는 경우가 많다.
- 음료 가격은 다른 카페에 비해 상대적으로 비싼 편이다.

추천 코스 푸르른 대지와 청정한 바람

1 COURSE
상하농원

자동차 이용(약 19km)

2 COURSE
하늘땅물바람

자동차 이용(약 2.6km)

3 COURSE
서해안바람공원

- **주소** 전라북도 고창군 상하면 상하농원길 11-23
- **운영시간** 09:30~21:00
- **입장료** 대인 8,000원, 소인 5,000원
- **전화번호** 1522-3698
- **홈페이지** www.sanghafarm.co.kr
- **가는 법** 자동차 이용

10월 40주 소개(344쪽 참고)

- **주소** 전라북도 고창군 심원면 두어1길 58
- **운영시간** 12:00~21:00 / 매주 월요일 휴무
- **전화번호** 063-563-3060
- **대표메뉴** 치즈돈가스 14,000원, 해산물 스파게티 15,000원, 하와이안 화덕피자(원형) 22,000원

6월 26주 소개(232쪽 참고)

- **주소** 전라북도 고창군 심원면 애향갯벌로 311

해변을 따라 소나무숲과 빨간 풍차, 바람개비 등이 있고, 시원한 바닷바람과 아름다운 서해의 일몰을 감상할 수 있는 공원이다. 편안하게 휴식을 취하기 좋은 곳으로, 산책로, 전망대 등 편의시설이 있다. 근처에 만돌갯벌체험학습장이 있어서 바지락 캐기, 갯벌 생태 체험 등도 가능하다.

10월 둘째 주
구절초 향기 따라

41 week

SPOT 1
전 세계 태권도인의 성지
태권도원

주소 전라북도 무주군 설천면 무설로 1482 · **가는 법** 자동차 이용 · **운영시간** 3~10월 10:00~18:00(화~금요일), 10:00~19:00(주말), 11~2월 10:00~17:00(화~금요일), 10:00~18:00(주말) / 매주 월요일 휴관 · **입장료** 어른 4,000원, 청소년(만 13~18세) 3,500원, 어린이(만 6~12세) 3,000원(각 시설별 체험료 별도) · **전화번호** 063-320-0114 · **홈페이지** www.tpf.or.kr/t1

　어린 시절 태권도 발차기 한번 따라해 보지 않은 사람이 없을 정도로 태권도는 우리나라를 대표하는 전통무예 중 하나다. 태권도 종주국으로서의 자부심을 가지고 체계적인 계승과 발전을 이어 가기 위해 2014년 무주 백운산 아래 태권도원이 들어섰다. '전 세계 태권도인의 성지'라는 표어에 걸맞게 시설과 규모가 세계 최고 수준이다. 서울월드컵경기장 부지의 약 10배에 달하는 엄청난 규모로, 크게는 체험을 통해 자신감을 키우는 '도전의 장', 수련을 통해 심신의 조화를 이루는 '도약의 장', 태권도의 근본정신을 계승하는 '도달의 장'으로 구성되어 있다. 일반 방문객이 가장 많이 찾는 곳은 '도전의 장'으로, 태권도박물관과 T1경기장, 체험관 Yap 등이 있다. T1경기장은 세계 유일의 태권도 전용 경기장으로, 5천 명을 동시에 수용할 수 있으며 국제적인 태권도 경기와 행사 및 공연 등을 치를 수 있는 다목적 경기장이다. 한편 이곳에서 아이들에게 가장 인기 있는 곳은 단연 체험관 Yap이다. 태권도복으로 갈아입고 체험할 수 있는 공간으로, 모션인식 장치가 설치된 영상을 통해 실전 겨루기를 할 수 있는 게임이 특히 인기 있다.

태권도원에 왔다면 전망대에도 꼭 올라 보자. 모노레일을 타고 전망대에 오르면 감탄사가 절로 나온다. 발아래 펼쳐지는 드넓은 태권도원의 전경과 백운산에서 뻗어 나간 크고 작은 봉우리들이 그림처럼 다가온다.

주변 볼거리·먹거리

무주반디랜드 희귀 곤충을 만날 수 있는 곤충박물관과 반딧불이를 체험할 수 있는 공간 등이 마련되어 있다. 또한 천문과학관에서는 우주의 탄생과 역사, 별자리 등에 대해 공부하고 관찰할 수 있다.

ⓐ 전라북도 무주군 설천면 무설로 1324 ⓞ 09:00~18:00/매주 월요일 휴관 ⓒ 어른 5,000원, 청소년(중·고등학생) 3,000원, 어린이(4세~초등학생) 2,000원 ⓣ 063-324-1155 ⓗ tour.muju.go.kr/bandiland

TIP
- 태권도원 내에서 이동할 때는 무료 셔틀버스를 이용할 수 있다.
- 모노레일과 체험관 Yap은 별도로 이용료를 지불해야 한다.
- 태권도원 내 숙박시설은 선수 및 단체 행사용으로 일반 방문객은 이용할 수 없다.

SPOT 2

절벽 위에 핀 꽃
사성암

주소 전라남도 구례군 문척면 사성암길 303 · **가는 법** 자동차 이용(평일), 버스나 택시 이용(주말·공휴일) · **운영시간** 07:00~17:30 · **전화번호** 061-781-4544

기가 막힌다. 눈으로 보고도 믿기지가 않는다. 주차장에서 제법 가파른 길을 따라 힘겹게 10여 분을 오르면 일순간 눈이 의심스러울 만큼 놀라운 장면과 맞닥뜨린다. 바위를 뚫고 나온 듯 절벽 위에 아슬아슬하게 자리 잡은 사성암을 처음 보는 사람들의 반응은 대부분 이렇다. 깎아지른 벼랑 끝에 절묘하게 유리광전(약사전)이 걸쳐 있고, 넓은 바위 위에 대웅전이 앉아 있다. 원효대사와 의상대사, 도선국사, 진각국사까지 네 명의 고승이 수도했던 곳이라 하여 '사성암'이라 불리는 이곳은 비록 조그만 암자지만 네 명의 고승이 참선한 곳이라 하니 그 위용이 대단하다.

절벽 아래 돌계단을 따라 오르면 유리광전에 다다른다. 유리광전에서 내려다보이는 섬진강과 황금빛 곡성 들녘이 한 폭의

수채화다. 유리광전 안쪽 절벽에는 원효대사가 손톱으로 새겼다는 마애여래입상이 있다. 손바닥만 한 마당을 가로질러 유리광전 반대쪽 계단으로 오르면 도선국사가 수행했다는 도선굴과 암자가 나타난다. 암자를 뒤로하고 경사가 급한 계단을 20여 분 더 오르면 오산 정상에 이른다. 풍월대, 망풍대, 신선대 등의 비경과 사방이 탁 트인 시원한 풍경이 눈길을 붙들어 맨다. 해 질 무렵에는 강 건너 산 능선으로 떨어지는 일몰이 장관이다.

TIP
- 주중에는 사성암 입구까지 자동차로 갈 수 있고, 주말이나 휴일에는 죽연마을 사성암주차장에서 마을버스(왕복요금 3,400원/어른)나 택시를 타고 올라가야 한다.
- 가파른 계단이 많으므로 노약자와 어린아이들은 안전에 주의해야 한다.
- 사성암의 풍광을 온전히 카메라에 담으려면 광각렌즈가 필수다.

주변 볼거리·먹거리

목월빵집

Ⓐ 전라남도 구례군 구례읍 서시천로 85 Ⓞ 11:00~19:00(수~일요일)/화요일 정기 휴무, 월요일 격주 휴무 Ⓣ 061-781-1477 Ⓜ 젠피긴빵 4,000원, 앉은뱅이통밀목월밭빵 3,000원, 블루베리크림치즈빵 5,000원, 아메리카노 4,000, 카페라테 5,000원, 목월쪼꼬 3,500원, 수제장인어른에이드 5,000원
2월 8주 소개(82쪽 참고)

SPOT 3

핑크빛으로 물든
꽃객프로젝트

주소 전라북도 고창군 부안면 복분자로 307 · **가는 법** 자동차 이용 · **운영시간** 09:00~18:00 · **입장료** 1인당 5,000원(36개월 미만 무료) · **전화번호** 010-4500-3993

'가을은 색의 계절이다' 고창 부안면 소요산 아래 자락이 핑크빛으로 물들었다. 머리카락 같은 정원식물 핑크뮬리가 바람에 물결치며 장관을 이루고 있다. 홍보 관련 업무를 했던 젊은 농장주가 귀농해 '꽃객프로젝트'라는 이름으로 조성한 민간 정원이다. 전체 넓이가 축구장 약 10배에 이른다. 핑크뮬리는 몇 년 전부터 제주에서 유행하기 시작해 관광 및 조경용으로 인기를 끌며 전국으로 퍼졌다. 하지만 핑크뮬리가 토종 식물의 성장을 억제할 수 있다는 이유로 '생태계 위해성 식물'로 지정되면서 일부 공공기관에서는 제거하기도 했다. 그러나 핑크뮬리는 여전히 젊은 연인들 사이에서는 가장 인기 있는 사진 배경 소재다. 꽃객프로젝트 방문객의 7~80% 이상은 2~30대 젊은 연인이다. 한 장의 인생 사진을 건지기 위해 수없이 카메라 셔터를 누른다.

꽃객프로젝트에는 핑크뮬리 외에도 독특한 정원식물인 '코키아' 농장이 따로 있다. 우리나라에서는 일명 '댑싸리'라 불리기도 하는데, 스타워즈 같은 우주 영화에나 나올 것 같은 독특한 모습을 하고 있다. 유럽과 아시아가 원산지이며 보통 7~9월까지는 연녹색이었다가 가을이 되면 진분홍색으로 변한다. 모양과 색깔이 예뻐서 어느 방향으로 찍어도 멋진 사진을 남길 수 있다.

주변 볼거리·먹거리

고창운곡람사르습지 자연생태공원
인간의 간섭이 사라진 자리에 자연이 스스로를 치유해서 복원된 습지다. 운곡습지는 우리나라에서 보기 드물게 저층 산간지역에 자리 잡고 있으며 830여 종의 다양한 동식물이 서식하고 있는 생태계의 보고다. 고창운곡람사르습지자연생태공원 입구에서 수달탐방열차를 타고 15분(약 3.4km) 정도 들어가면 자연생태공원을 만날 수 있다.

Ⓐ 전라북도 고창군 아산면 운곡서원길 15 Ⓣ 063-560-2720 Ⓔ 수달탐방열차 요금 초등학생 이상 2,000원, 초등학생 미만 1,000원 / 10:00~17:00까지 매 시각 출발

TIP
- 전용 주차장이 있지만 주말에는 주차 공간이 부족에 갓길에 주차해야 하는 경우가 있다.
- 코키아 농장은 핑크뮬리 농장과 따로 분리되어 있어서 이정표를 따라 숲길을 건너 가야 볼 수 있다.

SPOT 4

친환경 우렁이쌈밥

국화회관

주소 전라북도 정읍시 서부로 22 · 가는 법 정읍공용버스터미널 → 도보 7분(약 410m) · 운영시간 11:00~20:00(15:00~17:00 브레이크 타임) /매월 둘째, 넷째 주 월요일 휴무 · 전화번호 063-536-5725 · 대표메뉴 우렁이쌈밥정식(우렁이쌈밥+청국장+우렁이초무침) 12,000원, 우렁이쌈밥정식(우렁이쌈밥+청국장+낙지, 돼지고기주물럭) 20,000원

전국이 단풍으로 물들기 시작할 때 정읍만큼 사람들의 관심을 받는 곳이 또 있을까? 조선8경으로 꼽히는 내장산의 단풍에 반했다면 이번에는 맛에 반할 만한 음식점을 하나 소개한다. 정읍공통버스공용터미널에서 걸어서 7분 거리에 있는 국화회관이 바로 그곳이다. 국화회관은 다양한 우렁이 요리로 미식가들에게 각광받는 곳이다. 우렁이는 단백질과 칼슘, 철분 등의 함량이 높아 건강식으로도 인기가 높다. 국화회관에서는 직접 사료를 주며 양식한 우렁이로 음식을 만든다고 한다. 대표메뉴인 우렁이쌈밥정식은 기본 우렁이쌈밥에 청국장, 우렁이초무침 그리고 20여 종의 쌈 채소가 곁들여져 남녀노소 모두에게 만족도가 높다. 풍성한 상차림에 젓가락이 쉴 새 없다. 가벼운 식사를 원한다면 비교적 저렴한 우렁이쌈밥을 주문해도 꽤 만족스럽다. 우렁이된장에 예닐곱 가지의 밑반찬과 푸짐한 쌈 채소가 제공된다. 이 집의 우렁이된장에는 10여 가지의 재료가 들어 있다. 이는 17년 노하우를 담아 개발한 것으로, '라파엘우렁이쌈장'이라는 이름으로 상표등록을 해 별도로 판매하고 있다. 라파엘은 국화회관의 대표 김재식 씨의 세례명이다. 맛있게 식사했다면 돌아가는 길에 우렁이쌈장을 하나 사 가도 좋을 것이다.

주변 볼거리·먹거리

내장산 내장산은 우리나라 최고의 단풍 명소 중 하나다. 11월에는 산 전체가 울긋불긋한 단풍으로 물드는데, 특히 주차장에서 내장사에 이르는 단풍터널이 아름답기로 유명하다.

ⓐ 전라북도 정읍시 내장산로 1253 ⓣ 063-538-7875 ⓒ 성인 4,000원, 중·고등학생 2,000원, 초등학생 1,000원 ⓔ 주차료 : (주중) 중·소형차 4,000원, 경차 2,000원, (주말·공휴일) 중·소형 5,000원, 경차 2,000원 전라도의 단풍 명소 소개(410쪽 참고)

TIP

- 우렁이쌈밥정식은 2인분 이상 주문해야 한다.
- 라파엘우렁이쌈장은 매장에서 직접 구입하거나 전화로 주문해 택배로 받을 수도 있다.
- 단풍철인 10~11월에는 손님이 많아 기다려야 할 수 있으니 미리 연락해 보자.

추천 코스 은은한 구절초 향에 건강한 쌍화차 한 잔

1 COURSE 🚗 자동차 이용(약 32.9km)
옥정호구절초테마공원

2 COURSE 🚗 자동차 이용(약 1.3km)
국화회관

3 COURSE
전설의쌍화차거리

주소	전라북도 정읍시 산내면 청정로 926-79
운영시간	09:00~18:00
입장료	어른 5,000원, 청소년 3,000원 (축제기간)
전화번호	063-539-6171
가는 법	자동차 이용

옥정호 상류 지역인 정읍 산내면의 야산에 조성한 공원으로, 가을이 되면 산 전체가 하얀 구절초로 뒤덮인다. 9월 말부터 꽃이 피기 시작해 10월에 절정을 이루며, 매년 이 시기에 약 열흘간 '정읍구절초축제'가 열린다. 이른 새벽, 옥정호에서 밀려오는 물안개가 구절초와 조화를 이루면 몽환적인 풍경에 혼미해진다.

주소	전라북도 정읍시 서부로 22
운영시간	11:00~20:00(15:00~17:00 브레이크 타임)/매월 둘째, 넷째 주 월요일 휴무
전화번호	063-536-5432
대표메뉴	우렁이쌈밥정식(우렁이쌈밥+청국장+우렁이초무침) 12,000원, 우렁이쌈밥정식(우렁이쌈밥+청국장+낙지, 돼지고기주물럭) 20,000원

10월 41주 소개(356쪽 참고)

주소	전라북도 정읍시 충정로 188-7

전설의쌍화차거리는 2006년 당시 전주지방검찰청 정읍지청과 전주지방법원 정읍지원, 주변 변호사와 법무사 사무실 등 이전하면서 생긴 빈 사무실에 골목에 있던 다방과 찻집들이 들어서면서 자연스럽게 형성된 곳이다. 다른 지역에 비해 정읍에 유독 쌍화차 문화가 번성한 것은 쌍화차의 주재료인 숙지황의 원재료 '지황' 때문이다. 전설의쌍화차거리에서는 한약재와 밤, 대추, 은행 등을 넣고 옹기와 가마솥에 각자의 방법대로 달여 다양한 맛을 내는 쌍화차를 만날 수 있다.

10월 셋째 주

감성으로 촉촉해지는

42 week

SPOT 1
웅장하고 단아한 한국의 건축미
나주향교

주소 전라남도 나주시 향교길 38 · **가는 법** 나주버스터미널 → 도보 18분(1.1km) · 운영시간 09:00~18:00 · **전화번호** 061-334-2369

성균관이 오늘날의 대학교에 해당된다면 향교는 중·고등학교 정도라고 할 수 있다. 고려와 조선시대에 지방 백성들의 교육을 위해 만들어진 곳이다. 나주향교는 전국에 남아 있는 향교 중 최대 규모로, 웅장하면서도 단아한 한국의 건축미가 느껴진다. 주위를 에워싼 돌담에서도 온화함이 느껴져 담장을 끼고 돌면 마음이 평온해진다. 주차장이 있는 협문 쪽으로 들어가면 기숙사에 해당되는 '동재'가 가장 먼저 눈에 들어오고 동재를 지나면 너른 마당이 보인다. 마당 앞쪽에는 500년 된 비자나무가 자리를 지키고 있고, 담장 뒤쪽으로는 태조 이성계가 심었다는 600년 된 은행나무가 대성전을 굽어보고 있다. 나주향교의 역사를 오롯이 지켜보았을 이 은행나무 앞에 서면 마치 말을 걸어 올 것만 같다.

 나주향교는 보통의 향교와는 다른 몇 가지 건축적 특징이 있다. 그중 하나가 이른바 '전묘후학(前廟後學)'의 건물 배치다. 전묘후학이란 성현들의 제사를 모시는 대성전이 학생들이 공부하는 명륜당보다 앞에 위치한 형태로, 다른 향교에서는 흔히 볼 수 없는 배치다. 또한 대성전의 규모와 격식이 남아 있는 향교 중 제일로 꼽힌다. 임진왜란으로 소실된 성균관을 다시 지을 때 이곳 대성전을 원형으로 삼았다는 이야기가 전해질 정도다. 마지막으로 보통의 명륜당은 한 채의 건물인데, 나주향교의 명륜당은 중앙의 한 채에 양쪽으로 각각 한 채씩 날개 형태로 건물을 지었다는 것이다. 드라마 〈성균관 스캔들〉의 배경으로도 등장했던 이곳 서재의 마루에 앉아 지그시 눈을 감으면 누군가의 글 읽는 소리가 귓가에 들리는 듯하다.

주변 볼거리·먹거리

금성관 나주목의 객사 건물로, 전남 지방에는 많이 남아 있지 않은 객사 중 하나다. 임진왜란 때 의병장 김천일이 의병을 모아 출정식을 한 곳으로도 알려져 있다.

Ⓐ 전라남도 나주시 금성관길 8 Ⓞ 09:00~18:00/매주 일요일 휴관 Ⓣ 061-330-8114

나주곰탕 하얀집 1910년부터 4대째 대를 이어온 110년 전통의 나주곰탕 맛집이다. 주말에는 줄을 서서 기다려야 할 만큼 많은 사람이 찾는다.

Ⓐ 전라남도 나주시 금성관길 6-1 Ⓞ 08:00~20:00/매월 첫째, 셋째 주 월요일 휴무 Ⓣ 061-333-4292 Ⓜ 곰탕 9,000원, 수육곰탕 12,000원

TIP
- 나주향교는 계절마다 나름의 매력이 있지만 은행잎이 노랗게 물드는 늦가을이 가장 아름답다.
- 나주향교에서는 '굽은 소나무 학교'라는 사업을 통해 예절학당, 가훈쓰기, 전래놀이 등 다양한 행사가 진행되므로 미리 일정을 확인하고 참여해 보는 것도 좋다.

SPOT 2

'ㄱ'자형 교회
두동교회

주소 전라북도 익산시 성당면 두동길 17-1 · 가는 법 자동차 이용 · 전화번호 063-861-0348

　남녀가 서로 만날 수도, 얼굴을 볼 수도 없는 교회가 있었다는 게 사실일까? 1929년에 지어진 익산 두동교회는 남자와 여자의 예배공간이 분리된 독특한 교회다. 흔히 'ㄱ'자형 교회로 불리는 이곳은 김제의 금산교회와 함께 국내에 두 곳밖에 남아 있지 않은 유교적 풍습의 한옥교회다. 우리나라 기독교의 역사에서 중요한 문화재로 인정되어 2011년 기독교사적 제4호로 지정되었다. 함석으로 지붕을 얹었고, 내부 바닥은 나무로 마감했다. 손때 묻은 풍금과 벽에 걸린 오래된 사진에서 교회의 역사가 고스란히 느껴진다. 지어진 지 90년 가까이 되어 가지만 두 번의 보수 과정을 거쳐 아직도 옛 모습을 그대로 간직하고 있다.
　본당의 'ㄱ'자형 모서리 부분에 강단이 있고 이를 중심으로 오른쪽이 남자들의 공간, 왼쪽이 여자들의 공간으로 구분된다. 이

는 유교적 풍습이 점점 무너져 가던 1920년대에 남녀유별의 전통을 존중하면서도 성별의 구분 없이 모두에게 신앙을 전파하기 위한 초기 교회의 형태였다. 예배 중에는 모서리의 기둥 사이에 휘장을 쳐서 남녀가 서로 볼 수 없게 하였으며, 출입문이 따로 구분되어 만날 수도 없었다고 한다. 요즘 같은 시대에서는 상상하기 어려운 일이다.

본당 밖에는 우뚝 솟아 있는 종탑이 인상적이다. 종을 제대로 보려면 종탑 안쪽으로 들어가 고개를 치켜들어야 한다. 나무로 만든 종탑이 불안해 보이기도 하지만 여전히 예배를 볼 때면 종을 울린다. 본당 좌측에는 현대식으로 지어진 두동교회가 있다. 지금은 모든 예배를 새로 지은 건물에서 진행하지만 이 ㄱ자 형 특별한 날에는 'ㄱ'자형 본당에서 예배를 본다고 한다.

주변 볼거리·먹거리

익산교도소세트장

Ⓐ 전라북도 익산시 성당면 함낭로 207
Ⓞ 09:00~18:00 / 매주 월요일 휴관, 영화·드라마 촬영 시 출입 통제 Ⓣ 063-859-3836
7월 27주 소개(244쪽 참고)

나바위성당

Ⓐ 전라북도 익산시 망성면 나바위1길 146 Ⓣ 063-861-8182 Ⓗ www.nabawi.kr
6월 23주 소개(208쪽 참고)

TIP
- 실내에 들어갈 때는 신발을 벗어야 한다. 예배를 보는 공간이므로 경건한 마음으로 둘러보자.

SPOT 3

시간이 남긴 아름다운 흔적

양림동 펭귄마을

주소 광주광역시 남구 백서로 94 · **가는 법** 유스퀘어광주종합버스터미널 → 광주종합버스터미널 정류장에서 급행버스 첨단09번 승차 → 전남대병원 · 남광주시장 정류장 하차 → 도보 11분(약 650m)

　전라도의 근대화를 주도했던 광주 양림동 한 쪽이 '펭귄마을'이라는 색다른 관광지로 거듭나고 있다. 2013년 어느 날 마을 빈집에서 원인 모를 불이 나자 흉한 모습을 감추기 위해 주변을 정리하고 폐품을 활용해 벽을 장식한 게 펭귄마을의 시작이다. 실제 펭귄이 살고 있는지 궁금해하는 사람이 많지만 펭귄마을이라고 불리게 된 계기는 전혀 예상 밖이다. 펭귄마을 설립 초기, 주민들은 텃밭을 가꾸어 재배한 것을 서로 나누어 먹었다. 이때 텃밭 조성에 앞장섰던 주민 한 사람이 교통사고 후유증으로 펭귄처럼 뒤뚱뒤뚱 걷자 이를 '펭귄텃밭'이라 불렀고, 이것이 펭귄마을이라 불리는 계기가 되었다.

펭귄마을 입구에 들어서면 독특한 풍경이 펼쳐진다. 옛 정취가 그대로 남아 있는 벽면에 선풍기로 만든 바람개비, 다양한 종류의 낡은 시계, 폐품으로 만든 꽃, 물고기, 악기 등이 전시되어 마을 전체가 길거리 미술관이다. 대부분 마을 주민들이 폐가재도구와 재활용품 등을 모아 직접 만든 '정크아트'다. 담장 너머에 걸어둔 옷가지, 문 앞에 붙어 있는 낡은 간판, 쓰다 버린 냄비들을 모아 놓은 골목도 모두 하나의 작품처럼 느껴진다. 예술마을로 입소문이 나면서 해마다 20만 명이 넘는 관광객이 다녀간다.

몇 년 전에는 펭귄마을 담장 한 쪽에 BTS의 제이홉 얼굴이 그려졌다. 광주 출신인 제이홉의 선한 영향력을 사람에게 전달하고자 팬들이 기금을 모아 제작했다고 한다. BTS 팬들은 물론 K-POP에 관심이 있다면 제이홉의 벽화를 보며 골목을 싸목싸목 둘러보길 추천한다.

주변 볼거리·먹거리

양림역사문화마을
양림동은 사직산과 양림산으로 이어지는 능선에 자리 잡은 마을이다. 1904년 양림동에 유진 벨, 오웬 등을 비롯한 서양 선교사들이 모여 교회, 학교, 병원을 개설하며 기독교 복음 전파의 터전을 잡았다. 또한 도심에 위치하면서도 숲이 우거져 광주 5대 부자가 살았던 곳이기도 하다. 전통문화와 서양문화가 어우러져 한옥과 서양식 건물, 선교문화유적지 등 전통 문화재가 많이 보존되어 있는 근대역사마을이다.

Ⓐ 광주광역시 남구 천변좌로418번길 1
Ⓗ www.visityangnim.kr

TIP
- 전용 주차장은 없고, 주변에 주차할 공간이 부족하기 때문에 대중교통을 추천한다.
- '싸목싸목'은 전라도 방언으로 '천천히'라는 뜻이다.

SPOT 4

핑크뮬리가 아름다운 카페
오늘여기

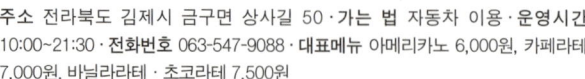

주소 전라북도 김제시 금구면 상사길 50 · 가는 법 자동차 이용 · 운영시간 10:00~21:30 · 전화번호 063-547-9088 · 대표메뉴 아메리카노 6,000원, 카페라테 7,000원, 바닐라라테 · 초코라테 7,500원

감성과는 전혀 어울릴 것 같지 않은 시골의 좁은 길을 따라 한참을 들어가야 '오늘여기' 카페를 만날 수 있다. 외진 곳에 위치하고 있어도 핑크뮬리 카페로 소문이 나면서 사람들의 발길이 이어지고 있다. 핑크뮬리가 생태계를 교란할 위험이 있는 식물로 분류되긴 했지만 감성 사진을 좋아하는 사람들의 핑크뮬리 사랑은 수그러들지 않는다.

카페 건물은 동화 속에 나올 것 같은 뾰족 지붕에 뾰족 창문이 있는 단층 건물이다. 실내는 흰색과 나무 소재를 활용해 밝고 포근한 느낌을 준다. 2층은 지붕 없이 완전히 열린 루프톱이다. 이곳에 오르면 주변에 높은 건물이 없고 평야 지역이라 멀리까지 조망할 수 있다. 그러나 가장 인기 있는 곳은 역시 핑크뮬리 주변 야외 테이블이다. 날씨가 좋은 날에는 빈자리 없이 손님으로 꽉 찬다. 핑크뮬리를 배경으로 사진을 찍으면 흔히 말하는 '인스타 감성' 폭발하는 장면을 담을 수 있다. 이곳 핑크뮬리는 관리를 잘해서 다른 곳에 비해 더욱 풍성하고 색감이 진하다. 핑크뮬리 외에도 산책코스, 거울 포토존 등이 있어 2~30대 젊은 여성들에게 특히 인기가 높다.

주변 볼거리·먹거리

수원저수지 김제시 민운동장을 품고 있는 수원저수지는 호수가 넓고 수량이 풍부하다. 또한 주변 산책로가 잘 정비되어 있어서 데이트 코스로 손색이 없다. 특히 호수 주변의 나무와 화초, 갈대 등이 잘 보존되어 자연 생태 학습장 같은 느낌이다.

Ⓐ 전라북도 김제시 도작로 220

TIP
- 2층 루프톱은 안전을 위해 노키즈존으로 운영하고 있다.
- 야외 공간은 반려견 동반 가능해서 반려인들에게 인기가 높다.

추천 코스 호박짜장면 먹고 망금정에 올라 금강을 보다

1 COURSE 🚗 자동차 이용(12.8km)
▶ 두동교회

2 COURSE 🚗 자동차 이용(13km)
▶ 간판없는짜장면집

3 COURSE
▶ 나바위성당

주소 전라북도 익산시 성당면 두동길 17-1
전화번호 063-861-0348
가는 법 자동차 이용

10월 42주 소개(360쪽 참고)

주소 전라북도 익산시 낭산면 화배길 4-5
운영시간 11:00~18:00 / 매월 첫째·셋째 주 월요일 휴무
전화번호 063-861-6541
대표메뉴 짜장보통 3,500원, 짜장곱 4,500원, 짜장왕곱 5,500원, 우짜면 5,000원, 우짜곱 6,000원

〈생활의 달인〉, 〈생생 정보통〉 등의 TV 프로그램에 출연하여 더욱 유명해진 중식당이다. 상호에 걸맞게 이 집에는 간판이 없다. 외관은 음식점이라기보다는 가정집 같은 느낌이디. 오래전 태풍으로 인해 간판이 떨어졌는데, 그 후 간판을 다시 걸지 않았다고 한다. 메뉴는 짜장면과 우동 두 가지뿐이다. 이 집의 짜장면은 고기가 들어가지 않고 야채와 호박만으로 맛을 내 일명 '호박짜장면'이라 불린다.

주소 전라북도 익산시 망성면 나바위1길 146
전화번호 063-861-8182
홈페이지 www.nabawi.kr

6월 23주 소개(208쪽 참고)

10월 넷째 주

가을이 만삭이다

43 week

SPOT 1

논개의 자취를 찾아서

주촌마을

주소 전라북도 장수군 장계면 논개생가길 21-5 · 가는 법 자동차 이용

임진왜란 당시 꽃다운 나이 열아홉에 가냘픈 몸으로 왜장을 껴안고 진주 남강으로 투신한 여인, 주논개. 그녀가 태어나고 자란 곳이 바로 장수 주촌마을이다. 마을 바로 옆에 논개의 생가터가 있어 일명 '논개생가마을'이라고도 부른다. 400여 년 전 논개의 부친 주달문이 이곳에 터를 잡고 서당을 차려 아이들을 가르치면서 자연스럽게 마을이 형성되었다고 한다. 주달문의 성을 따 주촌마을이라 불리게 되었고, 논개는 이곳에서 태어나 13세까지 머물렀다. 그러나 부모를 여읜 후 수많은 시련을 겪었으며, 결국 진주에서 적장을 껴안고 몸을 던져 의로운 죽음을 택했다.

논개생가터 뒤쪽 언덕에 올라 주촌마을을 내려다보면 마을 전체가 마치 하나의 민속촌 같다. 작은 실개천이 마을 앞을 정겹

주변 볼거리·먹거리

의암주논개생가지 임진왜란 당시 왜장을 껴안고 투신하여 순절한 논개의 충절을 기리기 위해 만든 공원이다. 논개의 생가뿐만 아니라 논개기념관, 단아정, 논개비 등을 둘러볼 수 있다.

Ⓐ 전라북도 장수군 장계면 의암로 558

도깨비전시관 옛날부터 장수 지역에 전해 내려오는 도깨비에 대한 재미있는 이야기를 바탕으로 만든 체험관이다. 아이들뿐만 아니라 어른들에게도 즐겁고 색다른 곳이다.

Ⓐ 전라북도 장수군 장계면 논개생가길 31-13 Ⓓ 3~10월 10:00~17:30, 11~2월 10:00~17:00/매주 월요일 휴관 Ⓒ 어른·청소년·군인 1,000원, 어린이 무료 Ⓣ 063-352-2143

게 흐르고 초가집, 너와집, 기와집이 어깨를 맞대고 도란도란 속삭이는 듯하다. 멀리서는 디딜방아, 연자방아 소리가 들려오는 것만 같다. 굴뚝에서 연기가 어슴푸레 피어오르면 잊고 있었던 고향에 대한 그리움이 되살아난다. 깊은 산골에 40여 가구만이 살고 있는 주촌마을은 방문하는 사람 누구에게나 마음의 고향 같은 곳이다. 최근에는 마을에서 나는 건강한 먹거리와 전통주택에서의 숙박 등을 통해 농촌체험 명소로 자리 잡고 있다. 가을이 깊어 가는 10월, 조용히 산책하며 시골 정취를 느껴 보고 싶다면 이곳을 추천한다.

TIP
- 민박이나 체험 프로그램은 전화로 예약할 수 있다.
- 마을 언덕 너머에 논개생가터와 도깨비전시관이 있으므로 함께 둘러볼 것을 추천한다.

SPOT 2
소설의 감동을 다시 한 번
태백산맥 문학관

주소 전라남도 보성군 벌교읍 홍암로 89-19 · **가는 법** 벌교버스공용터미널 → 도보 5분(약 320m) · **운영시간** 하절기(3~10월) 09:00~18:00, 동절기(11~2월) 09:00~17:00/매주 월요일 휴관 · **입장료** 어른 2,000원, 청소년·군인 1,500원, 어린이 1,000원 · **전화번호** 061-850-8653 · **홈페이지** www.boseong.go.kr/tbsm

　　전라남도 보성의 작은 읍내인 벌교만큼 소설의 배경으로 이름을 알린 곳은 아마 없을 것이다. 1989년 출간 이래 700만 부가 넘게 판매된 조정래 작가의 대하소설〈태백산맥〉의 배경이 바로 벌교읍이다. 태백산맥은 벌교를 배경으로 해방 이후인 1948년 여순사건부터 6·25 전쟁이 끝나는 시점까지 좌익과 우익의 첨예한 이념 대립을 생생하게 그린 대작이다. 조정래 작가는 전라도와 인연이 깊다. 고향이 전라남도 순천이기도 하지만, 그의 3대 대하소설이라 불리는 작품 중〈태백산맥〉과〈아리랑〉의 배경이 전라도이기 때문이다. 조정래아리랑문학관은 전라북도 김제에 있고, 태백산맥문학관이 이곳 벌교에 있다.

2008년에 개관한 태백산맥문학관은 1~2층의 전시실과 5층 전망대를 갖춘 건축물로, 단일 작품 문학관으로는 우리나라 최대 규모다. 1993년부터 건립 추진의 움직임이 있었지만 소설이 이념 분쟁에 휘말리면서 늦어졌다고 한다. 통일의 염원을 담아 북향으로 지어진 건물 1층에는 〈태백산맥〉의 육필 원고 16,500장을 비롯하여 작가의 취재수첩, 카메라, 그리고 손수 그린 벌교 읍내의 약도 등 작품의 탄생 과정을 이해할 수 있는 자료들이 전시되어 있다. 장장 10권에 달하는 대하소설을 직접 손으로 썼다는 사실이 육필 원고를 보고도 쉽게 믿기지 않는다. 작가의 노고를 감히 짐작하기도 어렵다. 2층에는 〈아리랑〉, 〈한강〉 등 작가의 다른 소설과 〈태백산맥〉을 직접 읽어 볼 수 있는 북카페 등이 있다. 전시실을 모두 둘러봤다면 5층 전망대로 가자. 소설의 배경이 되었던 벌교 읍내를 한눈에 내려다볼 수 있다.

TIP
- 소설에 등장했던 벌교 읍내의 홍교, 보성여관과 문학관 근처에 위치한 현부자네집, 소화의집 등도 함께 둘러볼 만하다.

주변 볼거리·먹거리

현부자네집 소설 〈태백산맥〉의 시작 부분에 등장하는 곳으로, 대문 위로 솟은 2층 누각이 눈에 띈다. 일제강점기 때 지어진 건물로, 한옥에 기초했지만 일본식 건축양식이 가미된 독특한 건축물이다.
ⓐ 전라남도 보성군 벌교읍 홍암로 89-28

소화의집 소설 〈태백산맥〉에 등장하는 무당 소화의 집을 재현한 것이다. 이곳에서 정참봉의 손자 정하섭과 무당 월녀의 딸 소화가 애틋한 사랑을 시작한다.
ⓐ 전라남도 보성군 벌교읍 홍암로 89-25

태백산맥꼬막맛집
ⓐ 전라남도 보성군 벌교읍 조정래길 59 ⓗ 09:00~21:00
ⓜ 꼬막정식 20,000원, 짱뚱어탕 12,000원
ⓣ 061-858-6100
12월 49주 소개(418쪽 참고)

SPOT 3

대한민국에서 가장 아름다운 꽃강

장성 황룡강 노란꽃잔치

주소 전라남도 장성군 장성읍 기산리 508-2 · **가는 법** 장성역 → 도보 14분(약 920m) · etc. 전동열차 성인 5,000원, 초등학생 이하 3,000원

　전국이 붉은 단풍으로 물들어가고 있을 때, 장성 황룡강은 노란 꽃으로 물들었다. 10월 말, 황룡강 주변은 그야말로 꽃 천지다. 강변을 따라 3km가 넘는 노란 꽃길이 조성되어 황룡강은 '대한민국에서 가장 아름다운 꽃강'으로 불리고 있다. 그동안 살아오면서 이렇게 많은 꽃을 본 적이 있는지 궁금할 정도다. 흔히 인사치레로 하는 '꽃길만 걷길 바라'라는 말이 황룡강에서는 허투루 하는 말이 아니다. 어디를 걸어도 말 그대로 꽃길이기 때문이다.

　장성 황룡강 노란꽃잔치는 지역 경제 활성화를 위해 2016년 처음 시작되었다. '옐로시티'라는 독특한 컬러마케팅으로 주목받고 있는 장성이 황룡강이라는 상징적인 곳에 노란 꽃을 심어 축제를 열었다. 황화코스모스, 백일홍, 해바라기, 황련, 핑크뮬리 등 수십만 송이의 꽃이 끝없이 펼쳐져 있다. 노란 꽃만 있는 것은 아니고 붉은색, 분홍색 등이 군데군데 섞여 있다. 산들산들 가을바람에 색색의 꽃이 왈츠를 추는 듯 하늘거리며 그림 같은 풍경을 그려 낸다. 해마다 연간 100만 명이 넘는 관광객이 다녀가면서 성공한 축제로 자리매김하고 있다.

주변 볼거리·먹거리

장성소머리국밥
ⓐ 전라남도 장성군 황룡면 강변로 516
ⓞ 08:00~20:00
ⓣ 061-392-6111 ⓜ 소머리국밥(보통) 8,000원, 육회비빔밥(보통) 8,000원, 소머리 수육(400g) 30,000원
5월 18주 소개(167쪽 참고)

TIP
- 노란꽃잔치를 제대로 즐기려면 많이 걸어야 하기 때문에 편한 신발을 신고 가는 것이 좋다.
- 일행 중에 어르신이나 어린아이가 있어서 많이 걷기 어렵다면 주요 구간을 순환하는 전동열차 탑승을 추천한다.

SPOT 4

건강을 생각하는 빵집

조훈모과자점 (팔마점)

주소 전라남도 순천시 팔마로 269 나동 · **가는 법** 순천역 → 택시 이용(약 1.5km) · **운영시간** 08:00~22:00 · **전화번호** 061-721-3822 · **대표메뉴** 아메리카노 4,000원, 카페라테 5,000원, 생과일주스 4,800원, 에이드 · 스무디 5,300원, 팥빙수 7,000원

보통 일반적인 빵집은 '제과', '베이커리', '빵집' 등을 상호에 쓰지만 '조훈모과자점'은 특이하게 '과자'라를 말을 사용하고 있다. 그래서 수제 과자를 전문적으로 만드는 곳으로 오해하는 경우도 있다. 하지만 조훈모과자점은 우리가 아는 보통의 빵집이다. 25년이 넘은 전통과 MBC 프로그램 〈우리 동네 빵지순례〉라는 코너에 소개되면서 빵돌이, 빵순이들 사이에 큰 관심을 받은 곳이다. 특히 빵 안에 팥과 생크림이 가득 들어간 '생크림 단팥빵'이 가장 인기 있다. 빵 외에도 케이크가 맛있기로 소문난 곳이기도 하다. 보기에도 예쁜 케이크가 많아서 특별한 날이 아니어도 구매하고 싶은 충동을 느끼기도 한다.

유기농 우리 밀을 사용해 건강하고 정직한 빵을 만들고, '당일 생산, 당일 판매'의 원칙을 고수하며 전통을 이어왔다. 한국제과기능협회에서 '빵과 과자의 틸인' 세과기능장으로 인정받은 빵집이기도 하다. 상호에 이름을 쓴다는 것은 그만큼 맛과 품질에 자신이 있기 때문이라고 생각한다. 그러나 반전은 이 과자점을 우애 좋은 형제로 소문난 조계훈(형), 조훈모(동생) 공동 대표가 운영하고 있다는 것이다. 깊은 사연은 알 수 없지만 상호에 형이 아닌 동생 이름을 넣었다는 것만으로도 형제애와 양보의 미덕을 미뤄 짐작할 수 있다.

주변 볼거리·먹거리

순천만국가정원 Ⓐ 전라남도 순천시 국가정원1호길 47 Ⓗ 08:30~19:00 Ⓣ 061-749-3114 Ⓒ 통합권(국가정원+습지+스카이큐브) 어른 14,000원, 청소년(중·고등학생) 12,000원, 어린이(초등학생) 8,000원, 유아(만 3~6세) 4,000원 Ⓗ scbay.suncheon.go.kr

3월 12주 소개(113쪽 참고)

TIP
- 조훈모과자점은 팔마점 외에 연향동 본점과 죽도봉점이 있으며 모두 직영으로 운영하고 있다. 매장 규모는 팔마점이 가장 크다.
- 1층에서 빵을 구매하고, 2층 카페에서 간단히 먹을 수 있다.

추천 코스 소설 〈태백산맥〉의 배경을 찾아서

1 COURSE 도보 17분(약 1.1km) **2 COURSE** 도보 11분(약 620m) **3 COURSE**

▶ 태백산맥문학관   ▶ 태백산맥꼬막맛집   ▶ 보성여관

주소 전라남도 보성군 벌교읍 홍암로 89-19
운영시간 하절기(3~10월) 09:00~18:00, 동절기(11~2월) 09:00~17:00/매주 월요일 휴무
입장료 어른 2,000원, 청소년·군인 1,500원, 어린이 1,000원
전화번호 061-850-8653
홈페이지 ww.boseong.go.kr/tbsm
가는 법 벌교버스공용터미널 → 도보 5분(약 320m)

10월 43주 소개(368쪽 참고)

주소 전라남도 보성군 벌교읍 조정래길 59
운영시간 09:00~21:00
전화번호 061-858-6100
대표메뉴 꼬막정식 20,000원, 짱뚱어탕 12,000원

12월 49주 소개(418쪽 참고)

주소 전라남도 보성군 벌교읍 태백산맥길 19
운영시간 10:00~17:00/매주 월요일 휴무
입장료 관람 : 어른 1,000원, 청소년 800원, 어린이 500원/관람+음료 : 어른 4,000원, 청소년 3,800원, 어린이 3,500원
전화번호 061-858-7528
대표메뉴 아메리카노·녹차·홍차·국화차 4,000원
홈페이지 www.boseonginn.org

8월 35주 소개(300쪽 참고)

SPECIAL

빵돌이, 빵순이 다 모여라!
전라도의 빵집을 찾아서

예전에는 지역 맛집이나 농수산물이 그 지역을 대표했다면, 최근에는 빵집이 지역을 대표하는 경우가 늘어나고 있다. 스스로를 일명 빵돌이, 빵순이라 자처하며 전국 유명 빵집을 돌아다니는 젊은이들이 생겨나기도 했다. 이들은 빵집을 성지순례하듯 다닌다 하여 '빵지순례'라는 신조어를 쓰기도 한다. 3월에는 전라도의 지역별 유명 빵집에서 다양한 맛과 모양의 빵을 즐겨보자.

이성당

1920년대 '이즈모야' 과자점을 인수해 1945년 '이성당'으로 문을 연 우리나라에서 가장 오래된 빵집이다. 대표적인 빵으로 '단팥빵'과 '야채빵'이 있는데, 빵이 나오는 시각에는 이를 사기 위해 긴 줄이 늘어서는 진풍경이 연출되기도 한다. 군산의 대표 빵집으로 '대한민국 5대 빵집' 중 하나로 불리기도 한다.

Ⓐ 전라북도 군산시 중앙로 177 Ⓞ 08:00~21:00(월 1~2회 비정기 휴무) Ⓣ 063-445-2772 Ⓜ 단팥빵 1,800원 야채빵 2,200원, 생크림앙금 2,800원, 코로케 2,200~2,800원, 팥빙수 7,000원 Ⓗ www.leesungdang1945.com Ⓔ 빵 나오는 시각 : 단팥빵 08:20, 야채빵 08:20(전날 쉬면 09:00), 생크림앙금 09:00, 12:00(전날 쉬면 13:00), 크림소보루 10:00, 슈크림·땅콩버터 09:00~10:00, 메론빵 11:00~12:00

PNB풍년제과

1951년에 문을 연 전주의 대표 빵집이다. 창업주의 손자가 3대를 이어오고 있으며, '초코파이'와 '센베과자'가 유명하다. 특히 초코파이는 한때 하루에 만 개 이상 팔릴 정도로 인기가 높았다. 군산 이성당과 함께 빵집으로 전북에서 쌍벽을 이룬다.

Ⓐ 전라북도 전주시 완산구 팔달로 180 Ⓞ 08:00~22:30 Ⓣ 063-285-6566 Ⓜ PNB오리지널초코파이 2,300원, PNB화이트초코파이 2,500원, 땅콩센베 10,000원, 깨센베 9,000원 Ⓗ www.pnb본점.com

궁전제과

1973년 작은 과자점으로 시작해 3대째 이어오고 있다. 자연에서 얻은 천연효모종으로 빵을 만들고 당일 생산, 당일 판매를 원칙으로 한다. 대표 빵으로는 '공룡알빵', '나비파이'가 있으며, '팥빙수'와 '밀크쉐이크'가 유명하다.

Ⓐ 광주광역시 동구 충장로 93-6 ⓞ 10:00~21:30 ⓣ 062-222-3477 Ⓜ 공룡알빵·나비파이 3,500원, 아메리카노 1,500원, 레몬에이드·밀크쉐이크 3,000원, 팥빙수 7,000원 Ⓗ www.gungjeon.co.kr

코롬방제과점

1949년 원래 있던 서양식 제과점을 인수해 '코롬방제과점'으로 개업해 한자리에서 현재까지 운영하고 있는 빵집이다. 목포의 대표 빵집으로 '새우바게트'와 '크림치즈바게트'가 유명하다.

Ⓐ 전라남도 목포시 영산로75번길 7 ⓞ 09:00~21:00 ⓣ 061-244-0885 Ⓜ 새우바게트·크림치즈바게트 5,000원, 생크림팥왕빵 3,300원, 소보루왕빵 2,500원 Ⓗ www.colombang.com

씨엘비베이커리(CLB BAKERY)

2019년 개업한 빵집으로 코롬방제과점과의 상표권 분쟁으로 '코롬방(CoLomBang)'의 영문을 따서 'CLB BAKERY'라는 명칭을 쓰고 있다. 코롬방제과점과는 60m 떨어진 곳에 위치하고 있으며, 코롬방제과점과 마찬가지로 '새우바게트'와 '크림치즈바게트'가 대표 메뉴다.

Ⓐ 전라남도 목포시 영산로75번길 7 ⓞ 09:00~21:00 ⓣ 061-244-0885 Ⓜ 새우바게트·크림치즈바게트 5,000원, 생크림팥왕빵 3,300원, 소보루왕빵 2,500원 Ⓗ www.clbbakery.com

슬지네찐빵

명문제과	목월빵집
2월 5주 소개(63쪽 참고)	2월 8주 소개(82쪽 참고)
오늘제빵소	김정선베이커리카페
3월 13주 소개(118쪽 참고)	4월 17주 소개(154쪽 참고)
조훈모과자점(팔마점)	슬지네찐빵
10월 43주 소개(372쪽 참고)	12월 50주 소개(424쪽 참고)

전라도의 가을이 물들 대로 물들었다. 산과 계곡까지 속속 파고든 단풍이 본색을 드러낸다. 붉은 물결은 산 정상에서부터 흘러내리고, 단풍잎은 아기 볼처럼 빨갛게 깨어난다. 입동이 지나면 가을도 절정을 넘는다. 전라도의 산사를 화려하게 달구던 단풍의 열기가 잦아들고 골짜기의 나무들이 맨살을 드러낸다. 어느새 찬 서리가 내리는가 싶더니 초겨울의 문턱을 넘어서고 있다.

11월의 전라도

가을과 겨울의
경계에 서다

11월 첫째 주

단 풍 과 하 늘

44 week

SPOT 1
가을을 품은 지리산
지리산둘레길 3코스

주소 전라북도 남원시 인월면 인월2길 95·경상남도 함양군 마천면 금계길 5 · 가는 법 지리산공용버스터미널 → 도보 8분(약 520m) · 전화번호 지리산둘레길 인월센터 063-635-0850 · 홈페이지 jirisantrail.kr

 제주에서 시작된 '테마길' 열풍에 전국적으로 수많은 '길'이 조성되었다. 하지만 부실한 관리와 무관심으로 대부분 이름값을 못하고 있다. 그나마 여전히 사랑받는 곳은 제주올레길과 지리산둘레길 정도다. 지리산둘레길은 이름 그대로 지리산을 품고 있는 전라도와 경상도의 다섯 개 시군에 걸쳐 이어진 길이다. 무려 274km에 달하는 둘레길 전체를 걷는다는 건 사실 불가능에 가깝다. 일반 여행객은 대부분 경사가 완만하고 풍광이 뛰어난 일부 구간만 걷는다.

 지리산둘레길 3코스는 전북 남원의 인월리에서 경남 함양의 금계마을을 잇는 약 19km의 둘레길로, 전체 코스 중 가장 인기가 높다. 숲길과 계곡길이 잘 어우러져 있으며, 여섯 곳의 산촌과 다랑논이 펼쳐진다. 8시간 정도가 소요되는 구간이므로 1박 2일 코스로 적당하지만, 인월에서 장항까지 3시간 정도만 걸어도 충분히 지리산의 가을을 만끽할 수 있다. 인월을 출발하여 걷기 시작하면 중군마을을 가장 먼저 만나게 된다. 나지막한 집들이 옹기종기 모여 있는 전형적인 농촌으로, 미소를 짓게 만드는 벽화가 곳곳에 있다. 중군마을을 지나면 구불구불한 포장도로가 이어지는데, 포장도로가 끝나는 곳에 지리산의 청정 계곡인 수성대가 있다. 계곡을 지나면 본격적으로 숲이 울창한 산길에 접어든다. 단풍이 절정인 숲길을 1시간 정도 오르내리면 점점 시야가 트이면서 장항마을이 내려다보인다. 마을로 내려서기 전 500년 된 소나무 당산이 먼저 반긴다. 당산나무 아래서 잠시 숨을 고르고 장항마을을 거쳐 장항교를 건너면 60번 국도와 만난다. 산행 초보자라면 이곳 장항 정류장에서 버스를 타고 인월로 돌아가는 것이 적당하다. 만약 1박 2일을 계획했다면 도로를 가로질러 매동마을에서 민박을 하고, 다음 날 창원을 지나 금계까지 가는 것이 좋다.

주변 볼거리·먹거리

인월시장

ⓐ 전라북도 남원시 인월면 인월로 65-3
ⓣ 063-625-1498

11월 44주 소개(383쪽 참고)

TIP

- 지리산둘레길 인월센터에 먼저 들러 지도, 교통, 숙박 등의 정보를 알아보고 가자.
- 지리산둘레길은 산길과 계곡 등으로 이어지는 곳이 많으므로 안전을 위해 최소 2인 이상이 동행하도록 하자.
- 자동차를 이용할 경우 시작점인 인월에 주차한 후 장항이나 금계마을 정류장에서 버스를 타고 되돌아오면 된다.

SPOT 2

마라난타가 불교를 전한 곳
백제불교문화 최초도래지

주소 전라남도 영광군 법성면 백제문화로 203 · **가는 법** 법성버스정류장 → 택시로 이동(약 2.5km) · 운영시간 09:00~18:00 · **전화번호** 061-356-6008

　영광은 구석구석 빼어난 볼거리와 먹거리 그리고 다양한 문화유산이 숨어 있는 곳이다. 마치 동해에 온 듯한 착각이 드는 백수해안도로, 굴비의 본고장 법성포, 원불교영산성지를 비롯한 4대 종교의 성지가 바로 영광에 있다. 하지만 영광 법성포에 백제불교가 처음 전해졌다는 사실을 아는 이는 그리 많지 않다. 법성포의 법(法)은 불교를, 성(聖)은 성인인 마라난타를 뜻한다. 따라서 법성포라는 지명은 '불교를 전달하러 성인이 온 포구'라는 의미다. 영광군은 1998년 학술고증을 통해 인도 간다라 지방 출신의 승려 마라난타가 법성포에 처음 발을 디디며 백제에 불교를 전했다는 사실을 밝혀냈다. 이를 기념하기 위해 이곳을 관광지로 개발하고 백제불교문화최초도래지를 조성한 것이다.

백제불교문화최초도래지는 법성포의 끝자락에 위치하고 있다. 앞으로는 시원한 바다와 마주해 있고 뒤로는 숲으로 둘러싸여 풍광이 수려하다. 부용루, 탑원, 4면대불상, 간다라유물전시관 등 마라난타를 기념하기 위한 다양한 건축물이 조성되어 있으며, 특히 간다라유물전시관에서는 백제불교의 전래 과정과 시조 마라난타에 대해 자세하게 살펴볼 수 있다.

주변 볼거리·먹거리

법성포굴비거리 영광의 천일염으로 절여 만드는 법성포굴비는 전국적으로 유명하다. 법성포굴비거리에는 300여 개의 굴비 판매점이 있으며, 식당도 줄지어 있다.

Ⓐ 전라남도 영광군 법성면 굴비로

TIP
- 봄꽃이 피는 시기에는 숲쟁이꽃동산에서 산책로를 따라 탑원 쪽으로 입장하는 것을 추천한다.

SPOT 3

어머니가 끓여 주신
곰탕 맛 그대로
3대곰탕

주소 전라남도 장흥군 장흥읍 토요시장3길 16-2 · **가는 법** 장흥시외버스터미널 → 도보 12분(약 760m) · **운영시간** 08:00~20:00 · **대표메뉴** 곰탕 10,000원, 모둠전(大) 35,000원, 빈대떡 10,000원 · **전화번호** 061-863-3113

요즘은 곰탕이 흔하다. 대형마트에서, 편의점에서, 심지어 홈쇼핑에서도 뜨거운 물만 부으면 바로 먹을 수 있는 즉석 곰탕을 판매한다. 그렇기에 예전처럼 큰 가마솥에 장작불을 때어 곰탕을 직접 끓여 먹는 집은 찾아보기 힘들어졌다. 한우를 푹 고아 뜨끈한 국물로 내어 주던 어머니표 곰탕 맛이 생각난다면 장흥의 '3대곰탕'을 추천한다. 곰탕 하면 나주가 제일이라고 생각하지만 이 집도 나주의 맛집에 절대 뒤지지 않는다.

외관을 보면 꽤 규모가 있을 듯하지만 실내는 의외로 작은 편이다. 얼핏 보면 세트장 같은 느낌이 드는데, 실제로 2010년에 방영된 드라마 〈대물〉의 촬영장으로 사용되었던 곳이다. 식탁에 앉으면 주방이 훤히 보이는 구조라 음식을 만들 때 청결에 무척 신경 쓴다고 한다. 벽면에는 많은 연예인이 다녀간 흔적들이 남아 있다.

펄펄 끓여 나온 곰탕은 겉보기에는 여느 그것과 별반 다르지 않다. 반찬도 매우 단출하다. 하지만 곰탕 국물을 한 숟가락 떠먹으면 입안에 퍼지는 고소하고 깊은 맛에 반하게 된다. 밥을 말아 잘 익은 깍두기를 얹어 먹으면 그 맛에 한 번 더 반한다. 명성 높은 장흥 한우와 국내산 재료만을 사용하기 때문에 더욱 믿고 먹을 수 있다.

주변 볼거리·먹거리

정남진장흥토요시장 2005년 우리나라에서 처음으로 관광형 주말시장으로 개장한 곳이다. 원래 재래시장이었던 이곳은 2, 7로 끝나는 날이 장날이지만 지금은 토요일에 더 많은 사람들이 찾아온다.

ⓐ 전라남도 장흥군 장흥읍 토요시장3길 15
ⓗ 06:00~19:00 ⓣ 061-864-7002

TIP

- 고기를 많이 먹고 싶다면 곰탕(특)으로 주문하는 것이 좋다.
- 소금으로 간을 하기 전에 일단 국물 맛을 먼저 보고, 취향에 따라 소금 또는 깍두기 국물로 간을 해 먹어 보자.

추천 코스 지리산에서 가을을 느끼다

1 COURSE
인월시장

도보 2분(약 120m)

2 COURSE
박서방해물칼국수

도보 8분(약 550m)

3 COURSE
지리산둘레길 3코스

주소 전라북도 남원시 인월면 인월로 65-3
전화번호 063-625-1498
가는 법 인월지리산공용버스터미널 → 도보 3분(약 200m)

인월시장은 3과 8로 끝나는 날짜에 열리는데, 경남 함양과 경계를 맞대고 있어 자연스럽게 영호남 상인들이 모여 장사를 한다. 지리산에서 나는 약초와 산나물, 남원의 목기, 과일 등이 주로 판매된다.

주소 전라북도 남원시 인월면 인월로 58
운영시간 10:00~20:00
전화번호 063-636-2202
대표메뉴 해물칼국수 5,000원, 콩국수·칼만두·냉면 6,000원

인월시장 근처에 위치한 칼국수 전문점이다. 이 집의 칼국수는 가격이 저렴하면서 양이 많고 얼큰한 것이 특징이다. 왕새우, 조개, 감자 등이 많이 들어가 국물이 시원하다. 반찬도 전체적으로 깔끔하고 맛있다. 칼국수를 다 먹고 난 후 양이 부족하면 밥을 말아 먹어도 좋다.

주소 전라북도 남원시 인월면 인월2길 95~경상남도 함양군 마천면 금계길 5 지리산둘레길 인월센터
전화번호 063-635-0850
홈페이지 jirisantrail.kr

11월 44주 소개(378쪽 참고)

11월 둘째 주
가을은 아직 진행형이다
45 week

SPOT 1
고창의 숨은 단풍 명소
문수사

주소 전라북도 고창군 고수면 칠성길 135 · 가는 법 자동차 이용 · 전화번호 063-562-0502

　고창의 가을은 11월에 더욱 주목받는다. 다른 지역에서는 단풍이 지기 시작하는 11월 중순쯤 이곳의 단풍이 절정을 이루기 때문이다. 서해를 끼고 있는 고창은 내륙보다 기온이 높아 비교적 단풍이 늦다. 고창의 단풍 명소를 하나 꼽으라면 주저 없이 선운사를 말하겠지만, 문수사의 단풍도 결코 선운사에 뒤지지 않는다. 수령이 100~400년 정도로 추정되는 500여 그루의 단풍나무가 숲을 이루고 있는데, 이렇게 오래된 나무들이 산에서 숲을 이룬 경우가 드물다 보니 단풍나무숲으로는 유일하게 천연기념물로 지정되기도 했다.
　일주문부터 부도밭까지 이어지는 약 80m의 단풍터널은 아름답다 못해 황홀하기까지 하다. 일주문 옆 단풍나무는 비스듬히 누워 방문객을 유혹하고, 아기 손바닥만 한 단풍잎은 바람에 흔들릴 때마다 어서 오라고 손짓하는 것 같다. 호젓한 길을 따라 나무와 일일이 눈을 맞추다 보면 어느새 사찰 입구에 도착한다. 입구에 가까워질수록 단풍의 색깔은 더욱 짙어진다. 사방으로 고개를 돌려도 온통 울긋불긋 단풍뿐이다. 그야말로 단풍의 절정이다.

창건설화에 따르면 문수사는 천 년도 넘은 고찰이지만 그에 비해 많이 알려지지 않았다. 비교적 최근에 단풍나무 숲이 유명해지면서 방문객이 늘고 있지만, 이른 아침 조금만 부지런을 떨면 인적이 드문 사찰에서 고즈넉하게 단풍을 즐길 수 있다.

주변 볼거리·먹거리

신기계곡 ⓐ 전라북도 고창군 고수면 문수로 213

7월 29주 소개(256쪽 참고)

TIP
• 숲을 보호하기 위해 지정된 길 외에는 출입을 통제하고 있다.

SPOT 2

365일 동화 속 환상의 나라

느랭이골 별빛축제

주소 전라남도 광양시 다압면 토끼재길 119-32 · 가는 법 자동차 이용 · 운영시간 09:00~21:00 · 입장료 성인 10,000원, 소인 8,000원 · 전화번호 1588-2704 · 홈페이지 www.neuraengigol.com

가을이 깊어 가고 뺨에 스치는 바람이 쌀쌀해지면 햇살 좋은 남쪽이 그리워진다. '따스한 햇살'이라는 의미의 광양(光陽)은 우리나라에서 일조량이 가장 많은 도시다. 섬진강을 따라 남쪽으로 가다 보면 남해와 만나는 곳에 광양이 있다. 봄이면 매화축제로 전국적인 명성을 떨치는 이곳은 가을 여행지로도 손색없다.

가을밤, 쫓비산을 아름답게 밝히는 '느랭이골별빛축제'를 보러 가자. 느랭이골별빛축제는 쫓비산 자락에 위치한 느랭이골자연리조트에서 펼쳐지는 야간 축제다. 이곳은 사계절 내내 즐길 수 있는 편백나무숲과 생태정원을 갖춘 종합 휴양림으로, 낮에는 숲에서 자연을 만끽하고 밤에는 별빛축제를 감상하며 낭

만을 즐길 수 있다. 별빛축제는 365일 진행되므로 언제든 볼 수 있지만 늦가을이 가장 제격이다. 어둠이 깔리고 조명이 들어오면 별이 쏟아진 것처럼 산이 온통 휘황찬란해진다. 마치 동화 속 환상의 나라에 온 듯 황홀하다. 1,500만 개의 LED 불빛이 수놓는 느랭이골의 가을밤에는 추억과 낭만이 함께 흐른다.

TIP
- 해가 지기 전에 도착하면 일몰 후 1시간 동안 가장 아름다운 별빛축제를 감상할 수 있다.
- 입장권은 당일에 한하여 재입장이 가능하다.
- 1박 2일로 여행을 계획 중이라면 리조트 위쪽의 글램핑 시설을 이용해도 좋다.

주변 볼거리·먹거리

느랭이골 글램핑장
총 40동의 대규모 글램핑장으로, 해발 500m의 리조트 정상에 위치하고 있다. 섬진강과 광양, 하동의 전망이 한눈에 들어온다. 실내에 침대, 소파는 물론 화장실을 갖추고 있어 편리하게 캠핑을 즐길 수 있다.

Ⓐ 전라남도 광양시 다압면 토끼재길 119-32 Ⓒ 계절 및 규모에 따라 다름 Ⓣ 1588-2704 Ⓗ www.neuraengigol.com

SPOT 3

이국적인 가을 풍경

주천생태공원

주소 전라북도 진안군 주천면 신양리 708 · 가는 법 자동차 이용

11월이 되면 용담호 주변 풍경은 1년 중 가장 아름다운 모습으로 변한다. 드라이브하기 좋은 곳으로 입소문이 나면서 용담호를 찾고 있는 사람이 늘어나고 있다. 용담호의 북서쪽 끝자락에 위치한 주천생태공원은 늦가을에 특히 아름답다. 일교차가 큰 이른 아침에 피어나는 물안개와 억새, 단풍이 어우러진 가을 풍경은 가히 환상적이다. 이런 절경을 담으려고 가을이 되면 전국에서 사진가들이 몰려오고 있다. 좋은 자리를 선점하기 위해 이른 새벽부터 방문하는 사람도 많다.

주천생태공원은 용담댐을 건설한 뒤 3개의 인공호수를 만들고 조경수와 유실수 등을 심어 화훼 단지를 조성해 만든 공원이다. 전체 면적이 축구장 70배가 넘을 정도로 규모가 크다. 풍광이 가장 아름다운 곳은 주천생태공원 축구장 앞 호수 주변이다. 붉은 단풍과 은빛 억새가 호수에 비친 데칼코마니 같은 풍경은 여행객들이 가을의 정취에 더욱 깊이 빠져들게 만든다.

주변 볼거리·먹거리

용담호 호반도로
Ⓐ 전라북도 진안군 용담면 진용로 2216

12월 51주 소개(428쪽 참고)

TIP
- 산책 구간이 길고, 길이 질척거릴 수 있기 때문에 편한 신발을 신고 가는 것이 좋다.
- 물안개와 단풍이 어우러진 풍경을 보고 싶다면 날씨를 미리 확인해 일교차가 큰 이른 아침에 방문해야 한다.

SPOT 4

커피 한 잔에 네가 따뜻해지길

낭만뜰

주소 전라북도 완주군 화산면 신공길 51-34 · 가는 법 자동차 이용 · 운영시간 11:30~19:00 · 전화번호 063-263-8072 · 대표메뉴 아메리카노 5,000원, 카페라테 5,500원, 스무디 · 청포도에이드 · 레몬차 6,000원

주변 볼거리·먹거리

천호성지
Ⓐ 전라북도 완주군 비봉면 천호성지길 124 ⓗ 09:00~17:00

☎ 063-263-1004 ⊕ www.cheonhos.org
1월 3주 소개(42쪽 참고)

완주 화산의 작은 시골 동네에 고즈넉하게 자리 잡은 카페 '낭만뜰'. 비교적 높은 곳에 위치해 있어서 카페에서 보면 마을과 앞산이 한눈에 들어온다. 오래전부터 있던 카페가 리모델링을 통해 요즘 감성에 맞는 새로운 카페로 탈바꿈했다. 건물 전체를 둘러싸고 있는 빨간 벽돌과 뾰족 지붕이 감성을 더해준다. 실내는 갈색 목재를 많이 사용해 약간 무겁지만 차분한 느낌을 준다.

카페는 1층과 2층, 그리고 2층 베란다로 구성되어 있다. 1층에서도 통유리창을 통해 시원한 풍경을 감상할 수 있지만 더 넓은 풍경을 보고 싶다면 2층이나 베란다를 추천한다. 멀리 보이는 산과 구름, 시골의 마을 풍경이 참으로 정겹게 느껴진다. 도심에서 멀리 벗어나 자연을 즐기고 포근한 시골 정취를 느끼고 싶을 때 찾으면 좋은 카페다. 2층에는 6인용 테이블이 있어서 작은 모임을 하기에도 좋다.

 TIP
- 2층은 공간이 작고 테이블이 많지 않아 자리 경쟁이 심한 편이다.
- 카페 옆 흰색 건물은 펜션으로 운영하고 있으며, 예약 관련 문의는 카페로 하면 된다.

추천 코스 가을밤의 추억과 낭만

1 COURSE 🚗 자동차 이용(약 16.5km) **2 COURSE** 🚗 자동차 이용(약 18.9km) **3 COURSE**

▶ 구봉산전망대   ▶ 진선   ▶ 느랭이골별빛축제

주소	전라남도 광양시 구봉산전망대길 155
가는 법	자동차 이용

해발 473m 높이의 구봉산에 설치한 전망대로 광양은 물론 순천, 여수, 남해까지도 한눈에 조망할 수 있다. 정상에는 9.4m의 봉수대가 자리 잡고 있고 일출과 일몰을 보기 위해 많은 사람이 찾는다. 전망대 바로 아래 주차장까지 차량 출입이 가능하고, 밤에는 광양만의 멋진 야경을 볼 수 있어서 데이트 코스로 인기가 높다.

주소	전라남도 광양시 진월면 선소중앙길 43
운영시간	11:30~19:30
전화번호	061-772-0750
대표메뉴	재첩정식 10,000원, 재첩희+식사세트 20,000원

재첩은 손톱만 한 민물조개로 7~8월을 제외한 4~10월 사이에 섬진강 유역에서 주로 채취한다. 크기는 작지만 국물을 내면 일반 조개와 비교할 수 없을 정도로 맛이 담백하고 영양이 풍부하다. 40년 넘게 손맛을 이어온 진선은 광양에서 재첩정식으로 꽤 유명한 곳이다. 가격 대비 만족도가 높아 한 끼 식사로 안성맞춤이다.

주소	전라남도 광양시 다압면 토끼재길 119-32
운영시간	09:00~21:00
입장료	성인 10,000원, 소인 8,000원
전화번호	1588-2704
홈페이지	www.neuraengigol.com

11월 45주 소개(386쪽 참고)

11월 셋째 주

늦가을 단풍놀이

46 week

SPOT 1
느티나무숲을 품은 운동장
가평초등학교

주소 전라북도 고창군 신림면 가평로 472 · **가는 법** 고창문화터미널 → 고창문화터미널 정류장에서 농어촌버스 357번 승차 → 가평 정류장 하차 → 도보 3분(약 210m) · **전화번호** 063-562-4167 · **홈페이지** school.jbedu.kr/jb-gapyeong

요즘 시골길을 걷다 보면 흔히 볼 수 있는 것 중 하나가 폐교다. 1980년대부터 시작된 도시화의 영향으로 농촌의 학생 수가 급격하게 줄어들면서 1990년대 이후 수많은 학교가 폐교되었다. 고창의 가평초등학교도 한때 학생 수가 14명까지 줄어 폐교 위기에 몰린 적이 있다. 그러나 교육환경을 개선하는 등의 노력으로 현재는 전교생이 70여 명까지 늘어났다. 덕분에 전북에서 가장 아름다운 학교 중 하나로 꼽히는 이곳 운동장의 느티나무 숲을 지킬 수 있게 되었다.

1955년에 개교한 가평초등학교는 60여 년이라는 비교적 짧은 역사를 갖고 있지만 수령 200년이 넘은 아름드리 느티나무 30여 그루를 품고 있다. 운동장을 감싸고 있는 울창한 느티나무는 한여름에 넉넉한 그늘을 만들어 아이들에게 최고의 놀이터를 선사한다. 가을에는 울긋불긋 물든 느티나무숲이 학교 뒤쪽의 방장산과 어우러져 더없이 아름다운 풍광을 만들어 낸다. 가을이 깊어 갈수록 이곳을 찾는 발길이 이어져 주말에는 하루 천여 명 이상이 다녀가기도 한다. 고창군에서는 가평초등학교 느티나무숲을 '1읍면 1명소'로 지정하기도 했다. 느티나무 아래에 앉아 만추의 정취를 느끼며 가평초등학교가 오래도록 남아 이 아름다운 숲이 보존되기를 기대해 본다.

TIP
- 아이들이 공부하는 학교이므로 평일에는 출입을 자제하고 주말에 방문하자.
- 방문객이 이용할 수 있는 별도의 화장실이 마련되어 있지 않으니 참고하자.

주변 볼거리·먹거리

고색창연마을 고창 방장산 아래 복분자 재배와 논농사를 주로 하는 전형적인 농촌이다. 선조들의 혼이 담겨 있는 돌담과 전통가옥을 만날 수 있다.

Ⓐ 전라북도 고창군 신림면 가평1길

SPOT 2

자연이 빚어낸 데칼코마니
백양사

주소 전라남도 장성군 북하면 백양로 1239 · 가는 법 자동차 이용 · 입장료 어른 3,000원, 청소년·어린이 1,000원 · 전화번호 061-392-0100 · 홈페이지 www.baekyangsa.com

전북에 내장산이 있다면 전남에는 백암산이 있다. 아기단풍으로 유명한 백암산에는 천 년이 넘은 고찰 백양사가 자리하고 있는데, 이곳의 단풍이 일품이다. 이른 아침에 방문해야 햇살을 담뿍 머금은 단풍을 즐길 수 있다. 매표소에서 백양사까지 드리워진 약 1.5km의 단풍터널은 형언할 수 없이 아름답다. 찬란한 단풍터널을 따라 백양사 입구에 다다르면 불끈 솟은 백학봉을 병풍 삼아 명경지수에 비친 쌍계루와 마주한다. 기품 있고 당당한 모습이 단박에 시선을 휘어잡는다. 연못 위에 새겨진 백학봉과 쌍계루의 반영은 위아래를 뒤집어 놓아도 구별할 수 없을 만큼 선연하다.

쌍계루를 지나 다리를 건너면 백양사 경내에 들어서게 된다. 천 년이 넘은 대가람인데도 불구하고 위압감 없이 소박하고 정감 넘친다. 고색창연한 대웅전에 매달린 단풍의 모습은 그대로 오려 액자를 만들어 걸고 싶을 만큼 아름답다. 천황문을 나와 좌측으로 올라가면 약사암으로 가는 길이 나온다. 백양사의 단풍을 제대로 즐기려면 약간의 발품을 팔아야 한다. 가파른 길을 따라 30분 정도를 올라야 하는데, 쉬지 않고 가면 숨이 턱까지 차오를 무렵 약사암에 다다른다. 이곳에 오르면 백양사 일대가 한눈에 내려다보이는데, 발아래 펼쳐지는 오색 풍광이 기가 막힐 정도다. 이 풍경을 놓친다면 두고두고 후회할 것이다.

주변 볼거리·먹거리

장성호관광지 장성댐이 건설되면서 생긴 인공호수로, 다양한 민물고기가 서식하여 낚시터로도 유명하다. 수상스키, 카누 등 각종 스포츠를 즐길 수 있고, 취사장과 체육시설 등을 갖춘 야영장이 있다.

Ⓐ 전라남도 장성군 북하면 송정공원길 13

SPOT 3

전복홍합짬뽕 전문점
고각

주소 전라북도 김제시 부량면 부량1길 31 · **가는 법** 김제종합버스터미널 → 버스터미널1 정류장에서 버스 11-1, 11-7, 13-7번 승차 → 부량면 정류장 하차 → 도보 4분(약 230m) · **운영시간** 11:00~18:00 · **전화번호** 063-546-6577 · **대표메뉴** 전복홍합짬뽕 13,000원, 해물짬뽕 10,000원, 옛날짜장 7,000원, 탕수육(小) 18,000원

맛집은 아무리 외진 곳, 찾기 어려운 곳에 있어도 어떻게든 사람들이 찾아온다. 김제 부량면의 외진 골목길에 있는 '고각'이 그런 곳이다. 제대로 된 간판도 없는 이곳은 고각이라는 상호만 들어서는 큰 규모의 한정식 식당 같지만 중화요리 전문점이다. 아무리 봐도 식당은 없을 것 같은 골목길로 들어가면 작은 입간판이 보인다. 낡은 시골집을 개조하여 식당으로 사용하는 것 같다.

가장 인기 있다는 전북홍합짬뽕을 시키면 그릇이 넘칠 만큼 푸짐한 홍합 위에 전복 두 개가 올려져 나온다. 완도에서 직송해 온 전복을 사용할 뿐만 아니라 모든 식재료가 국내산이다. 해산물 외에는 배추, 표고, 당근 등이 들어가 특별한 건 없지만 국물이 시원하고 깔끔하다. 거기에 청양고추를 넣어 알싸하게 매운맛을 더했다. 탕수육은 소스에 호박씨, 아몬드 등의 견과류를 듬뿍 뿌린 것이 독특하며 상당히 달콤한 편이다. 음식값이 저렴하지는 않지만 맛으로 충분한 보상이 된다.

주변 볼거리·먹거리

벽골제

Ⓐ 전라북도 김제시 부량면 벽골제로 442 Ⓞ 하절기(3~10월) 09:00~18:00, 동절기(11~2월) 09:00~17:00/매주 월요일 휴무 ⓣ 063-540-4094 Ⓒ 어른 3,000원, 청소년·군인 2,000원, 어린이 1,000원
11월 46주 소개(397쪽 참고)

TIP
• 재료가 떨어지면 일찍 문을 닫을 수 있으니 미리 확인하고 가자.

추천 코스 지평선에서 만나는 거대한 쌍용

1 COURSE 고각
- 부량면 정류장까지 도보 3분(약 230m) ▶ 버스 11, 13-3, 13-5번 승차 ▶ 벽골제 정류장 하차 ▶ 도보 5분(약 300m)

2 COURSE 벽골제
- 도보 8분(약 550m)

3 COURSE 조정래아리랑문학관

주소	전라북도 김제시 부량면 부량1길 31
운영시간	11:00~18:00
전화번호	063-546-6577
대표메뉴	전복홍합짬뽕 13,000원, 해물짬뽕 10,000원, 옛날짜장 7,000원, 탕수육(小) 18,000원
가는 법	김제종합버스터미널 → 버스터미널1 정류장에서 버스 11-1, 11-7, 13-7번 승차 → 부량면 정류장 하차 → 도보 4분(약 230m)

11월 46주 소개(396쪽 참고)

주소	전라북도 김제시 부량면 벽골제로 442
운영시간	동절기(11~2월) 09:00~17:00, 하절기(3~10월) 09:00~18:00 매주 월요일 휴무
입장료	어른 3,000원, 청소년·군인 2,000원, 어린이 1,000원
전화번호	063-540-4094

벽골제는 우리나라에서 가장 오래되고 규모가 큰 저수지였다. 〈삼국사기〉에 따르면 백제 비류왕 때 축조되었다고 한다. 그러나 일제강점기 때 수로를 내느라 원형이 많이 훼손되었고, 현재는 수문의 자취인 거대한 돌기둥만이 남아 있다. 벽골제 안쪽에는 농경문화박물관과 거대한 쌍용 조형물 등이 있으며, 김제지평선축제의 메인 행사장으로 활용되고 있다.

주소	전라북도 김제시 부량면 용성1길 24
운영시간	09:00~18:00/매주 월요일 휴관
전화번호	063-540-3934

드넓은 김제평야에 조용히 자리 잡은 조정래아리랑문학관은 소설 〈아리랑〉을 통해 김제의 아픈 역사를 살펴볼 수 있는 곳이다. 2층 건물에 3개의 전시실이 구성되어 있는데, 성인의 키보다 높게 쌓인 1전시실의 육필 원고가 특히 인상적이다. 2전시실에는 작가의 취재수첩 등이 전시되어 있고, 3전시실에는 인간 조정래의 면면을 살펴볼 수 있는 자료들이 시선을 끈다.

11월 넷째 주

가을과 겨울, 그 경계에서

47 week

SPOT 1
아픈 역사의 흔적

신흥동일본식가옥

주소 전라북도 군산시 구영1길 17 · **가는 법** 군산시외버스터미널 → 시외버스터미널 정류장에서 버스 61, 62, 63번 승차 → 월명주민센터 정류장 하차 → 도보 6분(약 420m) · **운영시간** 10:00~19:00/매주 월요일 휴무 · **전화번호** 063-454-3315

군산은 일제강점기의 쓰라린 역사를 고스란히 간직하고 있는 도시다. 해방 이후 산업화 과정을 거치면서 옛 흔적들이 많이 사라졌지만, 다행히 군산에는 아직까지 근현대 건축물이 잘 보존되어 있다. 군산에 남아 있는 일제강점기의 대표적인 건축물로 군산세관, 일본18은행, 동국사 등이 있지만 역시 사람들이 가장 많이 찾는 곳은 신흥동일본식가옥이다. 이곳은 사실 '히로쓰가옥'이라는 이름으로 더 잘 알려져 있다. 일제강점기에 군산에서 포목점과 농장을 운영하여 부를 쌓았던 일본인 히로쓰가 건축한 집이기 때문이다. 'ㄱ'자형의 2층 목조건물 두 채 사이에 일본식 정원이 있는 구조로, 1층에는 온돌방과 부엌, 화장실 등이 있고 2층에는 다다미방과 도코노마(장식장) 등이 있어 당시 일본 상류층 주택의 형태를 살펴볼 수 있다. 조금씩 변형된 부분도 있지만 비교적 원형이 잘 남아 있어 건축사적 의의가 크다. 2009년에는 근대문화유산 제183호로 등록되기도 했다. 민족수탈을 상징하는 건축물이 대한민국의 문화유산이라고 하니 참 아이러니하지만, 이는 절대 잊지 말아야 할 아픈 역사의 교훈이기도 하다.

신흥동일본식가옥은 영화 속 배경으로도 많이 등장했는데, 특히 〈장군의 아들〉, 〈타짜〉 등으로 유명해졌다. 최근 군산이 근대문화유산의 성지로 떠오르며 많은 여행객이 다녀가고 있다. 단순히 즐기고 체험하는 것에서 그치지 않고 역사적 의미도 함께 되새겨 보면 어떨까.

주변 볼거리·먹거리

동국사 일제강점기에 창건된 사찰로, 현재까지 남아 있는 유일한 일본식 사찰이다. 단청이 화려한 우리나라 사찰과 달리 장식 없는 처마와 대웅전이 특징적이다.

Ⓐ 전라북도 군산시 동국사길 16 Ⓣ 063-462-5366

이성당
Ⓐ 전라북도 군산시 중앙로 177 Ⓞ 08:00~21:00/월 1~2회 비정기 휴무 Ⓣ 063-445-2772 Ⓜ 단팥빵 1,800원 야채빵 2,200원, 생크림앙금 2,800원, 코로케 2,200~2,800원, 팥빙수 7,000원 Ⓗ www.leesungdang1945.com
Ⓔ 빵 나오는 시각 : 단팥빵 08:20, 야채빵 08:20(전날 쉬면 09:00), 생크림앙금 09:00, 12:00(전날 쉬면 13:00), 크림소보루 10:00, 슈크림·땅콩버터 09:00~10:00, 메론빵 11:00~12:00

전라도의 빵집을 찾아서(374쪽 참고)

TIP
- 예전에는 실내도 관람할 수 있었지만, 현재는 문화재 보호를 위해 건물 외관과 정원만 관람하도록 제한하고 있다.

SPOT 2
한 폭의 붉은 수채화
돌머리 해수욕장

주소 전라남도 함평군 함평읍 석성리 523 · 가는 법 자동차 이용

　해수욕을 즐기기 위해서가 아니라 사진을 찍기 위해서 찾는 해수욕장이 있다. 함평 돌머리해수욕장은 해수욕장으로도 인기가 높지만 해 질 무렵의 환상적인 일몰로 더 큰 명성을 떨치고 있는 곳이다. 육지의 끝에 바위가 있어 돌머리해수욕장으로 불리는데, 그래서인지 근처 마을의 이름도 돌머리를 한자로 쓴 석두(石頭)마을이다. 이름이 퍽 재미있다. 돌머리해수욕장은 이름만큼이나 독특한 해수욕장이다. 넓은 백사장과 깨끗한 바닷물, 소나무숲이 어우러진 천혜의 절경까지 삼박자를 고루 갖추고 있으며, 조수 간만의 차이가 커서 물이 빠질 때는 멀리까지 나가도 무릎 위로는 물이 차지 않는다. 덕분에 물이 빠져도 수영할

수 있도록 축구장만 한 인공풀장을 만들었으며, 풀장 끝에는 오두막과 전망대도 조성되어 있다.

늦가을 저녁, 태양이 오두막 위로 떨어지면 이곳은 한 폭의 붉은 수채화가 된다. 넓디넓은 해수욕장을 온통 붉은빛으로 물들이는 석양은 형언할 수 없을 만큼 아름답다. 태양이 점점 더 내려가 두 채의 오두막 사이에 걸리면 일몰의 풍경은 절정에 이른다. 이곳을 전라남도 최고의 일몰 명소 중 하나로 꼽는 데는 그만한 이유가 있다.

주변 볼거리·먹거리

함평엑스포공원
Ⓐ 전라남도 함평군 함평읍 곤재로 27
Ⓞ 09:00~18:00
Ⓒ 어른 5,000원, 청소년·군인 3,500원, 어린이·경로 2,500원, 유치원생 1,500원 Ⓣ 061-320-2203~5 Ⓗ www.hampyeong.go.kr/expopark
3월 9주 소개(93쪽 참고)

대흥식당
Ⓐ 전라남도 함평군 함평읍 시장길 112
Ⓞ 11:00~21:00 / 매월 둘째, 넷째 주 화요일 휴무 Ⓜ 육회비빔밥(보통) 10,000원, 육회비빔밥(특) 15,000원 Ⓣ 061-322-3953
4월 15주 소개(138쪽 참고)

TIP
- 여름철보다는 사람들이 많지 않은 이른 봄이나 늦가을 일몰을 촬영하기에 좋다. 해가 지기 한 시간 전에는 도착해서 적당한 촬영 장소를 찾아보자.

SPOT 3
카페 같은 밥집
대통밥1번지

주소 전라북도 완주군 소양면 송광수만로 472-6 · 가는 법 자동차 이용 · 운영시간 월~금요일11:30~15:00, 토~일요일 11:30~16:00 · 전화번호 063-243-5024 · 대표메뉴 대통밥(2인 정식) 30,000원, 도토리묵(1접시) 10,000원

대통밥은 전남 담양의 향토음식으로, 그 지역에서는 죽통밥이라 부르기도 한다. 담양은 예로부터 대나무가 잘 자라고 넓은 지역에 분포되어 있어 대나무와 죽순을 이용한 음식이 발달했다. 대통밥은 보통 3년이 넘은 왕대나무를 사용하는데, 대나무 즙액인 '죽력'이 밥에 배어들어 우리 몸의 열을 식히고 기력을 보강하는 데 도움이 된다.

'대통밥1번지'는 전주 근교에서 제대로 된 대통밥을 먹을 수 있는 곳이다. 어둠이 살짝 내려앉을 무렵에는 은은한 조명 때문에 음식점이 아니라 카페처럼 보이기도 한다. 정원을 갖춘 2층 건물인데, 좀 더 분위기 있게 식사하고 싶다면 통유리창이 있는 2층을 추천한다. 메뉴는 대통밥 하나이므로 고민할 필요가 없다. 예닐곱 가지의 밑반찬과 도토리묵, 된장찌개와 함께 숯불에 구운 듯 은은한 향이 번지는 갈비가 먼저 나온다. 반찬은 전체적으로 간이 적당하고 맛깔스럽다. 마지막으로 대통밥이 나오는데, 어른 팔뚝만 한 대통 속에 잡곡밥과 은행이 들어 있다. 대통밥을 먹을 때는 밥을 덜어 낸 후 대통에 따뜻한 물을 부어 놓는 것이 좋다. 대나무 향이 짙게 밴 대통밥은 보통의 쌀밥보다 훨씬 맛이 좋다. 식사를 마친 후에는 숭늉처럼 구수한 대통의 물을 마시자. 다 먹은 대통은 재활용하지 않기 때문에 기념으로 가져가도 좋다.

주변 볼거리·먹거리

송광사 산속이 아니라 완주의 종남산 아랫마을과 어깨를 나란히 하고 있는 평지 사찰이다. 일주문 앞에 서면 일주문, 천왕문, 대웅전 등이 일직선으로 보인다. 송광사의 건물 중 눈에 띄는 것은 단연 송광사 범종루다. 우리나라 사찰 건축물 중에서는 보기 드문 십자형 팔작지붕 건축물로, 자태가 우아하며 역사적 가치가 매우 높다.

Ⓐ 전라북도 완주군 소양면 송광수만로 255-16 Ⓣ 063-243-8291 Ⓗ www.songgwangsa.or.kr ※ 순천의 송광사와 명칭 및 한자가 같지만 전혀 다른 사찰이다.

두베카페
Ⓐ 전라북도 완주군 소양면 송광수만로 472-23 Ⓞ 월~금요일 10:00~18:00, 토~일요일 10:00~18:30 Ⓣ 063-243-5222 Ⓜ 아메리카노 8,000원, 수제레드벨벳케이크·말차크럼블크림라테·오렌지크림라테 8,500원, 소양미숫페너·클래식아이스크림라테 9,000원
6월 24주 소개(218쪽 참고)

TIP
• 대통밥은 짓는 데 30~40분 정도 시간이 걸리므로 미리 예약하고 가는 것이 좋다.

추천 코스 시원한 폭포 감상하고 맛있는 대통밥 한 그릇

1 COURSE 🚗 자동차 이용(약 3.5km) ▶ 위봉폭포

2 COURSE 🚶 도보 8분(약 540m) ▶ 대통밥1번지

3 COURSE ▶ 두베카페

| 주소 | 전라북도 완주군 동상면 수만리 산 35-4 |
| 가는 법 | 자동차 이용 |

8월 34주 소개(290쪽 참고)

주소	전라북도 완주군 소양면 송광 수만로 472-6
가는 법	자동차 이용
운영시간	월~금요일 11:30~15:00, 토·일요일 11:30~16:00
전화번호	063-243-5024
대표메뉴	대통밥(2인 정식) 30,000원, 도토리묵(1접시) 10,000원

11월 47주 소개(402쪽 참고)

주소	전라북도 완주군 소양면 송광 수만로 472-23
가는 법	자동차 이용
운영시간	월~금요일 10:00~18:00, 토~일요일 10:00~18:30
전화번호	063-243-5222
대표메뉴	아메리카노 8,000원, 수제레드벨벳케이크·말차크럼블크림라테·오렌지크림라테 8,500원, 소양미숫페너·클래식아이스크림라테 9,000원

6월 24주 소개(218쪽 참고)

11월 다섯째 주
초겨울의 정취

48 week

SPOT 1
소금에 관한 짭짤한 지식
소금박물관

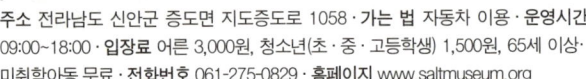

주소 전라남도 신안군 증도면 지도증도로 1058 · **가는 법** 자동차 이용 · **운영시간** 09:00~18:00 · **입장료** 어른 3,000원, 청소년(초 · 중 · 고등학생) 1,500원, 65세 이상· 미취학아동 무료 · **전화번호** 061-275-0829 · **홈페이지** www.saltmuseum.org

    증도는 2007년 완도의 청산도, 담양의 창평과 함께 아시아 최초의 슬로시티로 인증받았다. 2010년에 증도대교가 개통되면서 섬이 아닌 육지가 되었는데, 증도대교를 건너면 가장 먼저 눈에 들어오는 것이 염전이다. 단일 염전으로는 우리나라 최대 규모인 태평염전에 천일염이 꽃을 피우고 있다. 마치 넓은 대지 위를 바둑판 모양으로 나누어 놓은 듯 광활하게 펼쳐진 태평염전 초입에 소금박물관이 있다. 과거의 석조소금창고를 원형 그대로 보존하여 만든 이곳은 단순히 소금을 전시하는 공간이 아니다. 작고 소박한 규모의 박물관 내부에는 소금 '염(鹽)' 자와 'Salt'

의 어원을 비롯하여 소금과 관련된 역사적 사건과 재미있는 속담 등 흥미로운 이야기가 가득하다. 더불어 그동안 고혈압, 당뇨 등 성인병의 주범이라고만 생각했던 소금을 유익하게 섭취하는 방법을 소개한다. 특히 천일염으로 만든 자막이 흐르는 영상은 특별한 볼거리다.

'부뚜막의 소금도 집어넣어야 짜다'는 말이 있다. 어떤 일이라도 실행하지 않으면 아무 소용이 없다는 뜻이다. 증도에 와서 태평염전만 보고 소금박물관에 들르지 않는다면 부뚜막의 소금을 보기만 하고 가는 것과 다를 바 없다. 증도에 왔다면 우리나라 유일의 소금박물관에 들러 소금에 관한 짭짤한 지식을 빠짐없이 챙겨 가도록 하자.

주변 볼거리·먹거리

태평염전 단일 염전으로는 우리나라 최대 규모이며, 연간 1만 6천여 톤의 천일염을 생산한다. 전증도와 후증도로 나뉘어 있던 두 섬 사이를 둑으로 연결한 후 간척지에 염전을 조성하였다.

Ⓐ 전라남도 신안군 증도면 증동리 1931 ⓣ 061-275-0829 ⓒ 체험료(11:00, 15:00/1일 2회) 어른 15,000원, 청소년(초·중·고등학생) 13,500원, 65세 이상·미취학아동 12,000원 (체험료에 소금박물관 입장료 포함) ⓗ www.taepyungsalt.com

천일염힐링캠프카라반 태평염전 입구에 위치한 카라반 캠핑장으로, 자연과 함께 호흡하며 즐길 수 있는 곳이다. 카라반은 전화와 인터넷으로 예약할 수 있다.

Ⓐ 전라남도 신안군 증도면 지도증도로 1053-11 ⓣ 061-275-1596 ⓗ www.saltvillage.co.kr

TIP
- 소금박물관 방면으로 다니는 버스의 운행 횟수가 매우 적다. 웬만하면 자동차 여행을 추천한다.

SPOT 2
과거로 떠나는 시간여행
송참봉 조선동네

주소 전라북도 정읍시 이평면 영원로 1290-118 · **가는 법** 자동차 이용 · **운영시간** 10:00~21:00/매월 둘째, 넷째 주 월요일 휴무 · **전화번호** 063-532-0054 · **대표메뉴**능이오리백숙 70,000원, 능이토종닭백숙 65,000원, 누룽지백숙 55,000원, 닭볶음탕 50,000원 · **홈페이지** gechosundongne.imweb.me

'서울에는 조선호텔, 전라도에는 조선동네' 송참봉조선동네에서 내건 슬로건이다. 정읍의 작은 시골에 자리한 송참봉조선동네는 조금 특별한 마을이다. 이곳에 오면 마치 타임머신을 타고 조선시대로 빨려 들어간 듯한 착각이 든다. 요즘은 산간벽지에서도 보기 힘든 나지막한 초가집 수 채에 장독이 모여 있고, 가축은 자유롭게 돌아다닌다. 전기로 불을 밝히는 것 외에는 문명의 이기를 거의 찾아볼 수 없다.

50여 년 전쯤 이곳은 꽤 큰 동네를 이루고 있었으나 자연소실되어 논밭으로만 이어져 오다가, 2005년부터 '송참봉'이라 불리는 촌장이 자신의 재산을 털어 마을을 재건하기 시작해 지금의 송참봉조선동네가 만들어졌다. 현대의 건축양식이 아닌 옛날

방식으로 건물을 하나하나 직접 설계하고 목수가 아닌 가까운 동네 주민들과 함께 지었다는데, 그래서인지 건물이 다소 어설프고 투박해 보인다. 하지만 한편으로는 시골다운 정감이 느껴진다. 물론 안전성에도 전혀 문제가 없다. 참고로 현재는 개인 사정으로 송참봉이 아닌 다른 사람이 운영하고 있다.

송참봉조선동네는 단순히 관람만 할 수 있는 곳이 아니다. 옛날 사람들이 살던 방식 그대로 생활해 볼 수 있는 곳이다. 초가집의 낮은 처마와 불편한 출입문, 멀리 떨어져 있는 화장실, 고르지 못한 보행로 모두 옛날 그대로다. 초가집 안에는 컴퓨터, TV가 없는 것은 물론 인터넷도 되지 않기에 가족끼리 이곳에서 하룻밤을 지내면 자연스럽게 대화가 늘어난다. 최근에는 TV 프로그램 〈1박 2일〉과 〈런닝맨〉의 촬영지로 알려지면서 더욱 많은 사람들이 찾고 있다. 이곳을 제대로 즐기려면 하루 정도는 머물러 보자.

TIP
- 숙박 및 식사 외에는 별도의 입장료와 체험료가 없지만 숙박 및 식사 예약 고객만 입장 가능하다.
- 숙소는 초가동과 펜션동을 운영하고 있으며, 초가동(초가집) 숙박이 불편한 고객은 펜션동(욕실 및 취사 가능) 이용을 추천한다.
- 모든 예약은 전화로만 가능하다.

주변 볼거리·먹거리

동학농민혁명기념관 전봉준, 김개남 등이 이끈 동학농민군이 처음으로 승리한 곳인 황토현전적지 부근에 조성한 기념관으로, 동학농민혁명 당시의 전개 상황 및 관련 무기 등이 전시되어 있다.

Ⓐ 전라북도 정읍시 덕천면 동학로 715 Ⓗ 09:00~18:00／매주 월요일 휴관 Ⓒ 무료 Ⓣ 063-530-9451 Ⓗ www.1894.or.kr

SPOT 3
바지락 코스요리
바지락명가 장가네

주소 전라북도 군산시 비응동로 67 · 가는 법 자동차 이용 · 운영시간 09:00~21:00 · 전화번호 063-466-2995 · 대표메뉴 바지락죽 11,000원, 바지락칼국수 9,000원, 바지락회무침(大) 25,000원, 바지락해물전 12,000원, 장가네코스요리 17,000원

군산 비응도에는 바지락 요리로 전북에서 둘째가라면 서러울 맛집 '바지락명가장가네'가 있다. 바지락은 주로 서해안의 갯벌에 많이 서식하므로 바지락 요리의 대부분은 서해안을 품고 있는 전라도의 향토음식이기도 하다. 보통 2월부터 6월까지가 제철이지만 여름철 바지락도 제철 못지않게 맛이 풍부하다.

장가네 입구에는 바지락만 한가득 들어 있는 커다란 수족관이 있다. 이 수족관에서 바닷물을 이용해 바지락을 해감한다고 한다. 두 명 이상이 방문한다면 모든 메뉴를 맛볼 수 있는 코스 요리를 추천한다. 바지락탕, 바지락죽, 회무침, 해물전 등 다양한 바지락 요리를 차례대로 먹을 수 있다. 특히 회무침과 해물전의 감칠맛이 일품이다. 맨 마지막에 나오는 바지락죽도 구수하고 담백하다. 단, 바지락칼국수는 코스에 포함되지 않기 때문에 먹고 싶다면 별도로 주문해야 한다. 씨알 굵은 바지락이 가득 들어 있는 칼국수는 국물만 한입 떠먹어도 향긋한 바다 내음이 입 안 가득 퍼진다.

주변 볼거리·먹거리

비응항 등대
Ⓐ 전라북도 군산시 비응도동 91

11월 48주 소개(409쪽 참고)

추천 코스 비응항의 야경과 낭만

1 COURSE 🚗 자동차 이용(약 4.4km)
▶ 비응도 풍력발전소

2 COURSE 🚶 도보 19분(약 1.2km)
▶ 바지락명가장가네

3 COURSE
▶ 비응항 등대

주소 전라북도 군산시 비응도동 3
가는 법 자동차 이용

새만금간척지의 비응도에는 높이 약 45m의 풍력발전기 10기가 있다. 다른 곳과 달리 간척지에 설치되어 더욱 친환경적인 풍력발전소로 평가받고 있다. 서해안 최초의 풍력발전소인 이곳은 새만금방조제, 고군산군도 등과 연계한 여행지로 각광받고 있다.

주소 전라북도 군산시 비응동로 67
운영시간 09:00~21:00
전화번호 063-466-2995
대표메뉴 바지락죽 11,000원, 바지락칼국수 9,000원, 바지락회무침(大) 25,000원, 바지락해물전 12,000원, 장가네코스요리(1인) 17,000원

11월 48주 소개(408쪽 참고)

주소 전라북도 군산시 비응도동 91

새만금방조제의 출발점인 비응항은 우리나라 최초의 다기능 관광복합어항이다. 해 질 무렵 낙조가 인상적이며 해가 진 후 불이 들어오는 빨간 등대와 하얀 등대는 비응항의 야경을 더욱 빛나게 한다.

SPECIAL

오매, 단풍 들것네!
전라도의 단풍 명소

전라도의 가을이 절정이다. 길가의 나무들은 하루가 다르게 오색찬란한 빛을 토해 내고, 제 몫을 다한 단풍잎은 길 위에 붉은 양탄자를 만든다. 전라도 제일의 단풍 명소인 내장산은 벌써 비단옷을 둘렀고, 산 너머 백양사까지 휘감았다. 선운사의 단풍을 도솔천을 따라 흐르고, 문수사의 단풍터널은 형언할 수 없을 만큼 황홀하다. 11월에는 더 늦기 전에 전라도로 단풍 여행을 떠나보자.

내장산국립공원
내장산은 명실공히 우리나라 최고의 단풍 명소다. 11월이 되면 마치 내장산 전체가 붉은 불이 붙은 듯 산 전체가 선홍빛 단풍으로 물든다. 산봉우리의 단풍도 빼어나게 아름답지만 주차장에서 내장사에 이르는 단풍터널은 감탄이 절로 나온다.

ⓐ 전라북도 정읍시 내장산로 1253 ⓣ 063-538-7875 ⓒ 성인 4,000원, 중·고등학생 2,000원, 초등학생 1,000원 ⓟ 주차료 주중 중·소형차 4,000원, 경차 2,000원, 주말·공휴일 중·소형 5,000원, 경차 2,000원

선운산도립공원
선운사는 전라도의 사찰 중 계절을 가리지 않고 사랑받는 곳이다. 그러나 선운사의 백미는 역시 가을 단풍이다. 일주문에서 도솔천을 따라 흐르는 단풍은 눈이 시릴 만큼 아름답다. 특히 극락교 주변 계곡에 비치는 단풍의 반영이 환상적이다.

ⓐ 전라북도 고창군 아산면 선운사로 250 ⓗ 05:00~20:00 ⓣ 063-561-1422 ⓒ 어른 4,000원, 청소년 3,000원, 어린이 1,000원 ⓟ 주차료 2,000원 ⓗ www.seonunsa.org

강천산군립공원

지리산뱀사골

강천산군립공원

강천산은 가을에 붉은 아기단풍으로 유명하다. 우리나라 최초의 군립공원으로 지정된 강천산은 수려한 산세와 함께 웅장한 기암괴석이 어우러져 있다. 특히 계곡을 가로지르는 높이 약 50m의 빨간 현수교가 가을 단풍과 어우러져 더욱 아름다운 풍광을 만들어 낸다.

Ⓐ 전라북도 순창군 팔덕면 강천산길 97 Ⓞ 4~10월 07:00~18:00, 11~3월 07:00~17:00 Ⓣ 063-650-1672 Ⓒ 성인 4,000원, 초·중·고등학생 2,000원 Ⓗ www.gangcheonsan.kr

지리산뱀사골

뱀사골은 지리산의 깊은 계속에서 내려오는 깨끗한 물로 유명한 곳이다. 바위 틈으로 거침없이 흘러내리는 청정 계류는 우리나라 계곡의 으뜸이라 불릴 만하다. 계곡을 따라 수 km에 걸쳐 이어지는 단풍은 울긋불긋한 색감이 장관을 이룬다.

Ⓐ 전라북도 남원시 산내면 와운길 10

문수사
11월 45주 소개(384쪽 참고)

백양사
11월 46주 소개(394쪽 참고)

전주향교

모악산도립공원

전주향교

고려 말에 창건한 전주향교는 많은 드라마와 영화 촬영지로 등장하면서 더욱 유명해졌다. 향교 내에는 수령 400년이 넘은 은행나무 다섯 그루가 있는데, 가을이 되면 노란 페인트를 들이부은 듯 향교 전체가 노란 물결이 된다.

Ⓐ 전라북도 전주시 완산구 향교길 139 Ⓞ 동절기 10:00~17:00, 하절기 09:00~18:00 Ⓣ 063-288-4548 Ⓒ 성인 4,000원, 중·고등학생 2,000원, 초등학생 1,000원 Ⓗ www.jjhyanggyo.or.kr

모악산도립공원

모악산은 완주와 김제에 걸쳐 있는 산으로 아래로는 김제평야와 만경평야가 펼쳐진다. 정상에 오르면 전주 시내가 한눈에 들어오고 멀리 내장산과 변산반도가 보인다. 가을이 되면 모악산 중턱의 대원사 부근에 단풍이 붉게 타오른다. 계곡을 따라 울긋불긋 아기단풍이 장관을 이룬다.

Ⓐ 전라북도 완주군 구이면 모악산길 243

어느덧 12월이다. 혹독한 겨울바람에 알몸으로 떨고 있는 나무들이 애처롭다. 덩그러니 한 장 남은 달력을 발견하고서야 비로소 한 해의 끝자락에 와 있음을 실감한다. 12월이 있다는 건 한편으로는 참 고마운 일이다. 아쉬우면 아쉬운 대로, 서운하면 서운한 대로 한 해를 마감하고 새로운 해를 시작할 수 있으니 말이다. 숨 가쁘게 달려온 한 해를 돌아보며 잠시 휴식이 필요하다면 전라도의 겨울 명소로 여행을 떠나 보자.

12월의 전라도

숨 가쁘게 달려온
한 해를 돌아보며

12월 첫째 주

추억은 눈이 되어 내린다

49 week

SPOT 1

꽃심을 지닌 땅

혼불문학관

주소 전라북도 남원시 사매면 노봉안길 52 · **가는 법** 자동차 이용 · **운영시간** 09:00~18:00 / 매주 월요일휴관 · **전화번호** 063-620-6788

"웬일인지 나는 원고를 쓸 때면, 손가락으로 바위를 뚫어 글씨를 새기는 것만 같은 생각이 든다." 대하소설 〈혼불〉의 후기에서 최명희 작가가 글쓰기에 대한 자신의 고뇌를 표현한 문장이다. 최명희 작가 같은 대가는 이런 대작을 일필휘지(一筆揮之)로 써냈을 것이라고 생각하기 쉽지만, 한 편의 소설을 완성하기까지 그 고통의 무게가 어느 정도인지 단적으로 보여 주는 글이다. 〈혼불〉은 최명희 작가가 무려 17년이라는 긴 시간 동안 집필한 소설이다. 1930년대 일제강점기 당시 이씨 양반가를 지키려 했던 삼대의 며느리와 거멍굴 사람들의 이야기를 다루고 있다. 국어사전을 시집처럼 읽었다는 최명희 작가가 우리말의 아름다움과 운율을 살려 그 미려함을 돋보이게 한 최고의 작품으로 찬사를 받고 있다. 작품을 읽다 보면 '꽃심', '소살소살' 등의 고운 우리말을 곳곳에서 찾을 수 있다. 최명희 작가가 난소암을 숨기고 집필에 몰두하다 1998년 숨을 거두면서 〈혼불〉은 결국 제5부까지, 전체 10권만 출간된 미완의 작품으로 남았다.

혼불문학관은 작가의 고향이자 소설의 배경이 된 남원 사매면 노봉마을에 자리하고 있다. 문학관으로 들어가는 길에 지금은 폐역이 되었지만 소설 속에서 중요한 공간으로 나오는 서도역을 만날 수 있다. 또한 주변에 소설의 배경이었던 종가와 청호저수지 등이 조성되어 있어 감흥이 더욱 크다. 두 채의 한옥으로 구성된 문학관에는 작가가 생전에 사용한 만년필과 취재수첩 등이 있는 유품전시관과 작가로서의 삶, 수상 경력 등이 정리된 작가의 방이 있다. 또한 소설 속 장면을 입체로 구성한 디오라마(diorama) 전시물은 〈혼불〉을 읽어 보지 않은 사람들에게도 흥미를 유발한다.

TIP
- 혼불문학관은 대중교통으로 방문하기 어려우며, 주변에 음식점이나 매점이 없으므로 미리 식사를 하고 관람하는 것이 좋다.
- 방문 전 최명희 작가와 소설 〈혼불〉에 대해 미리 알고 간다면 훨씬 더 큰 감흥을 느낄 수 있다.
- 기회가 된다면 전주 한옥마을 내에 있는 최명희문학관도 함께 관람해 보자.

주변 볼거리·먹거리

옛 서도역
Ⓐ 전라북도 남원시 사매면 서도길 32

12월 49주 소개(419쪽 참고)

대정저수지 '대말 방죽숲'으로도 불리는 대정저수지는 2011년 '아름다운 숲 전국대회'에서 공존상을 수상할 만큼 풍광이 뛰어나다. 저수지 둘레를 허리 굽은 노송과 왕버들나무가 둘러싸고 있는데, 날씨가 좋은 날에는 저수지에 비친 반영이 장관이다. 멸종 위기 식물인 가시연꽃 군락지로도 유명하다. 일교차가 심한 새벽녘 물안개가 피어오르는 몽환적인 장면은 대정저수지의 가장 매력적인 풍경이다.

Ⓐ 전라북도 임실군 오수면 대정리

SPOT 2
눈꽃이 시가 되어 내리다
내소사

주소 전라북도 부안군 진서면 내소사로 243 · **가는 법** 자동차 이용 · **입장료** 어른 4,000원, 청소년 3,000원, 어린이 1,000원 · **전화번호** 063-583-7281 · **홈페이지** www.naesosa.kr

　전라도에서도 부안은 겨울에 눈이 많기로 유명하다. 12월에 들어서면 예외 없이 부안에 많은 눈이 내린다. 내소사는 벚꽃과 단풍으로 유명하지만 눈 쌓인 설경도 아름답다. 〈나의 문화유산답사기〉에서 유홍준 교수는 내소사를 우리나라의 5대 사찰 중 하나로 꼽았다. 사찰 자체도 매력 있지만 주변 산세와 조화를 이루는 풍경이 더없이 아름답다. 일주문에서 천왕문까지 이어지는 전나무숲길에 들어서면 초록빛 가지마다 송이송이 눈꽃이 어우러져 장관이다. 사시사철 초록을 잃지 않는 전나무숲길은 내소사의 자랑거리 중 하나로, 수많은 드라마와 영화의 배경이 되었다. 천왕문을 뒤로하고 야트막한 축대와 계단을 몇 차례 오르면 경내에 들어서게 된다. 하얀 솜이불을 덮은 능가산 봉우

리가 포근히 감싸고 있는 내소사는 자연이 그려 낸 한 폭의 수묵화다.

　허리 굽은 소나무 사이로 단아하면서도 기품 있는 대웅보전이 눈에 들어오는데, 쇠못 하나 박지 않고 오롯이 나무로만 끼워 맞춰 건축한 선조들의 기술과 노력에 감탄하지 않을 수 없다. 대웅보전의 상징과도 같은 정면 여덟 짝의 문살은 연꽃, 국화, 모란 등의 꽃무늬가 수놓아져 화사한 꽃밭을 이룬다. 단청이 없어도 그 어떤 문양보다 아름답다. 설선당 마루에 걸터앉아 앞마당 위로 흩날리는 눈발을 바라보면 시름이 절로 씻겨 내려가고, 꿈인지 생시인지 모를 몽환적인 느낌마저 든다.

TIP
- 아름다운 설경을 보려면 눈이 내린 이른 아침, 사람들이 방문하기 전이 좋다.
- 주차장에서 내소사까지 약 1km 정도를 걸어야 하므로 눈이 많이 내린 날에는 아이젠과 스패츠를 준비하는 것이 좋다.

주변 볼거리·먹거리

작당마을 부안 마실길 코스 중 아름답기로 유명한 작은 어촌이다. 넓은 갯벌이 펼쳐진 마을 지형이 까치집 모양과 비슷해 까치 '작(鵲)' 자를 써서 '작당마을'이라 불린다.

Ⓐ 전라북도 부안군 진서면 작당길 12

SPOT 3

쫄깃쫄깃 꼬막정식
태백산맥 꼬막맛집

주소 전라남도 보성군 벌교읍 조정래길 59 · **가는 법** 벌교버스공용터미널 → 도보 12분(약 740m) · **운영시간** 09:00~21:00 · **대표메뉴** 꼬막정식 20,000원, 짱뚱어탕 12,000원 · **전화번호** 061-858-6100

벌교꼬막은 임금님 수라상에 올라가던 진미 중 하나로, 제사상에도 빠지지 않는 귀한 음식이다. 특유의 짭조름하고 쫄깃쫄깃한 맛이 일품인 꼬막은 벌교 제일의 특산물이다. 11월부터 3월 사이의 추운 겨울이면 신선한 바다의 맛을 간직하고 통통하게 살이 오른 꼬막을 먹기 위해 전국의 미식가들이 벌교로 모여든다.

벌교 읍내에는 수십 개의 꼬막 식당이 있으며, 시장에서도 꼬막을 흔히 볼 수 있다. 벌교의 꼬막 식당들은 대체로 맛이 평준화되어 어디를 가도 만족스럽지만 조금 까다로운 입맛이라면 '태백산맥꼬막맛집'을 추천한다. 벌교 앞바다에서 채취한 신선한 꼬막으로 만든 꼬막 요리의 참맛을 느낄 수 있다. 꼬막정식을 주문하면 생선구이, 찌개 등 한 상 가득한 밑반찬에 양념 없이 삶은 꼬막부터 꼬막무침, 꼬막전, 꼬막된장국 등 꼬막으로 할 수 있는 모든 요리를 한자리에서 맛볼 수 있다. 큰 대접에 밥과 꼬막무침, 밑반찬 몇 가지를 넣고 쓱쓱 비벼 먹으면 환상적인 맛을 경험할 수 있다.

주변 볼거리·먹거리

태백산맥문학관

ⓐ 전라남도 보성군 벌교읍 홍암로 89-19 ⓗ 하절기 09:00~18:00, 동절기 09:00~17:00/매주 월요일 휴관 ⓒ 어른 2,000원, 청소년·군인 1,500원, 어린이 1,000원 ⓣ 061-858-2992 ⓗ boseong.go.kr/tbsm
10월 43주 소개(368쪽 참고)

추천 코스 소설 〈혼불〉의 자취를 따라서

1 COURSE 장안집
자동차 이용(약 7.6km)

2 COURSE 옛 서도역
자동차 이용(약 1.7km)

3 COURSE 혼불문학관

주소	전라북도 임실군 오수면 오수로 140-9
운영시간	10:00~20:00/매주 일요일 휴무
전화번호	063-642-5268
대표메뉴	소머리곰탕 11,000원, 수육(주) 30,000원
가는 법	자동차 이용

40년이 넘게 꿋꿋하게 한 자리를 지켜온 소머리국밥 맛집이다. 일반 가정집을 개조해서 식당으로 운영하는 곳으로 골목길로 한참 들어가야 찾을 수 있다. 장안집 메뉴는 소머리국밥과 수육이 전부다. 수육은 당일 한정 수량만 판매하기 때문에 예약하지 않으면 맛을 보기가 어렵다. 소머리곰탕은 국물이 진하면서도 제대로 우려낸 맛을 간직하고 있다.

주소	전라남도 남원시 사매면 서도길 32

1932년에 지은 목조 건물이다. 2002년 전라선 철도 개량화 사업으로 새로운 역사가 생기면서 폐역이 되었다. 소설 〈혼불〉에서 주인공들이 기차를 타고 내릴 때 자주 이용한 문학적 공간이기도 하다. 현재는 영상촬영장으로 활용하고 있다. tvN 드라마 〈미스터 션샤인〉, 영화 〈동주〉 등 제목만 들어도 알만한 많은 드라마와 영화를 이곳에서 촬영했다.

주소	전라북도 남원시 사매면 노봉안길 52
운영시간	09:00~18:00/매주 월요일 휴관
전화번호	063-620-6788

12월 49주 소개(414쪽 참고)

12월 둘째 주
겨울 산행의 매력
50 week

SPOT 1

산 능선이 겹겹이 펼쳐지는
부귀산

주소 전라북도 진안군 부귀면 삼봉길 127 · 가는 법 자동차 이용, 도보 20분(1km)

　　　호남의 지붕이라 불리는 진안은 우리나라 오지의 대명사로, 평균 해발 400m의 고원지대다. 금남호남정맥에 위치한 높이 806m의 진안 부귀산은 마치 호랑이가 웅크린 듯한 산세로 정남쪽의 마이산을 바라보고 있다. 서쪽으로는 질마재를 지나 주화산까지 이어지고, 북쪽으로는 옥녀봉을 거쳐 운장산에 다다른다. 아침저녁으로 일교차가 큰 계절은 부귀산에 올라 마이산을 감상하기에 가장 좋은 시기다. 해가 뜨기 전 부귀산 남쪽 산등성이에 오르면 산허리에 안개를 두른 마이산의 신비로운 풍경을 만날 수 있다. 고통 없이는 얻을 수 있는 게 없는 법. 아름다운 풍경을 만나기 위해서는 약간의 노고가 필요하다. 진안 삼봉마을에서 임도를 따라 차량으로 약 15분 정도 올라간 뒤, 가파른

등산로를 걸어서 20여 분 더 오르면 나무데크로 조성된 전망대에 도착한다. 눈앞에 산 능선이 겹겹이 펼쳐지고, 오른쪽으로 멀리 귀를 쫑긋 세운 듯한 형태의 마이산이 보인다. 이른 아침, 운해를 뚫고 산 능선 사이로 스며드는 빛은 부귀산에서 볼 수 있는 최고의 풍경이다.

TIP
- 대중교통을 이용할 경우 진안 부귀면 삼봉마을에서 1시간 이상 걸어 올라가야 하므로 등산로 아래까지 자동차로 이동하는 것을 추천한다.
- 운해를 보기 위해서는 이른 새벽에 출발하는 것이 좋다. 해가 뜨기 전이므로 손전등을 꼭 챙겨 가자.

주변 볼거리·먹거리

한일관
ⓐ 전라북도 진안군 진안읍 진장로 6 ⓞ 10:00~20:00 ⓜ 찌개백반 7,000원 ⓣ 063-433-2585
12월 50주 소개 (425쪽 참고)

SPOT 2
빛과 예술, 그리고 과학의 만남
국립광주 과학관

주소 광주광역시 북구 첨단과기로 235 · **가는 법** 유스퀘어광주종합버스터미널 → 광주종합버스터미널 정류장에서 급행버스 첨단09번 승차 → 국립광주과학관 정류장 하차 → 도보 6분(약 380m) · **운영시간** 09:30~17:30/매주 월요일 휴관 · **입장료** 어른 3,000원, 청소년·어린이 2,000원, 유아·경로 무료, 천체투영관·4D영상관 1,500원 · **전화번호** 062-960-6210 · **홈페이지** www.sciencecenter.or.kr

광주의 상징인 빛, 그리고 예술과 과학이 만나는 국립광주과학관은 비교적 최근에 개관하여 아직 많이 알려지지 않은 곳이다. 대전, 과천에 이어 2013년 전국에서 세 번째로 개관한 과학관으로, 우주선 같기도 하고 우주생명체 같기도 한 독특한 외관이 시선을 끈다. 실내에는 직접 만지고 참여하는 체험형 전시가 대부분이어서 어린이는 물론 어른들까지도 흥미롭게 관람할 수 있다. 전체 전시물 중 80% 이상이 체험시설인데, 이는 '과학관의 핵심은 아이들이 즐겁게 과학의 원리를 공부하고 창의력을 기를 수 있도록 하는 것'이라는 초대 관장님의 의지가 반영된 것이라고 한다. 덕분에 전국의 과학관 중 체험시설이 가장 많은 특별

한 과학관이 되었다.

이곳은 크게 1전시관, 2전시관, 어린이관 그리고 야외 전시공간으로 나뉘어 있다. 1층에 어린이관과 4D상영관이 있으며, 2층에는 1·2전시관이 있다. 어른들은 주로 2층 전시관을 이용하는데, 이곳에는 빛과 과학의 원리를 이해할 수 있는 다양한 시설이 있다. 그중에서도 특히 원형의 소리빛공간이 눈에 띈다. 관람객이 내는 소리가 빛으로 전환되고, 빛이 다시 음악으로 표현되는 독특한 전시다. 빛, 소리, 음악이 결합된 한 편의 웅장한 오케스트라 연주를 보는 듯하다.

주변 볼거리·먹거리

광주어린이교통공원 어린이들에게 현장 중심의 교통안전 교육을 제공함으로써 교통사고를 예방하기 위해 설립한 체험시설이다.

Ⓐ 광주광역시 북구 임방울대로 877 Ⓞ 09:00~18:00 / 주말 휴관 Ⓣ 062-972-0054 Ⓗ www.gctp.kr

TIP
- 입장권으로 발행하는 손목띠는 체험 시 꼭 필요하므로 잃어버리지 않도록 주의하자.

SPOT 3

부안이 사랑한 찐빵

슬지네찐빵

주소 전라북도 부안군 진서면 청자로 1076 · **가는 법** 자동차 이용 · **운영시간** 10:00~19:00 · **전화번호** 1899-9504 · **대표메뉴** 우리밀팥찐빵 2,000원, 구운아이스크림찐빵 3,500원, 크림치즈찐빵 3,600원, 아메리카노·카페라테 6,000원, 복분유자에이드 7,000원 · **홈페이지** www.zzinbbang.kr

날씨가 추울 때 가장 생각나는 음식 중 하나가 찐빵이다. 김이 모락모락 나는 찐빵은 보기만 해도 입안에 군침이 돈다. 시장 골목을 걷다 찐빵 냄새가 나면 저절로 발걸음이 멈춰진다. 이런 찐빵으로 대박을 터트린 곳이 있으니 그곳이 바로 부안의 '슬지네찐빵(슬지제빵소)'이다. 슬지네찐빵은 부안 곰소 지역에서 20년 넘게 찐빵을 만들어온 가족기업이다. 우리 밀과 지역에서 생산한 농산물을 사용해 찐빵을 만들어 인기를 끌고 있다.

슬지네찐빵은 오래된 본관에서 찐빵을 생산하고 판매하다가 2022년 초순에 본관 옆에 신관을 열었다. 신관은 찐빵 판매장과 분위기 좋은 카페를 겸하고 있다. 찐빵은 일반적으로 알고 있는 단팥찐빵만 있는 것이 아니라 오색찐빵, 생크림찐빵, 구운아이스크림찐빵 등 젊은 소비자를 겨냥한 다양한 종류를 개발했다. 특히 구운아이스크림찐빵은 구운 찐빵 위에 아이스크림을 올린 독특한 메뉴로 인기가 높다. 찐빵뿐만 아니라 커피, 우유, 에이드 등 여러 가지 음료를 함께 판매하고 있다. 신관은 실내 인테리어가 독특하고 분위기가 좋아 포토존으로 많은 사랑을 받고 있다.

주변 볼거리·먹거리

부안청자박물관 부안청자박물관은 고려시대의 가마터가 발견된 옛 유천초등학교 자리에 개관하였다. 박물관의 외형은 '청자상감국화넝쿨무늬찻잔'을 형상화했다. 3층 규모의 건물로 전시장과 청자 및 도예 체험 공간, 연구 공간 등으로 구성되어 있다. 특히 부안 청자 이야기를 4D 영상으로 보여주는 영상실이 관람객들에게 인기가 높다.

ⓐ 전라북도 부안군 보안면 청자로 1493 ⓞ 동절기(11~2월) 10:00~17:00, 하절기(3~10월) 10:00~18:00/매주 월요일 휴관 ⓣ 063-580-3964 ⓒ 어른 3,000원, 청소년 2,000원, 어린이 1,000원, 4D영상실 3,000원 ⓗ www.buan.go.kr/buancela

TIP
- 주말에는 주차장에 빈자리가 없고, 찐빵을 구매하기 위해 줄을 서서 기다려야 할 만큼 많은 사람이 방문하기 때문에 가능하면 피하는 것이 좋다.
- 슬지네찐빵의 시그니처 찐빵인 '우리밀팥찐빵'은 보온을 위해 진열대에 전시하지 않기 때문에 계산대에서 별도로 주문해야 한다.
- 구운아이스크림찐빵은 제품의 특성상 포장이 불가능하다.
- 전용 주차장을 갖추고 있어서 주차가 편리하다.

추천 코스 진안에서 느끼는 겨울의 매력

1 COURSE
🚗 자동차 이용(14.3km)
▶ 부귀산

2 COURSE
🚗 자동차 이용(12.1km)
▶ 한일관

3 COURSE
▶ 마이산탑사

주소 전라북도 진안군 부귀면 삼봉길 127
가는 법 자동차 이용, 도보 20분(약 1km)

12월 50주 소개(420쪽 참고)

주소 전라북도 진안군 진안읍 진장로 6
운영시간 10:00~20:00
전화번호 063-433-2585
대표메뉴 찌개백반 7,000원

할머니 네 분이 운영하는 한일관은 외관은 허름하지만 등산객들 사이에서는 맛집으로 소문난 곳이다. 손님들 대부분이 찌개백반을 먹기 때문에 특별히 다른 음식으로 주문하지 않으면 찌개백반에 맞는 10여 가지의 반찬을 내준다. 구수한 청국장과 큼지막한 돼지고기를 넣은 김치찌개 맛이 일품이다. 밥이 모자라면 밥통에서 직접 퍼서 먹을 수 있는데, 추가로 밥값을 받지는 않는다.

주소 전라북도 진안군 마령면 마이산남로 367
운영시간 06:00~18:00
입장료 어른 3,000원, 청소년 2,000원, 어린이 1,000원
전화번호 063-433-0012
홈페이지 www.maisantapsa.com

마이산은 멀리서 보면 그 모양이 마치 말의 귀를 닮았다고 하여 붙여진 이름이다. 기이한 경관 때문에 오래전부터 영산(靈山)으로 여겨져 왔다. 탑사는 마이산의 남쪽에 있는 사찰로, 이갑용 처사가 쌓아올렸다는 80여 개의 돌탑이 인상적이다. 돌탑은 그 높이가 이른 키의 세 배를 넘는 것도 있는데, 이를 어떻게 쌓아올렸는지는 아직도 밝혀지지 않아 신비롭기만 하다.

12월 셋째 주

겨울 드라이브의 낭만

51 week

SPOT 1

동화 속 겨울왕국

한국도로공사 전주수목원

주소 전라북도 전주시 덕진구 번영로 462-45 · **가는 법** 자동차 이용 · **운영시간** 하절기(3.15~9.15) 09:00~19:00, 동절기(9.16~3.14) 09:00~18:00/매주 월요일 휴무 · **전화번호** 063-714-7200 · **홈페이지** www.ex.co.kr/arboretum

　한국도로공사전주수목원은 전주 시민들 사이에서는 흔히 '전주수목원'이라 불린다. 1970년대에 조경용 수목과 잔디를 생산하는 묘포장으로 출발하여 1990년대에 일반인에게 전주수목원으로 처음 개방되었기 때문이다. 이후 산림청에 수목원으로 공식 등록하고, 현재의 이름인 '한국도로공사전주수목원'으로 명칭을 변경하여 오늘에 이르고 있다. 공기업에서 운영하는 유일한 수목원으로, 지금은 축구장의 열 배가 넘는 넓이에 3천여 종의 식물을 보유한 대규모 수목원이 되었다.

　이곳의 설경은 말 그대로 동화 속 겨울왕국이다. 드넓은 수목

원이 순백으로 뒤덮인 풍경은 입이 떡 벌어질 만큼 황홀하다. 바깥세상과는 완전히 다른 또 하나의 세상이다. 아무도 밟지 않은 눈길에 발자국을 남기기가 미안할 정도다. 단언컨대 한국도로공사전주수목원의 백미는 설경이다. 올겨울 눈이 내리면 조금도 망설이지 말고 이곳으로 달려가자.

주변 볼거리·먹거리

기지제 전북혁신도시 근처의 호수로, 아파트숲 뒤로 넘어가는 일몰이 아름답다. 일몰 후 아파트에 조명이 들어오면 호반도시의 아름다운 풍경이 펼쳐진다.

Ⓐ 전라북도 전주시 덕진구 장동 37-6

TIP
- 날씨가 너무 추울 경우 유리온실에 들러 몸을 따뜻하게 덥히자.

SPOT 2

64km의 드라이브 코스

용담호 호반도로

주소 전라북도 진안군 용담면 진용로 2216 · **가는 법** 자동차 이용

    용담호 호반도로는 바다가 아닌 내륙에 있는 독특한 드라이브 코스다. 2001년 전북 지역의 식수 해결을 위해 용담댐이 건설되면서 우리나라에서 다섯 번째로 큰 호수인 용담호가 만들어졌다. 약 70개의 마을을 수몰시킨 이 거대한 담수호는 실향민의 눈물을 담고 있지만, 아이러니하게도 진안에서 빼놓을 수 없는 관광명소가 되었다. 이맘때 용담호의 새벽 풍경은 그림처럼 아름답다. 고즈넉한 수면 위로 춤추듯 피어오르는 물안개는 무희의 치맛자락처럼 몽환적이다. 물안개가 점점 산허리를 휘감고, 아침 햇살이 호수를 비추면 겨울날의 용담호 풍경이 황홀한 자태를 드러낸다. 용담호라고 아무 때나 물안개를 볼 수 있는 것은 아니다. 물안개는 호수와 대기의 온도 차이 때문에 생기는 현상으로, 습도가 높고 일교차가 큰 아침에 주로 만날 수 있다.

용담호 주변 64km에 이르는 호반도로는 산과 호수가 어우러진 환상적인 풍경 덕분에 드라이브 코스로 각광받고 있다. 그중 가장 아름다운 곳은 안천휴게소에서 신용담교에 이르는 구간과 호암교에서 용담대교를 지나는 구간이다. 차를 타고 달리면 산자락에 가렸다 다시 나타나며 숨바꼭질하는 호수와 파란 하늘의 조화에 눈이 부시다. 용담대교를 건너면 좌측으로 태고정에 오르는 길이 있는데, 이곳에 오르면 사방이 트여 굽이굽이 이어진 용담호의 전경이 파노라마처럼 펼쳐진다.

주변 볼거리·먹거리

기배기
Ⓐ 전라북도 진안군 상전면 진성로 373-20 Ⓗ 10:00~21:00/매주 수요일 휴무 Ⓣ 010-2470-5244 Ⓜ 아메리카노 5,000원, 카페라테 5,500원, 바닐라라테 6,000원, 레몬에이드·요거트스무디 6,000원, 크로와플세트 10,000원
6월 25주 소개(226쪽 참고)

SPOT 3

담양 속의 작은 유럽
메타프로방스

주소 전라남도 담양군 담양읍 깊은실길 2-17 · **가는 법** 담양공용버스터미널 → 담양여객버스터미널에서 농어촌버스 10-1, 11-1, 12-1번 승차 → 깊은실 · 메타프로방스 정류장 하차 → 도보 3분(약 170m) · **전화번호** 061-383-1710 · **홈페이지** www.metaprovence.co.kr

    메타프로방스는 이름만 들어도 어떤 풍경일지 상상이 되는 곳이다. '프로방스(Provence)'는 프랑스 남동부의 옛 지방을 부르는 이름으로, 우리나라에는 20여 년 전 파주에 '프로방스마을'이 조성되면서 널리 알려졌다. 메타프로방스 역시 유럽풍의 분위기를 느낄 수 있는 독특한 여행지로 담양의 대표 관광지로 떠올랐다. 특히 KBS 드라마〈겨울연가〉촬영지와 걷기 좋은 여행지로 소문나면서 가족, 연인들에게 인기가 높다. 패션 거리, 음식 거리, 디자인 공방 및 체험장, 펜션 단지 등이 있고, 중심에는 다비드상의 얼굴을 닮은 대형 상징 조형물이 있다.

메타프로방스는 해가 지고나면 더욱 아름다워진다. 어둠이 깔리고 거리에 하나둘 조명이 들어오면 낮에는 몰랐던 또 다른 매력이 피어난다. 프랑스의 남부 마을 하나를 통째로 옮겨 놓은 듯 이국적인 풍경이 펼쳐진다. 골목마다 형형색색의 조명이 빛나고 데이트하기에 더 없이 좋은 로맨틱한 공간이 된다. 또한 메타프로방스는 12월이 되면 산타마을로 변신한다. 대형 성탄 트리와 산타 등의 조형물이 거리를 장식하고 12월 중순부터 말일까지 공연, 거리 퍼포먼스 등이 열리며 축제가 이어진다.

주변 볼거리·먹거리

담양메타세콰이아 가로수길

Ⓐ 전라남도 담양군 담양읍 메타세콰이아로 25 ⓞ 하절기(5~8월) 09:00~19:00, 동절기(9~4월) 09:00~18:00 ⓣ 061-380-3149 ⓒ 어른 2,000원, 청소년 1,000원, 어린이 700원

12월 51주 소개(433쪽 참고)

TIP
- 메타프로방스의 매력을 제대로 느끼려면 낮부터 밤까지 즐겨야 한다.
- 야간 축제를 즐기려면 두꺼운 외투, 목도리, 담요 등을 여분으로 준비하는 것이 좋다.

SPOT 4

6년근 인삼을 넣은 바지락죽

변산명인 바지락죽

주소 전라북도 부안군 변산면 변산해변로 794 · **가는 법** 자동차 이용 · **운영시간** 08:30~18:40 · **대표메뉴** 인삼바지락죽 11,000원, 바지락회비빔밥 12,000원, 바지락회무침(소) 22,000원 · **전화번호** 063-584-7171

주변 볼거리·먹거리

적벽강 절벽과 기암이 펼쳐지는 해안이 중국의 시인 소동파가 노닐던 적벽강과 비슷하다 하여 붙여진 이름이다. 해 질 녘 붉은 노을이 바위를 물들이는 풍경이 눈부시게 아름답다.

Ⓐ 전라북도 부안군 변산면 적벽강길 10

부안에 가면 잊지 말고 꼭 먹어 봐야 할 음식이 있다. 바로 바지락죽이다. 특히 겨울에는 좋은 횟감뿐만 아니라 갯벌에서 건져 올린 바지락 또한 풍성하다. 바지락은 부안에서 많이 나는 대표적인 어패류로, 값이 싸면서도 영양가가 높은 고마운 식재료다. 불린 쌀에 바지락 속살, 당근, 녹두, 마늘 등을 넣고 끓인 바지락죽은 전복죽보다 부드럽고 가격이 저렴하여 부담 없다. 흔한 바지락을 사용했지만 맛은 고급스럽다.

부안에는 서로 원조라고 주장하는 바지락죽 전문점이 여러 곳 있지만 변산명인바지락죽은 굳이 원조라고 주장하지 않는다. 20여 년 전부터 이미 바지락죽을 개발하고 대중화한 것으로 잘 알려져 있기 때문이다. 다른 곳과 달리 6년근 인삼과 표고버섯 등의 특별한 재료를 더해 만드는데, 6년근 인삼이 바지락 특유의 비린내를 없애고 맛의 깊이를 더해 주는 역할을 한다. 깍두기, 나물, 젓갈 등의 반찬도 자극적이지 않고 삼삼해 바지락죽과 조화를 이룬다. 바지락죽만 먹기 아쉽다면 바지락전이나 바지락회무침을 곁들여도 좋다. 메밀 반죽에 바지락 속살을 듬뿍 넣어 두툼하게 부쳐 내는 바지락전은 보기만 해도 침이 고인다. 싱싱한 바지락 속살을 살짝 데친 후 각종 야채와 함께 발효식초로 버무린 바지락회무침은 새콤달콤한 맛이 일품이다. 그냥 먹어도 좋지만 부안 뽕주를 곁들이면 술안주로도 제법 잘 어울린다.

TIP
• 죽을 좋아하지 않는다면 바지락회비빔밥을 추천한다.

추천 코스 담양에서 만나는 산타마을

1 COURSE
🚶 도보 8분(약 500m)
▶ 담양메타세쿼이아가로수길

2 COURSE
🚶 도보 2분(약 100m)
▶ 새벽식당

3 COURSE
▶ 메타프로방스

주소	전라남도 담양군 담양읍 메타세쿼이아로 25
운영시간	하절기(5~8월) 09:00~19:00, 동절기(9~4월) 09:00~18:00
입장료	어른 2,000원, 청소년 1,000원, 어린이 700원
전화번호	061-380-3149
가는 법	담양공용버스터미널 → 담양여객버스터미널에서 농어촌버스 10-1, 11-1, 12-1번 승차 → 깊은실·메타프로방스 정류장 하차 → 도보 8분(약 500m)

1970년대 가로수 조성 사업이 한창일 때 심은 나무가 지금의 메타세쿼이아 길이 되었다. 본래 담양에서 순창으로 이어지는 24번 국도였는데, 바로 옆으로 새로운 길이 뚫리면서 산책할 수 있는 길을 조성하였다. 보통 초여름과 늦가을에 많이 방문하지만 겨울에 가면 또 다른 매력을 만날 수 있다.

주소	전라남도 담양군 담양읍 메타프로방스2길 8 305동 201호 2층
운영시간	평일 10:00~20:00, 주말 09:10~20:30 / 동절기 매주 수요일은 점심만 가능 (10:00~15:00)
전화번호	061-381-3467
대표메뉴	직화불고기비빔밥·황태비빔밥 10,000원, 버섯두부소고기전골·시래기소고기전골 15,000원

메타프로방스 초입에 위치한 2층 식당이다. 날마다 신선한 재료를 공급받아 음식을 만든다. 미리 예약하면 아침식사도 가능하다. 유아용 의자가 준비되어 있고, 반려견 동반 가능한 식당으로 반려인들에게 인기가 높다.

주소	전라남도 담양군 담양읍 깊은실길 2-17
전화번호	061-383-1710
홈페이지	www.metaprovence.co.kr

12월 51주 소개(430쪽 참고)

12월 마지막 주

한 해 의 끝 에 서

52 week

SPOT 1

가장 인간적인 도시로 가는 길
첫마중길

주소 전라북도 전주시 덕진구 우아동3가 746 · 가는 법 전주역 → 도보 3분(약 200m)

　전주는 매년 천만 명 이상의 관광객이 방문하는 우리나라 대표 관광도시 중 하나다. 도시의 첫인상은 관광객이 그 도시 전체의 이미지를 결정하는 데 큰 역할을 하므로 중요하다. 첫마중길은 기차를 타고 전주를 찾는 사람들에게 좋은 첫인상을 심어 주려는 목적으로 조성된 길이다. 전주역 앞 8차선 도로를 6차선으로 줄이고, 도로 중앙에 보행자를 위한 가로수길 광장을 만들었다. 황량하고 생기 없던 도로에 느티나무와 이팝나무를 심고 아름다운 조명을 설치했다.
　첫마중길은 자동차보다는 사람, 콘크리트보다는 생태, 그리고 직선보다는 곡선의 도시를 지향하는 전주 시민들의 마음을 담아 만든 길이다. 이곳의 가로수는 시민들의 성금으로 심은 것이다.

고사리손으로 모은 아이들의 돼지저금통, 아들을 먼저 떠나보낸 어머니의 마음 등 수많은 시민의 진심이 이곳에 모였다.

봄가을에는 주말마다 갖가지 공연과 전시가 열리고, 겨울에는 광장 전체가 빛의 거리로 바뀐다. 연말이 되면 대형 트리와 LED 불빛 터널 등이 조성되어 황홀한 야경을 뽐낸다. 특히 전주역 방향의 바닥에 있는 워터미러에 비친 야경은 눈부시게 아름다워 첫마중길 최고의 포토존으로 꼽히고 있다.

주변 볼거리·먹거리

덕진공원

Ⓐ 전라북도 전주시 덕진구 권삼득로 390 Ⓣ 063-239-2607
4월 14주 소개(131쪽 참고)

TIP
- 눈이 내릴 때는 길이 미끄러울 수 있으니 주의하자.
- 멋진 야경을 촬영하기 위해서는 삼각대를 꼭 준비하자.

SPOT 2
한 해의 마지막 날
웅포곰개나루 해넘이축제

주소 전라북도 익산시 웅포면 강변로 25 · 가는 법 자동차 이용 · 전화번호 웅포관광지곰개나루지구 063-862-1578

한 해의 끝자락에서 지난 1년을 돌아볼 때 남는 건 언제나 아쉬움과 후회뿐이다. 올해의 마지막 날을 조금이라도 더 의미 있게 떠나보내고 싶다면 웅포곰개나루로 달려가 보자. 서해안의 해넘이 명소 중 하나인 웅포곰개나루는 바다가 아닌 강으로 떨어지는 일몰을 볼 수 있는 흔치 않은 곳이다. 포구의 형상이 마치 곰이 물을 마시는 모습과 닮았다 하여 '곰개나루'라 불리는 이곳은 강을 끼고 있는 색다른 캠핑장으로도 인기가 높다. 산속 캠핑장과는 달리 텐트 안에서 황금빛으로 물드는 금강의 일몰을 감상할 수 있기 때문이다.

해넘이축제는 매년 12월 31일에 열린다. 해가 점점 기울어 덕양정 뒤로 붉은빛이 차오르면 달집에 불길이 솟아오르고 축제가 절정에 이른다. 때맞춰 겨울 철새가 날아오르면 감동은 배가 된다. 색색의 풍등에 소망을 담아 띄워 보내고, 축제의 대미를 장식하는 폭죽이 밤하늘을 수놓는다. 한 해를 떠나보내기 아쉬워 밤늦도록 발길을 돌리지 못하는 사람들이 많다.

주변 볼거리·먹거리

익산교도소세트장

Ⓐ 전라북도 익산시 성당면 함낭로 207
ⓗ 10:00~17:00 / 매주 월요일 휴관, 영화·드라마 촬영 시 출입 통제 ⓣ 063-859-3836
7월 27주 소개(244쪽 참고)

TIP
- 축제는 낮부터 시작되며, 다양한 행사를 제대로 즐기려면 오후 3시 이전에 도착하는 것이 좋다.
- 달집태우기 관람 시 옷에 불똥이 튀지 않도록 주의하자.

SPOT 3

현지인들이 추천하는 맛집
장미칼국수

주소 전라북도 군산시 큰샘길 26 · **가는 법** 군산시외버스터미널 → 시외버스터미널 정류장에서 버스 61, 62, 63번 승차 → 우리은행 정류장 하차 → 도보 5분(약 330m) · **운영시간** 09:00~20:30/매주 수요일 휴무 · **대표메뉴** 칼국수 7,500원, 돌솥비빔밥 8,000원, 냉콩국수·떡국 8,500원 · **전화번호** 063-443-2816

35년 전통의 장미칼국수는 군산의 구도심인 죽성동 옷가게 골목 안쪽에 자리 잡고 있다. '장미칼국수'라는 커다란 글씨가 붙어 있는 빨간색 벽돌 건물이 음식점의 역사를 말해 주는 듯하다. 원래는 현지인들이 주로 찾는 곳이었는데, 언론에 여러 차례 소개되면서 지금은 여행자들에게도 유명한 맛집으로 등극하였다. 칼국수와 비빔밥을 판매하는 이곳은 특이하게도 반찬으로 나오는 겉절이의 맛을 잊지 못해 다시 찾는 사람들도 많다고 한다. 짜지 않고 아삭한 장미칼국수의 겉절이는 별도로 포장하여 판매하기도 한다.

대표메뉴인 칼국수는 고명과 양념장을 올린 것이 특징이다. 또한 면발이 보통의 칼국수에 비해 조금 얇은 편이지만 식감이 쫄깃하고 부드럽다. 양이 많은 편이라 웬만한 어른도 한 그릇을 뚝딱 비우기가 벅차다. 칼국수 못지않게 많이 찾는 돌솥비빔밥은 고기와 각종 나물, 채소 등이 조화롭게 어우러져 보기만 해도 입맛이 살아난다. 뜨거운 돌솥에 담긴 흰쌀밥과 갖가지 재료를 쓱쓱 비벼 한입 떠먹으면 제대로 된 전라도의 돌솥비빔밥 맛을 느낄 수 있다.

주변 볼거리·먹거리

초원사진관 한석규, 심은하 주연의 영화〈8월의 크리스마스〉의 촬영지다. 원래는 영화 촬영이 끝나고 철거되었지만 영화의 추억을 되새기고 기념할 수 있도록 복원한 것이다.

ⓐ 전라북도 군산시 구영2길 12-1 ⓗ 09:00~21:30/매월 둘째, 넷째 주 월요일 휴관 ⓣ 063-445-6879

추천 코스 군산으로 떠나는 시간 여행

1 COURSE 🚶 도보 17분(약 1km) **2 COURSE** 🚶 도보 5분(약 400m) **3 COURSE**

▶ 장미칼국수 ▶ 군산근대역사박물관 ▶ 진포해양테마공원

주소 전라북도 군산시 해망로 240
운영시간 하절기(3~10월) 09:00~18:00, 동절기(11~2월) 09:00~17:00 매주 월요일 휴관
입장료 어른 2,000원, 청소년·군인 1,000원, 어린이 500원
전화번호 063-454-7872
홈페이지 museum.gunsan.go.kr

주소 전라북도 군산시 내항2길 32
운영시간 하절기(3~10월) 09:00~18:00, 동절기(11~2월) 09:00~17:00 / 매주 월요일 휴무
입장료 무료(위봉함 입장 시 어른 1,000원, 청소년·군인 700원, 어린이 300원)
전화번호 063-445-4472

과거 해상물류유통의 중심지이자 일제강점기의 역사적 흔적이 가장 많이 남아 있는 군산의 문화유산을 한곳에서 살펴볼 수 있는 박물관이다. 해양물류역사관, 어린이박물관, 근대생활관 등으로 구성되어 있으며, 1층 입구의 어청도 등대 모형이 특히 눈에 띈다.

고려 말 함포를 만들어 왜군을 무찔렀던 최무선 장군의 진포대첩을 기념하기 위해 2008년에 개관한 곳이다. 광활한 바다를 끼고 있는 군산 내항에 위치하고 있다. 해군 퇴역함정, 장갑차, 진투기 등이 전시되어 있고, 위봉함 내부에 들어가면 진포대첩에 관한 기록과 당시 쓰였던 무기 등을 살펴볼 수 있다.

주소 전라북도 군산시 큰샘길 26
운영시간 09:00~20:30 / 매주 수요일 휴무
전화번호 063-443-2816
대표메뉴 칼국수 7,500원, 돌솥비빔밥 8,000원, 냉콩국수·떡국 8,500원
가는 법 군산시외버스터미널 → 시외버스터미널 정류장에서 버스 61, 62, 63번 승차 → 우리은행 정류장 하차 → 도보 5분(약 330m)

12월의 산사여행
눈 내리는 전북의 사찰을 찾아서

연말에 특별한 계획을 세우지 않았다면 전북의 산사로 여행을 떠나 보는 것은 어떨까. 같은 전라도지만 전라북도는 전라남도에 비해 눈이 많이 내린다. 하얀 눈이 소복이 쌓인 겨울 산사는 사람들의 발길이 끊어져 더욱 고즈넉하다. 나지막한 담장과 빛바랜 기와, 팔작지붕의 우아한 곡선이 눈으로 뒤덮여 더욱더 간결한 여백의 미를 보여 준다. 이 겨울, 잠시 속세를 벗어나 바쁘게 달려온 한 해를 돌아보고 차분하게 새해를 맞이해 보자.

⚑ 2박 3일 코스 한눈에 보기

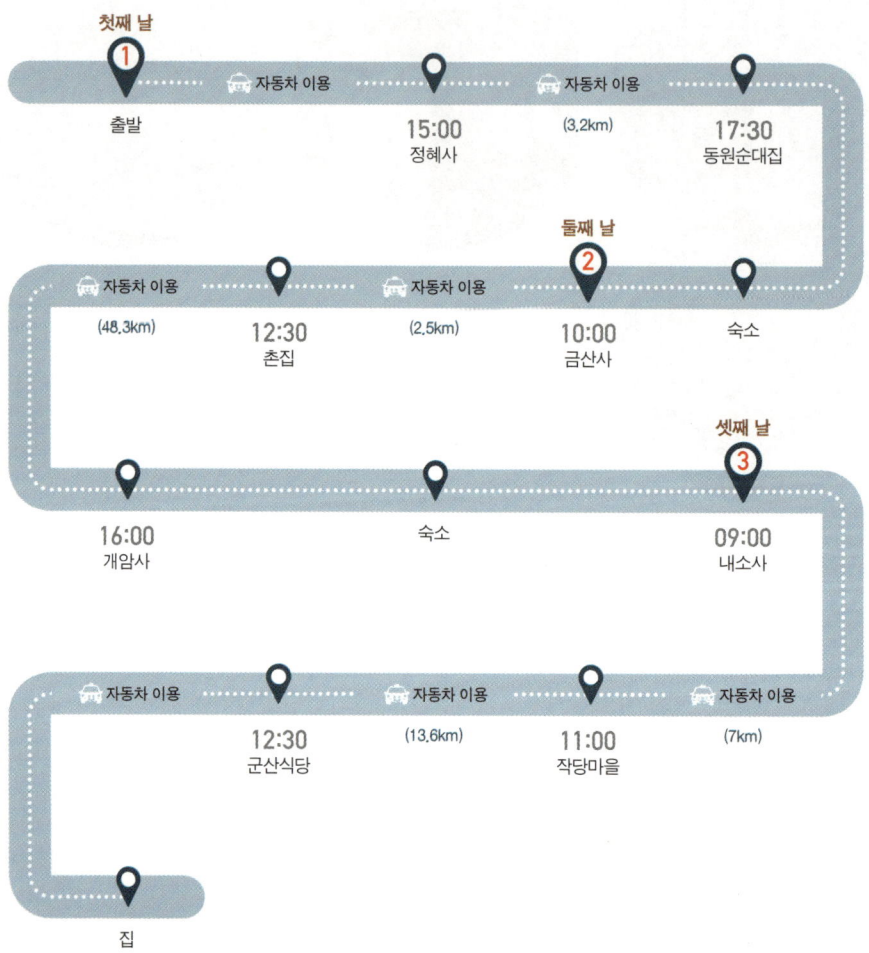

동원순대집

촌집

◀ **촌집** 금평저수지 근처에 위치한 향토음식점으로 묵은지닭매운탕이 유명한 맛집이다.
Ⓐ 전라북도 김제시 금산면 금산사로 561 Ⓞ 11:00~21:00/매주 목요일 휴무 Ⓣ 063-543-0071 Ⓜ 묵은지닭매운탕(大)·감자닭도리탕·옻닭·백숙 50,000원, 묵은지돼지전골(4인)·낙지볶음(4인) 48,000원

▲ **동원순대집** 순대는 저렴한 가격에 맛과 영양을 겸비한 음식으로, 겨울철에 특히 인기가 높다. 오랫동안 전통을 이어 온 이 집은 순댓국의 국물 맛이 일품이다.
Ⓐ 전라북도 전주시 완산구 쑥고개로 391 Ⓞ 07:00~22:00 Ⓜ 순대국밥·머리국밥·내장국밥 9,000원, 순대만국밥 11,000원 Ⓣ 063-228-0028

정혜사

◀ **정혜사** 110년이라는 비교적 짧은 역사를 지닌 정혜사는 보문종 계열의 비구니 스님들이 공부하는 불교대학이다. 완산공원의 품 안에 위치하여 전주 시내와 가깝지만 산사의 느낌을 고스란히 간직하고 있다.
Ⓐ 전라북도 전주시 완산구 외칠봉1길 36 Ⓣ 063-284-3732

▼ **개암사** 내소사와 함께 부안의 아름다운 사찰로 꼽히는 개암사는 고려 때만 해도 30여 채의 건물이 있는 대가람이었으나 현재는 보물로 지정된 대웅보전과 몇 채의 건물만 남아 있는 소박한 사찰이다. 개암사 입구의 단풍나무가 유명하며, 설경도 장관이다.
Ⓐ 전라북도 부안군 상서면 개암로 248 Ⓣ 063-583-3871

개암사